इंग्लैण्ड का स्थानीय प्रशासन

इंग्लैण्ड का स्थानीय प्रशासन

डॉ. अभिषेक त्रिपाठी

इशिका पब्लिशिंग हाउस
जयपुर दिल्ली

इशिका पब्लिशिंग हाउस

ए –25, "गणेश सदन", गली न. 4, आदर्श बस्ती,
बी.एल. हाउस के पास, टोंक फाटक,
जयपुर–302018 (राजस्थान) भारत
फोन : 0141-2761280, Mob. 9887532741
Email: ishikapublishinghouse@yahoo.in

दिल्ली कार्यालय : 102, प्रथम मंजिल, 'सत्यम हाउस'
4324/3, अंसारी रोड़, दरियागंज, नई दिल्ली – 110 002
फोन : 011–45652440

ISBN: 9788189471156

टाइपसेटिंग : बी.एस. कम्प्यूटर्स, जयपुर

मुद्रक : थॉमसन प्रेस, नई दिल्ली

भूमिका

संवैधानिक दृष्टिकोण से महत्वपूर्ण इस काल की दूसरी सफलता स्थानीय स्वशासन की स्थापना है। पूरा देश शायरों (Shires) में विभक्त था। शायर, हण्डरेड्स (Hundreds) नाम के उप-प्रदेशों में विभक्त थे तथा हण्डरेड्स, गाँव व शहरों में विभक्त थे। प्रत्येक हण्डरेड में एक स्थानीय समिति होती थी और प्रत्येक शायर में एक शायरमूट होता था। गाँव के लोग अपने साम्राज्य मसलों पर निर्णय करने के लिए प्राय: किसी एक स्थान पर एकत्रित होते थे। न्याय-कार्य, मूटों में प्रमुखों व बिशप लोगों के द्वारा किया जाता था। सन् 1066 में इंग्लैण्ड पर नॉर्मन लोगों का शासन हुआ। विजयी विलियम ने देश में सामन्तिक शासन की स्थापना की। ऐसा करने का उद्देश्य यह था कि उसे अंग्रेज लोगों की सहानुभूति प्राप्त हो सके और शासन स्तर में सुधार हो सके। पूरा देश सामन्तिक इकाइयों में विभक्त कर दिया गया था। प्रत्येक इकाई एक 'बैरन' (Baron) के अधीन होती थी। बैरन अपने यहाँ अलग से सेना का गठन करता था, जिसकी मदद से वह आवश्यकतानुसार राजा की सहायता करता था।

विलियम ने 'विटनेजमोट' (Witnagemot) समिति को भी समाप्त कर दिया और उसके स्थान पर उसने एक अन्य उच्चस्तरीय समिति, जिसे मैग्नम कॉन्सिलियम (Magnum Concilium) कहा जाता था, स्थापित की। इस समिति में बैरन लोग (Barons), राज्य के उच्च अधिकारी, आर्कबिशप (Archbishops) लोग और अबोट लोग (Abbots) होते थे। समिति का काम राज्यकीय मालगुजारी को एकत्रित करना व उसका हिसाब-किताब रखना था। समिति की बैठक वर्ष में तीन बार होती थी। विलियम ने एक अन्तरंग समिति की स्थापना की, जिसको 'क्यूरिया रेजिस' (Curia Regis) कहा जाता था। राज्य के स्थायी अधिकारियों की यह समिति स्थायी होती थी। मन्त्रिमण्डल एवं केबीनेट का सूत्रपात-इस सम्बन्ध में यह ध्यान देने योग्य है कि कालान्तर में इसी 'क्यूरिया रेजिस' में से ही उस लघुकाय किन्तु सक्षम समिति की उत्पत्ति हुई, जिसे 'प्रिवी-काउन्सिल' (Privy Council) कहा गया और सत्रहवीं व अठारहवीं शताब्दी में 'प्रिवी-काउन्सिल' से 'काउन्सिल ऑफ मिनिस्टर्स' (Council of Ministers) की तथा 'काउन्सिल ऑफ मिनिस्टर्स' से 'केबीनेट' की उत्पत्ति हुई।

लेखक

अनुक्रमणिका

1

अंग्रेजी संविधान का विकास

किसी भी देश की प्राकृतिक दशा, उसके निवासियों की चारित्रिक विशेषताओं व उनकी धार्मिक, सामाजिक व आर्थिक दशा का प्रभाव, उसके देश के राजनीतिक व संवैधानिक स्वरूप पर निश्चित रूप से पड़ता है।

'ग्रेट ब्रिटेन' एक द्वीप समूह है। जिसकी अवस्थिति 50° उत्तरी अक्षांश और 60° उत्तरी अक्षांस के मध्य है। इसका क्षेत्रफल लगभग 94,307 वर्गमील है, जो पूरे विश्व के स्थलीय क्षेत्र का 0.2 % है। इसकी लम्बाई लगभग 750 मील है तथा चौड़ाई, दोनों ओर की सीमा के किन्हीं भी दो स्थानों पर लगभग 300 मील से अधिक नहीं है। ब्रिटेन, फ्रांस का दो तिहाई, अमेरिका का तीसवाँ तथा रूस का उन्नीसवाँ भाग है। आकार की दृष्टि से विश्व में इसका 75वां स्थान है, जबकि जनसंख्या के घनत्व की दृष्टि में उसका चौथा स्थान है। ग्रेट ब्रिटेन राजस्थान के क्षेत्रफल का चौथा भाग है। ग्रेट ब्रिटेन चारों ओर से समुद्र से घिरा हुआ है। इस समुद्री स्थिति के कारण ही ग्रेट ब्रिटेन, नौसेना के क्षेत्र में अत्यधिक शक्तिशाली और अन्तर्राष्ट्रीय व्यापार का केन्द्र रहा है।

ग्रेट ब्रिटेन में इंग्लैण्ड, वैल्स, स्कॉटलैण्ड और उत्तरी आयरलैण्ड सम्मिलित हैं। ग्रेट ब्रिटेन एक साम्राज्यवादी देश है। अतः क्रान्तिकारी भावनाओं को प्रोत्साहन देना इन देशों के लिए सम्भव नहीं था, क्योंकि ग्रेट ब्रिटेन में होने वाली क्रान्ति उनके समस्त साम्राज्य के लिए खतरे का कारण सिद्ध हो सकती थी। ग्रेट ब्रिटेन की स्थिति केन्द्रीय है, इसी कारण सरलता से, विशेषतः अमरीका की खोज के बाद, वह विश्व-

व्यापार का केन्द्र बन गया और अन्ततः एक ऐसे साम्राज्य का निर्माण करने में सफल हुआ, जिसमें **'सूर्य उदय तो होता था, पर अस्त नहीं होता था।'**

ग्रेट ब्रिटेन में लगभग 6 करोड़ लोग रहते हैं। मूल रूप से अंग्रेज लोग अनेक प्रजातियों के सम्मिश्रण हैं। औपनिवेशिक काल में अश्वेत जातियाँ भी इंग्लैण्ड में आयीं; परन्तु उनका प्रतिशत अधिक नहीं बढ़ पाया, फलतः रंगभेद की समस्या वहाँ अधिक उग्र नहीं हो पायी। अश्वेत जातियों के सीमित आव्रजन का कारण मूल निवासियों द्वारा उनका प्रबल विरोध रहा है।

ग्रेट ब्रिटेन के लोगों में धर्म की विविधता भी पायी जाती है। बहुसंख्यक लोग यद्यपि 'प्रोटेस्टेण्ट ईसाई धर्म' के अनुयायी हैं, पर कुछ प्राचीन धनीमानी लोग अब भी कैथोलिक हैं। प्रोटेस्टेण्ट चर्च स्वयं अनेक भागों में विभक्त है। जैसे-इंगलिश चर्च, मैथोडिस्ट लीग, बैपटिस्ट लीग व प्रेस्बीटेरियन लीग। पर अधिकतर लोग चर्च के अनुयायी हैं। ब्रिटेन के राजनीतिक चुनावों में धर्म का प्रभाव समय-समय पर विभिन्न रूपों में देखने को मिलता है।

ब्रिटेन की सामाजिक और आर्थिक स्थिति-ब्रिटिश समाज में पारिवारिक व्यवस्था का ढाँचा बड़ा ही कमजोर है। इसी कारण प्रत्येक व्यक्ति, परिवार की अपेक्षा सम्पूर्ण राष्ट्र के प्रति अधिक प्रेम और भक्ति रखता है। ब्रिटिश समाज के इस चरित्र से वहाँ की राजनीतिक एवं राष्ट्रीय एकता कायम है। ब्रिटिश जाति की प्रकृति समझौतावादी रही है, अर्थात् वे सैद्धान्तिक झगड़ों में न पड़कर केवल व्यावहारिक पहलू का ही विशेष ध्यान रखती हैं। ग्रेट ब्रिटेन उन देशों में से है, जहाँ औद्योगीकरण सर्वाधिक हुआ है। औद्योगिक क्रान्ति का श्रीगणेश ही वस्तुतः इसी देश में हुआ था। परिणामतः यहाँ औद्योगिक एवं शहरी जनसंख्या का प्रतिशत विश्व के प्रायः सभी प्रमुख देशों से अधिक है।

औद्योगीकरण में वृद्धि के साथ ही कार्यरत जनसंख्या की 'वर्गीय संरचना' में भी परिवर्तन हुआ है। अठारहवीं तथा उन्नीसवीं शताब्दी के अधिकांश भाग में मध्यम वर्ग का प्रभुत्व रहा था, जिसके परिणामस्वरूप उदार (Liberal) दल का उदय हुआ था। बड़े-बड़े उद्योगों के विकास के साथ-साथ सम्पत्ति का संग्रह, पूँजी का एकाधिकार बढ़ा फलतः मध्यम-वर्ग का महत्व कम हो गया। इसके बाद से समाज में पूँजीपति वर्ग का श्रमिक वर्ग के इर्द-गिर्द धुव्रीकरण का समारम्भ हुआ, जिसके परिणामस्वरूप 'पूँजीपति वर्ग के प्रतिनिधि' के रूप में श्रमिक दल (Conservative Party) तथा 'श्रमिक वर्ग के प्रतिनिधि' के रूप में श्रमिक दल (Labour Party)

अस्तित्व में आये। पिछले दशक से ब्रिटेन की समाज व्यवस्था में पुनः परिवर्तन दृष्टिगत हो रहे हैं। उद्योगों में स्वचालन की अभिवृद्धि के साथ-साथ श्रमिक अब कुशल तकनीकी विशेषज्ञ और सफेद कालर वाले (White Collared) होने लगे हैं। परिणामतः मध्यम वर्ग का अनुपात पुनः काफी बढ़ गया है। मध्यम वर्ग के अनुपात व प्रभाव में वृद्धि का एक कारण और है। बीसवीं सदी में, विशेषकर द्वितीय विश्व-युद्ध के बाद, श्रमिक दलीय सरकार ने बड़े-बड़े उद्योगों के राष्ट्रीयकरण में पहल की है, जिससे पूँजीपति वर्ग का अनुपात व प्रभाव काफी कम हुआ है। वर्तमान अनुमान है कि कुल जनसंख्या का एक-तिहाई भाग किसी-न-किसी प्रकार के बौद्धिक श्रमिक (Non-Nanual labour) वर्ग से सम्बन्धित है। समाज के निम्न वर्गों को भी सामाजिक सेवाओं के प्रसार और श्रमिक संगठनों के विस्तार का लाभ मिला है।

जहाँ तक अंग्रेज लोगों की उत्पादक व औद्योगिक क्षमता का सम्बन्ध है, प्राकृतिक साधनों की दृष्टि से ग्रेट ब्रिटेन मूल रूप से गरीब है। यद्यपि कोयले व लोहे का वह धनी है, तथापि रबर, तेल, लकड़ी व अन्य कच्चे माल के लिए उसे अन्य देशों पर निर्भर रहना पड़ता है। कच्चे माल की खोज व कारखानों में बने माल की खपत के लिए बाजार ढूँढ़ने की आवश्यकता के कारण अंग्रेजी लोग 'साम्राज्य-निर्माण' के लिए प्रेरित हुए। यद्यपि बाद में जब महान औद्योगिक शक्तियों के रूप में संयुक्त राज्य अमरीका, जापान व जर्मनी का उदय हुआ, तो विश्व के औद्योगिक मंच पर वे अपना प्रभुत्व न रख सके।

राजनीतिक जीवन-ब्रिटेन की विशिष्ट भौगोलिक स्थिति अर्थात् चारों और समुद्र से घिरे बिट्रिश द्वीप को यूरोप की क्रान्तियों के प्रभाव से बचाने में 'इंगलिश चैनल' बड़ा सहायक रहा है। बाह्य परिवर्तनों की तीव्रता की अनुभूति और तदनुरूप प्रेरणा के अभाव में ब्रिटेनवासियों में कालक्रमजन्य समस्याओं के बारे में अपने ही ढंग से सोचने की प्रवृत्ति रही है। राजा के करारोपण या व्यय सम्बन्धी अधिकार, स्वेच्छाचारी प्रशासन, बन्दी जैसी समस्याओं के निदान व उपचार इत्यादि उन्होंने अपने ही ढंग से खोजे हैं। यही कारण है कि ब्रिटिश राजतंत्र के लोकतन्त्रीकरण की समूची विकास-प्रक्रिया में हमें एक निरन्तरता और संगति मिलती है। सन् 1949 में चार्ल्स प्रथम की फाँसी के बाद जब क्रॉमवेल ने शासन-सूत्र सँभाला, तब प्रथम और अन्तिम बार 'गणतंत्रात्मक (Republician) संविधान' लागू हुआ। पर विकास के स्वाभाविक क्रम के अनुकूल न होने के कारण यह व्यवस्था थोड़े ही समय रह सकी। क्रॉमवेल की मृत्यु के बाद पुनः औपचारिक रूप से शासन-भार राजा को सौंप दिये जाने के

कारण राजतन्त्र की स्थापना हुई, जो आज तक विद्यमान है। विकास की इस प्रक्रिया को लोकतांत्रिक व्यवस्था की ओर अग्रसर रखने में सबसे अधिक योगदान ब्रिटिश नागरिक जीवन की कुछ चारित्रिक विशेषताओं का रहा है।

उक्त चारित्रिक विशेषताओं में प्रथम, ब्रिटेनवासियों का 'स्वतंत्रता प्रेम', है जो उनके वैयक्तिक व सामूहिक दोनों प्रकार के व्यवहार में दृष्टिगोचर होता है। किसी भी चीज के थोपे जाने के विरुद्ध और किसी भी स्वेच्छाचारी व्यवहार के विरुद्ध संघर्ष करने को वे सदा तैयार रहते हैं। यह परम्परा अत्यन्त प्राचीन है और इसके दर्शन हमें 'मैग्नाकार्टा' (1215) से लेकर 'अधिकार याचिका' (Petition of Rights) 'अधिकारों का विधेयक' (Bill of Rights) आदि सभी में होते हैं।

स्वतंत्रता प्रेम से ही सम्बन्धित ब्रिटिश जीवन की को प्रेरित करने वाली दूसरी चारित्रिक विशेषता 'सहिष्णुता' है। इसके कारण इंग्लैण्ड में धार्मिक तथा राजनीतिक जीवन में कठिन संघर्षों के बीच समझौते सम्भव होते रहे हैं जिनके कारण उनकी जनतान्त्रिक व्यवस्था व राजनीतिक स्थिरता छिन्न-भिन्न नहीं हो पाई है, जबकि फ्रांस व जर्मनी जैसे पड़ौसी देशों में ये संकट अधिक गहरे होते रहे हैं। राजनीतिक सहिष्णुता का एक कारण यह भी हो सकता है कि ब्रिटेन में भाषायी, धार्मिक या प्रताजीय विभिन्नताएँ अधिक व्यापक नहीं रही हैं। भाषायी एकता की वहाँ कभी कोई समस्या नहीं रही है। धार्मिक सहिष्णुता वहाँ इसलिए सरलता से बनी रही है कि इंग्लैण्ड में 'प्रोस्टेण्ट ईसाइयों' का प्रचुर बाहुल्य रहा है, क्योंकि कैथोलिक-प्रधान दक्षिणी आयरलैण्ड 1922 में पहले ही इंग्लैण्ड से अलग हो चुका था। इसी प्रकार अश्वेत लोगों को अधिक संख्या में न बसने देने के लिए भी ब्रिटेन के निवासी सदा सचेत रहे हैं, यही वजह है कि जातीय असहिष्णुता की कठिनाई से भी ब्रिटेन सदा मुक्त रहा है। ब्रिटेन की साम्राज्यवादी भूमिका के कारण विदेशी पूंजी का आगमन इंग्लैण्ड में खूब होता रहा है, जिसके परिणामस्वरूप अर्थव्यवस्था के सुदृढ़ रहने से भी ब्रिटेन के जीवन में सहिष्णुता बनी रही है।

उक्त कारणों के परिणामस्वरूप अंग्रेजों का राजनीतिक जीवन अन्य देशों की तुलना में कम तनावग्रस्त रहा है। जब कभी तनाव उभरे भी हैं, तो उनकी सहिष्णु प्रकृति के कारण समझौते सरलता से होते रहे हैं।

एक अन्य चारित्रिक विशेषता 'स्वशासन' के प्रति व्यावहारिक दृष्टिकोण का अपनाया जाना है। स्वशासन के इस सिद्धान्त पर चलने के लिए दो बातें आवश्यक हैं। पहली आवश्यक बात यह है कि यदि नागरिक किसी सामान्य नीति के निर्धारण

में भाग लेते हैं, तो उन्हें घटनाक्रमों व परिस्थितियों के बारे में पूरी जानकारी होनी चाहिए। दूसरी बात यह है कि नीति निर्धारण में बहुमत की इच्छा का आदर करते हुए भी अल्पमत के अस्तित्व को पूरी तरह स्वीकार किया जाये तथा उसके मतों को भी अहमियत दी जाए, उन्हे कुचला न जाये।

शासकीय निर्णयों में भाग लेने या उन्हें प्रभावित करने के लिए सामान्य नागरिक कई विधियों का आश्रय लेते हैं। जैसे-आम चुनावों में भाग लेना, श्रमिक संघ आदि स्वयंसेवी संस्थाओं की गतिविधियों में भाग लेना, राजनीतिक दलों की सदस्यता ग्रहण करना, आदि इन विधियों में प्रमुख हैं। ब्रिटेन के लोग कहाँ तक इन गतिविधियों में भाग लेते हैं यह उनके विवेक पर निर्भर है।

ब्रिटिश समाज के 'श्रेष्ठता के सिद्धान्त' एवं 'पारिवारिक व्यवस्था' ने ब्रिटिश राजनीतिक जीवन को काफी प्रभावित किया है। नार्मन विजय ने श्रेष्ठता के सिद्धान्त को स्थापित किया। जिसके फलस्वरूप ब्रिटिश समाज में एक कुलीन वर्ग (Nobility) का जन्म हुआ। फ्रांस के विपरीत ब्रिटेन में इस वर्ग ने संवैधानिक विकास में सहयोग दिया। इस वर्ग के प्रतिनिधि जनता के प्रतिनिधियों के रूप में लोक सभा में बैठने लगे, अतः लोकसभा शनैः-शनै सम्पूर्ण राष्ट्र की प्रतिनिधि सभा बन गयी।

ब्रिटेन में शासन शक्ति पहले राजतंत्र तथा कुलीन-तंत्र (Aristocracy) के हाथ में थी, शनैः-शनैः यह जनता के हाथों में आ गई परिणामस्वरूप प्रजातांतित्रक व्यवस्था की स्थापना हुई। सत्ता का यह हस्तान्तरण आकस्मिक अथवा क्रान्तिकारी नहीं बल्कि स्वाभाविक रूप से व क्रमिक रूप से विकास का ही परिणाम था। कुलीन-तंत्र ने समयानुकूल अपना रंग बदला और प्रजातंत्र के साथ सामंजस्य स्थापित किया। कुलीन-तंत्र प्रजातंत्र के मार्ग में बाधा नहीं बना, बल्कि उसने प्रजातंत्र को गति, सुधार तथा नेतृत्व प्रदान किया। इस तरह कुलीन-तंत्र एवं प्रजातंत्र के समन्वय ने ब्रिटिश शासन प्रणाली में एक नई व्यवस्था को जन्म दिया, जिसके परिणामस्वरूप ब्रिटिश समाज में एक नए समाज का उदय हुआ।

इस प्रकार उक्त चारित्रिक विशेषताओं पर आधारित 'ब्रिटिश नागरिक जीवन' वहाँ की राजनीतिक व्यवस्था के लोकतन्त्रीकरण में बड़ा सहायक सिद्ध हुआ है। वस्तुतः इन्हीं के कारण इंग्लैण्ड में 'विधि का शासंन', 'अधिकारों की मान्यता', 'सार्वभौमिक अधिकार' आदि की व्यवस्था संभव हो सकी है।

अंग्रेजी संविधान के विकास की गाथा

अंग्रेजी संविधान को कभी भी किसी संविधान सभा ने एक समय पर नहीं बनाया, वरन् इसका विकास लोगों की राजनीतिक चेतना में वृद्धि के साथ-साथ उनकी आवश्यकतानुसार धीरे-धीरे हुआ है। अंग्रेजों का संवैधानिक इतिहास प्राचीन है, वह लगभग 1500 वर्ष पुराना है।

ब्रिटेन के संवैधानिक विकास के इतिहास को निम्न कालों में विभाजित किया जा सकता है:

(1) ऐंग्लो-सैक्सन काल (Anglo-Saxon Period)-पाँचवी सदी से 1066 ई. तक।

(2) नार्मन ऐन्जिवियन काल (Norman-Angevian Period)-1066 से 1153 ई. तक।

(3) प्लान्टेगनेट व लंकास्ट्रियन काल (Plantagenet and Lancastrian Period)-1153 से 1339 ई. तथा 1399 से 1485 ई. तक।

(4) ट्यूडर काल (Tudor Period)-1485 से 1603 ई. तक।

(5) स्टुअर्ट काल (Stuart Period)-1603 से 1714 ई. तक।

(6) अन्तिम चरण: हैनौवर काल (Hanover Period), 1714 ई. से।

(1) ऐंग्लो-सैक्सन काल (Anglo-Saxon Period) : पाँचवी सदी से 1066 ई. तक-

राजपद का प्रादुर्भाव तथा स्वशासन की स्थापना

इंग्लैण्ड में 54 ई. पूर्व तक 'केण्टों' का राज्य रहा। इसके बाद वहाँ 'रोमन साम्राज्य' स्थापित हुआ, जो वहाँ लगभग 450 वर्ष तक रहा। सांविधानिक विकास की दृष्टि से इस काल का कोई विशेष महत्व नहीं है। आगे चलकर 'ऐंग्लो--सैक्सन' वंश के शासन की स्थापना हुई। ऐंग्लो-सेक्सन काल का महत्व ब्रिटेन के संवैधानिक विकास की दृष्टि से निम्नलिखित के कारण है :

(i) राजपद का प्रादुर्भाव-नवीं सदी में एल्फ्रैड महान (849 से 901 ई.) द्वारा इंग्लैण्ड में एक विशाल राज्य की स्थापना किये जाने के पहले 'ऐंग्लो-सैक्सन काल' में 7 कबीलों के छोटे-छोटे राज्य थे, जिनके नाम एंगिलिया, मरसिया, नार्थम्बरलैण्ड, कैण्ट, ससैक्स, एसेक्स व वेसेक्स थे। इन सभी राज्यों को एक साथ मिलाकर ही ऐल्फ्रेड ने एक बड़े राज्य की स्थापना की थी तभी से इंग्लैण्ड में उस राजपद का प्रादुर्भाव हुआ, जो अब भी अंग्रेजी संविधान की व्यवस्था का ऐसा

महत्वपूर्ण बिन्दु है, जिस पर सम्पूर्ण अंग्रेजी संविधान केन्द्रित है। राजपद कभी वंश परम्परागत होता था और कभी निर्वाचित। अवसर पड़ने पर राजा अपनी उस परामर्शदात्री समिति को भी बुलाता था, जिसे 'विटनेजमोट' (Witnagemot) या विटन (Witan) अर्थात् 'बुद्धिमानों की समिति' कहा जाता था। इस समिति में राजा से सम्बन्धी, गाँव के वयोवृद्ध लोग, चर्च के अधिकारी, सेना के कर्मचारी व सरकार के अन्य महत्वपूर्ण कार्यकर्त्ता सम्मिलित होते थे। समिति की बैठकों का एक सभापति होता था। समिति का मुख्य कार्य कानून बनाना, कर लगाना, अन्य देशों से सन्धि व समझौते करना, चर्चों के बिशप लोगों की नियुक्ति एवं पदच्युति करना आदि था। यह समिति सर्वोच्च न्यायालय के रूप में भी कार्य करती थी। इस प्रकार 'विटनेजमोट' का बड़ा प्रभाव होता था और वह कभी-कभी राजा के मनमाने व्यवहार पर अंकुश लगाने का काम भी करती थी। कभी-कभी तो वह इतनी शक्तिशाली भी रही कि उसने राजा को नियुक्त अथवा पदच्युक्त करने का भी काम किया। इसे हम 'समिति' अथवा 'वैधानिक राजतंत्र' के विचार का प्रारम्भ कह सकते हैं। पर समिति की यह शक्ति-सम्पन्नता अस्थायी ही रही। कालान्तर में राजा अधिकाधिक शक्तिशाली होता गया और उसने अपने मित्रों व सम्बन्धियों को समिति का सदस्य बनाकर उसने समिति के महत्व को समाप्त कर दिया।

(ii) स्थानीय स्वशासन की स्थापना-संवैधानिक दृष्टिकोण से महत्वपूर्ण इस काल की दूसरी सफलता स्थानीय स्वशासन की स्थापना है। पूरा देश शायरों (Shires) में विभक्त था। शायर, हण्डरेड्स (Hundreds) नाम के उप-प्रदेशों में विभक्त थे तथा हण्डरेड्स, गाँव व शहरों में विभक्त थे। प्रत्येक हण्डरेड में एक स्थानीय समिति होती थी और प्रत्येक शायर में एक शायरमूट होता था। गाँव के लोग अपने साम्राज्य मसलों पर निर्णय करने के लिए प्राय: किसी एक स्थान पर एकत्रित होते थे। न्याय-कार्य, मूटों में प्रमुखों व बिशप लोगों के द्वारा किया जाता था।

(2) नॉर्मन ऐन्जिवियन काल (Norman-Angevian Period), 1066 से 1153 ई. तक-सामन्तशाही व्यवस्था का उदय, मंत्रिमण्डल एवं केबीनेट का सूत्रपात, मानव अधिकार पत्र एवं सीमित, राजतंत्र का विकास, संसद का सूत्रपात, तथा राजकीय वित्त पर संसद के नियंत्रण का प्रारम्भ।

(i) सामन्तशाही व्यवस्था का उदय-सन् 1066 में इंग्लैण्ड पर नॉर्मन लोगों का शासन हुआ। विजयी विलियम ने देश में सामन्तिक शासन की स्थापना की। ऐसा करने का उद्देश्य यह था कि उसे अंग्रेज लोगों की सहानुभूति प्राप्त हो सके और

शासन स्तर में सुधार हो सके। पूरा देश सामन्तिक इकाइयों में विभक्त कर दिया गया था। प्रत्येक इकाई एक 'बैरन' (Baron) के अधीन होती थी। बैरन अपने यहाँ अलग से सेना का गठन करता था, जिसकी मदद से वह आवश्यकतानुसार राजा की सहायता करता था। विलियम ने 'विटनेजमोट' (Witnagemot) समिति को भी समाप्त कर दिया और उसके स्थान पर उसने एक अन्य उच्चस्तरीय समिति, जिसे मैग्नम कॉन्सिलियम (Magnum Concilium) कहा जाता था, स्थापित की। इस समिति में बैरन लोग (Barons), राज्य के उच्च अधिकारी, आर्कबिशप (Archbishops) लोग और अबोट लोग (Abbots) होते थे। समिति का काम राज्यकीय मालगुजारी को एकत्रित करना व उसका हिसाब-किताब रखना था। समिति की बैठक वर्ष में तीन बार होती थी। विलियम ने एक अन्तरंग समिति की स्थापना की, जिसको 'क्यूरिया रेजिस' (Curia Regis) कहा जाता था। राज्य के स्थायी अधिकारियों की यह समिति स्थायी होती थी।

(ii) मन्त्रिमण्डल एवं केबीनेट का सूत्रपात-इस सम्बन्ध में यह ध्यान देने योग्य है कि कालान्तर में इसी 'क्यूरिया रेजिस' में से ही उस लघुकाय किन्तु सक्षम समिति की उत्पत्ति हुई, जिसे 'प्रिवी-काउन्सिल' (Privy Council) कहा गया और सत्रहवीं व अठारहवीं शताब्दी में 'प्रिवी-काउन्सिल' से 'काउन्सिल ऑफ मिनिस्टर्स' (Council of Ministers) की तथा 'काउन्सिल ऑफ मिनिस्टर्स' से 'केबीनेट' की उत्पत्ति हुई। प्रिवी-काउन्सिल, काउन्सिल ऑफ मिनिस्टर्स तथा केबीनेट आज भी विद्यमान है। एक अन्य नॉर्मन राजा हेनरी द्वितीय ने 'चल न्यायालयों' की व्यवस्था की और इस प्रकार राजकीय सत्ता का व्यावहारिक प्रसार किया। इसके अतिरिक्त उसके इस कार्य से सब लोगों व सभी स्थानों के लिए एक रूप व सामान्य कानून के विकसित होने में भी सहायता मिली।

(iii) महान अधिकार-पत्र एवं सीमित राजतन्त्र का विकास- उपयुक्त सामन्तिक व्यवस्था मूलतः वैयक्तिक तत्त्व पर निर्भर थी। यदि राजा न्यायकारी, बुद्धिमान व शक्तिशाली होता था, तो यह व्यवस्था सुचारु रूप से चलती रहती थी; पर यदि वह निर्दयी या कमजोर होता था, तो व्यवस्था अस्त-व्यस्त हो जाती थी। राजा जॉन (King Jonn), जिसका शासनकाल 1196 ई. से 1215 ई. तक रहा, नॉर्मन-वंश का सबसे अधिक निर्दयी, दुष्ट व अत्याचारी राजा था। जिन बैरनों ने उसका विरोध किया, उन्हें उसने जेल में डाल दिया। परिणाम यह हुआ कि ऊँचे-ऊँचे लोग उसके विरुद्ध एक हो गये और ऐसा प्रतीत होने लगा कि गृहयुद्ध छिड़ जायेगा। जॉन को झुकना पड़ा और उनकी उन माँगों को स्वीकार करना पड़ा, जो उन्होंने 'मैग्नाकार्टा'

(Magna Carta) नाम के प्रपत्र में प्रस्तुत की थीं। यही वह प्रपत्र है, जिसे अंग्रेज लोगों की 'स्वतन्त्रता का अधिकार-पत्र' कहा जाता है। इसके द्वारा राजा की स्वेच्छाचारिता पर पर्याप्त अंकुश लग गया था। अब राजा केवल उन समिति की स्वीकृति से ही कर लगा सकता था, जिनके अन्तर्गत बड़े-बड़े बैरन लोग, शायर व शेरिफों के अधिकारी हुआ करते थे। मैग्नाकार्टा से जन-साधारण को कोई अधिकार नहीं मिले थे। फिर भी देश के संवैधानिक विकास में इसका बड़ा महत्व है, क्योंकि संवैधानिक व सीमित राजतन्त्र के विचार के विकास की दिशा में यह पहला कदम था।

(iv) संसद का सूत्रपात-'मैग्नम काउन्सीलियम' को हम 'ब्रिटिश संसद की जननी' कह सकते हैं। यद्यपि प्रारम्भ में वह बड़े लोगों व चर्च पादरियों की ही सभा थी। हेनरी तृतीय के समय में आधुनिक संसदीय व्यवस्था की दिशा में प्रगति होने का एक अवसर आया। 1358 ई. में वह बैरन लोगों से लड़ पड़ा। परिणामस्वरूप बैरन लोगों ने ऑक्सफोर्ड में एक सभा की और राजा की निरंकुशता की प्रवृत्ति को रोकने के लिए 15 बैरनों की एक समिति बनायी। कुछ समय के लिए हेनरी दब गया। पाँच वर्ष बाद उसने फिर समिति द्वारा लगाये गये प्रतिबन्धों का विरोध कर उनसे मुक्त होने का प्रयत्न किया। परिणामस्वरूप बैरन लोगों ने साइमन डी मौण्टफोर्ड के नेतृत्व में सशस्त्र विद्रोह कर दिया। सन् 1264 में राजा को बन्दी बना दिया गया। इसके बाद साइमन के नवीन करों के लिए समर्थन प्राप्त करने और व्यापारिक आधार पर संसद के लिए प्रतिनिधि बुलाने का निश्चय किया और प्रत्येक शायर में दो राजाराणकों (Knights) को और प्रत्येक टाउन से दो वर्गेस प्रतिनिधियों को संसद के लिए आमन्त्रित किया।

इसके बाद सन् 1295 में एडवर्ड प्रथम ने जब 'प्रथम आदर्श संसद' का आयोजन किया, तो अंग्रेजी संसद का विकास एक चरण और आगे बढ़ा। एडवर्ड प्रथम ने जो आदर्श संसद बुलायी, उसके कुल 572 प्रतिनिधि सदस्य थे, जिनमें 172 'शायरों' व 'बरो' नामक क्षेत्रों से आये थे और बैरन, पादरी व बिशप लोगों ने शेप 400 प्रतिनिधि थे। इस संसद के आयोजन को 'कम से कम सीमित रूप से लोकतन्त्रीय संसद' का प्रारम्भ कहा जा सकता है, क्योंकि एक तो इसके प्रतिनिधित्व को व्यापाक बनाकर अधिक संख्या में प्रतिनिधि बुलाये गये थे और दूसरे वर्गेस प्रतिनिधियों को इसी समय में राजाराणकों (Knights), चर्च पादरियों (Clergymen) व बैरन लोगों के साथ बुलाना प्रारम्भ किया गया था। इस प्रकार ऊँच- नीच का भेद समाप्त होना प्रारम्भ हो गया था।

फिर भी यह स्मरणीय है कि ऊँचे लोगों के प्रतिनिधि केवल ऊँचे लोगों से ही मिलते थे और सामान्य लोगों के प्रतिनिधि सामान्य लोगों से मिलते थे। प्रारम्भ में संसद की बैठक तीन समूहों में हुई। प्रथम समूह उन ऊँचे लोगों का था, जिन्हें 'अभिजात्य वर्गीय' (Noble) कहा जाता था, दूसरा समूह चर्च पादरियों का था और तीसरा साधारण लोगों का था। कालान्तर में उच्चतर पादरी-समूह, नोबुल समूह के ऊँचे लोगों से मिल गया और निम्नतर पादरी-समूह साधारण लोगों के साथ मिल गया। इस प्रकार चौदहवीं शताब्दी के अन्त तक ग्रेट ब्रिटेन में द्विसदनीय संसद अस्तित्व में आ गई। 'लार्ड-सभा' (House of Lords) जिसमें बैरन, बिशप व अन्य ऊँची श्रेणी के लोग सम्मिलित थे, 'प्रथम सदन' माने जाने लगा तथा 'लोक सदन' (House of Commons), जिसमें नाइट लोग, बैरनों के प्रतिनिधि व व्यापारी व सौदागर वर्ग के अन्य प्रतिनिधि सम्मिलित थे, 'दूसरा सदन' माने जाने लगा। इस प्रकार अंग्रेजी संसद के दो सदनों का जन्म किसी निश्चित कानूनी योजना के अनुसार न होकर केवल संयोगवश ही हुआ।

(v) राजकीय वित्त पर संसद के नियन्त्रण का प्रारम्भ-संसद की शक्तियाँ भी धीरे-धीरे बढ़ती गयीं। इस सम्बन्ध में एडवर्ड प्रथम का राज्यकाल बड़े महत्व का है। उसको नये करों के लगाने के लिए चूँकि संसद की स्वीकृति की आवश्यकता थी, अत: उसने संसद की कुछ माँगे स्वीकार कर लीं। ये माँगे निम्न प्रकार थीं:

(1) संसद की स्वीकृति के बिना राजा कोई नवीन कर नही लगायेगा तथा हिसाब की जाँच के लिए संसद को आयुक्तों की नियुक्ति करने का अधिकार होगा;

(2) मन्त्रियों की नियुक्ति संसद द्वारा होगी; तथा संसद के नवीन सत्र के प्रारम्भ होने से पहले मन्त्री लोग अपना त्यागपत्र देंगे और अपने विरुद्ध सब शिकायतों का उत्तर देंगे।

इस प्रकार यह स्पष्ट है कि संसद ने देश की वित्त-व्यवस्था व मन्त्रियों पर नियन्त्रण रखने का अधिकार अपने हाथ में ले लिया था।

(3) प्लान्टेगनेट व लंकास्ट्रियन काल (Plantagenet and Lancastrian Period), 1153 से 1339 ई. तथा 1399 से 1485 ई. तक-

संसद की सर्वोच्चता की स्थापना-'प्लाण्टेगनेट वंश' के राज्यकाल (1154 ई. से 1399 ई. तक) में संसद की शक्ति इतनी बढ़ गयी थी कि उसने सन् 1327 में एडवर्ड द्वितीय को राजगद्दी से उतार दिया। रिचर्ड द्वितीय को भी संसद के समक्ष झुकना पड़ा और परिणामस्वरूप अन्त में उसने लंकास्ट्रियन वंश के हेनरी को इंग्लैण्ड

के राजसिंहासन पर बिठा दिया। 'लंकास्ट्रियन राज्यकाल' (1399 से 1485 ई. तक) का महत्व इसलिये है कि उस समय में संवैधानिक दृष्टि से अत्यंत महत्वपूर्ण अनेक परिवर्तन हुए और परिणामस्वरूप संसद की सर्वोच्चता की स्थापना हो गयी। ऐसे प्रमुख परिवर्तन निम्न प्रकार हैं:

(1) हेनरी चतुर्थ ने अपने चुने हुए मंत्रियों के मंत्रिमण्डल को 'प्रिवी काउन्सिल' का नाम दिया, जो अब तक चला आ रहा है। इसके अतिरिक्त सन् 1401 में लोक सदन ने यह माँग की कि नए करों के लगाने से पहले राजा को जनता की शिकायतों की याचिकाओं को सुनना चाहिए और उनका निवारण करने का वचन देना चाहिए। यह मांग अन्त में एक परम्परा बन गयी।

(2) सन् 1407 में लोक सदन ने स्वयं वित्त विधेयक प्रस्तुत करने का अधिकार ले लिया। उसका यह अधिकार आज तक अक्षुण्ण है।

फिर भी संसद अपने शक्ति को संगठित न कर सकी और इसी बीच में 'रोजेज के युद्ध' (Wars of Roses) प्रारम्भ हो गये। परिणाम यह हुआ कि एक बार फिर लोग ऐसे राज्य के अस्तित्व की आवश्यकता समझने लगे, जिस पर संसद का कोई नियन्त्रण न हो।

(4) ट्यूडर काल (Tudor Period), 1485 से 1603 ई. तक-

पुनः निरंकुश राजतन्त्र की स्थापना-इसके परिणामस्वरूप ट्यूडर राजाओं के निरंकुश शासन की स्थापना हुई, जिसे वे 1485 ई. से 1603 ई. तक जनता की स्वीकृति के अनुसार चलाते रहे। उन्होंने विपुल धनराशि एकत्र कर ली थी, इसलिये उन्हें संसद को बुलाने की आवश्यकता नहीं हुई। परिणामस्वरूप इस काल का महत्व घट गया। फिर भी इस काल की एक महत्वपूर्ण बात यह रही कि सुधार की प्रक्रिया में राजकीय शक्ति, रोमन केथोलिक चर्च के पोप के नियन्त्रण से मुक्त हो गयी।

(5) स्टुअर्ट काल (Stuart Period), 1603 से 1714 ई. तक-

लोकतंत्र की आधारशिला की स्थापना-स्टुअर्ट राजाओं के शासनकाल में राजा व संसद सदा एक-दूसरे के विरोध में रहे। अन्त में संसद की विजय हुई। संघर्ष का प्रमुख कारण यह था कि राजा अपनी शक्तियों को दैवीय मानते थे और उनका प्रयोग निरंकुश रूप में करना चाहते थे। संसद इसके लिये तैयार नहीं थी। यह विवाद इतना उग्र हुआ कि इंग्लैण्ड में गृहयुद्ध छिड़ गया। क्रॉमवेल के नेतृत्व में जन आन्दोलन इतना उग्र हुआ कि 1649 में स्टुअर्ट राजा 'चार्ल्स प्रथम' को फाँसी दे दी गयी। क्रॉमवेल के नेतृत्व में नये शासन तंत्र का सूत्रपात हुआ। पर क्रॉमवेल स्वयं

निरंकुश व अनुदारवादी शासक सिद्ध हुआ। उसने जनसामान्य को मताधिकार प्रदान किये जाने का विरोध किया और लॉर्ड-सभा को भंग कर दिया। उसकी मृत्यु के बाद 1660 में पुनः राजतंत्र छिड़ गया, जिसकी चरम परिणति जेम्स द्वितीय द्वारा 1688 में राज-पद त्यागने के रूप में हुई। इसे 1688 की 'रक्तहीन क्रान्ति' (Bloodless or Glorious Revolution) कहा जाता है।

लोक सदन (House of Commons) का भी इसी समय में काफी महत्व बढ़ा। इसका प्रमुख कारण लोक सदन द्वारा राजस्व के आय और व्यय के स्रोतों सम्बन्धी विधेयकों को सर्वप्रथम अपने मध्य प्रस्तावित किये जाने का अधिकार प्राप्त कर लेना था, जिसके परिणामस्वरूप इस सदन का समर्थन प्राप्त करना राजमुकुट (Crown) के लिये आवश्यक हो गया।

(1) अधिकार याचना पत्र (Petition of Rigjhts) -सर्वप्रथम सन् 1628 में संसद चार्ल्स प्रथम से उस प्रसिद्ध 'अधिकार याचना-पत्र' को मनवाने में सफल हुई, जिनमें ऐसी व्यवस्था कि माँग की गयी थी कि:

(क) संसद की स्वीकृति के बिना राजा और नवीन कर नहीं लगा सकता था; तथा संसद की पूर्व स्वीकृति के बिना राजा कोई ऋण नहीं ले सकता था;

(ख) बिना कोई निश्चित कारण बताये हुए राजा किसी व्यक्ति को जेल में नहीं डाल सकता था; और

(ग) शान्तिकाल में राजा 'मार्शल-लॉ' नहीं लगा सकता था।

(2) हैबियस कोर्पस अधिनियम (Hapeas Corps Act) - संसद ने सन् 1679 में 'हैबियस कोर्पस ऐक्ट' भी पारित किया, जिसमें ऐसी व्यवस्था की गयी थी कि किसी भी व्यक्ति को बिना अभियोग चलाये बन्दी नहीं रखा जा सकता था।

(3) अधिकार-पत्र (Bill of Rights) -संसद सन् 1689 में विलियम व मेरी के राजतिलक के समय उनसे अधिकार-पत्र मनवाने में सफल हो गयी। इस सम्बन्ध में जो समझौता हुआ, उसकी शर्तें निम्न प्रकार थीं :

(क) संसद की पूर्व स्वीकृति के बिना राजा कोई नवीन कर नहीं लगा सकता था एवं राजा को वर्ष में कम से कम एक बार संसद की बैठक अवश्य बुलानी पड़ती थी।

(ख) संसद की पूर्व स्वीकृति के बिना राजा कोई सेना नहीं रख सक़ता था। इसके अतिरिक्त अपने स्वार्थ के लिये न्याय-कार्य पर प्रभाव डालने के

लिये राजा को यह अधिकार नहीं था कि वह 'उच्चायुक्त' जैसे नवीन न्यायालयों की स्थापना कर सके। फलतः राजा अपने स्वार्थ के लिये न्याय-कार्य पर प्रभाव नहीं डाल सकता था।

(ग) संसद में जनता के प्रतिनिधियों को भाषण की स्वतंत्रता प्राप्त होनी थी।

(4) सन् 1701 का उत्तराधिकार अधिनियम-सन् 1701 में संसद ने 'एक्ट ऑफ सेटलमेण्ट' (Act of Settlement) पारित किया। जिसके अन्तर्गत उत्तराधिकार व उससे सम्बन्धित अन्य समस्याओं का निर्णय किया गया था, क्योंकि रानी एन्ने (Anne) के कोई सन्तान न थी। इस विधेयक के अन्तर्गत संसद ने यह निश्चय किया कि रानी एन्ने के बाद राजगद्दी के उत्तराधिकारी जेम्स प्रथम की प्रपौत्री सोफिया के पुत्र हों। संसद ने यह भी निश्चय किया कि उसकी पूर्व-स्वीकृति के बिना राजा न तो किसी अन्य देश से युद्ध की घोषणा करेगा और न संधि करेगा।

(5) द्विदलीय प्रणाली का आरम्भ-'स्टुअर्ट काल' से ही दलीय व्यवस्था की प्रगति उसके आधुनिक रूप की ओर हुई। चूँकि चार्ल्स द्वितीय के कोई सन्तान न थी, अतः उत्तराधिकारी का प्रश्न उठा। संसद यह नहीं चाहती थी कि चार्ल्स द्वितीय का भाई जेम्स द्वितीय राज-सिंहासन का उत्तराधिकारी हो, क्योंकि वह कट्टर कैथोलिक था। इसलिये संसद ने इस उद्देश्य से एक विधेयक रखा कि जेम्स द्वितीय राज-सिंहासन का उत्तराधिकारी न हो सके। विधेयक पर बड़ा मतभेद रहा और संसद ह्विग्स (Whigs) व टोरी (Tories) लोगों के दो दलों में विभक्त हो गयी। ह्विग लोग विधेयक के पक्ष में तथा टोरी लोग उसके विपक्ष में थे। जिस प्रश्न को लेकर मतभेद हुआ था वह तो शीघ्र हल हो गया; पर दोनों दलों ने परस्पर राजनीतिक दलों का रूप ले लिया। इस समय इंग्लैण्ड में निशितत रूप से 'द्विदलीय प्रणाली' का आरम्भ हुआ।

(6) बहुमत प्राप्त दल के मंत्रिमण्डल के निर्माण होना-सत्रहवीं शताब्दी के अन्त में जब इंग्लैण्ड फ्रांस के साथ युद्ध में रत था, विलियम तृतीय के समक्ष संसद के प्रतिरोध के कारण कठिनाईयाँ उपस्थित हुईं। इनसे मुक्ति पाने के लिए विलियम ने सन् 1693 में संसद में ह्विग दल के सदस्यों का 'जुनता (Junta) मंत्रिमण्डल' बनाया, क्योंकि इस दल को बहुमत प्राप्त था और मंत्रिमण्डल के माध्यम से संसद में उग्र व विवादास्पद सरकारी नीतियों के लिए समर्थन प्राप्त किया जा सकता था। इससे बहुमत प्राप्त दल के मंत्रिमण्डल के निर्माण की परम्परा चल पड़ी।

(7) म्यूनिटी अधिनियम-सन् 1689 के म्यूनिटी ऐक्ट (Mutiny Act) द्वारा यह व्यवस्था की गयी। सेना में सैनिकों की भर्ती भी केवल एक वर्ष के लिये ही की

जायेगी। इस कारण राजा के लिए यह और आवश्यक हो गया कि वह प्रतिवर्ष संसद की बैठक बुलाये।

(8) संसद के कार्यकाल का निर्धारण-सन् 1694 के 'त्रिवर्षीय अधिनियम' (Triennial Act) द्वारा संसद का कार्यकाल-तीन वर्ष निश्चित किया गया। थोड़े ही समय बाद 'सप्तवर्षीय अधिनियम' (Septennial Act) पारित हुआ, जिससे उसका कार्यकाल 7 वर्ष कर दिया गया।

(9) इंग्लैण्ड व स्कॉटलैण्ड का एकीकरण-सन् 1707 के 'एक्ट ऑफ यूनियन' (Act of Union) द्वारा इंग्लैण्ड व स्कॉटलैण्ड एक हुए और यह निश्चय हुआ कि भविष्य में स्कॉटलैण्ड के 16 सदस्य 'लॉर्ड-सभा' में व 45 सदस्य 'लोक सदन' में सम्मिलित होंगे।

(6) अन्तिम चरण- हैनौवर काल (Hanover Period), 1714 ई. से प्रारम्भ-

आधुनिक लोकतंत्र का विकास-अंग्रेजी संविधान के अन्तिम चरण का प्रारम्भ हम उस समय से मान सकते हैं जब 'हैनोवेरियन वंश' को राजगद्दी मिली। इस काल को हम 'आधुनिक लोकतंत्र के विकास का काल' कह सकते हैं। इस काल में अपने आधुनिक रूप में लोकतंत्र का विकास निम्न चरणों में हुआ:

(1) संसद की सर्वोच्चता की स्थाई स्थापना (Permanent Establishment of the Supremacy of the Parliament)-इंग्लैण्ड का प्रथम हैनोवेरियन राजा 'जॉर्ज प्रथम' वस्तुत: संसद द्वारा ही राजगद्दी पर बिठाया गया था। उसका उत्तराधिकार सम्बन्धी निर्णय सन् 1707 के 'सेटलमेण्ट एक्ट' द्वारा हुआ था। इस प्रकार वह संसद के प्रति कृतज्ञ था और वह उसकी सर्वोच्चता का विरोध करने की बात भी नहीं सोच सकता था। अत: यह मान्यता चल पड़ी की 'संसद राजा के उच्चतर है'। इस प्रकार संसद की सर्वोच्चता की स्थाई स्थापना हो गई।

(2) राजा की वास्तविक शक्तियों का पतन (Fall in Actual Powers of King)-'हैनोवर-वंश' के सिंहासनरूढ़ होने से पहले तक मंत्रियों की नियुक्ति व उनकी पदच्युति में राजा का पर्याप्त हाथ रहता था। संसद के प्रति हैनोवर-वंश की कृतज्ञता का एक परिणाम यह भी हुआ कि मंत्रिमण्डल सम्बन्धी सब अधिकार राजा के हाथ से निकल कर संसद के हाथ में पहुँच गये। 'जार्ज तृतीय' के समय में राजा के इन अधिकारों का कुछ पुनर्जीवन अवश्य हुआ; किन्तु 'विलियम चतुर्थ' के समय से फिर उनका क्रमिक ह्रास होता चला गया। परिणामत: धीरे-धीरे राजा मात्र एक संवैधानिक शासक हो गया।

(3) मंत्रिमण्डलीय प्रणाली का विकास (Development of Cabinet System)–'हैनोवर काल' से पूर्व मंत्रिमण्डल की बैठकों की अध्यक्षता राजा करता था। परन्तु पहले दो हैनोवेरियन राजा 'अंग्रेजी' नहीं जानते थे, परिणामस्वरूप उन्होंने मंत्रिमण्डल को स्वेच्छानुसार कार्य करने के लिए छोड़ दिया था। वे मंत्रिमण्डल की बैठकों में न सम्मिलित होते थे और न ही उसका सभापतित्व स्वीकार करते थे, परिणामस्वरूप यह परम्परा चल पड़ी की राजा मंत्रिमण्डल की बैठकों में सम्मिलित न होगा और 'कोष का प्रथम लॉर्ड', जो 'मुकुट' का प्रमुख सलाहकार था, मंत्रिमण्डल की बैठकों की अध्यक्षता करेगा।

(4) मंत्रिमण्डलीय उत्तरदायित्व की शुरूआत (Beginning of Ministerial Responsibility)–इस समय से पूर्व संसद के किसी सदन में मंत्रिमण्डल की पराजय होने पर भी वह संसद का त्याग नहीं करता था। परन्तु राबर्ट वालपोल के नेतृत्व में सन् 1748 में मंत्रिमण्डल को जब लोक सदन का समर्थन प्राप्त नहीं हुआ, तो उसे त्याग-पत्र देना पड़ा। इसके बाद सन् 1782 में 'नार्थ मंत्रिमण्डल' ने भी इसी प्रकार त्याग-पत्र दे दिया। इस प्रकार संसद के प्रति 'मंत्रिमण्डल उत्तरदायित्व' की वह परम्परा भी चल पड़ी, जो वर्तमान समय तक चली आ रही है।

(5) लोकसदन का प्रजातांत्रिकीकरण (Democratization of the House of Commons)–संसद ने सर्वोच्चता प्राप्त की, फिर भी आन्तरिक रूप में वह शक्तिशाली नहीं थी, क्योंकि वह जनता के एक अत्यन्त छोटे भाग का प्रतिनिधित्व करती थी। परिणामस्वरूप संसद भीतर और बाहर भी संसदीय मताधिकार को व्यापक बनाने के लिये एक आन्दोलन चला, जो उन्नीसवीं शताब्दी में सफल हुआ। सन् 1832 में 'रिफार्म ऐक्ट' (Reform Act) से इस दिशा में श्रीगणेश हुआ और कुछ सीमित रूप में मध्यम वर्ग के लोगों को मताधिकार प्रदान किया गया। सन् 1837 में 'रिफार्म ऐक्ट' द्वारा मताधिकार को और व्यापक कर दिया गया और अब कारीगर व नगरों में मजदूर लोगों को भी मत देने का अधिकार मिल गया। इसके पश्चात् सन् 1884 के एक 'रिफार्म ऐक्ट' के माध्यम से खेतीहर मजदूरों को भी मताधिकार मिल गया। आगे चलकर 1918 में एक अधिनियम के द्वारा 30 वर्ष से अधिक आयु की स्त्रियों को भी मताधिकार प्रदान कर दिया गया। अंत में सन् 1928 के एक अधिनियम के द्वारा 21 वर्ष के स्त्री पुरुषों का मताधिकार स्वीकार किया गया। इस प्रकार संसद का प्रतिनिधित्व पूर्णतः व्यापक हो गया।

(6) स्थानीय स्वशासन की स्थापना-लोकतंत्र का विकास इस काल में एक चरण और आगे बढ़ गया, जब सन् 1835 के 'म्यूनिसिपल कारपोरेशन ऐक्ट' द्वारा स्थानीय निकायों में जनता के प्रतिनिधियों की संख्या बढ़ा दी गई और सन् 1888 में 'लोकल गवर्नमेण्ट ऐक्ट' (Local Government Act) द्वारा उन 'काउन्टी काउन्सिलों' की स्थापना हुई, जिनमें जनता के चुने हुए प्रतिनिधि होते थे। उसके बाद सन् 1894 का 'लोकल गवर्नमेन्ट ऐक्ट' (Local Government Act) आया, जिसके द्वारा प्रशासकीय काउन्टी प्रदेशों को शहरी व देहाती जिलों में बाँट दिया गया और इस बात की व्यवस्था की गयी कि उनकी समितियाँ निर्वाचित हों।

(7) लार्ड-सभा की तुलना में लोक सदन के वर्चस्व की स्थापना-अठारहवीं शताब्दी तक संसद का वर्चस्व लॉर्ड-सभा को ही प्राप्त था। किन्तु धीरे-धीरे इस युग में मध्यम वर्ग के लोगों में चेतना आ जाने से लोकसदन की शक्ति बढ़नी प्रारम्भ हुई। सन् 1832 का 'सुधार अधिनियम' लॉर्ड-सभा की इच्छा के विपरीत पारित हुआ तथा आगे यह भी माना जाने लगा कि वित्तीय विषयों में अंतिम शक्ति लोकसदन (House of Commons) को प्राप्त है। पर 1910 में लार्ड-सभा ने लॉयड जार्ज के प्रगतिशील बजट को अस्वीकार करके संसद में प्राप्त अपने वर्चस्व को कम किये जाने का श्रीगणेश कर दिया। जिसके फलस्वरूप सन् 1911 का 'संसदीय अधिनियम' पारित हुआ, जिसके द्वारा वित्त सम्बन्धी विधेयकों के विषय में लोकसदन को सर्वोच्च शक्ति प्रदान की गयी और लॉर्ड-सभा को पूर्ण निषेध के अधिकार के स्थान पर केवल यह अधिकार दिया गया कि वह ऐसे विधेयकों को पारित होने देने में केवल दो वर्ष का विलम्ब कर सके। बाद में सन् 1949 के संसदीय अधिनियम द्वारा लार्ड-सभा का विलम्ब सम्बन्धी यह अधिकार दो वर्ष से घटाकर एक वर्ष कर दिया गया।

(8) नियमित दलीय पद्धति का विकास व विपक्ष की मान्यता (Development of the Regular Party System and recognition of the Opposition) -'दलीय पद्धति' का प्रारम्भ 'स्टुअर्ट काल' में ही हो चुका था, जब राजसिंहासन के उत्तराधिकार के प्रश्न को लेकर संसद-ह्विग्स (Whigs) व टोरी (Tories) गुटों में विभाजित हो गयी थी। आगे चलकर इन दलों का रूपान्तरण उदार (Liberal) व अनुदार दलों के रूप में हुआ तथा बाद में अनुदार व श्रमिक दो दल ही प्रमुख रह गये। इस काल में दलीय पद्धति को नियमित मान्यता भी प्राप्त हुई।

(9) राजा व राष्ट्रमण्डलीय देशों के सम्बन्ध-संवैधानिक दृष्टि से महत्वपूर्ण इस काल का एक अन्य कानून 'वेस्टमिन्स्टर का कानून' है, जिसके द्वारा

राजा व उपनिवेशों के पारस्परिक सम्बन्धों का निर्धारण करते हुए यह अधिनियमित पारित किया गया कि सब राष्ट्रमण्डलीय देश राजा के अधीन होंगे तथा वहाँ के शासन का संचालन वहाँ के गर्वनर जनरल, राजा की ओर से करेंगे। वर्तमान राष्ट्रमण्डल के विकास के इतिहास में इस कानून का बड़ा महत्व है।

अंग्रेजी संविधान की परिभाषा

ब्रिटिश संविधान का निर्माण एक निश्चित समय अथवा किसी गठित संविधान सभा द्वारा नहीं किया गया था। और न ही कभी इसे एक प्रारूप के रूप में लेखबद्ध किया गया। अत: इसकी एक निश्चित परिभाषा देना एक कठिन कार्य है।

विभिन्न परिभाषाएँ

"ब्रिटिश संविधान सिद्धान्तों और आचरणों का एक समूह है जो एक सहस्र वर्ष के इतिहास व उनका अवलोकन करने पर ही एकत्र किए जा सकते हैं। जिसमें कोई कानून कहीं मिलता है तो कोई न्यायिक निश्चय किसी अन्य स्थान पर। जिसमें राजनीतिक आचरणों को सर्वमान्य परम्पराओं व रीतियों में प्रतिष्ठित देखा जाता है इसके अतिरिक्त विधि निर्माण, शासन वित्त, न्याय और निर्वाचन यंत्र के आंतरिक भाग को देखना पड़ता है, कि ये अतीत में किस प्रकार थे और वर्तमान में किस प्रकार काम कर रहे हैं।" **—Oggs and Zink**

"हम अंग्रेजों को अपने संविधान पर गर्व है। यह ईश्वर की देन है। इस सम्बन्ध में अन्य किसी देश पर इसकी कृपा नहीं हुई है।" **—Charies Dickens**

"ब्रिटिश संविधान अवसर (संयोग) व बुद्धि (विवेक) की संतान है।"

—Lyton Strachey

"इंग्लैण्ड का संविधान विभिन्न संस्थाओं, आदर्शों और व्यवहारों का विचित्र मिश्रण है। राजपत्रों" (Charters) न्यायिक निर्णयों, सामान्य विधि (Common law), पूर्वोदाहरणों (Precedents), प्रथाओं तथा परम्पराओं का मिश्रण है। इसमें कोई एक अभिलेख (Document) न होकर हजारों अभिलेख सम्मिलित हैं। उनके पूर्व-योग व संयोग को ही ब्रिटिश संविधान कहा जाता है। अर्थात् इसको किसी एक निश्चित स्रोत से न लेकर अनेक साधनों व स्थानों से लिया गया है। यह कोई पूर्णत: प्राप्त वस्तु न होकर विकसित वस्तु है। यह बुद्धिमत्ता एवं संयोग की संतान है, जिसका मार्गदर्शन कहीं आकस्मिकता ने और कहीं उच्च कोटि की योजनाओं ने किया है। **—Munro**

थोमस पेन के मतानुसार, **"किसी संविधान को वास्तविक कहे जाने के लिए यह आवश्यक है कि उसे लिखित रूप में दिखाया जा सके और चूँकि इंग्लैण्ड ऐसा नहीं कर सकता, अतः उसका कोई संविधान नहीं है।"** उक्त दोनों आलोचकों का ध्यान केवल संविधान के स्वरूप पर केन्द्रित है, उसके तत्व पर नहीं। दोनों ही यह धारणा लेकर चले हैं कि 'संविधान एक आलेख के रूप में होना चाहिए और उसका अधिकांश भाग किसी संविधान सभा द्वारा निर्मित कानूनों के रूप में होना चाहिए।' चूँकि अंग्रेजी संविधान के विषय में ऐसी बात नहीं है, अतएव उन्होंने यह निष्कर्ष निकाला है कि 'इंग्लैण्ड में कोई संविधान नहीं है।' किन्तु यह विचार पूर्णतः त्रुटिपूर्ण है। अतः यह सभी स्वीकार करते हैं कि संविधान को पूर्ण रूप से लिखित होना आवश्यक नहीं है। आवश्यक केवल यह है कि संविधान कुछ ऐसे नियमों का अस्तित्व हो, जिनके द्वारा देश की शासन-व्यवस्था के ढाँचे का स्वरूप निर्धारित हो सके और वहाँ की सरकार की कार्य-प्रणाली के विषय में जाना जा सके। ये नियम लिखित व अलिखित दोनों प्रकार के हो सकते हैं। लिखित संविधान विशेष परिस्थितियों या आवश्यकताओं का परिणाम होते हैं-जैसे स्वतंत्रता-प्राप्ति, संघ का निर्माण, क्रान्ति से शासन-परिवर्तन आदि। इंग्लैण्ड में ऐसी कोई स्थिति उत्पन्न नहीं हुई, अतः वहाँ अलिखित संविधान है। वहाँ का संविधान विश्व का प्राचीनतम लोकतंत्रात्मक संविधान है, जिसकी निरन्तर विकासोन्मुख प्रक्रिया ब्रिटिश जनता के 'सविधानवाद में अन्तर्निहित सिद्धान्तों की हर कीमत पर सुरक्षा' के संकल्प की परिचायक है। इस संकल्प के आगे संवैधानिकता के सिद्धान्तों को मूर्तरूप देने वाली बात गौण हो जाती है।

अलिखित संविधान की व्यवस्था से ब्रिटेन को कोई हानि न होकर लाभ ही हुआ है। सर्वाधिक महत्वपूर्ण बात यह रही है कि राजनीतिक प्रक्रियाओं में लचीलापन रहा है और तनाव प्रायः उग्र नहीं हो पाये हैं।

ब्रिटिश सविधान की अस्तित्वता के पक्ष में तर्क

वास्तव में कोई भी देश बिना संविधान के नहीं चल सकता। भारत या संयुक्त राज्य अमेरिका की भाँति इंग्लैण्ड में भी संविधान है, चाहे वह अलिखित रूप में ही क्यों न हो। अनेक संविधान-वेत्ताओं की यह धारणा है कि ब्रिटेन में संविधान का अस्तित्व है। लेकिन जहाँ अन्य देशों का संविधान लिखित रूप में है वहीं ब्रिटिश संविधान, 'अलिखित संविधान' के रूप में अपना अस्तित्व रखता है। इंग्लैण्ड का संविधान एक लिखित प्रलेख (Documents) के रूप में नहीं पाया जाता, वह अनेक

रीति-रिवाजों तथा परम्पराओं में व्यक्त है। ब्रिटिश नागरिक अपने अलिखित संविधान के प्रति उतनी ही आस्था रखते हैं जैसी अन्य देशों के लोग अपने लिखित संविधान के प्रति। ब्रिटिश संविधान किसी विशेष समय, किसी संविधान सभा द्वारा नहीं बनाया गया है वरन् उसका क्रमिक विकास हुआ है। इंग्लैण्ड का सविधान ''संयोग और योजना की संतान है।'' मेथियोट ने ब्रिटिश संविधान को जीवित सावयव (Living Organism) कहा है। ऐमरी के शब्दों में ''ब्रिटिश संविधान औपचारिक विधि, पूर्वोदाहरण तथा परम्पराओं का मिश्रण है। ब्रिटिश संविधान के अस्तित्व के सम्बन्ध में हैरीसन का यह कथन है कि 'ब्रिटेन का संविधान उतना ही आधारभूत और नियमों का संग्रह है जितना कि संयुक्त राज्य अमेरिका, रूस, चीन, फ्रांस व भारत के संविधान है।''

थामस पेन और टोक्यूविली के तर्कों के विपरीत ब्रिटिश संविधान के अस्तित्व के पक्ष में अनेक विद्वानों द्वारा निम्नलिखित तर्क दिये जाते रहे हैं-

(1) ब्रिटिश संविधान के अस्तित्व के पक्ष में यह कह सकते हैं कि संविधान के मूल अर्थ के सम्बन्ध में व्यापक रूप से सर्वमान्य मत यह है कि संविधान निर्माताओं ने किसी एक समय व एक स्थान पर बैठकर रचा हो और जिसमें शासन की संरचना शासक के विभिन्न अंगों के कार्यों, शासन के विभिन्न अधिकारियों के कर्तव्यों, शासकों तथा प्रजा के सम्बन्धों में न्यायालयों तथा व्यक्तिगत स्वतंत्रता आदि की व्यवस्था के मूल सिद्धान्तों के साथ-साथ संविधान में उन सभी नियमों-अधिनियमों, परिपाटियों, प्रचलित प्रथाओं तथा रूढ़ियों आदि अलिखित व्यवस्थाओं को भी सम्मिलित किया गया है। यदि यह कहा जाय कि अलिखित प्रलेखों का संविधान अधूरा है, तो इसमें कोई अतिशयोक्ति नहीं होगी। अतः इस आधार पर कहा जा सकता है कि 'ब्रिटिश संविधान' अस्तित्व है, जो कि विकासवान है।

(2) विश्व में ऐसा एक भी संविधान नजर नहीं आता जो पूर्णतः लिखित हो। प्रत्येक संविधान में 'अलिखित-तत्व' उपस्थित रहते हैं। ब्रिटिश संविधान के विकास में परम्पराओं अथवा अभिसमयों की महत्वपूर्ण भूमिका रही है।

(3) ब्रिटिश संविधान विश्व का सबसे अधिक लचीला (Flexible) संविधान हैं। जिसके आधार पर उसके अस्तित्व पर विवाद किया जाता रहा है। लेकिन संविधान का कठोर (Rigid) होना ही महत्वपूर्ण आधार नहीं है, क्योंकि किसी भी संविधान के 'नम्यता संशोधन प्रणाली' पर नहीं बल्कि उसके 'मौलिक प्रावधानों' के दृष्टिकोण से देखा जाये तो अमेरिका और ब्रिटेन के संविधान को नम्यता की एक

श्रेणी में रखा जा सकता है कि देशवासियों के चरित्र और परम्पराओं की दृष्टि से यह कहा जा सकता है कि अंग्रेज जाति गम्भीर प्रकृति की है तथा अपने उत्तरदायित्व के प्रति सजग रहने वाली है।

(4) ब्रिटिश संविधान पर 'सर्वोच्च आधारभूत नियमों के अभाव' की बात कहकर उसके अस्तित्व पर आपत्ति प्रकट करना व्यर्थ ही प्रतीत होता है। ऑग व जिंक (Ogg and Zink) ने कहा है कि "ग्रेट ब्रिटेन में बहुत से आधारभूत सार्वजनिक नियम और अभ्यास विद्यमान थे और आज भी हैं।" इन आधारभूत नियमों के बारे में डायसी ने लिखा है कि "ये नियम प्रत्यक्ष या अप्रत्यक्ष रूप से सार्वभौमिक शक्ति के विभाजन और प्रयोग को निर्धारित करते हैं।"

उपरोक्त तर्कों के आधार पर निष्कर्ष रूप में कहा जा सकता है कि 'ब्रिटिश संविधान का भी अन्य संविधानों की भाँति अपना पूर्ण अस्तित्व है।'

ब्रिटिश संविधान की अस्तित्वहीनता के पक्ष में तर्क

ब्रिटिश सविधान की अस्तितवहीनता के पक्षकारों के अपने विचार के पक्ष में निम्न तीन तर्क प्रस्तुत किए हैं–

(1) ब्रिटिश संविधान न तो किसी संविधान सभा का परिणाम है और न ही किसी एक प्रारूप के रूप में लेखबद्ध है–ब्रिटिश संविधान की अस्तित्वहीनता के पक्ष में इसके समर्थकों ने अपना पहला तर्क यह दिया है कि "ब्रिटिश संविधान किसी एक निश्चित लिखित अभिलेख के रूप में नहीं है, जबकि संविधान को एक लिखित, निश्चित तथा क्रमबद्ध अभिलेख के रूप में होना चाहिए जिसका निर्माण किसी एक संविधान सभा–निर्मात्री सभा द्वारा किया गया हो। जबकि ब्रिटिश संविधान न तो किसी एक लिखित रूप में हैं, न ही उसका स्वरूप निश्चित हैं, न ही उसकी विषयवस्तु क्रमबद्ध है और न ही उसे अन्य संविधानों की भाँति प्रस्तुत किया जा सकता है अत: यह कहना तर्कसंगत है कि ब्रिटेन में संविधान नाम की कोई चीज नहीं है।"

(2) संवैधानिक कारक (आधारभूत नियमों का अभाव)–ब्रिटिश संविधान के अस्तित्वहीनता के पक्ष में द्वितीय व महत्वपूर्ण तर्क यह दिया गया है कि "एक संविधान में सर्वोच्च आधारभूत नियमों (Supreme Fundamental Laws) का संकलन होना चाहिए, जबकि ब्रिटिश संविधान में ऐसा नहीं है। ब्रिटेन में संविधान की सर्वोच्चता के स्थान पर संसद की सम्प्रभुता की धारणा को अपनाया गया है। संविधान के आधारभूत नियमों में संसद स्वेच्छानुसार परिवर्तन और संवर्धन कर

सकती है। ब्रिटिश में पवित्र, उच्च और मौलिक नियमों का अभाव है, अतः ब्रिटिश संविधान का अस्तित्व संदिग्धता के घेरे में पड़ जाता है।''

(3) ब्रिटिश संविधान की अस्तित्वहीनता के पक्ष में तृतीय तर्क यह प्रस्तुत किया है कि ''एक संविधान अनन्य (कठोर-Rigid) होना चाहिए। उसमें संशोधन के लिए विशेष प्रक्रिया का प्रयोग होना चाहिए। जबकि ब्रिटिश संविधान में 'सामान्य विधि' और 'संविधान में संशोधन' लाने के लिए एक ही प्रणाली को प्रयोग में लाया जाता है। इसी आधार पर इसे 'विश्व का सबसे लचीला (Flexible) संविधान' कहते हैं। इसकी इस प्रकृति के आधार पर ही इसका संविधान के रूप में अस्तित्व को संदेहास्पद स्थिति में माना गया है। अर्थात् इस लचीलेपन के कारण ही ब्रिटिश संविधान की गणना संविधानों की श्रेणी में नहीं करने के लिए अपने तर्क प्रस्तुत करने का प्रयास किया गया।''

अंग्रेजी सविधान के निर्माणक तत्त्व या स्रोत

(Constituent Elements of Sources of The British Constitution)

ब्रिटिश संविधान वस्तुतः स्वाभाविक रूप में विकसित होने वाला संविधान है, जो शनैः शनैः विकसित हुआ है। विकास की इस प्रक्रिया में अनेक तत्वों ने मिलकर अंग्रेजी संविधान को उसका आधुनिक रूप प्रदान किया है। इन तत्त्वों का विवेचन हम निम्न शीर्षकों के अन्तर्गत कर सकते हैं:

(1) संवैधानिक समझौते (Constitutional Agreements)–जैसा कि ऑग (Ogg) ने कहा है कि ''संवैधानिक समझौते वे समझौते हैं, जो इंग्लैण्ड के राजा व वहाँ की प्रजा में ऐसे समयों पर हुए, जब राजा ने अपनी शक्ति का दुरुपयोग किया और जनता ने अपने अधिकारों के लिए आन्दोलन किये।'' परिणामस्वरूप इन समझौतों में राजा की शक्ति व प्रजा के अधिकारों की परिभाषा करने का प्रयत्न किया गया है। वस्तुतः इंग्लैण्ड का 'लोकतंत्रीकरण' अधिकांशतः इन्हीं समझौतों के माध्यम से हुआ है। ये समझौते संवैधानिक चरण (Constitutional Landmarks) कहे जाते हैं, क्योंकि उनके द्वारा लोकतन्त्रीकरण के प्रगति पथ के उन स्थलों का बोध होता है, जिनसे होकर इंग्लैण्ड 'लोकतन्त्रीय व्यवस्था' की ओर अग्रसर होता गया। सन् 1215 का 'मैग्नाकार्टा' (Magna Carta of 1215) सन् 1628 का 'पिटीशन ऑफ राइट्स' (Petition of Rights of 1628) तथा सन् 1689 का 'बिल ऑफ राइट्स' (Bill of Rights of 1689) आदि इनमें मुख्य हैं।

(2) संवैधानिक कानून (Constitutional Statutes)-अंग्रेजी संविधान का विकास संसद द्वारा बनाये गये संवैधानिक कानूनों के द्वारा भी हुआ है। यहाँ की संसद ने समय-समय पर अनेक कानून बनाये हैं, जिनका सम्बन्ध देश के प्रशासनित ढाँचे के संचालन, मताधिकार को व्यापक बनाने, लार्ड-सभा की शक्ति को सीमित करने और जनता की स्वतन्त्रताओं का निर्धारण करने से रहा है। इन सब विषयों से सम्बन्धित कानून बनाकर संसद ने संविधान को सजीव बनाया है। सन् 1832, 1867 व 1884 के 'रिफार्म ऐक्ट' (Reform Acts), सन् 1689 के 'हैबियस कोर्पस' (Habeas Corpus) एक्ट, सन् 1716 के 'सेप्टीनियल' (Septinnial) ऐक्ट , सन् 1872 के 'पार्लियामेन्ट एण्ड म्यूनिसिपल इलेक्शन ऐक्ट', सन् 1911 व 1949 के पार्लियामेण्ट ऐक्ट और सन् 1918 के 'रिप्रेजेण्टेशन ऑफ दी पीपुल ऐक्ट' जैसे अनेक संवैधानिक कानून इस श्रेणी में आते हैं।

(3) न्यायिक व्याख्याएँ व कानूनी टीकाएँ (Judicial Interpretations and Legal Commentaries)- न्यायधीशों ने भी अंग्रेजी संविधान के निर्माण में सदा से योग दिया है। न्यायाधीशों ने अपने निर्णयों में 'संवैधानिक कानूनों' की व्याख्या की है। इंग्लैण्ड में जो स्वतंत्रता नागरिकों को प्राप्त है, वह संविधान का अंग इसलिए हो गयी है कि न्यायाधीशों की टीकाओं द्वारा उसे समय-समय पर परिभाषित किया जाता रहा है। सन् 1670 का 'बूशेल्स' (Bushells) का मामला इसका उदाहरण है। वकीलों ने भी देश के संविधान पर टीकाएँ लिखी हैं और संविधान की धाराओं के क्षेत्र की परिभाषा व उसकी आलोचना की है। संसद को इस प्रकार संविधान के रूप में परिमार्जित करने में उन्होंने अपना योगदान दिया है।

(4) सामान्य कानून (Common Law)-संविधान का निर्माण न्यायिक निर्णयों के द्वारा भी हुआ है। न्यायाधीशों ने अपने निर्णयों में ऐसे अनेक सिद्धान्तों का प्रतिपादन किया है, जिन्होंने समय बीतने पर कानून जैसी महत्ता प्राप्त कर ली है। इन सिद्धान्तों व नियमों की कोई संहिता नहीं बनी है और इन्हें देश की संसद द्वारा पारित नहीं किया गया है; फिर भी न्यायालय उन्हें मान्यता देते हैं। यदि उनका उल्लंघन होता है तो उनके विषय में न्यायालयों में अभियोग चलाया जा सकता है। उल्लंघन करने वाले को दण्डित दिया जाता है।

(5) संवैधानिक अभिसमय या परम्परायें (Constitutional Conventions)-संवैधानिक अभिसमयों में वे अलिखित व असंग्रहीत रिवाज, प्रथाएँ तथा लोगों के अभ्यास सम्मिलित होते हैं, जो प्रत्येक देश के शासन के संचालन के लिए बड़े महत्व के होते हैं। 'अभिसमय' संसद के कानून की तरह लिखित रूप में नहीं होते,

वरन् उनका रूप एक ऐसी अलिखित संहिता जैसा होता है, जिसका पालन करना सरकार के लिए नैतिक रूप से आवश्यक होता है। न्यायालय उन्हें मान्यता नहीं देते। यदि किसी अभिसमय का उल्लंघन हो, तो उस सम्बन्ध में कोई अभियोग भी नहीं चलाया जा सकता और न कोई दण्ड ही दिया जा सकता है। अभिसमयों के पीछे कोई कानूनी शक्ति नहीं होती और न ही उन्हें क्रियान्वित करने के लिए न्यायालयों व पुलिस की शक्ति का प्रयोग ही किया जा सकता है। परन्तु इन सबका उल्लंघन सहज नहीं है, क्योंकि इनके पीछे 'जनमत' का भारी दबाव रहता है। अंग्रेजी शासन-प्रणाली में इस प्रकार के अनेक अभिसमयों का प्रयोग होता है। 'अभिसमय' वहाँ के संविधान का मुख्य अंग हैं।

अंग्रेजी संविधान की कुछ प्रमुख परम्पराएँ निम्नलिखित हैं-

1. वर्ष में कम-से-कम एक बार संसद अवश्य बुलायी जाती है किन्तु राजा मंत्रिमण्डल की बैठकों में सम्मिलित नहीं होता।
2. राजा अपने मन्त्रियों का परामर्श सदा स्वीकार कर लेता है तथा राजा संसद द्वारा पारित विधेयकों को सदा स्वीकृति प्रदान कर देता है।
3. लोकसभा का अध्यक्ष राजनीति में भाग नहीं लेता।
4. लार्डसभा का अधिवेशन जब 'न्यायालय' के रूप में होता है, तो केवल कानूनी लॉर्ड ही उपस्थित होते हैं।
5. प्राय: सभी राजकीय विशेषाधिकारों का प्रयोग मन्त्रियों द्वारा किया जाता है। मन्त्रिगण लोकसभा के प्रति उत्तरदायी होते हैं। यदि कोई मंत्रिमण्डल लोक- सदन का विश्वास खो देता है, तो वह त्यागपत्र दे देता है।

इस प्रकार यह स्पष्ट है कि ब्रिटिश संविधान विभिन्न तत्वों से बना हुआ एक संविधान है, जिसमें मानव अधिकारों से लेकर शासन की सर्वोच्च संस्थाओं तक का विवेचन किया गया है तथा जो अन्य देशों का 'पथ-प्रदर्शक' है। अंग्रेजी संविधान एक तत्त्व से नहीं, वरन् अनेक तत्त्वों से बना हुआ है; जैसे-संवैधानिक समझौते, संसदीय कानून, न्यायिक निर्णय, कानूनी टीकाएँ व परम्पराएँ।

उक्त निर्णायक तत्वों को निम्न तालिका से अच्छी तरह समझा जा सकता है :

अंग्रेजी संविधान के निर्माणक तत्त्व

- संवैधानिक समझौते (जैसे मैग्नाकार्टा, बिल ऑफ राइट्स आदि)
- संवैधानिक कानून (जैसे रिफार्म एक्ट, 1832, 1867, 1884 व पार्लियामेण्ट एक्ट, 1911, 1949 आदि)
- संवैधानिक अभिसमय (जैसे अविश्वास का प्रस्ताव पास होने पर मंत्रिमण्डल का त्याग-पत्र)
- न्यायिक व्याख्याएँ एवं कानूनी टीकाएँ (जैसे ब्लैकस्टोन, कोक, डायसी आदि की कृतियाँ व एण्टिक व कौल कैरिंगटन अभियोग, 1765 आदि)
- सामान्य कानून (जैसे संसद के विशेषाधिकार)

"ब्रिटिश संविधान-संयोग और विवेक का शिशु"

(The British Constitution-"A Child of Chance and Wisdom")

विश्व के अधिकांश संविधानों का निर्माण गम्भीर सोच-विचार के आधार पर योजनाबद्ध ढंग से किया गया है। जैसा कि संयुक्त राज्य अमेरिका, फ्रांस, भारत तथा विश्व के अन्य देशों के संविधानों का निर्माण एक 'संविधान निर्मात्री सभा' द्वारा बड़ी गम्भीर मंत्रणा के उपरान्त हुआ है। लेकिन ब्रिटिश संविधान का निर्माण योजनाबद्ध रूप से नहीं हुआ। लिटिलस्टेची के अनुसार यह 'संयोग और विवेक का शिशु' (Child of Chance and Wisdom) है। ब्रिटेनवासी स्ट्रेची की इस उक्ति को स्पष्ट करने के लिए हमें यह ज्ञात कराना चाहिए कि "संयोग और विवेक" ने ब्रिटिश संविधान के विकास में किस प्रकार अपना योगदान दिया।

विश्व को महत्वपूर्ण देन-ब्रिटिश संविधान की महत्वपूर्ण संस्थाएँ और व्यवस्थाएँ ऐसी है, जो आज विश्व को महत्वपूर्ण देन मानी जाती है। लेकिन उनका वहाँ किसी ने योजनाबद्ध निर्माण नहीं किया वरन् संयोग ने ही उन्हें वर्तमान स्वरूप प्रदान कर दिया। जैसे 'द्वि-सदनात्मक व्यवस्थापिका', ब्रिटिश संविधान की विश्व को एक महत्वपूर्ण देन है, जिसे विश्व संविधानों ने ब्रिटेन से ग्रहण किया। लेकिन स्वयं ब्रिटेन में द्वि-सदनात्मक-व्यवस्थापिका को सोच विचार कर किसी योजना के आधार पर नहीं अपनाया गया अपितु संयोगवश ही यह अस्तित्व में आयी। 13वीं सदी में

इंग्लैण्ड का राजकोष खाली हो गया था। ऐसी स्थिति में 1295 ई. में ब्रिटेन के सम्राट एडवर्ड प्रथम ने भारी मात्रा में नये कर लगाने की आवश्यकता अनुभव की और नये कर प्रस्तावों पर विचार करने के लिए तीन अलग-अलग वर्गों (सामन्तवर्ग, धर्माधिकारीवर्ग व नगरों के प्रतिनिधि) के प्रतिनिधियों को आमंत्रित किया गया। ब्रिटेन के संवैधानिक इतिहास में इसे ही 'मोडल पार्लियामेण्ट' (Model Parliament) के नाम से जाना जाता है। इस संयोग ने ब्रिटेन में त्रि-सदनात्मक-व्यवस्थापिका को जन्म दिया। परन्तु बैरन (सामन्तों) और उच्चाधर्माधिकारियों ने हितों की परस्पर एकता अनुभव की और वे एक हो गये। इसी प्रकार ''शायर'' के ''नाइट'' और नगरों के 'प्रतिनिधि' दोनों ही निर्वाचित होते थे तथा उनके हित भी लगभग एक जैसे थे। अत: दोनों वर्ग एक दूसरे के समीप हो गये तथा छोटे-छोटे धर्माधिकारी भी इनके साथ जुड़ गये। इस स्थिति के कारण ही त्रि-सदनात्मक-व्यवस्थापिका के स्थान पर संयोगवश-द्विसदनात्मक-व्यवस्थापिका का आर्विभाव हुआ। जिसमें 'उच्च-सदन' (लार्ड-सभा) सामन्तों और पादरियों का प्रतिनिधित्व करने लगा और 'निम्न-सदन' (कामन्स सभा) जनसाधारण का प्रतिनिधित्व करने लगा।

इसी प्रकार संयोगवश ही लोकसदन में 'स्पीकर' पद का उदय हुआ। 1376 में लोकसदन ने सम्राट व लार्ड-सभा के समक्ष अपनी याचिका प्रस्तुत करने के लिए 'स्पीकर' को निर्वाचित किया, तभी से आज तक स्पीकर का पद चला आ रहा है।

ब्रिटेन में 'मंत्रिमण्डलीय व्यवस्था' भी संयोग का ही परिणाम माना जाता है। मंत्रिमण्डलात्मक व्यवस्था का आशय है कि 'मंत्रिमण्डल लोकसदन के प्रति उत्तरदायी हों'। ब्रिटेन में मंत्रिमण्डल और मंत्रिमण्डलात्मक व्यवस्था की यह स्थिति संयोगवश कुछ चरणों में अपने वर्तमान रूप में पहुँची। 17वीं सदी से पूर्व तक 'ऐंग्लो सैक्सन काल' एवं 'नॉर्मन काल' में सम्राट को परामर्श देने तथा प्रशासन कार्यों में सहयोग देने के लिए दो संस्थाएँ थीं- 'विटनेजमोट' (बुद्धिमानों की सभा) और 'क्यूरिया रेजिस' (शाही परिषद्) विटनेजमोट एक बड़ी संस्था थी, जिसने समय पाकर संसद का रूप ग्रहण किया। 'क्यूरिया रेजिस' एक लघु संस्था थी, जो नीति निर्धारण और सभी प्रशासनिक मामलों पर सम्राट को परामर्श तथा सहायता देती थी। सम्राट एडवर्ड षष्ठ के काल में 'क्यूरिया रेजिस' ने 'प्रिवी कौंसिल' का नाम ग्रहण कर लिया। इसी प्रिवी कौंसिल ने आगे चलकर कैबीनेट को जन्म दिया। अत: 17वीं सदी में 50 सदस्यों की प्रिवी कौंसिल की एक बड़ी संस्था बनी। इस प्रिवी कौंसिल की एक छोटी समिति से जेम्स प्रथम व चार्ल्स प्रथम ने परामर्श करना शुरू किया। चार्ल्स द्वितीय के काल में

प्रमुख पाँच व्यक्तियों (क्लिफर्ड, आलिंगटन, बकिंघम, एशले और लाडरडेम) को परामर्शदाता की स्थिति प्राप्त थी। आगे चलकर इन व्यक्तियों ने प्रत्येक के नाम के प्रथम अक्षर को लेकर एक समिति का निर्माण किया जिसको 'कबाल' (CABAL) कहा जाने लगा। आगे चलकर बेकमन ने 'कबाल' के स्थान पर 'केबिनेट' शब्द का प्रयोग किया। परन्तु इस कबाल को वर्तमान केबीनेट का दर्जा या अधिकार प्राप्त नहीं थे। सही अर्थों में मंत्रिमण्डल का विकास 18वीं सदी में हुआ और यह विकास योजनाबद्ध ढंग से किये गये कार्य का नहीं, वरन् सुखद संयोग और एक विशेष स्थिति में केबीनेट के अध्यक्ष पद पर आसीन व्यक्ति द्वारा अपनाए गये आचरण का परिणाम था। 1714 में 'हैनोवर वंश' के सम्राट जार्ज प्रथम व जार्ज द्वितीय, अंग्रेजी भाषा, राजनीति तथा ब्रिटेन के राजनीतिक रीति-रिवाजों से अनभिज्ञ थे। इस संयोग ने ही ब्रिटिश केबीनेट को राजकीय प्रभाव से मुक्त कर दिया। अंग्रेजी भाषा के बिना राजा ने मंत्रिमण्डल की बैठकों में अनुपस्थित रहना शुरू कर दिया परिणामस्वरूप केबीनेट के ही एक सदस्य द्वारा राजा के प्रतिनिधि के रूप में बैठकों की अध्यक्षता की जाने लगी थी। इस प्रकार मंत्रिमण्डल और मंत्रिमण्डलात्मक सम्पूर्ण व्यवस्था का कानूनों के आधार पर किसी संस्था द्वारा निर्माण नहीं किया गया, अपितु एक संयोग का ही परिणाम है। इस आधार पर यह कहा जा सकता है कि 'ब्रिटेन का संविधान संयोग का शिशु है'। जो निरन्तर अपने विकास के पथ पर अपने आपको सुदृढ़ करता हुआ विश्व संविधानों का दिशा-निर्देशक बना हुआ है।

विशिष्ठ प्रयासों का परिणाम

ब्रिटेन के संविधान में कुछ संस्थाएँ और व्यवस्थाएँ 'संयोग (Child of Chance) का परिणाम' है, तो दूसरी ओर कुछ संस्थाएँ व व्यवस्थाएँ 'विवेक का शिशु' (Child of Wisdom) अथवा बुद्धिमत्तापूर्वक किए गए प्रयासों का परिणाम है। निरंकुश राजतंत्र के अन्तर्गत सिद्धान्त में 'संवैधानिक राजतंत्र' और व्यवहार में 'लोकतंत्र की स्थापना', बुद्धिमत्तापूर्वक किए गये प्रयासों का ही परिणाम है। सन् 1688 की 'गौरवपूर्ण रक्तहीन क्रान्ति' ने राजा को संसद के अधीन कर दिया। 1685 में चार्ल्स द्वितीय की मृत्यु के बाद उसका भाई जेम्स द्वितीय गद्दी पर बैठा, जिसने मात्र तीन वर्ष ही राज्य किया। उसने संसद की अनुमति के बिना कानून रद्द करने का अधिकार अपने हाथ में ले लिया। जिसके कारण संसदीय नेता बहुत अप्रसन्न हुये और जेम्स द्वितीय को सिंहासन से हटाने के लिए उन्होंने औरेंज के राजकुमार विलियम तृतीय को इंग्लैण्ड पर आक्रमण करने के लिए आमंत्रित किया। विलियम

तृतीय ने एक विशाल सेना के साथ इंग्लैण्ड पर आक्रमण कर दिया। जब जेम्स द्वितीय को यह महसूस हुआ कि उसका सभी पक्षों ने साथ छोड़ दिया है, तो वह फ्रांस भाग गया। इस प्रकार बिना किसी रक्तपात के विवेकपूर्ण प्रयास से वांछित परिवर्तन हो गया। इस वांछित परिवर्तन के बाद विलियम व मेरी को ब्रिटेन का सम्मिति शासक बनाया गया। इस समय संसद ने 1689 के अधिकार-पत्र (Bill of Rights) को विवेकपूर्वक लागू करवा दिया। मुनरों ने इस अधिकार-पत्र पर प्रकाश डालते हुए कहा कि "इससे पार्लियामेण्ट की वैधानिक प्रभुता की घोषणा की गयी।" इसी शृंखला में 1832, 1867, 1884 तथा अन्य विवेकपूर्वक किये गये सुधार अधिनियमों द्वारा मताधिकार को व्यापक बनाकर कॉमनसभा का लोकतन्त्रीकरण किया गया। सन् 1911 तथा 1949 के संसदीय अधिनियमों द्वारा लार्ड-सभा की शक्तियों को सीमित कर 'संसद की सम्प्रभुता' को लोकसदन की सम्प्रभुता (Sovereginty of House of Commons) में समाहित कर दिया।

उपरोक्त उदाहरणों के आधार पर स्पष्ट हो जाता है कि ब्रिटिश संविधान के विकास में पथ-निदर्शन, आकस्मिक घटनाओं तथा विवेकपूर्वक किये गये संवैधानिक प्रयासों की महत्वपूर्ण भूमिका रही है। ब्रिटेन के संविधान में 'विवेक' की अपेक्षा 'संयोग' के तत्व अधिक झलकते हैं। मंत्रिमण्डलात्मक शासन व्यवस्था संयोग पर आधारित थी, लेकिन विवेक का इसके विकास में अपना महत्वपूर्ण योगदान रहा। निरंकुश राजतंत्र के स्थान पर लोकतंत्रीकरण की स्थापना विवेक का श्रेष्ठ उदाहरण है।

ब्रिटिश संविधान के अध्ययन की महत्ता

द्वितीय महायुद्ध के पूर्व तक ब्रिटेन को अन्तर्राष्ट्रीय राजनीति में 'प्रथम श्रेणी के राष्ट्र' की स्थिति प्राप्त थी, लेकिन आज यह स्थिति संयुक्त-राष्ट्र-संघ की सुरक्षा परिषद् में ही शेष रह गयी है। आर्थिक और औद्योगिक दृष्टि से न केवल अमेरिका वरन् जर्मनी, जापान तथा अन्य कुछ राष्ट्रों ने भी ब्रिटेन से अधिक महत्वपूर्ण स्थिति प्राप्त कर ली है। ब्रिटेन साम्राज्य व्यक्तियों के लिए अब तक राजनीतिक व्यवस्था का प्रतीक भी नहीं रहा है। जनसंख्या की दृष्टि से भी ब्रिटेन अब महादेश नहीं रहा, उसकी तुलना में विश्व के अनेक राष्ट्र बहुत विशाल और अधिक जनसंख्या वाले हैं। लेकिन प्राचीन से लेकर आज तक राजनीतिक-विज्ञान और लोकप्रशासन में रुचि रखने वाले हर व्यक्ति के लिए ब्रिटिश शासन पद्धति से अवगत होना आवश्यक है। जब ब्रिटिश संसद को 'संसदों की जननी' (Mother of Parliaments) तथा ब्रिटिश

संविधानों को 'मातृ संविधान' (Mother of Constitution) कहा जाता है, जो स्वत: ही ब्रिटिश संविधान का अध्ययन करना आवश्यक बन जाता है। इसी दृष्टि से आज भी विदेशी संविधानों तथा शासन प्रणालियों का अध्ययन करते समय उसमें 'ब्रिटिश संविधान' का अध्ययन प्रथम स्थान पर किया जाता है। ब्रिटिश संविधान में अनेक ऐसे तथ्य हैं, जिनके कारण इसका अध्ययन करना बहुत अधिक महत्वपूर्ण हो जाता है, इसके अध्ययन के महत्व पर प्रकाश डालते हुए 'मुनरो' ने कहा था कि ''ब्रिटिश संविधान संविधानों का जनक और ब्रिटिश संसद संसदों की जननी है।'' अन्य देशों के विधानमण्डलों की चाहे कोई भी संज्ञा क्यों न हो, उनका उद्‌गम स्रोत एक ही है। अतः हम कह सकते हैं कि विधि व शासन के क्षेत्र में तथा अन्य क्षेत्रों में ब्रिटिश संविधान की विश्व को जो महत्वपूर्ण देन रहीं उनसे ब्रिटेन के संविधान का अध्ययन बहुत अधिक महत्वपूर्ण हो जाता है। जिनका संक्षिप्त विवरण इस प्रकार है-

(1) प्रचीन व प्रथम लोकतंत्रीय संविधान-ब्रिटेन का संविधान प्राचीनतम होने के कारण इसके द्वारा विश्व के अन्य देशों के संविधानों और शासन व्यवस्थाओं को प्रभावित व मार्गदर्शित किया गया। इसी कारण अन्य देशों के संविधानों में ब्रिटिश संविधान के लक्षण अवश्य पाये जाते हैं। अत: हम विश्व में अन्य संविधानों को तब तक नहीं समझ सकते जब तक कि ब्रिटेन के संविधान का अध्ययन नहीं कर लिया जाए। ब्रिटिश संविधान को 'प्रथम लोकतंत्रीय संविधान' कहा जाता है, क्योंकि ब्रिटेन में ही सर्वप्रथम लोकतंत्रात्मक शासन और जीवन के तत्वों का विकास हुआ, जिन्हें अन्य देशों द्वारा ग्रहण कर 'लोकतंत्रीय शासन व्यवस्था' को अपनाया गया।

(2) स्वतंत्रता का प्रतीक (Symbol of liberty) -ब्रिटिश संविधान के विकास का इतिहास निरंकुशता के विरुद्ध स्वतंत्रता की जनभावनाओं के संघर्ष का इतिहास रहा है। वहाँ जनता की भावनाओं अनुसार, बिना किसी विशेष प्रावधानों में उलझे हुए 'परम्पराओं' को ही कानून का रूप दिया जाता रहा है। जनमानस की इच्छा ही वहाँ की शासन व्यवस्था का आधार है। ब्रिटेन के संविधान में नागरिकों के किसी भी अधिकार का उल्लेख न होने पर भी वहाँ नागरिकों को अन्य देशों की अपेक्षा अधिक स्वतंत्रता और अधिकार प्राप्त हैं।

(3) तीन प्रमुख विचारधाराओं का समन्वय-ब्रिटिश संविधान के अन्तर्गत तीनों विचारधाराओं, रूढ़िवाद (conservation), समाजवाद (socialism) और उदारवाद का समन्वय पाया जाता है। ब्रिटेन के लोग यद्यपि रूढ़िवादी परम्पराओं और सिद्धान्तों के पोषक हैं, इसके पश्चात् भी उनके द्वारा समय-समय पर आवश्यक परिवर्तनों को सदैव स्वीकार किया जाता रहा है।

(4) प्रतिनिधात्मक शासन का अग्रदूत-ब्रिटेन ने ही सर्वप्रथम नगर-राज्यों की शासन व्यवस्था से लोकतंत्र को अलग कर उसे जनप्रतिनिधात्मक शासन (Representative Government) का रूप दिया।

(5) विधि का शासन व संसद की सर्वोच्चता-ब्रिटेन में कानून के आगे सब वर्गों के व्यक्तियों की समानता की अवधारणा का विकास हुआ, जो नागरिकों की समानता व स्वतंत्रता का आधार है। विश्व, ब्रिटेन की इस देन के लिए उसका ऋणी है। 'संसद की सर्वोच्चता' (Supremacy of Parliament) के सिद्धान्त का भी प्रतिपादन ब्रिटेन में ही हुआ जिसे 'मंत्रिमण्डल शासन व्यवस्था' वाले विश्व के देशों ने अपनाकर अपने शासन का आधार बनाया।

(6) द्विसदनात्मक व्यवस्थापिका-'द्वि-सदनात्मक व्यवस्थापिका' (Bi-Cameralism) आज लोकतंत्र का एक अपरिहार्य गुण माना जाता है। इसका विकास भी सर्वप्रथम ब्रिटेन में ही हुआ था।

(7) स्थानीय शासन-स्थानीय स्वायत्त शासन (Local Self Government) को आज 'लोकतंत्र का आधार स्तम्भ' माना जाता है। उसके स्वरूप का उदय भी ब्रिटेन की देन है।

अंग्रेजी संविधान की प्रमुख विशेषतायें/लक्षण

(The Nature of the British Constitutions-Its Main Features)

ब्रिटिश संविधान का अपना एक निराला स्वरूप है। यह दुनिया का सबसे प्राचीनतम और एकमात्र 'अलिखित संविधान' है। अनेक राजनीतिक प्रथाओं का इससे प्रादुर्भाव हुआ है। इसके द्वारा राजनीतिक क्षेत्र में अनेक प्रकार विश्व का पथ-प्रदर्शन हुआ है। सर्वशक्तिशाली संसद, उत्तरदायी मंत्रिमण्डल, द्वि-सदनात्मक व्यवस्थापिका, संवैधानिक कार्यपालिका, कानून का शासन व स्वायत्तशासन आदि ब्रिटिश संवैधानिक परम्पराओं की देन है। विश्व में प्रचलित अनेक राजनीतिक प्रथाएँ व संस्थाएँ अंग्रेजी-संविधान से विकसित हुई व दुनिया के दूसरे देशों में फैली है। इस अंग्रेजी संविधान की प्रमुख विशेषताओं का विवेचन (1) संवैधानिक आलेख के रूप में, (2) राजनीतिक प्रणाली के रूप में, तथा (3) अधिकार-पत्र के रूप में निम्न प्रकार किया जा सकता है:

1. संवैधानिक आलेख के रूप में अंग्रेजी संविधान की व्याख्या: संवैधानिक आलेख के रूप में अंग्रेजी संविधान में निम्न विशेषतायें दिखाई देती हैं:

(1) अलिखित संविधान (Unwritten Constitution)–अंग्रेजी संविधान की एक प्रमुख विशेषता उसका अलिखित होना है। पर ऐसा कहने मात्र से उसकी वास्तविकता हमारे समक्ष नहीं आती। संविधान वस्तुत: एक ऐसी तकनीक मात्र होती है, जिससे राजसत्ता का प्रयोग करने वाली विभिन्न इकाईयों की शक्ति का नियमन करते हुए, उन्हें शासन के लिए उत्तरदायी ठहराया जा सकता है। इंग्लैण्ड में ऐसे अनेक कानून है, जिनके द्वारा राजसत्ता का प्रयोग करने वाली विभिन्न इकाइयों की शक्ति का नियमन होता है। अंग्रेजी संविधान के विकास के संक्षिप्त विवेचन के दौरान जैसाकि हम देख चुके हैं, समय-समय पर संसद द्वारा पारित ऐसे अनेक कानून इंग्लैण्ड में विद्यमान हैं, जिनसे वहाँ के संविधान का रूप निर्धारित होता है तथा वे वहाँ के संविधान के अंग है। उदाहरणार्थ, सन् 1215 का मैग्नाकार्टा (Megna Carta), सन् 1628 का 'पिटीशन ऑफ राइट्स' (Petition of Rights), सन् 1689 का 'बिल ऑफ राइट्स' (Bill of Rights), 1894 का 'लोकल गवर्नमेण्ट एक्ट' (Local Government Act), तथा सन् 1911 व 1949 के 'संसदीय अधिनियम' ऐसे कानून हैं। अंग्रेजी संविधान को 'अलिखित' कहने से हमारा तात्पर्य केवल यही हो सकता है कि आनुपातिक दृष्टि से उसका अधिकांश भाग अलिखित है। दूसरे शब्दों में यह कहा जा सकता है कि इंग्लैण्ड की संवैधानिक व्यवस्था लिखित कानूनों पर कम व अलिखित परम्पराओं पर अधिक आधारित है।

(2) विकसित संविधान (A Developed Constitution)–अंग्रेजी संविधान को बनाने के लिये कभी किसी 'संविधान सभा' का आयोजन नहीं किया गया। वह तो अंग्रेजी समाज के विकास के साथ-साथ विकसित हुआ है तथा उसका वर्तमान स्वरूप शताब्दियों के विकास का परिणाम है। यही कारण है कि उसे 'इतिहास का उत्पादन' अथवा 'परिस्थितियों की कृति' कहा जाता है।

अंग्रेजी संविधान का विकास बिना पूर्व-योजना के अवसर आने पर आवश्यकतानुकूल भी हुआ है और नियोजित ढंग से भी हुआ है। अनेक परम्पराएँ, जो अंग्रेजी संविधान के अभिन्न अंग हैं, किसी योजनाबद्ध ढंग से अस्तित्व में नहीं आयी हैं, वरन् परिस्थितियों के कारण विकसित हुई हैं। इसका अर्थ यह नहीं है कि अंग्रेजी संविधान में चिन्तन व आयोजन के तत्व का पूर्ण अभाव है। संसद के वे अनेक कानून जिनके द्वारा वहाँ के संविधान का रूप निर्धारण होता है, सुनियोजित व्यवस्थापन द्वारा ही अस्तित्व में आये हैं। पर अंग्रेजी संविधान में 'आयोजन का तत्व' एक स्थान पर सुगठित न होकर इतिहास के पन्नों में बिखरा हुआ सा है। अवसर के

निमित्त व आवश्यकतानुसार प्रशासनिक ढाँचे में परिवर्तन होते रहे हैं। परिवर्तनों की इस प्रक्रिया में ऐसा तक हुआ है कि पुरानी बातों एवं संस्थाओं को समाप्त किये बिना नवीन बातों एवं संस्थाओं की व्यवस्था कर दी गयी है।

इस सम्बन्ध में स्वभावतः प्रश्न यह उठता है कि "इंग्लैण्ड में अन्य अनेक देशों की भाँति संविधान का निर्माण एक समय पर किसी संविधान सभा द्वारा क्यों नहीं हुआ और किन कारणों से इसका विकास इतने लम्बे समय में हुआ।" इसका प्रमुख कारण वहाँ के लोगों का स्वभाव है। अंग्रेज लोग स्वभाव से ही रूढ़िवादी होते हैं। वे सरलतापूर्वक अपनी पुरातनता को छोड़ने के लिये तैयार नहीं होते। साथ ही अंग्रेज सिद्धान्तों की लिखित या मौखिक घोषणाओं के स्थान पर सिद्धान्तों के व्यावहारिक पक्ष को अधिक महत्व देते हैं। रूढ़िवादिता के कारण पुरानी बातों को वे तब तक पूर्णतः स्वीकार नहीं कर सके हैं, जब तक कि व्यवहार द्वारा उनकी उपादेयता सिद्ध न हो गयी हो। इतिहास बताता है कि अंग्रेज लोगों ने 'क्रान्ति' की तुलना में 'विकास' को ही अधिक पसन्द किया है।

संविधान के विकासशील होने के कुछ निश्चित लाभ भी रहे हैं। विकास पर आधारित होने के कारण अंग्रेजी संविधान प्रगतिशील रहा है और इस कारण वह सदा नवीन परिस्थितियों व आवश्यकताओं के अनुसार अपने स्वरूप को बदलता रहा है। वस्तुतः इसका विकास मानव शरीर के विकास की तरह हुआ है। जिस प्रकार मानव शरीर उन बाह्य परिस्थितियों के अनुसार ढलता गया है, जिसमें होकर वहाँ का जन-जीवन गुजरा है। इसके अतिरिक्त अंग्रेजी संविधान की विकासशीलता का एक अन्य लाभ यह रहा है कि इंग्लैण्ड, क्रान्तियों के दुष्परिणामों से बचा रहा है। फ्रांस के लोग जो कुछ क्रान्ति से प्राप्त कर सके हैं, उसे इंग्लैण्ड के लोगों ने सुधार से ही प्राप्त कर लिया है।

पर संविधान की यह विकासशीलता अनेक प्रकार से बेमेल भी रही है। अंग्रेजी संविधान का निर्माण योजनाबद्ध ढंग से न होने के कारण उसमें अनेक असंगतियाँ आ गयी हैं। उदाहरणार्थ, लोकतंत्रात्मक शासन-व्यवस्था वाले देश में राजपद और संसद के एक सदन-लार्ड-सभा का 'वंश परम्परागत व्यवस्था' पर आधारित होना असंगतिपूर्ण है।

(3) सिद्धान्त तथा व्यवहार का अन्तर (Difference Between Theory and Practice)-अंग्रेजी संविधान की सर्वाधिक महत्वपूर्ण विशेषता यह है कि उसके संविधान में सैद्धान्तिक तथा व्यवहारिक रूप में अन्तर पाया जाता है। यद्यपि अन्य संविधानों में भी इस प्रकार की अवास्तविकता पायी जाती है; पर विश्व के किसी

संविधान में अवास्तविकता का तत्व इतना अधिक नहीं है, जितना अंग्रेजी संविधान में है। इस प्रकार अंग्रेजी संविधान की अवास्तविकता उसकी एक ऐसी विशेषता है, जिसके अध्ययन के बिना हम उसके व्यावहारिक व सैद्धान्तिक दोनों पहलुओं को नहीं समझ सकते।

इंग्लैण्ड के संवैधानिक जीवन में पायी जाने वाली कतिपय अवास्तविकताएँ निम्नलिखित हैं:

(i) इंग्लैण्ड में 'राजतंत्र' है, यह बात अंग्रेजी संविधान की सबसे प्रमुख अवास्तविकता है। क्योंकि वास्तव में वहाँ 'राजतंत्र' न होकर 'लोकतंत्र' है। सिद्धान्ततः वहाँ राजा का प्रभुत्व है, जबकि वास्तव में वहाँ जनता संप्रभु है और 'वास्तविक संप्रभुता' का प्रतीक राजा (King) न होकर मुकुट (Crown) है। मुकुट प्रशासन की 'संस्था' है, जबकि राजा, प्रशासन का व्यक्तिगत 'प्रतीक' है। मुकुट की शक्ति वास्तविक है जबकि राजा की शक्ति नाममात्र की है।

राजा व मुकुट की स्थिति के इस भेद का कारण वहाँ की शासन-प्रणाली के सैद्धान्तिक पहलू व व्यावहारिक पहलू में पाया जाने वाला अन्तर है। सैद्धान्तिक रूप से राजा यद्यपि सर्वशक्तिमान है, तथापि व्यवहार में वह केवल वैधानिक प्रमुख है। सिद्धान्ततः संसद व मंत्रिमण्डल केवल 'परामर्शदात्री संस्थाएँ' है और राजा उनके परामर्श को मानने या न मानने के लिए पूर्ण स्वतंत्र है, पर व्यवहार में ये संस्थाएँ ही सर्वशक्तिमान हैं। वस्तुतः जैसा मुनरो ने कहा है, ''राजा निरंकुश शक्ति का प्रतीक बना हुआ है, यद्यपि शक्ति का सार उसे प्राप्त नहीं है।'' सिद्धान्त व व्यवहार के इस भेद के कारण ही ऑग ने कहा है कि ''सैद्धान्तिक रूप से संयुक्त आंग्ल राज्य (United Kingdom) की शासन व्यवस्था निरंकुश राजतंत्र है, पर उसका रूप 'सीमित संवैधानिक' राजतंत्र का है और वास्तविक प्रकृति 'लोकतंत्रीय गणराज्य' की है।''

(ii) अंग्रेजी संविधान की अवास्तविकता का एक अन्य उदाहरण भी हम ले सकते हैं। ऊपर से ऐसा प्रतीत होता है कि इंग्लैण्ड की शासन व्यवस्था में शक्ति का पृथक्करण पाया जाता है, क्योंकि वहाँ की कानून निर्माण की शक्ति-संसद में, कार्यपालक शक्ति- मंत्रिमण्डल में व न्यायपालक शक्ति-न्यायपालिका में निहित है। इसी बात ने मोण्टेस्क को भ्रम में डाल दिया था और भ्रमवश उसने अपनी रचना स्पिरिट ऑफ लॉज (Sprit of Laws) में यह प्रतिपादित किया था कि ''इंग्लैण्ड की शासन व्यवस्था शक्ति के पृथक्करण का एक उत्तम उदाहरण है।'' आधुनिक समय में भी ऑग (Ogg) व जिंक (Zink) जैसे लेखक यह अनुभव करते हैं कि स्वतंत्र

न्यायपालिका के अस्तित्व की व्यवस्था के कारण वहाँ शक्ति का कम से कम आंशिक पृथक्करण तो है। पर जैसा संसदीय प्रणाली में स्वाभाविक है, वहाँ व्यवस्थापन व कार्यपालन शक्ति का मिश्रण है। **रामजे म्योर** (Ramsay Muir) ने ऐसा ही मत व्यक्त किया है और कहा है कि वहाँ व्यवस्थापक व कार्यपालक शक्तियों का मिश्रण है। जान प्रोफेट के अनुसार तीनों अंगों के सम्बन्ध पारम्परिक निर्भरता के हैं। उन्होंने कहा है कि, ''मंत्रीगण कार्यपालिका और व्यवस्थापिका दोनों के सदस्य होते हैं। 'विधि लॉर्ड्स' (Law Lords) न्यायपालिका और व्यवस्थापिका दोनों के सदस्य होते हैं और 'लॉर्ड चांसलर' व्यवस्थापिका, कार्यपालिका और न्यायपालिका तीनों का ही सदस्य होता है।'' हीवर्ट (Hewart) ने तो इस सम्बन्ध में अपनी रचना 'न्यू डेस्पोटिज्म' में यहाँ तक प्रतिपादित किया है कि ''व्यवस्थापन के विस्तार के कारण न्यायपालिका शक्ति भी मंत्रिमण्डल में केन्द्रित होती जा रही हैं।'' इस प्रकार यह मानना कि इंग्लैण्ड में व्यवस्थापक, कार्यपालिका व न्यायपालिका शक्तियाँ सरकार के तीनों अंगों में पृथक्-पृथक् निहित हैं, वहाँ के संविधान की अवास्तविकता का एक उत्तम उदाहरण है, जबकि वास्तविकता यह है कि वहाँ शासन की शक्ति पूर्णतः केन्द्रीभूत है।

(iii) कतिपय विद्वानों की यह मान्यता भी वास्तविकता पर आधारित नहीं है कि 'इंग्लैण्ड में संसद की सर्वोच्चता है'। डायसी की ऐसी ही मान्यता है। उन्होंने कहा है कि ''संसद की सर्वोच्चता का पहला प्रमाण यह है कि उसकी कानून-निर्माण सम्बन्धी शक्ति अपरिमित है और उस पर कोई कानूनी प्रतिबन्ध नहीं है। वह किसी भी विषय के सम्बन्ध में कानून बना सकती है और पूर्ववर्ती संसदों के किसी भी कानून को संशोधित अथवा पूर्णतः समाप्त कर सकती है।'' दूसरा प्रमाण यह है कि अंग्रेजी संसद साधारण व संवैधानिक दोनों प्रकार के कानूनों को साधारण बहुमत में बदल सकती है व पारित कर सकती है। तीसरा प्रमाण इस सम्बन्ध में यह है कि इंग्लैण्ड में 'न्यायिक समीक्षा' (Judicial review) की व्यवस्था नहीं है। वहाँ न्यायपालिका को इस बात का अधिकार नहीं है कि संसद द्वारा पारित कानूनों की वैधानिकता अथवा अवैधानिकता के प्रश्न पर विचार कर सके और आवश्यक समझे तो उन्हें अवैध घोषित कर सके। पर हमें यह स्मरण रखना चाहिए कि संसद की यह सर्वोच्चता वास्तविक नहीं है, वरन् यह अंग्रेजी संविधान की अवास्तविकता का एक उदाहरण है। वास्तविक रूप से वहाँ का मंत्रिमण्डल सर्वोच्च शक्तिमान है, जो अपने बहुमत के सहारे वहाँ की संसद पर हावी रहता है। जेसा जेनिंग्स (Jennings)ने कहा

है, "लोक सदन तो केवल आलोचना का मंच तथा बाह्य लोकमत का प्रतिबिम्ब है।" तथा जैसा बेजहोट (Bagehot) ने कहा है, "मंत्रिमण्डल (संसद का) उत्पादन है, पर उसे इतनी शक्ति प्राप्त है कि वह अपने उत्पादकों को भी समाप्त कर सकता है।" उनका तो विचार है कि "यद्यपि सिद्धान्ततः संसद 'स्वामी' और मंत्रिमण्डल उसका 'सेवक' है, पर व्यवहार में ऐसा प्रतीत होता है कि सेवक का स्वामी पर नियंत्रण है।" अंग्रेजी संविधान में पायी जाने वाली अवास्तविकता का तत्त्व इतना अधिक है कि उसके कारण अंग्रेजी संविधान का समझना ही लोगों को कठिन प्रतीत हुआ है और उन्हें यहाँ तक कहने को बाध्य होना पड़ता है कि "इंग्लैण्ड में संविधान जैसी कोई वस्तु नहीं है।"

इस सम्बन्ध में यह प्रश्न स्वाभाविक रूप से उत्पन्न होता है कि "अंग्रेजी संविधान में यह अवास्तविकता क्यों पायी जाती है?" इसका एक प्रमुख कारण अंग्रेज लोगों के स्वभाव की वह रूढ़िवादिता है, जिसकी चर्चा ऊपर की जा चुकी है। इसके अतिरिक्त इस सम्बन्ध में यह भी स्मरणीय है कि जो परिवर्तन किये गये हैं, वे आवश्यक रूप से कानूनों द्वारा नहीं किये गये हैं, वरन् परम्पराओं द्वारा अस्तित्व में आये हैं। परिणाम यह है कि वहाँ कानून व परम्पराओं का सह-अस्तित्व पाया जाता है। यदि हम राजनीतिक जीवन के कानूनी पहलू पर दृष्टिपात करते हैं, तो हमें दूसरे प्रकार का चित्र मिलता है और यदि परम्परागत पहलू को देखते हैं, तो दूसरे प्रकार का चित्र दिखाई देता है।

(4) लचीलापन (Flexibility)-संवैधानिक आलेख के रूप में अंग्रेजी संविधान की एक अन्य विशेषता यह है कि वह एक 'लचीला संविधान' है। 'लचीला संविधान' उस संविधान को कहा जाता है, जिसका संशोधन सामान्य प्रक्रिया द्वारा किया जा सके, जिस प्रक्रिया द्वारा साधारण कानून का संशोधन किया जाता है। इंग्लैण्ड में संवैधानिक व साधारण दोनों प्रकार के कानूनों का एक-सा स्तर है। दोनों प्रकार के कानूनों का संशोधन 'सामान्य कानून निर्माण प्रक्रिया' द्वारा किया जा सकता है। **मैरियट** (Marriot) के अनुसार अंग्रेजी संविधान में लचीलापन इसलिये और भी अधिक है कि औपचारिक संशोधनों के बिना भी उसमें संशोधन हो सकता है। परम्पराओं के परिवर्तनों द्वारा संविधान में जो संशोधन होते हैं, वे ऐसे ही संशोधन होते हैं, क्योंकि उनके द्वारा किसी भी औपचारिक कानून सम्बन्धी संशोधन के बिना ही शासन का संवैधानिक ढाँचा बदल जाता है।

2. राजनीतिक प्रणाली के रूप में अंग्रेजी संविधान (Constitution as a Political System)

राजनीतिक प्रणाली के रूप में अंग्रेजी संविधान का आधार शिक्षाप्रद व रुचिकर दोनों ही है। रुचिकर इस कारण है कि उसके अन्तर्गत हमें ऐसी असंगतियाँ मिलती हैं, जो बड़ी आकर्षक हैं। उसका अध्ययन शिक्षाप्रद इसलिए है कि उसके द्वारा हमें अनेक ऐसी संवैधानिक संस्थाओं, क्रियाओं व परम्पराओं का ज्ञान होता है, जिनसे विश्व के अन्य संविधानों को समझने में सहायता मिलती है। राजनीतिक प्रणाली के रूप में अंग्रेजी संविधान की कुछ प्रमुख विशेषताएँ निम्न प्रकार हैं–

(1) संवैधानिक राजतंत्र (Constitutional Monarchy)–साधारणत: 'संविधान' व 'राजतंत्र' का कोई साथ नहीं हो सकता। 'संविधान' यदि शासन-तंत्र के लिए अंकुश व मर्यादा का प्रतीक होता है, तो 'राजतंत्र' निरंकुशता का प्रतीक होता है। पर इंग्लैण्ड की राजनीतिक प्रणाली की यह बड़ी विचित्र विशेषता है कि मर्यादा का प्रतीक-संविधान व निरंकुशता का प्रतीक राजतंत्र दोनों साथ-साथ विद्यमान हैं और यह कहा जाता है कि वहाँ के शासन का स्वरूप 'समुकुट लोकतंत्र' (Crowned Democracy) का है।

यूरोप के कई अन्य देशों में लोकतंत्र की स्थापना राजतंत्र की समाप्ति के बिना नहीं हुई-पर इंग्लैण्ड में ऐसा हुआ। इसका कारण है। वस्तुत: अन्यत्र राजतंत्र की ओर से लोकतंत्र के प्रादुर्भाव का जैसा विरोध हुआ, इंग्लैण्ड में नहीं हुआ। राजतंत्र समय परिवर्तन के साथ-साथ स्वयं लोकतंत्रीय होता गया। चूँकि राजा की ओर से लोकतंत्रीय शासन-व्यवस्था के विकास व उसके कार्य का कभी विरोध नहीं किया गया अत: जनता को उसे मूलत: समाप्त करने की आवश्यकता न पड़ी।

(2) संसदीय शासन (Parliamentary Government)–अंग्रेजी संविधान की दूसरी विशेषता 'संसदीय शासन प्रणाली' है। 'संसदीय शासन प्रणाली' में कार्यपालिका दुहरी होती है। कार्यपालिका व व्यवस्थापिता का घनिष्ठ सम्बन्ध होता है और कार्यपालिका का कार्यकाल अनिश्चित होता है। इंग्लैण्ड में कार्यपालिका की द्वैधता विद्यमान है। वहाँ एक कार्यपालिका 'नाममात्र' की, पदमात्र की अथवा संवैधानिक है तथा दूसरी वास्तविक है। वहाँ राजा 'नाममात्र का शासक' व संविधान प्रमुख है और प्रधानमंत्री व उसका मंत्रिमण्डल 'वास्तविक कार्यपालिका' है।

इंग्लैण्ड में व्यवस्थापिका व कार्यपालिका में बड़ा घनिष्ठ सम्बन्ध है। वहाँ लोक सदन (House of Commons) के लिये चुनाव होता है। बहुमत दल का नेता, राजा द्वारा प्रधानमंत्री बनाया जाता है। वह अपने दल में से अन्य मंत्रियों का नामांकन

करता है। इस प्रकार वहाँ कार्यपालिका, व्यवस्थापिका में से ही ली जाती है और वह उसके प्रति उत्तरदायी होती है। इतना ही नही, कार्यक्षेत्र की दृष्टि से भी कार्यपालिका केवल शासन संचालन ही नहीं करती और व्यवस्थापिका केवल कानून पारित ही नहीं करती, वरन् दोनों ही एक-दूसरे के क्षेत्र में क्रियाशील रहते हैं। कार्यपालिका के सदस्य होने के साथ-साथ मंत्रीगण व्यवस्थापिका के भी सदस्य होते हैं। वे कार्यपालिका में अनेक विधेयकों को तैयार करते हैं और उन्हें व्यवस्थापिका में भी प्रस्तुत व संचालित करते हैं। बजट भी वे ही बनाते हैं और प्रस्तुत करते हैं। इसी प्रकार 'व्यवस्थापिका' केवल व्यवस्थापिका का ही कार्य नहीं करती, वरन् वह किसी भी विषय पर प्रश्नों द्वारा, कटौती प्रस्तावों तथा अविश्वास के प्रस्तावों द्वारा कार्यपालिका पर पूर्ण नियंत्रण भी रखती है।

व्यवस्थापन, कार्यपालन व न्यायपालन की शक्ति के पृथक्करण की आवश्यकता का प्रतिपादन करते हुए मोण्टेस्क ने अनुमान किया है कि इंग्लैण्ड की शासन व्यवस्था, शक्ति के पृथक्करण का उपयुक्त उदाहरण है, क्योंकि उसके मतानुसार शासन के तीनों अंगों का कार्यक्षेत्र पूर्णत: पृथक्-पृथक् है। पर फ्रांसीसी होने के नाते वे वास्तविकता को समझ ही न सके थे। वस्तुत: न्यायपालिका के विषय में भी इस सिद्धान्त का प्रयोग हुआ हो, ऐसा नहीं कहा जा सकता। लोकसभा व्यवस्थापिका का अंग है, पर वह अपील के 'अंतिम न्यायालय' के रूप में भी कार्य करती है। दूसरी और 'लॉर्ड चांसलर' मन्त्रिमण्डल का सदस्य होता है, पर वह लार्ड-सभा की न्याय समिति का प्रमुख भी होता है। इस प्रकार जब मंत्रिमण्डल का एक सदस्य न्यायपालिका का अंग है और प्रिवी काउन्सिल की न्याय समिति, जो इंग्लैण्ड की सबसे बड़ी न्याय सम्बन्धी समिति है, व्यवस्थापिका का अभिन्न अंग है अत: यह नहीं कहा जा सकता है कि वहाँ शक्ति का पृथक्करण है।

संसदीय शासन प्रणाली की तीसरी मुख्य बात भी इंग्लैण्ड की शासन व्यवस्था में पायी जाती है। वहाँ कार्यपालिका का कार्यकाल अनिश्चित है, क्योंकि इसका कार्यकाल लोकसभा के विश्वास पर निर्भर करता है और लोकसदन के विश्वास के अभाव में वह कभी भी समाप्त हो सकता है।

इस प्रकार हम देखते हैं कि अंग्रेजी संविधान की एक विशेषता संसदीय शासन प्रणाली का अस्तित्व है।

(3) एकात्मक शासन (Unitary Government)-अंग्रेजी संविधान की एक विशेषता यह भी है कि वहाँ का शासन 'एकात्मक' है। वहाँ शासन सम्बन्धी सब

शक्ति एक केन्द्रीय सरकार में ही निहित है। केन्द्रीय सरकार ही केन्द्र से संपूर्ण देश के शासन का संचालन करती है। यद्यपि प्रशासन की सुविधा की दृष्टि से देश विविध प्रशासनिक इकाइयों में बँटा हुआ है और वहाँ के प्रशासन का संचालन स्थानीय शासकों द्वारा होता है, फिर भी उनकी सभी शक्तियाँ-केन्द्र द्वारा प्रदत्त तथा उनके सम्पूर्ण अंतिम रूप से केन्द्र द्वारा नियंत्रित होते हैं।

(4) संसद की सर्वोच्चता (Supremacy of the Parliament)-शासन के एकात्मक स्वरूप के कारण ही ब्रिटेन की संसद सर्वशक्तिमान है। संसद के अतिरिक्त अन्य कोई संस्था देश में ऐसी नहीं है, जिसे इसके कार्यों पर नियंत्रण रखने का अधिकार हो। जैसा जायसी ने कहा है कि "संसद के सर्वोच्च होने का पहला परिमाण यह है कि उसकी कानून बनाने की शक्ति असीमित है। वह किसी भी विषय पर कोई भी कानून पारित कर सकती है और पिछली संसदों के किसी भी कानून को समाप्त अथवा संशोधित कर सकती है।" इसके अतिरिक्त अंग्रेजी संसद की शक्ति की सर्वोच्चता का परिणाम यह भी है कि वह साधारण कानूनों के निर्माण के सम्बन्ध में उतनी ही सत्तावान है। वह संविधान में परिवर्तन करने वाले कानूनों को भी उसी सरलता से पारित कर सकती है, जिस सरलता से वह साधारण कानूनों को पारित करती है। यही कारण है कि वहाँ का संविधान 'लचीला संविधान' कहा जाता है। संसद सर्वोच्च है, इसका तीसरा परिमाण यह है कि वहाँ न्यायपालिका, कार्यपालिका के कार्यों की वैधानिकता अथवा अवैधानिकता पर विचार कर उन्हें अवैध घोषित नहीं कर सकती। संसद के कानून अन्तिम होते हैं, अन्य कोई संस्था उन पर निर्णय देकर उन्हें अवैध घोषित नहीं कर सकती।

पर इस सम्बन्ध में यह स्मरणीय है कि उसकी सर्वोच्चता केवल कानूनी है। जैसा डायसी ने कहा है, "संसद की यह सर्वोच्चता केवल कानूनी दृष्टिकोण के अनुसार है। व्यवहार में ऐसी बात नहीं है।" व्यवहार में संसद का अपने अधिकारों का प्रयोग अनेक प्रकार से प्रतिबन्धित है। इस सम्बन्ध में जैसा जैनिंग्स ने कहा है, "कानूनी दृष्टि से संसद को अधिकार है कि 'नीली आँखों वाले' सब बच्चों को मार डालने की आज्ञा का कानून पारित कर दे, पर क्या व्यवहार में कभी भी कोई संसद ऐसा कर सकती है? नहीं, क्योंकि उसे लोकमत, नैतिक आवश्यकता व परम्परा का ध्यान रखते हुए ही अपने अधिकारों का प्रयोग करना होगा। संसद के अधिकारों के प्रयोग पर अन्तर्राष्ट्रीय कानून, अन्तर्राष्ट्रीय नैतिकता व अन्तर्राष्ट्रीय संविदाओं का भी प्रतिबन्ध रहता है। वह ऐसा कोई कानून पारित नहीं कर सकती हो अन्तर्राष्ट्रीय

कानून, अन्तर्राष्ट्रीय नैतिकता अथवा अन्तर्राष्ट्रीय संविदाओं के प्रतिकूल हो। इस प्रकार कानूनी रूप से संसद भले ही सर्वोच्च सत्तावान हो परन्तु व्यवहार में उसकी सर्वोच्चता पर अनेक मानसिक, नैतिक, राजनीतिक तथा अन्तर्राष्ट्रीय प्रतिबन्ध विद्यमान हैं।

3. अधिकार-पत्र के रूप में अंग्रेजी-संविधान (Constitution as a Document)

भारत के संविधान में मौलिक अधिकारों का एक पृथक् अध्याय है। अमेरीका के संवैधानिक इतिहास में भी हमें 'अधिकार-पत्र' (Bill of Rights) की चर्चा मिलती है। अंग्रेजी संविधान में व्यक्ति के मौलिक अधिकारों की रक्षा किसी अधिकार-पत्र की व्यवस्था करके नहीं की गयी है। पर इसका तात्पर्य यह नहीं है कि इंग्लैण्ड में व्यक्ति के अधिकारों व उसकी स्वतंत्रता की कोई व्यवस्था न हो। वहाँ व्यक्ति की स्वतंत्रता का बड़ा महत्व है और उसकी रक्षा की उचित व्यवस्था भी है। वहाँ यह व्यवस्था 'कानून के शासन' के द्वारा की गयी है। मिल्टन के शब्दों में, "इंग्लैण्ड स्वतंत्रता का निवास स्थान है।" कानून का शासन, अधिकारों व उसकी स्वतंत्रताओं का स्रोत है। कानून के शासन के कारण ही इंग्लैण्ड के लोग स्वतंत्र वायुमण्डल में रहते हैं, उसी के कारण उनके अधिकारों व उनकी स्वतंत्रता की रक्षा होती है। कानून के शासन का विवेचन निम्न शीर्षकों में किया जा सकता है:

(1) कानून का शासन (Rule of Law)-"कानून का शासन से साधारणतः यह समझा जाता है कि अमुक देश में शासन वहाँ के कानून के अनुसार चलता है, किसी व्यक्ति विशेष की इच्छा के अनुसार नहीं। किसी व्यक्ति विशेष की इच्छा के अनुसार किसी व्यक्ति को कोई दण्ड नहीं दिया जा सकता, किसी कानून के अनुसार ही उसे कोई दण्ड दिया जा सकता है। दूसरे शब्दों में, सबको कानून के अधीन समझा जाता है, कोई भी उससे ऊपर नहीं हो सकता। अनेक विधिशास्त्रियों ने 'कानून का शासन' का विवेचन किया है। इस सम्बन्ध में डायसी का तत्सम्बन्धी विवेचन बड़ा प्रसिद्ध है। डायसी ने अपने विवेचन में कानून के शासन के विषय में तीन मुख्य बातों पर प्रकाश डाला है। पहली बात, जो इस सम्बन्ध में डायसी ने कही है, यह है कि "व्यक्ति को कानून के उल्लंघन के लिए दण्ड दिया जा सकता है, किसी अन्य बात के लिए नहीं।" दूसरे शब्दों में जब तक साधारण अदालतों द्वारा तथा साधारण कानून की प्रक्रिया के अन्तर्गत यह निश्चय न हो जाये कि अमुक व्यक्ति कानून के उल्लंघन का दोषी है, तब तक किसी व्यक्ति को न कोई दण्ड दिया जा सकता है और न ही उसे शारीरिक व आर्थिक रूप से किसी भी प्रकार की कोई हानि पहुँचायी जा सकती

है। कानून के शासन के सम्बन्ध में दूसरी बात, जिस पर डायसी ने प्रकाश डाला है, 'कानूनी समानता' है। जैसा डायसी ने कहा है, कानून के शासन का तात्पर्य कानूनी समानता है। अर्थात् सभी वर्ग के लोग साधारण न्यायालयों द्वारा प्रयुक्त देश के साधारण कानून के अधीन है। केवल राजा को छोड़कर, क्योंकि वह पदेन कोई अपराध नहीं कर सकता, इंग्लैण्ड के सभी लोग, चाहे सरकारी कर्मचारी हों या साधारण व्यक्ति, एक ही कानून को मानने के लिए बाध्य हैं। जैसा कि डायसी ने कहा है, ''प्रधानमंत्री से लेकर एक सिपाही अथवा कर वसूल करने वाले कर्मचारी तक प्रत्येक व्यक्ति गैर कानूनी कामों के लिए कानून के समक्ष उसी प्रकार उत्तरदायी है, जिस प्रकार साधारण व्यक्ति उत्तरदायी है।'' यही कारण है कि इंग्लैण्ड में फ्रांस की तरह साधारण न्यायालयों के अलावा 'प्रशासनिक न्यायालय' (Administrative Courts) नहीं है, जिसमें सरकारी कर्मचारियों के विरुद्ध अलग से मुकदमे चलाये जा सकें।

फिर भी इस सम्बन्ध में यह स्मरणीय है कि कानून के समक्ष सबकी समानता के कुछ अपवाद भी हैं। इसका सबसे प्रमुख अपवाद 'राजा' है। वह देश के साधारण कानून के अधीन नहीं है। वह कानून से परे है। उसके विरुद्ध किसी न्यायालय में कोई अभियोग नहीं लगाया जा सकता; क्योंकि उसके विषय में यह कहा जाता है कि वह कोई अपराध नहीं कर सकता। इसके अतिरिक्त सरकारी अधिकारियों के विरुद्ध पदेन किये हुए कार्यों के लिए भी मुकदमा नहीं चलाया जा सकता। इसी प्रकार न्यायाधीश लोगों के विरुद्ध भी उनके द्वारा पदेन किए हुए कार्यों के लिए तब तक मुकदमा नहीं चलाया जा सकता, जब तक यह सिद्ध न हो जाय कि उन्होंने दुष्प्रवृत्ति की भावना से कार्य किया है। सेना के लोग और धर्माधिकारीगण जैसे लोग भी साधारण कानून के क्षेत्र से बाहर हैं और उनके लिए 'मार्शल-लॉ' अर्थात् 'सैनिक कानून' अथवा 'एक्लैसियस्टिकाल लॉ' अर्थात् 'धार्मिक-कानून' जैसे अलग-अलग कानूनों की व्यवस्था है।

डायसी के अनुसार, 'कानून का शासन की तीसरी विशेषता यह है कि लोगों के अधिकार व उनकी स्वतंत्रता के रूप का निरूपण स्वयं उन न्यायिक निर्णयों द्वारा होता है, जो 'कानून का शासन' व संविधान के अभिन्न अंग बन गये हैं। इन अधिकारों में व्यक्तिगत स्वतंत्रता का अधिकार, भाषण की स्वतंत्रता का अधिकार, सार्वजनिक सभा आदि करने का अधिकार आदि मुख्य हैं। इन अधिकारों से किसी व्यक्ति को तब तक वंचित नहीं किया जा सकता, जब तक उसे किसी न्यायालय

द्वारा, जिसके समक्ष उसे अपनी प्रतिरक्षा का पूरा अवसर प्राप्त हुआ हो, यह निर्णय न हो चुका हो कि वह किसी कानून के उल्लंघन करने का दोषी है।

(2) कानून के शासन का ह्रास (Fall of Rule of Law)–जैसा हमने उक्त विवेचन से देखा, 'कानून का शासन' अंग्रेजी संविधान की एक अत्यंत प्रमुख विशेषता है और वहाँ के राजनीतिक जीवन में उसका मुख्य स्थान है। पर कानून के शासन का अर्थ यदि हम 'संसद द्वारा निर्मित कानून का शासन' समझें, तो हमें यह स्वीकार करना पड़ेगा कि इंग्लैण्ड में अनेक बातें 'कानून का शासन' के अनुसार नहीं होती। इंग्लैण्ड में ही नहीं वरन् सर्वत्र राज्य का कार्यक्षेत्र बढ़ता ही जा रहा है। परिणामस्वरूप संसदों को अब यह सुगमतापूर्वक संभव नहीं रहा है कि कानून बनाते समय यह विवरण के तथ्यों को उसमें सम्मिलित कर सकें। अत: सर्वत्र यह रिवाज हो चला है कि संसद कानूनों को केवल स्थूल रूप में पारित कर देती है और उसके अनुसार उन्हें कार्यान्वित करने के लिए नियम बनाने का अधिकार कार्यपालिका को दे देती है। इंग्लैण्ड भी इस प्रथा का अपवाद नहीं है, वहाँ भी ऐसा ही होने लगा है। कभी-कभी इस प्रकार की नियम-निर्माण की शक्ति के अन्तर्गत यह बात भी सम्मिलित कर दी जाती है कि संसदीय कानून में आवश्यक संशोधन करने तक के नियमों का निर्माण हो सकता है। परिमाण यह है कि संसदीय कानून के शासन का महत्व कम होता जा रहा है और कार्यपालिका द्वारा निर्मित नियमों के अनुसार शासन की प्रवृत्ति बढ़ रही है। इस प्रवृत्ति को अनेक लोगों ने अनुचित कहा है और इसे 'नवीन अधिनायकतंत्र' (New Despotism) कहकर पुकारा है।

इसके अतिरिक्त अन्य अनेक प्रकार से भी कानून के शासन का ह्रास हो रहा है। उदाहरणार्थ, अब ऐसे न्यायालय स्थापित करने की प्रकृति बढ़ती जा रही है, जिनमें प्रशासनिक अधिकारी ही 'न्यायाधिकारी' बनते हैं। उनके द्वारा मुकदमों का निर्णय दिये जाने से नागरिकों के उचित अधिकारों का हनन होना बहुत संभव रहता है। क्योंकि इसके अन्तर्गत प्रशासन के अधिकारी ही स्वयं मुकदमा चलाने वाले व निर्णय करने वाले दोनों ही बन जाते हैं। यही नहीं, सन् 1893 के 'पब्लिक ऑथोरिटीज प्रोटेक्शन एक्ट' (Public Authorities Protection Act of 1893) व सन् 1939 के 'लिमिटेशन एक्ट' (Limitation Act of 1939) व सन् 1947 के 'क्राउन प्रोसीडिंगस एक्ट' (Crown Proceeding Act of 1947) जैसे संसदीय कानूनों द्वारा भी व्यक्तियों के अधिकारों की सुरक्षा पर कुठाराघात होता है। क्योंकि इन कानूनों द्वारा साधारण नागरिकों के अधिकारों व उनकी स्वतंत्रता पर प्रतिबंध लगाये गये हैं और

सरकारी कर्मचारियों को साधारण कानून की पकड़ में आने से बचाने की व्यवस्था की गयी है। कानून के शासन की स्थिति में जो भी अन्तर आया है, वह वस्तुतः इस कारण से नहीं आया है कि इंग्लैण्ड की शासन व्यवस्था में वैयक्तिक अधिकारों के प्रति उपेक्षावृत्ति बढ़ रही है; वरन् इसका कारण आया है कि इंग्लैण्ड भी राज्य के कार्यक्षेत्र से सम्बन्धित उस विचारधारा की लहर से अछूता नहीं रह पाया है, जिसके अनुसार राज्य का रूप अब केवल पुलिस राज्य का ही नहीं माना जाता, वरन् उसका रूप उस लोक-कल्याणकारी राज्य का माना जाता है, जो लोक-कल्याण की साधना के लिए व्यक्ति के राजनीतिक, सामाजिक व आर्थिक तीनों ही पहलुओं का नियमन करता है। सर आइवर जेनिंग्स इस परिवर्तन को व्यक्ति की स्वतंत्रता व उसके अधिकारों की दृष्टि से हानिकारक नहीं समझते, वरन् वे उसे इंग्लैण्ड में राजनीतिक चिन्तन की धारा में हुए परिवर्तन के अनुकूल ही मानते हैं। सर आइवर जेनिंग्स का मत है कि ''इंग्लैण्ड में राजनीतिक चिन्तन की धारा में ही परिवर्तन हो गया है।'' पहले राज्य के कार्यों को नकारात्मक समझा जाता था तथा यह माना जाता था कि केवल शान्ति व व्यवस्था का साधन होने के नाते राज्य को व्यक्ति के जीवन में न्यूनतम हस्तक्षेप करना चाहिए; पर अब स्थिति बदल गयी है तथा राज्य के कल्याणकारी स्वरूप के दर्शन के विकास के साथ-साथ राज्य के कार्यक्षेत्र को अब पहले से अधिक विस्तृत माना जाने लगा है। कार्यक्षेत्र की दृष्टि से राज्य के 'रूप' में हुए उक्त परिवर्तन को ध्यान में रखते हुए जेनिंग्स ने डायसी की तीखी आलोचना करते हुए लिखा है कि ''यदि डायसी के द्वारा राज्य के लोक-कल्याणकारी रूप का ध्यान रखा गया होता, तो व्यक्ति के अधिकारों और उसके लिये विधि के शासन के महत्व का इतना अतिरंजित चित्रण उनके द्वारा न किया गया होता।'' राज्य अब सामाजिक सेवाओं की ही व्यवस्था नहीं करता, अपितु लोक-कल्याण के साधन के उद्देश्य की पूर्ति के लिए वह व्यक्ति के राजनीतिक, सामाजिक व आर्थिक सभी प्रकार के कार्यों का नियमन भी करता है। उस प्रकार की विशुद्ध व्यक्तिवादी व्यवस्था वस्तुतः अब कहीं भी नहीं है, जिस प्रकार की व्यवस्था का प्रतिपादन कभी 'यद्-भाव्यनम्' (Laisez Faire) की नीति द्वारा किया जाता था तथा राज्य का कार्य-क्षेत्र अब इतना अधिक व्यापक हो गया है कि मनुष्य के जीवन का कोई भी क्षेत्र राज्य के नियमन से अछूता नहीं रह सकता। दूसरे शब्दों में, अब व्यक्ति की स्वतंत्रता का रूप व्यक्तिवाद द्वारा प्रतिपादित निरपेक्ष स्वतंत्रता का नहीं रह गया है, वरन् उसका रूप राज्य नियंत्रित व व्यवस्थित स्वतंत्रता का हो गया है। इंग्लैण्ड में कानून के शासन की स्थिति में जो परिवर्तन दिखाई देता है, वह व्यक्ति की स्वतंत्रता के रूप में हुए इस

परिवर्तन के अनुसार है लोक-कल्याण की दृष्टि से इस परिवर्तन को अवांछनीय नहीं कहा जा सकता है।

यही कारण है कि 'कानून का शासन' अब भी इंग्लैण्ड के राजनीतिक जीवन का अभिन्न अंग माना जाता है। लोग उसे अब भी अपने अधिकारों व अपनी स्वतंत्रता का प्रहरी समझते हैं। इंग्लैण्ड में प्रशासनिक कानून (Administrative Law) का प्रादुर्भाव हुआ है, पर ऐसा होते हुए भी वहाँ की न्यायपालिका अब भी लोगों के अधिकारों व उनकी स्वतंत्रता की रक्षा करती है।

ब्रिटेन के संवैधानिक विकास और स्वरूप का केवल संक्षिप्त विवेचन यहाँ दिया गया है। पर इससे ही दो बातें पूर्णतः स्पष्ट हो जाती हैं-एक यह कि ब्रिटिश संविधान एक विकसित संविधान है, जो कानूनों की अपेक्षा रीति-रिवाज और परम्पराओं पर अधिक आधारित है और दूसरी यह कि अंग्रेज लोगों के रूढ़िवादी स्वभाव के कारण अंग्रेजी संविधान द्वारा आधुनिक रूप ग्रहण करने में कोई बाधा नहीं पड़ी है, वरन् उन्होंने समय और परिस्थितियों के अनुसार स्वयं ही संविधान के रूप को बदल दिया है। यही कारण है कि अंग्रेजी संविधान आज इस 21वी शताब्दी में एक ऐसा प्रजातान्त्रिक एवं प्रगतिशील संविधान कहा जा सकता है, जिसे संसार में अधिकांश प्रजातांत्रिक देश अपना आदर्श मानते हैं।

▣▣▣

2

राजपद

'राजा' वह व्यक्ति होता है जो राज्य के प्रमुख पद पर आसीन होता है। दूसरी तरफ 'राजमुकुट' अथवा 'ताज', राज्य-भक्ति का वह प्रतीक है जिसे राजा अपने सिर पर धारण करता है। प्राचीन काल से राजा द्वारा राजमुकुट धारण करने की प्रथा चली आ रही है। वर्तमान समय में साम्राज्ञी एलिजाबेथ द्वितीय सम्राट पद पर आसीन हैं। उन्होंने राजसिंहासन 6 फरवरी, 1952 को प्राप्त किया था। उनके उत्तराधिकारी ज्येष्ठ साम्राज्ञी के पुत्र 'प्रिंस ऑफ वेल्स' है। वर्तमान समय में राजमुकुट ने संवैधानिक अर्थ भी प्राप्त कर लिया है। इस संवैधानिक अर्थ में राजमुकुट एक 'संस्था' है। जिसमें व्यक्तिरूप में सम्राट, केबिनेट, लोकसेवाएँ और वे सभी हैं जिनके द्वारा प्रशासनिक सत्ता का उपयोग किया जाता है।

राजा-औपचारिक कार्यपालिका

(King-The Formal Executive)

संसदीय शासन व्यवस्था, ब्रिटेन के संविधान की एक मुख्य विशेषता है। जैसा सभी संसदीय शासन प्रणालियों में होता है, इंग्लैण्ड में भी औपचारिक व वास्तविक- दो प्रकार की कार्यपालिकाएँ है। औपचारिक कार्यपालिका वहाँ 'राजा' है, जिसमें औपचारिक रूप से शासन की संपूर्ण शक्तियाँ निहित हैं तथा वास्तविक कार्यपालिका वहाँ का 'मंत्रिमण्डल' है, जिसमें शासन की संपूर्ण शक्तियाँ वास्तविक रूप से निहित हैं। एक समय जब इंग्लैण्ड में 'निरंकुश-राजतंत्र' था, राजा विधि-निर्माता, मुख्य

कार्यपालक तथा न्याय व सम्मान का स्रोत था। यद्यपि राजतंत्र के लोकतंत्रीकरण के परिणामस्वरूप राजा अब नाममात्र का शासनाध्यक्ष हो गया है।

राजमुकुट
(The Crown)

राजा जब सिंहासन पर बैठता था और राजमुकुट धारण कर लेता था, तभी उसको शासन की सब शक्तियाँ प्राप्त होती थीं। दूसरे शब्दों में, ये शक्तियाँ व्यक्ति के रूप में 'राजा' की न होकर 'राजमुकुट' की होती थी, क्योंकि राजतिलक होने पर राजा जब 'राजमुकुट' पहन लेता था, तभी से उसे ये शक्तियाँ प्राप्त होती थीं। साधारणत: राजमुकुट का आशय राजा के सिर पर धारण किये गये 'ताज' से होता है। पर संविधान की दृष्टि से यह 'शासन का प्रतीक' होता है और कार्यपालन, व्यवस्थापन तथा न्यायपालन आदि सभी से सम्बन्धित शक्तियाँ उसमें निहित होती हैं।

राजा के उत्तराधिकार आदि से सम्बन्धित व्यवस्थाएँ
(Provisions Relating to Succession etc. of the King)

राजपद का अधिकारी कौन हो सकता है? उसका उत्तराधिकारी कौन हो सकता है? राजपरिवार का व्यय क्या होगा? इससे सम्बन्धित व्यवस्थायें निम्न प्रकार हैं-

(1) बिल ऑफ राइट्स, 1689 के अनुसार-रोमन कैथोलिक परिवार से जन्म के माध्यम से सम्बन्धित कोई व्यक्ति राजा नहीं बन सकता।

(2) राजा के उत्तराधिकार के सम्बन्ध में सामान्यत: यह व्यवस्था है कि राजा या रानी का ज्येष्ठ-पुत्र या पुत्री सिंहासनारूढ़ हो। परन्तु यदि किसी राजा या रानी के पुत्र या पुत्री न हो या उसे किसी कारणवश पदच्युत कर दिया जाय, तो उसकी व्यवस्था संसद द्वारा की जाती है। संसद इस व्यवस्था को सन् 1701 के उस उत्तराधिकार अधिनियम के अनुसार करती है, जिसे उसने राजा विलियम व रानी ऐन के कोई संतान न होने के कारण पारित किया था।

(3) सन् 1931 के 'वेस्ट मिनिस्टर अधिनियम' के द्वारा यह आवश्यक कर दिया गया है कि राजा के पद, उपाधि व उत्तराधिकार व नियमों आदि में किये जाने वाले परिवर्तनों के लिये अधिराज्यों के विधानमण्डलों की स्वीकृति ली जाये।

(4) जन-प्रतिनिधित्व अधिनियम, 1867 के अनुसार, अब राजा के देहावसान से संसद की कार्यावधि पर कोई प्रभाव नहीं पड़ता है। राजमुकुट देहावसान

अधिनियम, 1901 के अनुसार, अब राजा के देहावसान से उसके अधीनस्थ कार्यरत पदाधिकारियों पर भी कोई असर नहीं होता है।

(5) इसी प्रकार 1937 व 1953 के राजप्रतिनिधित्व अधिनियमों (Regency Acts) के द्वारा यह व्यवस्था की गयी है कि राजा के अस्वस्थ होने या बाहर यात्रा पर होने के समय राजपरिवार के ही कुछ विशिष्ट व्यक्तियों को पार्षदों (Councillors) के रूप में नियुक्त करना होगा तथा यदि राजा या उत्तराधिकारी अवयस्क हैं, तो राजपरिवार का कोई ऐसा व्यक्ति 'राज-प्रतिनिधि' (Regent) होगा, जिसकी आयु 21 वर्ष से कम न हो।

(6) राजपरिवार के व्यय की व्यवस्था 1972 के 'दीवानी सूची अधिनियम' (Civil List Act, 1972) के अधीन है। प्रारम्भ में यह व्यवस्था थी की प्रशासनिक व्यय राजा अपनी निजी आय में से करेगा। परन्तु धीरे-धीरे खर्चा बढ़ने पर ऐसा होना संभव न रहा। अत: 1830 में यह व्यवस्था की गयी की राजा द्वारा निजी आय में से केवल उसका निजी व्यय ही किया जाये तथा प्रशासनिक कार्यों पर राजा की निजी आय से व्यय न किया जाय। 1972 के 'दीवानी सूची अधिनियम' के अनुसार 9,80,000 पौण्ड की राशि राजा द्वारा व्यय किये जाने के लिए और 60,000 पौण्ड की राशि ड्यूक ऑफ एडिनबरा द्वारा व्यय किये जाने के लिये निश्चित की गयी।

1984 से पहले महारानी के वेतन की राशि 37,10,400 पौण्ड थी, जिसमें आज 3.78 प्रतिशत की वृद्धि करके 38.5 लाख पौण्ड कर दी गयी है।

शाही परिवार के अन्य सदस्यों को भी राष्ट्रीय कोष के वेतन, भत्ते और खर्च के रूप में अनुदान दिया जाता है। यह अनुदान संसद द्वारा संविधान के आधार पर सुनिश्चित किया जाता है तथा इस अनुदान को ही 'सिविल सूची' कहा जाता है। सिविल सूची की राशि संचित निधि पर भारित होती है।

राजा व राजमुकुट
(King and The Crown)

प्राचीनकाल में राजा व राजमुकुट में कोई अन्तर नहीं था। राजा राजमुकुट व राजमुकुट-राजा था। राजमुकुट की सभी शक्तियों का प्रयोग राजा स्वयं करता था। पर राजतंत्र के लोकतंत्रीकरण के कारण राजा व राजमुकुट के भेद का बड़ा महत्व हो गया है। संविधान की दृष्टि से उनका महत्व इतना अधिक है कि उनको बिना समझे अंग्रेजी संविधान को अच्छी तरह नहीं समझा जा सकता।

राजा व राजमुकुट के भेद का महत्व

(Importance of The Distinction Between King and the Crown)

वस्तुतः राजा व राजमुकुट के भेद को समझने से हम अंग्रेजी संविधान के सैद्धान्तिक तथा व्यावहारिक रूप में पाये जाने वाले अन्तर को समझ सकते हैं। सैद्धान्तिक रूप से जो राजा सर्वशक्तिमान है, व्यवहार में वह केवल नाममात्र का शासन प्रमुख है। सैद्धान्तिक रूप से संसद तथा मंत्रिमण्डल राजा की 'परामर्शदात्री संस्थाएँ' हैं। राजा उनके परामर्श को मानने या न मानने के लिए पूर्ण स्वतंत्र है। पर व्यवहार में वे संस्थाएँ ही सर्वशक्तिमान हैं। वस्तुतः शासन का जो व्यावहारिक रूप है, उसका प्रतीक 'राजमुकुट' व उसके सैद्धान्तिक रूप का प्रतीक 'राजा' है।

राजा व राजमुकुट के इस अन्तर का महत्व इसलिये भी है, क्योंकि इंग्लैण्ड में 'राजतंत्र' व लोकतंत्र दोनों साथ-साथ विद्यमान हैं। उसके विशुद्ध सैद्धान्तिक रूप को हम राजतंत्र कह सकते हैं, जिसका प्रतीक राजा है। उसका व्यावहारिक रूप एक पूर्ण लोकतंत्र का रूप हैं, जिसमें असली राज-सत्ता, जनता एवं जनता के प्रतिनिधियों में स्थित है तथा राजमुकुट उस सत्ता का प्रतीक है। इस प्रकार 'राजा' शब्द से जहाँ राजपद के अधिकारी व्यक्ति का बोध होता है, वहाँ 'राजमुकुट' से ध्वजमात्र शासक के रूप में राजा तथा मंत्रिमण्डल व संसद आदि वास्तविक शासकों का बोध होता है। मुकुट अब एक ऐसा शिरस्त्राण है, जिसमें निहित शक्तियों का प्रयोग सामूहिक रूप से एक साथ अनेक संस्थाओं व व्यक्तियों द्वारा किया जाता है, जिनमें ध्वजमात्र शासक के रूप में राजा तथा वास्तविक शासक के रूप में संसद, मंत्रिमण्डल और लोक-सभा के सदस्य आदि सभी सम्मिलित हैं।

राजा व राजमुकुट में अन्तर

(The Difference between King and the Crown)

(1) राजमुकुट एक संस्था, राजा एक व्यक्ति-राजमुकुट एक 'संस्था' है, जो शासन का प्रतीक है। उसमें व्यवस्थापन, कार्यपालन तथा न्याय, तीनों शासकीय कार्यों से सम्बन्धित शक्तियाँ निहित हैं। यह, संस्थान अथवा पद है और शासन का मूर्तरूप है। इसके विपरीत, राजा एक व्यक्ति होता है, जो राजगद्दी पर बैठता तथा राजपद को सुशोभित करता है और उन शक्तियों का प्रतीक मात्र होता है, जो राजमुकुट में निहित हैं इस प्रकार दोनों में अन्तर वस्तुतः संस्था व व्यक्ति का अथवा पद व पदाधिकारी का है।

(2) राजमुकुट स्थायी, राजा अस्थायी-राजमुकुट संस्थागत होने के कारण अस्थायी होता है। राजमुकुट अमर तथा राजा मरणशील है। एक राजा मरता है, तो दूसरा उसका स्थान ग्रहण कर लेता है, यह सदा चलता रहता है। इंग्लैण्ड में प्रचलित यह कहावत है कि "राजा मर गया, पर राजा युग-युग जिये," राजा व राजमुकुट के इसी अन्तर पर आधारित है। इसी प्रकार ब्लैकस्टोन का यह कथन कि "हेनरी, एडवर्ड या जॉर्ज मर सकते हैं, पर राजा उन सबके बाद भी जीवित रहता है," राजा व राजमुकुट में इसी अन्तर की पुष्टि करता है।

(3) राजमुकुट सामूहिक, राजा वैयक्तिक-राजमुकुट सामूहिक या बहुल कार्यकारिणी है, जबकि राजा वैयक्तिक कार्यपालक है। राजमुकुट की शक्तियों का प्रयोग एक व्यक्ति द्वारा न होकर अनेक व्यक्तियों द्वारा होता है। शक्तियों के प्रयोग करने वाले समूह में संसद, मंत्रिमण्डल व लोक सभा के लोग सम्मिलित हैं। ऑग व जिंक ने कहा है, "राजमुकुट राज्य की सर्वोच्च कार्यपालक शक्ति है तथा उसमें सर्वोच्च सत्तावान संसद व मंत्रिगण सम्मिलित हैं।" वेड तथा फिलिप्स के मतानुसार भी मुकुट का व्यक्तित्व सामूहिक है। इसके विपरीत राजा केवल एक व्यक्ति है, जो पहले कभी सभी शक्तियों का वास्तविक प्रयोग किया करता था, पर जो अब केवल एक 'नाममात्र का शासक' रह गया है।

(4) वास्तविक शासक में राजमुकुट सर्वशक्तिशाली, राजा शक्तिहीन-प्राचीन समय में राजा को शासन की सभी शक्तियाँ प्राप्त थीं। किन्तु राजतंत्र के लोकतंत्रीकरण के साथ उसकी शक्तियों का हस्तान्तरण राजमुकुट को होता गया है फलतः शासन की वास्तविक शक्तियाँ राजमुकुट में निहित हो गई हैं। राजमुकुट वस्तुतः एक संस्था है, जिसमें राजा के अतिरिक्त संसद, मंत्रिमण्डल शासन, के क्षेत्र में सर्वशक्तिमान है जबकि राजा को वास्तविक रूप में कोई शक्ति प्राप्त नहीं है।

राजमुकुट की शक्तियाँ अथवा सिद्धान्त रूप में राजा की शक्तियाँ

(Powers of the Crown or Powers of the King in Theory)

शासन का प्रतीक होने के कारण राजमुकुट में शासन के व्यवस्थापन, कार्यपालन तथा न्याय सम्बन्धी सभी अंगों की शक्तियाँ निहित हैं। ये सब शक्तियाँ क्या हैं? यह देखने से पूर्व यह देखना भी आवश्यक है कि उन शक्तियों के स्रोत क्या हैं?

राजमुकुट की शक्तियों के स्रोत (Sources of the Powers of the Crown)

(1) संसदीय कानून-राजमुकुट की शक्तियों का सबसे प्रमुख स्रोत वे कानून हैं, जिनके द्वारा समय-समय पर संसद ने राजमुकुट की शक्तियों की परिभाषा की है, उनमें कटौती की है अथवा उन्हें सीमित या व्यापक बनाया है। राजमुकुट की अधिकांश शक्तियों का ज्ञान हमें इन कानूनों के अध्ययन से हो सकता है।

(2) राजकीय विशेषाधिकार-राजमुकुट की शक्तियों का एक अन्य स्रोत 'राजा के विशेषाधिकार' हैं। जनतंत्र के उदय से पहले राजा की शक्तियों को 'विशेषाधिकार' कहा जाता था। ये विशेषाधिकार राजा को प्राप्त होते थे। जैसे-जैसे संसदीय लोकतंत्र का विकास इंग्लैण्ड में हुआ, राजा के विशेषाधिकारों में परिवर्तन होता गया। संसद ने कभी राजा के विशेष अधिकारों में कटौती की अथवा कभी उनमें से कुछ को पूर्णतः समाप्त कर दिया। पर इसके होते हुए भी उसके कुछ विशेषाधिकार बच गये, जो अब भी राजमुकुट के अधिकारी द्वारा प्रयोग में लाये जाते हैं। अतः जैसा डायसी ने कहा है, "परिवर्तन की इस प्रक्रिया में जो स्वविवेकी स्वच्छन्द अधिकार शेष रह गये हैं, वे ही अब राजमुकुट के विशेषाधिकारी है।" ऑग व जिन्क के अनुसार "राजकीय विशेषाधिकारों से उन शक्तियों का बोध होता है, जो बिना दिये हुये प्राप्त या प्रयासगत रूप से प्रदत्त या संसद द्वारा उन्हें अपनी इच्छा के अनुसार समाप्त या बदल देने का अधिकार प्राप्त होने के बाद भी स्वीकृत या मान्य समझी गई हों।" इस प्रकार संसदीय लोकतंत्र के आधुनिक समय में विशेष अधिकारों में राजमुकुट की वे मौलिक व परम्परागत अधिकार व शक्तियाँ सम्मिलित हैं, जो संसदीय व्यवस्थापन के चक्र से बच गये हैं और जिनका प्रयोग अब भी राजमुकुट के अधिकारी द्वारा किया जाता है।

(3) विशेषाधिकार व कानून का मिश्रण-राजमुकुट की शक्तियों का तीसरा स्रोत विशेषाधिकार व कानून का मिश्रण है। राजमुकुट की कुछ शक्तियाँ ऐसी भी हैं, जो प्रारम्भ में विशेषाधिकार थीं, पर जिन्हें बाद में संसद ने भी कानून बनाकर मान्यता प्रदान कर दी है। इस प्रकार इन शक्तियों का स्रोत कानून व विशेषाधिकार दोनों ही है।

राजमुकुट की शक्तियों का परिवर्तनशील रूप (Changing Nature of The Powers of the Crown)

राजमुकुट की शक्तियों के स्रोतों के विषय में जो कुछ कहा गया है, उससे उन शक्तियों की यह विशेषता हमारे समक्ष स्पष्ट हो जाती है कि उसकी ये शक्तियाँ सदा परिवर्तनशील रही हैं तथा राजा की व्यक्तिगत शक्तियों में कटौती के साथ राजमुकुट

की शक्तियों में लगातार वृद्धि होती रही है। राजा की व्यक्तिगत शक्तियों को कम करने में जनता के प्रयत्नों का भी बड़ा हाथ रहा है। उदारहणार्थ, जनता के आन्दोलन के फलस्वरूप 'मैग्नाकार्टा' (Megna Carta) स्वीकृत हुआ, जिसके द्वारा राजा पर यह प्रतिबन्ध लगा दिया गया कि वह कानून का उल्लंघन नहीं कर सकेगा। इसी प्रकार 'अधिकार याचिका' (Petition of Rights) के द्वारा राजा पर यह प्रतिबंध लगाया गया कि वह लोगों को मनमाने ढंग से जेल में बन्द नहीं कर सकेगा और न संसद की स्वीकृति के बिना कोई कर लगा सकेगा। इसके अतिरिक्त संसदीय कानून द्वारा भी राजाक की शक्ति में कमी की गयी है। उदाहरणार्थ, 'अधिकार-पत्र' (Bill of Rights) के द्वारा राजा पर यह प्रतिबंध लगा दिया गया है कि देश के प्रचलित कानूनों को न तो वह निलम्बित कर सकेगा और न वह उन्हें समाप्त कर सकेगा। इसके अतिरिक्त राजा ने बहुत दिनों तक यदि अपने किन्ही अधिकारों का प्रयोग नहीं किया है, तो ऐसे अधिकार स्वतः ही समाप्त हो गये हैं। उदाहरणार्थ, 'ट्यूडर काल' के अंत के बाद राजा ने संसद की स्वीकृति के बिना कभी भी लोकसदन (House of Commons) के सदस्यों की संख्या नहीं बढ़ायी और न लॉर्ड-सभा (House of Lords) के लिए जीवनपर्यन्त 'पीरों' (Peers) का नामांकन किया। परिणामस्वरूप अब यह माना जाने लगा है कि राजा को स्वेच्छा से संसद के सदनों की सदस्य संख्या बढ़ाने का अधिकार प्राप्त नहीं है।

इस प्रकार राजा की शक्ति के क्षीण होने के साथ ही साथ राजमुकुट की शक्ति बढ़ती गयी है। जो-जो शक्तियाँ राजा से छिनी गयी हैं, वे जनता को प्राप्त होती गयी हैं और उनका प्रयोग उसके प्रतिनिधियों द्वारा राजमुकुट के माध्यम से किया जाने लगा है। इस प्रकार जैसा मैरियट ने कहा है, **''यदि राजा की शक्ति कम हुई है, तो राजमुकुट की शक्ति बढ़ी है।''** इसके अतिरिक्त राजमुकुट की शक्तियों में वृद्धि इसलिये भी हुई है कि 'लोक-कल्याणकारी' राज्य के विचार के उदय के साथ राज्य का कार्यक्षेत्र लगातार बढ़ता ही गया है। अपने बढ़े हुए कार्यक्षेत्र के दायित्व का निर्वाह ही अच्छी तरह करने के लिए संसद ने कानून द्वारा सरकार को अनेक शक्तियाँ प्रदान कर दी हैं। परिणामस्वरूप राजमुकुट की शक्तियाँ और भी बढ़ गयी हैं।

इस प्रकार हम देखते हैं कि राजमुकुट की शक्तियाँ सदा परिवर्तनशील रही हैं और राज्य के कार्यक्षेत्र के साथ लगातार बढ़ती जा रही हैं।

राजमुकुट की शक्तियों का विश्लेषण (Analysis of the Powers of the Crown)

राजमुकुट की शक्तियाँ कार्यपालन, व्यवस्थापन व न्यायपालन सभी से सम्बन्धित हैं तथा वे निम्न प्रकार हैं :

(1) कार्यपालन सम्बन्धी शक्तियाँ–राजमुकुट का सम्बन्ध मुख्यत: कार्यपालन से है। उसकी कार्यपालक शक्तियों का विवेचन हम निम्नलिखित शीर्षकों में कर सकते हैं–

(i) राजमुकुट व प्रशासन–प्रशासन के सम्बन्ध में राजमुकुट की शक्तियाँ, उसके कार्य व उसके अधिकार निम्न प्रकार हैं:

(1) राजमुकुट का सबसे प्रमुख कार्य सभी राष्ट्रीय कानूनों को क्रियान्वित करना है।

(2) राजमुकुट को उच्च कार्यपालन व प्रशासनिक अधिकारियों तथा न्यायाधीशों और सैनिक अधिकारियों की नियुक्ति करने का अधिकार है। प्रधानमंत्री के अतिरिक्त अन्य सभी पदों पर नियुक्ति के लिए प्रधानमंत्री से परामर्श लेना आवश्यक है। केवल नये प्रधानमंत्री के चयन की दशा में वह किसी के परामर्श के लिए बाध्य नहीं है।

(3) राजमुकुट को उच्चाधिकारियों को सेवा से मुक्त करने का भी अधिकार है। न्यायाधीशों को अलग करने के लिए संसद के दोनों सदनों के संयुक्त आवेदन की आवश्यकता होती है।

(4) राजमुकुट देश के नैतिक प्रशासन का नियंत्रण व उसका संचालन करता है। राजमुकुट, राष्ट्रीय कोष का नियंत्रण व उसका संचालन करता है। राष्ट्रीय बजट भी राजमुकुट की ओर से प्रस्तुत किया जाता है और संसद की स्वीकृति के पश्चात् उसी के द्वारा उसे कार्यरूप में लाया जाता है।

(5) सेना की सर्वोच्च कमान भी राजमुकुट में ही निहित होती है तथा स्थानीय सरकारों के कार्यों की देखभाल व उनका नियन्त्रण भी राजमुकुट ही करता है, क्योंकि इंग्लैण्ड में स्थानीय सरकार, केन्द्रीय सरकार के पूर्णत: अधीनस्थ होती है।

इस प्रकार हम देखते हैं कि कार्यपालन के क्षेत्र में राजमुकुट की शक्तियाँ उसके कार्य व उसके अधिकार बड़े महत्वपूर्ण के और व्यापक हैं। यही कारण है कि ऑग ने राजमुकुट की 'सामूहिक शक्ति' की तुलना संयुक्त राज्य अमरीका के राष्ट्रपति की शक्तियों से की है।

(ii) राजमुकुट व परराष्ट्र विभाग–शासन प्रमुख के रूप में कार्य करने का राजमुकुट का दूसरा महत्वपूर्ण क्षेत्र 'परराष्ट्र विभाग' है। इन सब दायित्वों को निभाने के लिए राजमुकुट जिन विविध कार्यों का संचालन करता है, वे निम्न प्रकार हैं–

(1) राजमुकुट विदेशों में राजदूतों की नियुक्ति करता है ओर स्वदेश में, विदेशी राजदूतों की नियुक्ति की स्वीकृति देता है। यह अन्तर्राष्ट्रीय सम्मेलनों में अपने प्रतिनिधि मण्डलों को भेजता है।

(2) राजमुकुट विदेशों में रह रहे स्वेदश के प्रतिनिधियों को उनके कार्य व नीति के विषय में निर्देश भेजता है।

(3) राजमुकुट अन्य राष्ट्रों के साथ वार्ता करता है, सन्धि करता है अथवा युद्ध की घोषणा करता है। बजट पारित करने की अपनी शक्ति के द्वारा राजमुकुट के परराष्ट्र सम्बन्धी ऐसे कार्यों पर संसद प्रभाव डाल सकती है, क्योंकि बिना आवश्यक धन के राजमुकुट परराष्ट्र सम्बन्धी दायित्वों को पूरा नहीं कर सकता। पर कानूनी रूप से राजमुकुट इस बात के लिए बाध्य नहीं है कि वह सब अन्तर्राष्ट्रीय सन्धियों को संसद के समक्ष प्रस्तुत करके उसकी प्रत्यक्ष स्वीकृति प्राप्त करे। अनेक परराष्ट्र सन्धियाँ गोपनीय भी होती हैं। उन्हें राजमुकुट 'व्यापक हित' की दृष्टि से भी संसद में नहीं रख सकता है।

(iii) राजमुकुट व उपनिवेश व राष्ट्रमण्डल–उपनिवेशों एवं राष्ट्रमण्डल के सम्बन्ध में राजमुकुट की शक्तियों का व्यावहारिक महत्व अब बहुत कम रह गया है। 'वेस्टमिन्सटर कानून' के पारित हो जाने के बाद से उपनिवेश प्राय: पूर्ण स्वतंत्र हो गये हैं। वे स्वराज्य व परराष्ट्र सम्बन्धी अपनी नीतियों का संचालन स्वयं करते हैं। राजमुकुट कतिपय उपनिवेशों के मंत्रिमण्डल के परामर्श से वहाँ के सर्वोच्च शासकों की नियुक्ति करता है तथा वे शासक, 'राजमुकुट के प्रतिनिधि' कहलाते हैं। पर यह सब केवल औपचारिक है। जहाँ तक राष्ट्रमण्डल का सम्बन्ध है, राजमुकुट का कार्य और भी औपचारिक है, क्योंकि भारत जैसे पूर्ण स्वतंत्र राज्य भी राष्ट्रमण्डल के सदस्य हैं।

(2) व्यवस्थापन सम्बन्धी शक्तियाँ (Legislative Powers)–संसद के राजा (Kings of Parliament) को कानून निर्माण का अधिकारी माना जाता है। जब कोई कानून बनता है, तो उसकी घोषणा में यह कहा जाता है कि "साधुजनों के अधिकार से तथा इस वर्तमान संसद में सम्मिलित लौकिक तथा आध्यात्मिक विशिष्टजनों व सामान्यजनों के परामर्श व उनकी स्वीकृति से 'महामहिम महाराज' द्वारा अमुक कानून का निर्माण हुआ है।"

संसद व व्यवस्थापन के सम्बन्ध में राजमुकुट को जो महत्वपूर्ण अधिकार प्राप्त हैं, वे इस प्रकार हैं–

(1) राजमुकुट को, लोगों को 'लॉर्ड-सभा का पीर' बनाने का अधिकार है। केवल वे ही लोग लॉर्डसभा के सदस्य हो सकते हैं, जो राजा द्वारा 'पीर' बनाये जाते हैं। इसके अतिरिक्त लोकसदन के निर्वाचन की तिथि की घोषणा भी राजमुकुट द्वारा ही की जाती है।

(2) राजमुकुट लोकसदन का स्थगन व उसका विघटन कर सकता है। लॉर्डसभा के विषय में उसे ऐसा अधिकार प्राप्त नहीं है, क्योंकि वह एक स्थायी संस्था है। विधेयकों के प्रस्तुत होने के सम्बन्ध में भी राजमुकुट का हाथ रहता है। सारे वित्त-विधेयक केवल तभी प्रस्तुत किये जा सकते हैं, जब उनके विषय में राजमुकुट द्वारा सिफारिश की गयी हो। अन्य सरकारी विधेयक भी मंत्रियों द्वारा ही प्रस्तुत किये जाते हैं और उन्हें ऐसा करने का अधिकार राजमुकुट के मंत्री होने के कारण ही प्राप्त होता है।

(3) राजा की स्वीकृति प्राप्त होने से पूर्व कोई भी विधेयक कानून नहीं बन सकता। इसमें सन्देह नहीं कि राजा का विधेयकों को अन्तिम स्वीकृति देने का अधिकार केवल औपचारिक है; फिर भी सिद्धान्त रूप में यह विद्यमान है।

(4) विगत कुछ समय से व्यवस्थापन सम्बन्धी एक अन्य प्रकार का अधिकार 'राजमुकुट' को प्राप्त हो गया है। संसद संपूर्ण व्यवस्थापन कार्य स्वयं नही निपटा पाती; परिणामस्वरूप अनेक विधेयकों के विषय में वह केवल मोटी रूपरेखा पारित कर देती है और सूक्ष्म बातों की पूर्ति वह राजमुकुट पर छोड़ देती है, जिसे वह अपने मंत्रियों द्वारा पूरा कराता है। इस प्रकार का उप-व्यवस्थापन मंत्रिमण्डल की उन आज्ञाओं के रूप में होता है, जो 'राजमुकुट' के नाम से जारी की जाती हैं। इस प्रकार व्यवस्थापन का बहुत कुछ भाग मंत्रिमण्डल के माध्यम से राजमुकुट द्वारा किया जाता है।

(3) न्याय सम्बन्धी शक्तियाँ (Judicial Powers)-राजा को न्याय का स्रोत कहा जाता है। न्यायिक क्षेत्र में उसकी शक्तियाँ निम्न प्रकार हैं-

(i) राजमुकुट व न्यायिक नियुक्तियाँ एवं पदमुक्तियाँ-राजमुकुट न्यायाधीशों की नियुक्ति करता है तथा वही संसद की सिफारिश पर उन्हें उनके पद से हटा सकता है।

(ii) राजमुकुट व क्षमादान-राजमुकुट को यह अधिकार प्राप्त है कि वह फौजदारी मामलों में दण्ड-प्राप्त किसी व्यक्ति को क्षमादान दे दे अथवा उसके दण्ड को स्थगित कर दे। पर दीवानी के मामले में उसे इस प्रकार का कोई अधिकार प्राप्त नहीं है।

(iii) राजमुकुट-न्याय का स्रोत-राजमुकुट को 'न्याय का स्रोत' कहा जाता है। ब्रिटेन के सब न्यायालय 'महामहिम के न्यायालय' कहे जाते हैं। प्रिवी-काउन्सिल की न्यायिक समिति के परामर्श से उपनिवेशों से आयी हुई अपीलों का वहीं निर्णय करता है। उसकी शक्तियों पर कुछ निश्चित प्रतिबंध भी हैं। उदाहरणार्थ, राजमुकुट कोई नवीन न्यायालय स्थापित नहीं कर सकता। वह न्यायालयों के संगठन व उसकी कार्यविधि में भी परिवर्तन नहीं कर सकता। वह न्यायाधीशों की संख्या, उनके कार्यकाल, उनकी नियुक्ति-विधि व उनके वेतन में भी कोई परिवर्तन नहीं कर सकता। देश में अपील का अन्तिम न्यायालय राजमुकुट नहीं है, वरन् लॉर्ड-सभा है।

(4) अन्य विविध शक्तियाँ-उपर्युक्त शक्तियों, कार्यों व अधिकारों के अतिरिक्त राजमुकुट की अन्य विविध प्रकार की शक्तियाँ, कार्य व अधिकार हैं। यद्यपि इनमें से अधिकतर केवल औपचारिक हैं, फिर भी उनका निश्चित तौर महत्व है। वे निम्न प्रकार हैं-

(i) राजमुकुट सम्मान का स्रोत-राजमुकुट को यह अधिकार प्राप्त है कि अंग्रेजी नागरिकों को सम्मान-सूचक उपाधियाँ प्रदान कर सके। राजमुकुट नागरिकों को राजनीतिक व सामाजिक दोनों ही प्रकार के सम्मान प्रदान करता है। उदाहरणार्थ, 'पीर' बनाया जाना, राजनीतिक सम्मान प्रदान करना होता है तथा 'नाइट' की उपाधि दिया जाना सामाजिक सम्मान होता है।

(ii) चर्च प्रमुख-इंग्लैण्ड में 'ऐंग्लिकन चर्च' है। रानी एलिजाबेथ प्रथम के समय से ही राजमुकुट उसका सर्वोच्च प्रमुख है। वह 'आर्कबिशप' व 'बिशप' और कभी-कभी 'डिन' व 'कैनन' लोगों की भी नियुक्ति करता है। चर्च के 'कन्वोकेशन' को केवल राजमुकुट की अन्तिम स्वीकृति की आवश्यकता होती है, जिस प्रकार संसदीय कानून के लिए होती है। सन् 1919 से चर्च के प्रबन्धन के लिए 'नेशनल असेम्बली' नामक संस्था की स्थापना हो गयी है। इस सभा के द्वारा पारित नियमों के लिए भी राजमुकुट की अन्तिम स्वीकृति की आवश्यकता होती है।

'इंग्लैण्ड के चर्च' की तरह राजमुकुट स्कॉटलैण्ड के 'प्रिंसबिटेरियन चर्च' का भी सर्वोच्च प्रमुख है। व्यक्तिगत रूप से राजा का धार्मिक दायित्व है कि वह किसी रोमन कैथोलिक से विवाह न करें, क्योंकि वह 'ऐंग्लिकन' व 'प्रिंसबिटेरियन' दोनों व्यवस्थाओं का प्रमुख है। धर्म सम्बन्धी इन शक्तियों के कारण राजा, 'धर्मरक्षक' कहा जाता है।

राजा की वास्तविक स्थिति
(The Real Position of the King)

राजा, राज करता है, शासन नहीं-राजमुकुट की शक्तियों अथवा सिद्धान्त रूप में राजा की शक्तियों का जो विवेचन ऊपर किया गया है, उससे यह स्पष्ट है कि शासन की वास्तविक शक्तियाँ 'राजमुकुट' में निहित हैं और उनका प्रयोग संसद, मंत्रिमण्डल व लोकसेवा के अधिकारियों व कर्मचारियों द्वारा किया जाता है। राजा वास्तव में राज करता है, शासन नहीं करता। फिर भी कुछ लोगों का एक वर्ग इस मत का है कि वह अपने विशेषाधिकारों के क्षेत्र में अपने विवेक द्वारा कुछ भी कर सकता है। राजा के विषय में यह कहा जाता है कि उसे (1) प्रधानमंत्री तथा अन्य मंत्रियों की नियुक्ति करने का (2) लोगों को 'पीर' बनाने का, (3) लोकसदन को विघटित करने का, (4) मंत्रियों को पदमुक्त करने का, तथा (5) विधेयकों को अपनी-अपनी स्वीकृति देने या न देने का विशेषाधिकार प्राप्त है। इन विशेषाधिकारों में से एक-एक को लेकर हम देख सकते हैं कि कहाँ तक उसके ये विशेषाधिकार वास्तव में उसके विशेषाधिकार हैं अथवा वह वास्तव में 'राज' करता है या 'शासन' करता है।

(1) प्रधानमंत्री व मंत्रिमण्डल के चयन का विशेषाधिकार-जहाँ तक प्रधानमंत्री के चयन का प्रश्न है, इस सम्बन्ध में वह साधारणतः अपने विवेक से काम नहीं कर सकता। जैसे परम्परा चली आ रही है, राजा को लोकसदन में बहुमत दल वाले नेता को प्रधानमंत्री बनाना पड़ता है। कभी किन्हीं अत्यन्त साधारण परिस्थितियों में ऐसा भले ही संभव हो कि राजा स्वयं इस सम्बन्ध में कुछ कर सके। उदाहरणार्थ, किसी प्रधानमंत्री की मृत्यु हो जाने पर अथवा उसके त्यागपत्र दे देने पर। यदि कई लोग प्रधानमंत्रित्व के प्रत्याशी हों और यह बात स्पष्ट न हो कि बहुमत दल का नेता कौन है, तो राजा कदाचित् ऐसा कर सकता है कि अपनी और से वह किसी को प्रधानमंत्री नियुक्त कर दे। ऐसे उदाहरण भी हैं, जब राजा ने ऐसा किया है। सन् 1894 में रानी विक्टोरिया ने 'लार्ड रोजबरी' को प्रधानमंत्री बनाया था, जबकि उस पद के कई प्रत्याशी थे। जॉर्ज पंचम ने सन् 1922 में लॉर्ड-सभा के नेता लॉर्ड कर्जन के स्थान पर लोकसदन के वाल्डविन को इस आधार पर प्रधानमंत्री बनाया था कि 'प्रधानमंत्री सदा लोकसदन का सदस्य ही होता है।' इसके 9 वर्ष बाद आर्थर हण्डरसन के लोकसदन के बहुमत दल का नेता चुने जाने पर भी राजा ने रैमजे मैकडोनल्ड को 'सम्मिलित सरकार' का प्रमुख नियुक्त कर दिया था, जिसे 'सन् 1931 की राजमहल की क्रान्ति' की संज्ञा दी जाती है। सन् 1963 में भी ऐसा ही हुआ था, जब मैकमिलन के त्यागपत्र के बाद उसके उत्तराधिकारी के रूप में अनुदार दल

के कई प्रत्याशियों में कश्मकश चली और रानी ने अप्रत्याशित ढंग से ह्यूम को मंत्रिमण्डल के निर्माण से सम्बन्धित बातचीत के लिए बुलावा भेजा। 'प्रधानमंत्री' के पद के लिए जब कई प्रत्याशी हों, तो राजा या रानी की पसन्द का महत्व बढ़ जाता है। यही कारण था कि रानी द्वारा ह्यूम को बुलाये जाने पर इंग्लैण्ड के एक प्रसिद्ध पत्र ने अपने प्रमुख स्तम्भ में लिखा था कि "रानी बटलर को भी आमंत्रित कर सकती है।" परन्तु 1963 के बाद से ही ऐसी घटनाओं की पुनरावृत्ति की संभावना नहीं रही है, क्योंकि उस समय से दोनों ही प्रमुख दलों ने यह निश्चय कर लिया है कि 'नेता के चयन के सम्बन्ध में मतभेद होने पर निर्णय मतदान द्वारा कर लिया जाय।'

जहाँ तक अन्य मंत्रियों की नियुक्ति का प्रश्न है, इस सम्बन्ध में प्रधानमंत्री का परामर्श ही निर्णायक सिद्ध होता है। मंत्रियों के चयन के मामले में राजा, प्रधानमंत्री पर कभी-कभी प्रभाव भर डाल सकता है। पर स्वयं इस विषय में राजा, प्रधानमंत्री का विरोध नहीं कर सकता। जैसा लास्की ने कहा हैं, "यदि राजा की ओर से प्रधानमंत्री द्वारा प्रस्तावित नियुक्ति का अति कड़ा विरोध हो, तो प्रधानमंत्री अपना पद ग्रहण करने से इन्कार करके सदा अपनी बात चला सकता है।" इससे स्पष्ट है कि इस क्षेत्र में राजा की वास्तविक शक्ति की सीमा वहीं तक हैं, जहाँ तक प्रधानमंत्री नें स्वय कुछ तय न कर लिया हो।

(2) पीर बनाने का विशेषाधिकार-राजा का दूसरा विशेषाधिकार लोगों को 'पीर' बनाने से सम्बन्धित है। यदि लोकसदन द्वारा पारित कोई विधेयक लॉर्ड-सभा में पारित न हो, तो प्रधानमंत्री के कहने पर वह नये लोगों को लॉर्ड बनाकर और उन्हें लार्ड-सभा की सदस्यता प्रदान कर लॉर्ड-सभा के विरोध को समाप्त कर सकता है। पर यदि वह ऐसा न करना चाहे, तो प्रधानमंत्री से यह कह सकता है कि 'वह विधेयक को विषय बनाकर पुनः साधारण चुनाव करवाये और यह देखे कि सरकार को राष्ट्र का पूरा समर्थन प्राप्त है या नहीं।' सन् 1910 में जॉर्ज पंचम ने ऐसा ही किया था। उन्होंने तत्कालीन प्रधानमंत्री लॉर्ड ऐस्क्विथ को नवीन पीर बनाने की प्रार्थना स्वीकार करने से पहले उनसे यह कहा था कि 'वे लोकमत जानने के लिए पुनः निर्वाचन करायें।' यद्यपि नवीन पीर बनाने की आवश्यकता उस समय नहीं पड़ी थी, क्योकि केवल नये पीर बनाने की धमकी से ही लॉर्डसभा के लोग दब गये थे; तथापि इससे यह बात अवश्य सिद्ध हो गयी थी कि 'राजा कुछ विशेष परिस्थितियों में अपने इस विशेषाधिकार के प्रयोग में अपने विवेक का प्रयोग कर सकता है।' पर सन् 1911 व 1949 के संसदीय कानून के पारित होने के बाद से लॉर्ड-सभा की

स्थिति कमजोर हो गयी है तथा लार्ड-सभा को दबाने के लिए अब नवीन पीर बनाने की आवश्यकता कदाचित कभी भी नहीं पड़ेगी। अतएव राजा के इस विशेषाधिकार का महत्व अब वह नहीं हैं, जो उस समय था, जब लॉर्ड-सभा के व्यवस्थापन सम्बन्धी अधिकार प्राय: लोकसदन के समतुल्य ही थे।

(3) संसद के विघटन का विशेषाधिकार का होना-राजा का एक अन्य विशेषाधिकार 'प्रधानमंत्री की प्रार्थना पर लोकसदन के विघटन' से सम्बन्धित है। इस सम्बन्ध में एक मत तो यह है कि राजा का यह विशेषाधिकार वास्तविक है। यह आवश्यक नहीं कि प्रधानमंत्री की माँग पर राजा आवश्यक रूप से लोकसदन का विघटन कर दे, वरन् इस सम्बन्ध में उसे अपने विवेक से निर्णय करने का अधिकार है। दूसरा मत यह है कि राजा का यह अधिकार अवास्तविक है तथा प्रधानमंत्री की माँग पर उसे लोकसदन का विघटन करना ही पड़ता है। पहले प्रकार का यह विचार 'संरक्षण के सिद्धान्त' के समर्थकों का है। उनका कहना है कि "राजा संविधान का संरक्षक है। अत: उसका यह अधिकार वास्तविक है कि लोकसदन के विघटन के प्रश्न पर वह अपने विवेक से कार्य कर सके।" इस विचार के समर्थकों में मुख्य कीथ व क्विंटिन हॉग हैं। दूसरे प्रकार का विचार 'लोकतंत्रतात्मक सिद्धान्त' (Democratic Theory) अथवा 'संसदीय सिद्धान्त' (Parliamentarial Theory) के समर्थकों का है। उनका कहना है कि संवैधानिक अध्यक्ष (Constitutional Head) मात्र होने के नाते राजा को अपने विशेषाधिकारों का प्रयोग अपने मंत्रियों के परामर्श से ही करना चाहिए, जिससे संविधान की रक्षा व संसदीय शासन-प्रणाली का निर्वाह हो सके। तभी विभिन्न कार्यों का दायित्व मंत्रियों पर पड़ सकता है तथा इंग्लैण्ड के राजा के विषय से यह कहना सही हो सकता है कि 'राजा कोई त्रुटि नहीं करता'। यदि ऐसा न करके राजा अपने विशेषाधिकारों का प्रयोग अपने विवेक से स्वयं करता है, तो परिणाम यह होगा कि अपने कार्यों के लिए उसे स्वयं उत्तरदायी होना पड़ेगा और इस प्रकार संसदीय शासन प्रणाली का 'मौलिक आधार' ही समाप्त हो जायेगा।

इसके अतिरिक्त उनका तर्क है कि राजा को जो सम्मान आज प्राप्त है तथा उसे आलोचना से परे माना जाता है, इसका कारण भी यही है कि वह राजनीति में किसी भी पक्ष का पोषण नहीं करता और सभी दलों के मंत्रिमण्डलों की इच्छानुसार कार्य करता है। यदि वह ऐसा न करेगा, तो वह सार्वजनिक आलोचना से नहीं बच सकेगा और न ही भविष्य में उसे वह सम्मान प्राप्त रहेगा, जो उसे आज प्राप्त है। अपनी इच्छा से कार्य करने का परिणाम यहाँ तक हो सकता है कि जिस दल के

विरुद्ध उसका निर्णय जाये, वह दल शक्ति प्राप्त करने पर 'राजपद' को ही समाप्त कर दे। इस विचार के प्रमुख समर्थक लास्की व कार्टर हैं। लास्की का निष्कर्ष है कि "अपने हित में राजा को मंत्रिमण्डल के परामर्श से ही अपने विशेषाधिकारों का प्रयोग करना चाहिए।"

इस सम्बन्ध में लास्की और कार्टर का मत ही उचित प्रतीत होता है। अतः कहा जा सकता है कि "इस सम्बन्ध में राजा को प्रधानमंत्री के परामर्श पर ही चलना चाहिए।"

संसद को भंग किया जाय या न किया जाय, इस सम्बन्ध में व्यावहारिक कठिनाई एक बार सन् 1950 में उत्पन्न हुई थी। उस वर्ष फरवरी के चुनाव में इटली के नेतृत्व में 'श्रमिक दल' को अल्प बहुमत प्राप्त हुआ था और संसद के पुनर्विघटन की चर्चाएँ चल पड़ी थीं। उस समय जॉर्ज अष्टम को अपने प्रिवी सचिव पर 'एलन लॉसेल्स' से अपनी संवैधानिक स्थिति के बारे में चाही गई। जानकारी के उत्तर में मिले परामर्श से भी यही प्रकट होता है कि संसद के विघटन के सम्बन्ध में राजा को सामान्यतः प्रधानमंत्री के परामर्श पर ही चलना चाहिए। संसद के विघटन सम्बन्धी प्रधानमंत्री के परामर्श को केवल तीन परिस्थितियों में टाला जा सकता है, जो निम्न प्रकार हैं-"(1) संसद ऐसी सलाह के समय भी सशक्त, सक्षम और स्थायी प्रतीत होती हो; (2) अल्पावधि में आयोजित पुनर्निर्वाचन का भार राष्ट्रीय अर्थव्यवस्था सहन न कर सके; और (3) दूसरा कोई वैकल्पिक प्रधानमंत्री खोजा जा सके, जो पर्याप्त समय के लिए शासन का संचालन कर सके।" इस प्रकार यह निष्कर्ष निकाला जा सकता है कि 'सामान्यतः इस सम्बन्ध में राजा को प्रधानमंत्री के परामर्श पर ही चलना चाहिए।'

(4) **मंत्रियों की बर्खास्तगी सम्बन्धी विशेषाधिकार**-मंत्रियों की बर्खास्तगी के विषय में भी यह कहा जाता है कि वह राजा के विशेषाधिकार की वस्तु है। सन् 1783 में जॉर्ज तृतीय ने लॉर्ड नार्थ और फॉक्स के मंत्रिमण्डल को बर्खास्त कर दिया था, जिससे यह अनुमान होता है कि राजा मंत्रियों को बर्खास्त कर सकता है। पर इस सम्बन्ध में भी यह स्मरणीय है कि राजा स्वेच्छा से अपनी इस शक्ति का प्रयोग प्रायः नहीं कर सकता। यदि किसी मंत्रिमण्डल को लोकसदन में बहुमत का समर्थन प्राप्त है, तो पूरे मंत्रिमण्डल की बर्खास्तगी करने के विषय में उसके उस अधिकार का प्रयोग निष्फल रहेगा, क्योंकि व्यक्तिगत मंत्रियों को बर्खास्त करने का साहस वह प्रधानमंत्री से बैर मोल लेकर ही कर सकता है। लोकसदन के बहुमत द्वारा

समर्थित प्रधानमंत्री का बैर, उसकी समाप्ति का कारण बन सकता है। कुछ विचारकों का मत है कि यदि राजा यह समझे कि मंत्रिमण्डल की नीति को लोकसदन के बहुमत का समर्थन प्राप्त होते हुए भी जनता का समर्थन प्राप्त नहीं है, तो वह मंत्रिमण्डल को बर्खास्त कर सकता है। पर जैसा जेनिंग्स का विचार है, "यह तर्क मंत्रियों की बर्खास्तगी का तर्क न होकर लोकसदन के विघटन का तर्क है।" सन् 1783 के बाद से कोई मंत्रिमण्डल बर्खास्त भी नहीं किया गया है।

(5) संसद के विधेयकों की स्वीकृति का विशेषाधिकार- डिजरायली ने सन् 1852 में यह मत व्यक्त किया था कि "विधेयकों को अपनी स्वीकृति देने अथवा न देने का राजा का अधिकार वास्तविक है।" यदि वह आवश्यक समझे तो, संसद द्वारा पारित किसी भी विधेयक को अपनी स्वीकृति देने से इन्कार कर सकता है। पर अनुभव के आधार पर यह नहीं कहा जा सकता है कि उसका यह अधिकार वास्तविक है। सन् 1707 से इस अधिकार का प्रयोग किसी भी राजा द्वारा नहीं किया गया है। वर्तमान में राजा के इस अधिकार को प्राय: मृत माना जाता है।

यदि कोई राजा संसद द्वारा पारित किसी विधेयक को अपनी स्वीकृति देने से इन्कार कर दे, तो परिणाम यह होगा कि मंत्रिमण्डल त्यागपत्र दे देगा, क्योंकि कोई भी मंत्रिमण्डल अपनी नीति की हार स्वीकार करने के लिए तैयार नहीं होगा। ऐसी दशा में राजा के समक्ष दो विकल्प हो सकते हैं। एक विकल्प यह हो सकता है कि वह 'प्रतिपक्षी दल' के नेता से मंत्रिमण्डल बनाने के लिए कहे; पर ऐसे मंत्रिमण्डल को लोकसदन का समर्थन प्राप्त नहीं होगा, क्योंकि वह दल अल्पमत में है। इसलिए राजा के समक्ष केवल यही विकल्प रह जायेगा कि वह लोकसदन का विघटन करके पुन: निर्वाचन कराये। पर जैसा मुनरों का विचार है, " ऐसा करना किसी भी राजा के लिए खतरनाक होगा, क्योंकि यदि निर्वाचन का निर्णय उसके विरुद्ध हुआ, तो उसका यह अर्थ होगा कि राजा अनिवार्यत: अपना राजसिंहासन छोड़े।"

इस प्रकार हम देखते हैं कि राजा या रानी की विशेषताओं से सम्बन्धित शक्ति केवल सैद्धान्तिक दृष्टि से उनके हाथ में है, वास्तविक रूप से प्राय: सभी विशेषाधिकारों से सम्बन्धित शक्ति का प्रयोग मंत्रिमण्डल द्वारा किया जाता है।

राजा कोई त्रुटि नहीं करता

(The King Does no Wrong)

ब्रिटेन के शासन सूत्र में राजा की स्थिति केवल एक 'सांविधानिक अध्यक्ष' की है, इस आधार पर उसके विषय में यह कहा जाता है कि 'राजा कोई त्रुटि नहीं

करता।' शाब्दिक दृष्टि से इसका अर्थ है कि राजा जो कुछ भी करता है, वह सदा ठीक ही होता है और उसके किसी कार्य में कोई त्रुटि नहीं होती। परन्तु राजा के विषय में प्रचलित इस कहावत का संवैधानिक महत्व भी है, जिसका विवेचन निम्न प्रकार किया जा सकता है:

(1) राजा विधि से ऊपर है-राजा कोई त्रुटि नहीं करता, इसका एक स्वाभाविक अर्थ यह है कि राजा विधि के ऊपर है और उसके विरुद्ध कोई कानूनी कार्यवाही नहीं की जा सकती। वह न्यायालयों के न्यायक्षेत्र से परे है तथा उसके विरुद्ध किसी न्यायालय में दीवानी या फौजदारी का कोई अभियोग नहीं चलाया जा सकता और न ही उसे न्यायालय द्वारा दण्ड ही दिया जा सकता है।

(2) राजा स्वविवेक से नहीं, वरन् मंत्रिमण्डल के परामर्श से कार्य करता है, जो उसके कार्यों के लिए उत्तरदायी है- राजमुकुट के अधिकारों का प्रयोग राजा अपने विवेक के अनुसार नहीं करता। उनका प्रयोग वह अपने मंत्रियों में परामर्शानुसार करता है। इस प्रकार, चूँकि स्वयं वह कुछ करता ही नहीं, अतः उसके द्वारा किसी त्रुटिपूर्ण कार्य करने का प्रश्न ही नहीं उठता। राजा की ओर से या उसके नाम से किये गये सब कार्यों का दायित्व मंत्रियों पर है, क्योंकि वास्तव में सब कार्य राजा के न होकर मंत्रियों के ही होते हैं। लॉर्ड एशर जॉर्ज पंचम को 1913 में दी गई सलाह से यह बात स्पष्ट हो जाती है।

(3) असंवैधानिक कार्य के लिए किसी को राजा के नाम पर उन्मुक्ति नहीं मिल सकती-'राजा कोई त्रुटि नहीं करता', इस सूत्र से इस सिद्धान्त का भी प्रतिपादन होता है कि कोई भी व्यक्ति अपने द्वारा किये हुए अवैध कार्य के लिए इस आधार पर उन्मुक्ति प्राप्त नहीं कर सकता कि अमुक कार्य उसने राजा के आदेश के अन्तर्गत किया है। इस सिद्धान्त का प्रतिपादन 1678 में **'थामस ऑसबोर्न अर्ल ऑफ डेन्बी'** के वाद में दृष्टिगोचर होता है, जिसमें प्रतिवादी ने अपने बचाव में कहा था कि उनके उक्त पत्र राजा के आदेश के अनुसार लिखा था। अतः वह निर्दोष है, क्योंकि 'राजा कोई त्रुटि नहीं करता'। राजा की ओर से भी डेन्बी के कथन की पुष्टि की गई थी और उसके लिए क्षमादान का सुझाव रखा गया था। परन्तु संसद ने डेन्बी के तर्क को अस्वीकार करते हुये यह स्थिर किया कि 'किसी मंत्री द्वारा की गई त्रुटि' के लिये सम्राट को जिम्मेदार नहीं ठहराया जा सकता। वह मंत्री या अधिकारी अपने अवैध कार्य के लिये राजा के नाम पर उन्मुक्ति नहीं प्राप्त कर सकता।

शासन में राजा का प्रभाव
(Influence of the King in Government)

राजा की शक्ति व उसके व्यावहारिक प्रयोग के विषय में जो कुछ ऊपर कहा गया है, उससे यह निष्कर्ष निकलता है कि राजा केवल एक 'संवैधानिक प्रमुख' है तथा वह केवल राज्य करता है, शासन नहीं। उसे मंत्रियों के परामर्श के अनुकूल ही कार्य करना पड़ता है। पर इससे यह भी नहीं समझना चाहिए कि राजा 'रबर की मुहर' है, जिसे मंत्रिगण अपनी इच्छानुसार प्रयोग में ला सकते हैं या वह एक 'हस्ताक्षर करने वाली मशीन है', जिससे जहाँ मंत्रिगण जब चाहें हस्ताक्षर करा सकते हैं।

राजकार्य में राजा के प्रभाव की क्या सीमा है, इसके विषय में कुछ निश्चित रूप से नहीं कहा जा सकता, क्योंकि राजा व मंत्रिमण्डल के सम्बन्धों का कोई कानूनी रूप नहीं है। राजा व मंत्रिमण्डल के बीच जो कुछ होता है, वह ऐसे आवरण से ढका होता है कि उससे यह स्पष्ट नहीं होता कि राजा मंत्रियों के कार्यों को प्रभावित करता है या मंत्री राजा के कार्यों का निर्देशन करते हैं। फिर भी ऐसे कुछ ऐतिहासिक उदाहरण हैं, जिनसे राजा व मंत्रियों के सम्बन्धों पर प्रकाश पड़ता है। रानी विक्टोरिया व उसके मंत्रियों का पत्र-व्यवहार तथा निकोल्सन हॉल द्वारा लिखित जॉर्ज प्रथम का जीवन व उसके शासन का विवरण जैसी कृतियों व अन्य अनेक व्यक्तिगत संस्मरणों के अध्ययन से राजा व मंत्रियों के सम्बन्धों की वस्तुस्थिति जानी जा सकती है।

इंग्लैण्ड के इतिहास की एक सुप्रसिद्ध बात है कि रानी विक्टोरिया का व्यक्तित्व बड़ा प्रभावशाली था। वह शासन के नित्यप्रति के कार्य में पर्याप्त हस्तक्षेप किया करती थी। मंत्रियों के चयन में उसकी इच्छा पर्याप्त रूप से चलती थी। मंत्रिगण उस वृद्धा से डरते थे। एडवर्ड सप्तम ने भी अपने समय में सन् 1909 के बजट सम्बन्धी संकट के निवारण में , लॉर्ड-सभा के सुधार के प्रश्न को सुलझाने में तथा परराष्ट्र सम्बन्धी विषयों के कुशल प्रतिपादन में महत्वपूर्ण योगदान दिया था। जॉर्ज पंचम ने अपने प्रभाव का प्रयोग अपने समय की उदारदलीय सरकार को अत्यधिक क्रान्तिकारी होने से बचाने के लिए किया था। यह भी कहा जाता है कि सन् 1931 की संयुक्त सरकार जॉर्ज पंचम के ही कारण बनी थी। लास्की का मत है कि सन् 1910 में हुए लोकसदन के तीसरे विघटन में जॉर्ज पंचम का ही हाथ था। सन् 1945 की लेबर सरकार में अर्नेस्ट बेबिन 'परराष्ट्रमंत्री बने', इसके विषय में यह समझा जाता है कि जार्ज षष्टम ने इस मामले में अपने प्रभाव का प्रयोग किया था। पर यह

सब होते हुए भी यह नहीं कहा जा सकता कि राजा सरकार की नीतियों में अपने प्रभाव से कोई बड़ा फेर-बदल करवा सकता है।

राजा के महत्व के कारण

राजा का स्थान केवल 'संविधान प्रमुख' का है, व्यावहारिक दृष्टि से इसका कोई महत्व नहीं हो सकता। फिर भी यदि राजा का महत्व है, तो उसके कुछ कारण हैं, जो निम्न प्रकार हैं-

(1) **व्यक्तित्व**-राजा के प्रभाव का सबसे प्रमुख कारण उसका 'व्यक्तित्व' है। राजा का व्यक्तित्व यदि प्रभावशाली है, तो मंत्रिगण स्वतः ही उसके परामर्श के सम्मुख नतमस्तक हो जाते हैं। इसके विपरीत, यदि राजा का व्यक्तित्व प्रभावशाली नहीं होता, तो उसे मंत्रियों की बात माननी पड़ती है और उनके हाथों की 'रबर की मुहर' बनकर रहना पड़ता है।

(2) **अनुभव**-राजा के प्रभाव का दूसरा कारण उसका 'अनुभव' है। राजा जीवन भर शासन का अध्यक्ष रहता है। वह अपने राज्यकाल में कई मंत्रिमण्डलों का उत्थान व पतन देख लेता है। अतः स्वाभाविक रूप से शासन कार्य का उसका अनुभव बदलने वाले मंत्रिमण्डलों से अधिक होता जाता है। उसकी स्थिति इस प्रकार एक ऐसे अनुभवी शासन-कुशल व्यक्ति की हो जाती है, जो अपने अनुभव के आधार पर मंत्रिमण्डल को प्रभावित कर सकता है।

(3) **संसदीय शासन की कार्यविधि**-राजा के प्रभाव का तीसरा कारण 'संसदीय शासन की कार्यविधि' है। संसदीय शासन का अध्यक्ष होने के नाते मंत्रिमण्डल की कार्यवाही उसके पास भेजी जाती है। प्रधानमंत्री का यह कर्तव्य है कि वह समस्त मंत्रिमण्डलीय निर्णयों को राजा को बताये। परराष्ट्र विभाग का पत्र-व्यवहार, संसद में हुए वाद-विवाद का सरकारी प्रतिवेदन व समाचार-पत्रों में छपा विवरण उसके पास प्रतिदिन पहुँचता है। उसका अपना अलग कर्मचारी मण्डल और एक मंत्री होता है, जिसे राजा का 'आत्मसाधक' कहा जाता है। उसका एकमात्र कर्तव्य यही होता है कि सब राजनीतिक घटनाओं की सूचना राजा को देता रहे। इस प्रकार राजा को संपूर्ण शासन के विषय में इतना ज्ञान हो जाता है, जितना अलग-अलग मंत्रियों को कदाचित नहीं होता।

(4) **राजनीतिक निष्पक्षता**-राजा के प्रभाव का चौथा कारण उसकी 'राजनीतिक निष्पक्षता' है। उसके लिए रूढ़िवादी, उदारदलीय तथा श्रमिकदलीय सभी प्रकार के मंत्रिमण्डल एक समान होते हैं, उसके परामर्श सभी प्रकार के मंत्रिमण्डलों को समान रूप से स्वीकार्य होते हैं।

(5) पद की महत्ता-राजा के प्रभाव का अन्तिम कारण उसके 'पद की महत्ता' है। राजा का पद अतीत से चला आ रहा है। अत: उसके प्रति वर्तमान में भी सभी की वही आदर भावना चली आ रही है, जो उस समय थी, जब राजा वास्तव में शक्तिशाली होता था। अत: राजा की महत्ता व लोकप्रियता का प्रभाव मंत्रिमण्डल के लोगों पर अवश्य पड़ता है।

राजपद अब भी क्यों बना हुआ है?

(Why Kingship Survives?)

एक ओर इंग्लैण्ड, संसदीय लोकतंत्र का जन्म स्थान है और दूसरी और वहाँ राजतंत्र का अस्तित्व है। लोकतंत्रीय देश इंग्लैण्ड में राजपद के बने रहने के ऐतिहासिक, मनोवैज्ञानिक, अन्तर्राष्ट्रीय आदि कई प्रकार के कारण हैं।

ऐतिहासिक कारण

राजपद के बने रहने के ऐतिहासिक कारणों का विवेचन हम निम्न प्रकार कर सकते हैं :

(1) राजपद की ऐतिहासिक परम्परा-इंग्लैण्ड का राजपद ऐतिहासिक है। वह लगभग 1160 वर्ष पुराना है। सन् 1829 से, जब राजा एगबर्ट ने संपूर्ण इंग्लैण्ड को अपने अधीन किया था, अब तक इंग्लैण्ड में राजतंत्र ही चला आ रहा है। केवल सन् 1649 से 1660 तक 11 वर्ष के लिए क्रॉमवेल ने 'गणतंत्रात्मक शासन प्रणाली' का भी असफल प्रयोग किया था। इतने समय से वहाँ के लोग उसके अस्तित्व को देखते आये हैं, उसके विषय में पढ़ते आये हैं और उसके साथ अपना जीवन बिताते आये हैं। अत: जनसाधारण के लिए राजा का पद, उसकी ऐतिहासिक परम्परा का अंग बन गया है। यह कहा जाता है कि, 'यदि बंकिंघम राजप्रसाद में राजा बना रहे, तो अंग्रेज लोगों को कोई चिन्ता नहीं रहती।'

(2) राजपद की ऐतिहासिक सराहनीयता-इंग्लैण्ड के अतीत का इतिहास भी बड़ा सराहनीय रहा है। स्टुअर्ट काल के कुछ राजाओं को छोड़कर सभी राजाओं ने अपने व्यक्तिगत लाभ की तुलना में राष्ट्रीय हित की अधिक चिन्ता की हैं। इंग्लैण्ड के स्कूलों के बालक जब यह पढ़ते हैं कि 'सातवें व आठवें हेनरी ने इंग्लैण्ड को पोप के चंगुल से बचाया, रानी एलिजाबेथ प्रथम ने इंग्लैण्ड के इतिहास में स्वर्ण युग का उदय किया और रानी विक्टोरिया ने साम्राज्य निर्माण किया', तो उन्हें 'राजपद' द्वारा किये गये कार्यों पर गर्व होता है और उनके हृदय में उनके प्रति स्वाभाविक प्रेम व

सम्मान की भावना उत्पन्न हो जाती है। इंग्लैण्ड के राजाओं की सफलताओं के इतिहास ने राजपद को अंग्रेज लोगों का प्रिय बना दिया है।

(3) राजतंत्र के शांतिपूर्ण लोकतंत्रीकरण में राजपद की भूमिका-इंग्लैण्ड में राजपद के बने रहने का अन्तिम ऐतिहासिक कारण वहाँ के शांतिपूर्ण जनतंत्रीकरण में राजपद का योगदान है। इंग्लैण्ड के राजा लोकतंत्र के उदय में कभी बाधक सिद्ध नहीं हुए। उन्होंने 'विकास की प्रक्रिया के अनिवार्य परिणाम' के रूप में लोकतंत्र को स्वीकार किया और उसके विकास के प्रारम्भ में अनजाने में और बाद में जानबूझकर और कभी-कभी विवशतापूर्वक सहयोग दिया। रानी एन्ने विलियम व मैरी तथा प्रथम जो जॉर्ज राजाओं का योगदान इस सम्बन्ध में विशेष उल्लेखनीय है। यही कारण है कि राजपद के लिए लोगों ने कोई परम्परागत घृणा नहीं है, वरन् वे उससे प्रेम करते हैं। इंग्लैण्ड के राजाओं ने यदि रूस के जार राजाओं की तरह अथवा "मैं राज्य हूँ" कहने वाले फ्रांस के लुई चतुर्दश की तरह व्यवहार किया होता, तो इंग्लैण्ड का राजतंत्र भी उसी तरह आमूल समाप्त हो गया होता जिस तरह रूस अथवा फ्रांस के राजतंत्र समाप्त हो गये। जैसा लास्की ने कहा है, "सीधी बात यह है कि राजतंत्र ने अपने को लोकतंत्र के हाथ ऐसे बेच दिया है, मानो वह उसी का प्रतीक हो। इस बिक्री की प्रक्रिया में उसकी जो प्रशंसा हुई है, उसका स्वर प्रायः इतना एकरस रहा है कि कभी-कभी उठने वाले विरोध के स्वर उसमें प्रायः सुने नहीं गये हैं।"

राजनीतिक कारण

(1) राजतंत्र का लोकतंत्रीकरण-राजनीतिक कारणों में सबसे प्रमुख कारण 'राजतंत्र का लोकतंत्रीकरण' है। इंग्लैण्ड के निरंकुश राजतंत्र का रूपान्तरण होकर संवैधानिक राजतंत्र की स्थापना हुई है। इंग्लैण्ड के अधिकांश राजा इतने चतुर रहे हैं कि उन्होंने हवा के रुख को पहचाना और यह जान लिया कि लोकतंत्र की शक्ति का विरोध करना संभव व श्रेयस्कर नहीं होगा। निरंकुश शासन का विरोध होने पर वे संवैधानिक राजाओं के रूप में कार्य करने के लिये तैयार जो गये। इसी कारण पूर्व लोकतंत्र की स्थापना होने पर भी इंग्लैण्ड में राजपद बना हुआ है और बड़े विश्वास के साथ लोग यह कहते हैं कि 'संसार में केवल पाँच राजा रहेंगे-चार राजा खेलने वाले ताशों के और एक इंग्लैण्ड का राजा।'

(2) राजा की राजनीतिक निष्पक्षता-दूसरा राजनीतिक कारण राजा की राजनीतिक निष्पक्षता है। राजा किसी राजनीतिक दल का साथी नहीं है। विभिन्न दल जब शक्ति संगठित करके सरकार बनाते हैं, तो वह उनका समान रूप से स्वागत

करता है। अतः सब राजनीतिक दल उसका समान रूप से आदर करते हैं। सन् 1923 में श्रमिक दल के कुछ लोगों ने राजपद को समाप्त करने का प्रस्ताव रखा था, पर उसे आवश्यक समर्थन प्राप्त नहीं हुआ था। 'ट्रेड यूनियन कांग्रेस' निश्चयात्मक रूप से एक वामपंथी संस्था है, पर उसने भी सन् 1940 में सोने से मढ़ा हुआ एक 'बैज' अपनी राजभक्ति के प्रतीक के रूप में राजा को भेंट किया था। यदि राजा दलगत राजनीति की वस्तु बन जायेगा, तो परिणाम यह होगा कि उसके पद का अस्तित्व ही विवाद की वस्तु बन जायेगा तथा प्रत्येक दल अपने पक्ष के समर्थक को राजसिंहासन का अधिकारी बनाने की सोचने लगेगा।

(3) संसदीय शासन व्यवस्था में राजपद एवं उसके विशेषाधिकारों की उपयोगी भूमिका–राजपद के बने रहने का एक प्रमुख कारण संसदीय शासन-प्रणाली के लिए राजपद की उपयोगिता है। संसदीय शासन प्रणाली के लिए एक संवैधानिक अध्यक्ष की आवश्यकता होती है। राजा इस आवश्यकता की पूर्ति करता है। वह संसदीय शासन के संवैधानिक अध्यक्ष का कार्य करता है। राजपद की अक्षुण्णता का एक अन्य कारण यह है कि राजपद के साथ कुछ विशेषाधिकार जुड़े हुए हैं, जिनके लिए संसद की औपचारिक स्वीकृति की आवश्यकता नहीं होती। इन विशेषाधिकारों के कारण शासन–व्यवस्था में पर्याप्त लचीलापन बना रहता है। यदि राजा के स्थान पर नया संवैधानिक अध्यक्ष चुना जाये, तो उसकी शक्तियाँ लिपिबद्ध करनी होंगी। लिखित व्यवस्थाएँ कठोर हुआ करती हैं। अतः कोई भी मंत्रिमण्डल यह पसन्द नहीं करेगा कि वह स्वयं ही अपनी शक्तियों पर अंकुश लगाये, क्योंकि राजा के नाम पर शक्तियों का उपभोग वही करता है।

मनोवैज्ञानिक कारण

(1) अंग्रेजों की पुरातन-प्रियता–अंग्रेज लोगों की 'रूढ़िवादी मनोवृत्ति' भी राजपद के बने रहने का एक कारण है। अंग्रेज अपनी ऐतिहासिक परम्परा की रक्षा करना चाहते हैं। वे उन सब संस्थाओं को बनाये रखना चाहते हैं, जो प्राचीन समय से चली आ रही हैं। उनका स्वभाव अंग्रेज नाटककार गोल्डस्मिथ के 'शी स्टुप्स टु कौंकर' के एक पात्र 'हार्ड कैसिल' जैसा है, जो केवल पुरानी वस्तुओं को ही पसन्द करता है। उसको पुरानी शराब, पुरानी पत्रिकाएँ और यहाँ तक कि पत्नी भी पुरानी ही प्रिय है। इसी प्रकार पुरातन प्रेमी अंग्रेज लोग पुराने समय से चले आने वाले राजपद को समाप्त नहीं करना चाहते।

(2) राजपद के प्रति अंग्रेज लोगों की आदर भावना–अंग्रेज लोगों की भावना के अनुसार, राजा उनकी एकता, दृढ़ता व सुरक्षा का प्रतीक है। वे समझते हैं

कि राजपद के बने रहने से देश का सामाजिक, आर्थिक व राजनीतिक ढाँचा दृढ़ बना रहेगा। अंग्रेज लोगों की भावना के कारण राजपद का बना रहना स्वाभाविक ही है।

अन्तर्राष्ट्रीय कारण

(1) राजपद ब्रिटेन के अन्तर्राष्ट्रीय प्रभाव का साधन-राजा के पद के बने रहने का एक प्रमुख कारण उसकी 'अन्तर्राष्ट्रीय स्थिति' भी है। वह राष्ट्रमण्डल के देशों में एकसूत्र में जोड़ने वाली सुनहरी कड़ी है। पूर्ण स्वतंत्र देशों के राष्ट्रमण्डल में सम्मिलित होने से पहले राजा की स्थिति वस्तुत: बड़े महत्व की थी। व्यवहार रूप में स्वतंत्र होते हुए भी समस्त उपनिवेशों की स्थिति राजा के अधीनस्थ प्रदेशों की थी। वह सब उपनिवेशों के आदर का पात्र था। पर जब से अनेक उपनिवेश स्वतंत्र हुए हैं और भारत जैसे पूर्ण स्वतंत्र गणतंत्र भी इसमें सम्मिलित हुए हैं, तब से उसकी स्थिति पहले जैसे महत्व की नहीं रही है। भारत व अन्य अनेक 'पूर्ण स्वतंत्र देश' राष्ट्रमण्डल में अब राजा के अधीन देशों के रूप में नहीं हैं, वरन वे पारस्परिक सहयोग के लिए उसमें बने हुए हैं। फिर भी राजा के उसका अध्यक्ष होने से इंग्लैण्ड को बहुत कुछ सम्मान प्राप्त है।

(2) राजपद अन्तर्राष्ट्रीय सम्बन्धों के विकास का साधन-राजा का पद आनुवंशिक होने के कारण विभिन्न राष्ट्रों के राज्याध्यक्षों के साथ राजा या रानी के वैयक्तिक सम्बन्ध विकसित हो जाते हैं। परिणामत: वे काफी सीमा तक अन्तर्राष्ट्रीय सम्बन्धों को प्रभावित कर सकते हैं, ताकि ब्रिटेन की स्थिति सुदृढ़ रहे। 1903 में ब्रिटेन व फ्रांस के बीच 'द एण्टेण्टी कोर्डियाल' (The Entente Cordiale) की उपलब्धि, जिसके कारण परस्पर तनावों में कमी आयी, एडवर्ड सप्तम की पेरिस यात्रा का परिणाम माना जाता है। इसी प्रकार टर्की के सैनिक मिशन के अध्यक्ष जनरल ओरबे (Orbay) से जार्ज षष्ठम के वैयक्तिक वार्तालाप के बाद ही, 1939 में ब्रिटेन व फ्रांस की टर्की सैन्य-संधि हो पायी थी। द्वितीय महायुद्ध के समय अमरीका के युद्ध में कूदने से पूर्व भी अमरीका से अप्रत्यक्ष सैन्य सहायता ब्रिटेन को मिलती रही थी। इसका कारण तत्कालीन अमरीकी राष्ट्रपति फ्रेंकलिन रुजवेल्ट व जार्ज षष्ठम के बीच गहरी दोस्ती का होना था।

इस प्रकार हम देखते हैं कि राजपद की ऐतिहासिक परम्परा,राजनीतिक निष्पक्षता पर आधारित उसकी राजनीतिक उपयोगिता, अंग्रेज लोगों की पुरातन-प्रियता व राजा के कारण इंग्लैण्ड को प्राप्त अन्तर्राष्ट्रीय महत्ता-सभी राजपद के अस्तित्व को बनाये रखने में सहायक हैं। यद्यपि यह नहीं कहा जा सकता कि इस सम्बन्ध में किस

कारण इनका महत्व औरों से अधिक है। कभी-कभी राजा, रानी या राजपरिवार के अन्य सदस्यों के 'सामन्ती व्यवहार' के कारण अरुचिकर प्रसंग भी उपस्थिति हो जाते हैं, परन्तु इनका प्रभाव अस्थायी ही होता है। अभी लोगों में राजपद के दोषों की तुलना में गुण ही अधिक दिखाई देते हैं।

▣▣▣

3

मंत्रिमण्डल एवं प्रधानमंत्री

ब्रिटेन में संसदात्मक शासन प्रणाली लागू है। अतः व्यवहार में प्रधानमंत्री एवं मंत्रिमण्डल द्वारा 'राजा' की शक्तियों का प्रयोग किया जाता है। ब्रिटेन में मंत्रिमण्डल वह राजनीतिक समिति है जो प्रधानमंत्री के नेतृत्व में कार्यपालिका शक्तियों का प्रयोग करती है। संसदीय व्यवस्था में लोक-सदन के बहुमत दल के नेता को राष्ट्राध्यक्ष द्वारा (ब्रिटेन में सम्राट द्वारा और भारत में राष्ट्रपति द्वारा) प्रधानमंत्री पद पर नियुक्त किया जाता है। प्रधानमंत्री सिद्धान्ततः संसद-सदस्यों तथा व्यवहार में सामान्यतया अपने ही राजनीतिक दल के संसद-सदस्यों में से अपने सहयोगी मंत्रियों का चुनाव करता है। प्रधानमंत्री की सिफारिश पर ही सम्राट द्वारा मंत्रियों की नियुक्ति की जाती है।

मंत्रिमण्डल ब्रिटिश शासन-व्यवस्था का हृदय व उसका महत्वपूर्ण केन्द्र है। वह शासन की 'सर्वोच्च नियंत्रक शक्ति' है। राजमुकुट की वे शक्तियाँ जिनका औपचारिक उपभोग राजा करता है, सही अर्थ में मंत्रिमण्डल द्वारा प्रयुक्त होती हैं। मंत्रिमण्डल के सदस्य जनता द्वारा निर्वाचित हैं, अतः मंत्रिमण्डल अपनी शक्तियों का प्रयोग जनता के वास्तविक प्रतिनिधि के रूप में करता है। इस तरह से मंत्रिमण्डल सम्पूर्ण शासन-व्यवस्था को एक सुदृढ़ लोकतंत्रात्मक आधार प्रदान करता है।

मंत्रिमण्डल की शक्तियाँ और कार्य-क्षेत्र अत्यन्त व्यापक हैं यह राजमुकुट में निहित कार्यपालिका-शक्तियों का सम्पादन करता है तथा व्यवस्थापन का दायित्व का निर्वहन भी उसे ही करना पड़ता है। वही सम्पूर्ण राष्ट्रीय, अन्तर्राष्ट्रीय समस्याओं पर विचार-विमर्श और नीति-निर्धारण करता है। सारांशतः 'मंत्रिमण्डल, शासन व्यवस्था का केन्द्रीय तथ्य और संविधान का प्रमुख गौरव' है।

मंत्रिमण्डल का उदय और विकास
(Origin and Growth of Cabinet)

ब्रिटिश मंत्रिमण्डल, दीर्घकालीन विकास का परिणाम है और परम्पराओं तथा अभिसमयों पर आधारित है। 1937 ई. तक 'मंत्रिमण्डल' शब्द संसद द्वारा पारित किसी विधि में प्रयुक्त नहीं हुआ था। 1937 के 'क्राउन मंत्री अधिनियम' (Ministers of the Crown Act, 1937) में इसका संयोगवश ही नाम आया है।

वर्तमान मंत्रिमण्डल का बीजारोपण 'एंग्लो-सेशन आर. नॉर्मन एंजियन काल' की विटनेजमोट' (Witenagemot) तथा 'क्यूरिया रेजिस' (Curia Regis) में पाते हैं। नॉर्मन-एंजियन काल में विटनेजमोट का स्थान एक अन्य उच्चस्तरीय समिति 'मैग्नम कांसिलियम' (Magnum Councilium) ने ले लिया। इसके साथ ही एक अन्तरिम समिति, 'क्यूरिया रेजिस' की स्थापना हुई। ये दोनों ही परिषदें राजा की परामर्शदात्री संस्थाएँ थीं। शनैः-शनैः क्यूरिया रेजिस अथवा लघु परिषद् के कार्यों में वृद्धि होती गई। अतः इसमें से केवल एक लघु समिति की उत्पत्ति हुई। जिसे 'प्रिवी परिषद्' कहा गया। आगे इसकी सदस्य- संख्या के बढ़ जाने पर राजा कुछ प्रमुख और निजी सदस्यों से, महल के किसी छोटे कमरे में विचार-विमर्श करने लगा। इस समिति को समयोपरान्त 'केबिनेट' (मंत्रिमण्डल) की संज्ञा दी गई। बेकन (Bacon) ने सबसे पहले 'केबिनेट' शब्द का प्रयोग किया। 1640 ई. में क्लैरेंडन (Clerendon) ने मंत्रिमण्डल को 'प्रिवी परिषद् की एक छोटी समिति' के रूप में स्वीकार किया। जिससे राजा मन्त्रणा किया करता था। किन्तु 1660 ई. के पूर्व मंत्रिमण्डल की कोई वास्तविक महत्ता स्थापित नहीं हुई थी। चार्ल्स द्वितीय (1660-1685 ई.) का शासन काल वस्तुतः मंत्रिमण्डल का प्रारम्भिक काल था। उसने अपने पाँच कृपापात्रों की एक 'अनौपचारिक समिति', बनाई, जिसे 'कबाल' (Cabal) नाम से सम्बोधित किया गया; क्योकि इसके पाँच सदस्यों के नाम C.A.B.A.L. अक्षरों (Clifford, Ashey, Buckingham, Arlington तथा Landerdate) से प्रारम्भ होते थे। 'कबाल' राजा के प्रति उत्तरदायी थी और उसकी निरंकुशता की समर्थक समिति थी; अतः वह जनता में अलोकप्रिय रही। संसद इस बात के लिए लड़ती रही कि 'राजा के मंत्री संसद के विश्वासपात्र होने चाहिए'। अन्त में 1688 ई. की महान् क्रान्ति ने यह सुनिश्चित कर दिया कि मंत्री, संसद के विश्वास-पात्र रहेंगे।

1695 ई. में विलियम तृतीय ने लोकसभा के बहुमत-दल में से अपने मंत्री चुनना प्रारम्भ कर एक नई परम्परा को जन्म दिया। उस समय 'ह्विग दल' (Whigs)

का बहुमत था, अतः इसी दल का मंत्रिमण्डल स्थापित हुआ। इस घटना के पश्चात् से ही लोकसभा के बहुमत दल द्वारा मंत्रिमण्डल के निर्माण की परम्परा चल पड़ी। मंत्रिमण्डल का वास्तविक विकास हैनोवरकाल में हुआ, जबकि राजाओं ने मंत्रिमण्डल की सभाओं में स्वयं उपस्थित होना बन्द कर दिया। ऐसा संयोग सर्वप्रथम 1714 ई. में हुआ जब जॉर्ज प्रथम ने अंग्रेजी भाषा से अनभिज्ञ होने के कारण मंत्रिमण्डल की बैठकों में उपस्थित होना बन्द कर दिया और मंत्रिमण्डल के ही एक प्रमुख सदस्य 'रॉबर्ट वालपोल' को आदेश दिया कि 'वह उसके स्थान पर मंत्रिमण्डल का कार्य संचालन करे।' अब वालपोल ही मंत्रिमण्डल का अध्यक्ष बन गया और अन्य मंत्री उसके नेतृत्व में कार्य करने लगे। मंत्रिमण्डल के निर्णयों को राजा तक पहुँचाने और राजा के विचारों से मंत्रिमण्डल को अवगत कराने का कार्य वालपोल ही करने लगा। उसकी इस नवीन भूमिका से 'प्रधानमंत्री' पद का उदय हुआ। वालपोल ने ही सर्वप्रथम अपना कार्यालय डाउनिंग स्ट्रीट के मकान नं. 10 में स्थापित किया, जो आज तक प्रधानमंत्रियों का सरकारी निवास स्थान बना हुआ है। उसके 18वीं शताब्दी में मंत्रिमण्डलात्मक पद्धति की अन्य विशेषताओं का विकास हुआ और 19वीं शताब्दी में मंत्रिमण्डलीय प्रणाली का सुनिश्चित स्वरूप विकसित हुआ। मंत्रिमण्डल के सदस्य, ब्रिटिश संसद के सदस्य हों; समस्त सदस्य एक ही राजनीतिक दल के लिए जाएँ; संसद में मंत्रियों का बहुमत हो, मंत्री लोकसभा के प्रति उत्तरदायी हों तथा सभी मंत्री प्रधानमंत्री के अधीन हों इत्यादि का विकास हुआ। 20वीं शताब्दी के प्रारम्भ से ही मंत्रिमण्डल की शक्ति में भारी वृद्धि हुई और उसकी अन्य विशेषताओं का विकास हुआ। 'राष्ट्रीय संकट-काल' में 'संयुक्त-मंत्रिमण्डल' बनाए जाने की परम्परा भी विकसित हुई। आज राजा या रानी तो केवल छाया मात्र हैं जबकि वास्तविक शक्ति मंत्रिमण्डल के हाथ में है। इस प्रकार ब्रिटिश मंत्रिमण्डल सतत् विकास का परिणाम है।

मंत्रिमण्डल की विशेषताएँ
(Characteristics of Cabinet)

ब्रिटिश मंत्रिमण्डल की मुख्य विशेषताएँ निम्नलिखित हैं-

(1) राजा का पृथकत्व (Separation of the King)

ब्रिटिश मंत्रिमण्डल की प्रथम विशिष्ट आधारभूत विशेषता- इससे 'राजा का पृथक होना' है। राजा कार्यपालिका का अभिन्न अंग होते हुए भी न तो मंत्रिमण्डलीय बैठकों की अध्यक्षता करता है और न ही उनकी किसी कार्यवाही में भाग लेता है।

किन्तु इसका आशय यह नहीं है कि राजा मंत्रिमण्डल को प्रभावित कर ही नहीं सकता। उसके और मंत्रिमण्डल के मध्य सम्बन्धों की व्यवस्था ऐसी है कि मंत्रिमण्डल के कार्यकलापों पर उसके व्यक्तित्व का प्रभाव पड़ता है। राजा किसी भी राष्ट्रीय या अन्तर्राष्ट्रीय समस्या पर प्रधानमंत्री से सूचना प्राप्त करने, उनपर अपनी सम्मति देने और पुनर्विचार करने के लिए कहने का अधिकार रखता है।

(2) प्रधानमंत्री का नेतृत्व (Leadership of Prime Minister)

ब्रिटिश मंत्रिमण्डल की दूसरी विशेषता 'प्रधानमंत्री का नेतृत्व' है, जो सामान्यत: लोकसभा में बहुमत दल का नेता होता है। सभी मंत्री एक दल (Team) की भाँति मान्य नेता, (Captain) प्रधानमंत्री के नेतृत्व में कार्य करते हैं। यद्यपि सभी समानपदी होते हैं तथा उनके अधिकार भी समान होते हैं, फिर भी प्रधानमंत्री की स्थिति विशिष्ट होती है। वह शासन की एकता का प्रतीक होता है और अन्य मंत्री उसकी बात का सम्मान करते हैं। अन्य मंत्री अपनी स्थिति के लिए उसके प्रति कृतज्ञ होते हैं, क्योंकि वे उसकी सिफारिश पर ही नियुक्त किये जाते हैं। वह आवश्यकता समझने पर अपने मंत्रिमण्डल में परिवर्तन कर सकता है। विरोधी मंत्री को या तो प्रधानमंत्री के सामने झुकना पड़ता है या मंत्रिमण्डल से हटना पड़ता है। प्रधानमंत्री के नेतृत्व से सामूहिक उत्तरदायित्व के सिद्धान्त का आभास होता है। वह मंत्रियों के पारस्परिक मतभेदों को दूर कर उनमें हीन भावना का संचार करता है। उसके नेतृत्व में मंत्रिगण, मंत्रिमण्डल की नीतियों तथा निर्णयों को क्रियान्वित करने के लिए तत्पर रहते हैं। इस तरह प्रधानमंत्री को मंत्रिमण्डल का 'कप्तान' अथवा 'नायक' समझा जाता है।

(3) कार्यपालिका और व्यवस्थापिका का निकटतम सम्बन्ध

(Close Contact of Executive and Legislative)

ब्रिटिश मंत्रिमण्डल की तीसरी महत्वपूर्ण विशेषता 'संसद के साथ उसका घनिष्ठ सम्बन्ध' होना है। मंत्रिमण्डल का निर्माण संसद सदस्यों में से ही होता है। यदि किसी गैर संसद सदस्य को मंत्री बनाया जाता है, तो उसे छ: माह में संसद की सदस्यता प्राप्त करनी होती है, अन्यथा मंत्रिपद से वंचित होना पड़ता है। अपनी दोहरी स्थिति के कारण मंत्री, कार्यपालिका और संसदीय दोनों ही कार्यों का निर्वहन करते हैं। वे संसदीय वाद-विवादों में भाग लेते हैं, व्यवस्थापन कार्य करते हैं और संसद में मत लिए जाने के समय मतदान करते हैं। संसद का अधिकांश व्यवस्थापन-कार्य, मंत्रिमण्डल के सदस्यों द्वारा ही सम्पादित किया जाता है।

ब्रिटिश मंत्रिमण्डल पर संसद विभिन्न प्रकार के नियंत्रण रखती है। इनमें प्रश्नोत्तर, निन्दा प्रस्ताव, ध्यानाकर्षण प्रस्ताव, कामरोको प्रस्ताव, कटौती प्रस्ताव, अविश्वास प्रस्ताव व संसदीय समितियाँ प्रमुख हैं। संसद के विश्वासपर्यन्त तक ही मंत्रिमण्डल अपना अस्तित्व बनाये रखता है। यदि लोकसदन, मंत्रिमण्डल के विरुद्ध 'अविश्वास प्रस्ताव' पारित कर दे तो उसे अपने पद से त्याग-पत्र देना पड़ता है।

(4) मंत्रिमण्डल को लोकसभा के विघटन का अधिकार

(Cabinet's Right of Dissolving Parliament)

यद्यपि मंत्रिमण्डल, संसद के प्रति उत्तरदायी है, तथापि एक स्वेच्छाचारी संसद पर नियंत्रण रखने के लिए मंत्रिमण्डल के पास भी शक्तिशाली हथियार है। वह लोकसदन का विश्वास खोने पर 'त्याग-पत्र' दे सकता है और नए निर्वाचन कराने का निर्णय कर सकता है।

प्रधानमंत्री राजा से लोकसभा को भंग कराने की सिफारिश कर सकता है। प्रधानमंत्री के हाथ में यह एक 'अमोघ हथियार' होता है, जिसका सहारा लेकर वह लोकसदन के सदस्यों पर अपना नियंत्रण और वर्चस्व सिद्ध कर सकता है।

(5) त्रिमुखी उत्तरदायित्व (Threefold Responsibilities)

ब्रिटिश मंत्रिमण्डल को तीन प्रकार के उत्तरदायित्वों-वैधानिक, राजनीतिक और अन्त:मंत्रिमण्डलीय का निर्वाह करना पड़ता है।

'वैधानिक उत्तरदायित्व' का आशय यह है कि 'राजमुकुट के नाम से प्रसारित किए जाने वाले आदेशों का उत्तरदायित्व किसी न किसी मंत्री पर होता है और उसके परिणामों के लिए भी वही उत्तरदायी होता हैं।' ऐसे प्रत्येक आदेश पर किसी न किसी मंत्री के हस्ताक्षर होते हैं। अन्तिम रूप से यह निर्णय लेना मंत्रिमण्डल पर ही निर्भर करता है कि वह राजा के किसी परामर्श को स्वीकार करता है अथवा नहीं। संसदीय शासन व्यवस्था में तो राजा केवल 'ध्वजमात्र' या 'प्रतीकात्मक शासक' होता है जबकि शासन-संचालन का वास्तविक उत्तरदायित्व मंत्रिमण्डल का माना जाता है।

राजनीतिक उत्तरदायित्व का आशय यह है कि 'प्रत्येक मंत्री अपने कार्यों के लिए लोकसदन के प्रति उत्तरदायी होता है।' मंत्रिमण्डल लोकसदन का विश्वासपात्र बने रहने तक ही पदासीन रह सकता है। यदि संसद चाहे हो केवल व्यक्तिगत रूप से किसी एक मंत्री को त्याग-पत्र देने के लिए विवश कर सकती है और चाहे तो सम्पूर्ण मंत्रिमण्डल को हटा सकती है। 1911 तक ब्रिटिश मंत्रिमण्डल संसद के दोनों सदनों के प्रति उत्तरदायी होता था, परन्तु 1911 व 1949 के 'संसदीय कानून' के

पारित होने के बाद से लॉर्ड-सभा की शक्ति क्षीण हो गई। मंत्रिमण्डल का दायित्व केवल लोकसदन के प्रति ही रह गया। इस सन्दर्भ में यह स्मरणीय है कि व्यावहारिक रूप से आज मंत्रिमण्डल लोकसदन पर प्रभुत्व रखता है और अपने बहुमत के आधार पर उस पर वर्चस्व रखता है। अन्त में मंत्रिमण्डलीय उत्तरदायित्व से आश्य यह है कि 'मंत्रिमण्डल के सदस्य परस्पर एक-दूसरे के प्रति भी उत्तरदायी हैं।'

(6) मंत्रियों का सामूहिक एवं व्यक्तिगत उत्तरदायित्व

(Collective and Individual Responsibility of Ministers)

'मंत्रिमण्डल का सामूहिक उत्तरदायित्व' आधुनिक शासन पद्धति को ब्रिटेन की मुख्य देन है। सामूहिक उत्तरदायित्व का आशय यह है कि मंत्री केवल अपने कार्यों के लिए केवल लोकसदन के प्रति ही उत्तरदायी नहीं होते, अपितु उन पर अपने सहयोगियों के उत्तरदायित्वों का भार रहता है। एक मंत्री की आलोचना पूरे मंत्रिमण्डल की आलोचना समझी जाती है और एक मंत्री की प्रशंसा पूरे मंत्रिमण्डल की प्रशंसा।

मंत्रिमण्डलीय सामूहिक उत्तरदायित्व का सार है-परस्पर निर्भरता (विश्वास) अथवा सम्मिलित मोर्चा (Solidarity of Common Front)।

'मंत्रिमण्डल का सामूहिक उत्तरदायित्व' के सिद्धान्त का कोई भी मंत्री दुरुपयोग नहीं कर सकता है। यह नहीं हो सकता कि एक मंत्री अपनी इच्छा से मनमाना काम करके सम्पूर्ण मंत्रिमण्डल को उसके लिए उत्तरदायी बना दे। ऐसे कार्य के लिए वह स्वयं दण्डित होगा, न कि सम्पूर्ण मंत्रिमण्डल।

'सामूहिक उत्तरदायित्व का सिद्धान्त' केवल मंत्रिमण्डलीय सदस्यों पर ही नहीं, वरन् राज्यमंत्रियों, उपमंत्रियों, संसदीय सचिवों, जूनियर लॉर्डों तथा राजनीतिक कार्यपालिका के सभी सदस्यों पर लागू होता है।

(7) गोपनीयता (Secrecy)

मंत्रिमण्डलीय शासन-प्रणाली की एक अन्य विशेषता 'गोपनीयता' है। ब्रिटिश मंत्रिमण्डल में विचार-विमर्श गुप्त रीति से होता है। अर्थात् इसकी सम्पूर्ण कार्यवाही पर गोपनीयता का आवरण पड़ा रहता है। सार्वजनिक रूप से मन्त्रिगण केवल उन्हीं बातों को प्रकट करते हैं, जो मंत्रिमण्डल के निर्णयों के अनुकूल हों।

मंत्रिमण्डल की गोपनीयता को 'विधि' और अभिसमयों ने भी संरक्षण प्रदान किया है। प्रत्येक मंत्रिमण्डलीय मंत्री को प्रिवी-परिषद् के सम्मुख यह शपथ लेनी पड़ती है कि वह मंत्रिमण्डल के भेद किसी पर प्रकट नहीं करेगा। इसके लिए 'शासन

गोपनीयता अधिनियम, 1920' (Official Secret Act, 1920) यह व्यवस्था करता है कि सरकारी प्रलेखों अथवा किसी गोपनीय सूचना को अवैध व्यक्ति अथवा व्यक्तियों पर प्रकट करना दण्डनीय अपराध है।

यहाँ यह उल्लेखनीय है कि प्रथम महायुद्ध के पूर्व तक मंत्रिमण्डलीय कार्यवाहियों का कोई लेखा भी नहीं रखा जाता था। सन् 1917 ई. से मंत्रिमण्डल के निर्णयों का संक्षिप्त लेखा-जोखा रखा जाने लगा। मंत्रिमण्डल का यह लेखा अत्यन्त गोपनीय रहता है और उसकी औपचारिक रिपोर्ट प्रकाशित नहीं की जाती है।

(8) एकता व एकरूपता (Unity of Uniformity)

ब्रिटिश मंत्रिमण्डल की विशेषता यह है कि उसमें 'एकता का भाव' होता है, जो मंत्रिमण्डल को एक सूत्र में बाँधे रखता है। मन्त्रिगण प्राय: एक ही राजनीतिक दल के सदस्य होते हैं, जिसके कारण उनमें राजनीतिक एकता और एकरूपता कायम रहती है जो सामूहिक उत्तरदायित्व को सम्भव बनाती है। इसमें मंत्रिमण्डल के 'कार्य-संचालन' में भी एकरूपता बनी रहती है।

मंत्रिमण्डल का गठन

(Composition of Formation of the Cabinet)

ब्रिटिश मंत्रिमण्डल का निर्माण राजा (अथवा रानी) करता है। परन्तु वह अपनी इच्छा से इसका निर्माण नहीं कर सकता है। सर्वप्रथम राजा, प्रधानमंत्री की नियुक्ति करता है, तदुपरान्त प्रधानमंत्री के परामर्श पर अन्य मंत्रियों की नियुक्ति करता है। प्रधानमंत्री लोकसभा के बहुमत प्राप्त दल का नेता होता है। यदि लोकसभा में किसी दल का बहुमत नहीं होता है, तो इस पद पर उस व्यक्ति को आसीन किया जाता है जो संयुक्त मंत्रिमण्डल का मिलाजुला मंत्रिमण्डल बनाने में सक्षम हो।

प्रत्येक प्रधानमंत्री अपने मंत्रियों की सूची तैयार कर राजा के सम्मुख प्रस्तुत करता है और राजा आवश्यक परामर्श आदि देने के बाद (यदि वह आवश्यक समझे तो) इस सूची को स्वीकार कर लेता है। मंत्रियों के चयन में कुछ प्रचलित अभिसमयों, नियमों और व्यवहार की दृष्टि से प्रधानमंत्री को निम्नलिखित बातों का ध्यान रखना पड़ता है-

(i) मंत्रियों का चयन अपने ही दल के सदस्यों में से करे।

(ii) सभी क्षेत्रीय हितों की तुष्टि करने का प्रयास करें।

(iii) मंत्रियों का चयन संसद के दोनों सदनों में से करें। वर्तमान नियम यह है कि कम से कम तीन मंत्री 'लॉर्ड-सभा' से अवश्य लिये जाने चाहिए। लॉर्ड चांसलर

के अतिरिक्त कुछ छोटे मंत्री भी लॉर्ड=सभा से लिये जाते हैं, क्योंकि परम्परा के अनुसार कोई मंत्री केवल उसी सदन में भाषण दे सकता है, जिसका वह सदस्य हो। कुछ मंत्री स्वयं अपने पद के कारण मंत्रिमण्डल के सदस्य बन जाते हैं; जैसे-चांसलर ऑफ दी एक्सचेकर, लॉर्ड प्रिवी सील आदि।

मंत्रियों के चयन में प्रधानमंत्री, दल के प्रभावशाली सदस्यों की उपेक्षा नहीं कर पाता है। प्रत्येक मंत्री को 'संसद का सदस्य' होना अनिवार्य है। यदि विशेष कारणवश किसी ऐसे व्यक्ति को मन्त्रिपरिषद् पर आसीन कर दिया जाए जो सदस्य न हो, तो यह आवयश्यक है कि वह छ: मास के अन्दर संसद का सदस्य बन जाए।

मंत्रिमण्डल के सदस्यों की संख्या निश्चित् नहीं है। आरम्भ से इसमें 7-8 सदस्य होते थे, किन्तु अब इसकी संख्या 18-20 या इससे भी अधिक होती है। 1937 के 'मिनिस्टर्स ऑफ क्राउन एक्ट' में मंत्रिमण्डल के पदों का स्पष्ट उल्लेख कर दिया गया। किसी भी ब्रिटिश मंत्रिमण्डल में प्राय: निम्नलिखित मंत्री तो अवश्य सम्मिलित किये जाते हैं-

1. प्रधानमंत्री तथा राजकोष का प्रथम लॉर्ड (Prime Minister and First Lord of the Treasury)
2. वित्तमंत्री या चांसलर ऑफ एक्सचेकर (Chancellor of Exchequer)
3. गृहमंत्री (Secretary of State for Home Department)
4. विदेश और राष्ट्रमण्डल मंत्री (Secretary of the State for Foreign and Commonwealth Affairs)
5. लॉर्ड चांसलर (Lord Chancellor)
6. लॉर्ड प्रेसीडेन्ट ऑफ दी काउन्सिल (Lord President of the Council)
7. रक्षा-मंत्री (Secretary of State for Defence)
8. शिक्षा-मंत्री (Secretary of State for Education and Science)
9. स्कॉटलैण्ड-मंत्री (Secretary of State for Scotland)
10. लॉर्ड प्रिवी सील (Lord Privy Seat)
11. पोस्ट मास्टर जनरल (Post Master General)
12. यातायात-विभाग मंत्री (Minister of Transport)
13. श्रम-मंत्री (Minister of Labour)
14. व्यापार मण्डल का अध्यक्ष (President of the Board of Trade)

15. नभ-सेना (Minister of Air)
16. युद्ध मंत्री (Minister of War)
17. जल-सेना का लॉर्ड (First Lord of Admirality)
18. कृषि, मत्स्य एवं खाद्य मंत्री (Minister of Agriculture, Fisheries and Food)
19. वेल्स-मंत्री (Secretary of State for Wales)
20. चांसलर ऑफ दी डिची ऑफ लंकास्टर (Chancellor of the Dichy of Lancaster)

मंत्रिमण्डल के सदस्यों में विभागों का वितरण करते समय यह प्रधानमंत्री की इच्छा पर निर्भर करता है कि वह किसको, कौनसा विभाग सौंपे। एक सदस्य के पास एक से अधिक विभाग भी हो सकते हैं।

मंत्रिमण्डल व मन्त्रालय में अन्तर

(Distinction between Cabinet and Ministry)

प्राय: लोग मंत्रिमण्डल और मन्त्रालय (जिसे कुछ लेखको ने 'मंत्रिपरिषद्' के नाम से भी सम्बोधित किया है) का एक अर्थ लेते हैं, किन्तु यह भ्रामक है। मन्त्रालय, मंत्रिमण्डल का व्यापकतर रूप है। दोनों के कार्यों, संगठन, शक्तियों आदि में व्यापक अन्तर होता है। सभी अन्तरों को हम निम्नलिखित शीर्षकों में विभाजित कर सकते हैं-

(1) आकार सम्बन्धी अन्तर-दोनों में पहला भेद 'आकार' का है। मन्त्रालय में लगभग 60-70 मंत्री होते हैं, जबकि मंत्रिमण्डल में लगभग 18-20 मंत्री। मन्त्रालय में सभी मंत्री, उपमंत्री, राज्य-मंत्री आदि सम्मिलित होते हैं, जबकि मंत्रिमण्डल में केवल मंत्रिमण्डल स्तर के मंत्रियों को ही लिया जाता है। इस प्रकार मंत्रिमण्डल का आकार मन्त्रालय की तुलना में छोटा होता है।

(2) पद सम्बन्धी अन्तर-दोनों का दूसरा महत्वपूर्ण अन्तर 'पद' सम्बन्धी है। 'मंत्रिमण्डल' में केवले वे ही मंत्री सम्मिलित होते हैं जो मंत्रिमण्डलीय स्तर के होते हैं, जबकि 'मन्त्रालय' में मंत्रिमण्डल में सम्मिलित मंत्रियों के अतिरिक्त और भी विभिन्न स्तरों के मंत्री सम्मिलित होते हैं। मन्त्रालय में विभिन्न स्तर के मंत्री निम्न प्रकार होते हैं-

(i) कुछ मंत्री ऐसे होते हैं जो किसी विभाग के 'अध्यक्ष' नहीं होते, किन्तु मंत्रिमण्डल के 'सदस्य' होते हैं। इन्हे 'निर्विभागीय मंत्री' कहा जाता है। सामान्यत: इस वर्ग के मंत्री प्रशासकीय बातों के विशेष अनुभवी होते हैं और उनके महान्

राजनीतिक प्रभाव के कारण उन्हें लिया जाता है। ऐसे सदस्यों में लॉर्ड प्रिवी सील, लॉर्ड चांसलर आदि प्रमुख है।

(ii) कुछ मंत्री ऐसे होते हैं जो मंत्रिमण्डल के सदस्य होते हैं और साथ-साथ किसी न किसी विभाग के अध्यक्ष भी होते हैं।

(iii) कुछ मंत्री ऐसे होते हैं जो मंत्रिमण्डलीय स्तर के मंत्री होते हुए भी मंत्रिमण्डल के सदस्य नहीं होते हैं। उन्हें भी मंत्रिमण्डल के मंत्रियों के समान वेतन मिलता है और प्रधानमंत्री द्वारा आमन्त्रित किए जाने पर वे मंत्रिमण्डलीय बैठकों में भी भाग लेते हैं।

(iv) कुछ 'राज्य मंत्री' (Parliamentary Secretaries) होते हैं जिनकी स्थिति पूर्ण-मंत्री तथा संसदीय सचिव के बीच की होती है। ये विशेष विभागों से सम्बन्धित होते हैं और इसलिए नियुक्त किए जाते हैं कि कार्यभार से दबे हुए मंत्रियों के दायित्व का संसदीय सचिव की अपेक्षा अधिक उत्तरदायित्वपूर्ण रीति से वहन करें। इसके अतिरिक्त संसदीय सचिव विभागीय प्रतिनिधित्व का कार्य करते हैं। प्रत्येक विभागीय-मंत्री की सहायता के लिए एक या दो संसदीय सचिव होते हैं। यह स्मरणीय है कि संसदीय सचिव उन स्थायी सचिवों से भिन्न होते हैं जो विभाग में 'सिविल सर्विस वरिष्ठ अधिकारी' होते हैं। इनकी नियुक्ति प्रधानमंत्री, सम्बद्ध मंत्रियों की मन्त्रणा से करता है।

(v) अन्त में राजमहल के पाँच 'राजनीतिक अधिकारी' (Ministers of the Palace) होते हैं, जिनमें कोषाध्यक्ष (Treasurer), नियन्त्रक (Controller) तथा राजमहल के प्रधान कर्मचारी (Chamberlain) भी सम्मिलित होते हैं। इन पदों का राजनीतिक महत्व है और इन्हें 'पदाधिकारी मंत्री' समझा जाता है।

उपर्युक्त विवेचन से यह स्पष्ट है कि मन्त्रालय एक ऐसी वृहद् संस्था है, जिसमें सभी स्तर के मंत्री सम्मिलित होते हैं जबकि मंत्रिमण्डल मन्त्रालय की वह 'लघु कार्यकारिणी समिति' होती है, जिसमें केवल मंत्रिमण्डलीय स्तर के मंत्री सम्मिलित होते हैं। इन मंत्रियों का स्तर मन्त्रालय के साधारण मंत्रियों के स्तर से ऊँचा होता है।

(3) वेतन सम्बन्धी अन्तर-दोनों प्रकार के मंत्रियों में वेतन सम्बन्धी अन्तर भी होता है। यह अन्तर स्वयं मंत्रिमण्डलीय मंत्रियों में भी होता है और मंत्रिमण्डलीय मंत्रियों तथा मन्त्रालय के मंत्रियों में भी। प्रधानमंत्री को मंत्रिमण्डल के सदस्यों तथा साधारण मंत्रियों की तुलना में अधिक वेतन प्राप्त होता है।

(4) कार्य एवं शक्ति सम्बन्धी अन्तर-दोनों प्रकार के मंत्रियों में कार्यक्षेत्र सम्बन्धी अन्तर भी पाया जाता है। मंत्रिमण्डलीय स्तर के मंत्रियों के पास महत्वपूर्ण शासन-विभाग होते हैं। अपने-अपने विभागों को सम्भालने के अतिरिक्त उन्हें विविध विभागों के कार्यों व उनकी नीतियों में सामंजस्य बनाए रखना होता है। मन्त्रालय के साधारण मंत्रियों को इन सामंजस्यकारी कार्यों से कोई प्रयोजन नहीं होता और नहीं 'नीति-निर्धारण' में ही उनकी कोई भूमिका होती है।

उपर्युक्त अन्तरों के बावजूद मंत्रिमण्डल और मन्त्रालय दोनों ही राजनीतिक कार्यपालिका के अंग होते हैं। प्रधानमंत्री का त्याग-पत्र, न केवल मंत्रिमण्डल का, वरन् सम्पूर्ण मन्त्रालय का त्याग-पत्र समझा जाता है।

मंत्रिमण्डल की कार्य-प्रणाली
(The Working of the Cabinet)

मंत्रिमण्डल की बैठकें एकान्त में होती हैं और उनकी कार्यवाही पूर्णतः गुप्त रखी जाती है। 'सरकारी गोपनीयता अधिनियम' के अन्तर्गत मंत्रिमण्डल और राज्य के गुप्त-पन्नों का प्रकाशन करना दण्डनीय अपराध है। 'त्याग-पत्र' देते समय भी मंत्री, राजा की अनुमति से ही त्याग-पत्र के कारणों पर प्रकाश डाल सकता है। शान्तिकाल में मंत्रिमण्डल की प्रति सप्ताह सामान्यतः दो बैठकें होती हैं, किन्तु आवश्यकता पड़ने पर प्रधानमंत्री इनकी बैठक अपनी सुविधानुसार भी बुला सकता है। मंत्रिमण्डलीय बैठकों में 'शासन के नीति सम्बन्धी महत्वपूर्ण प्रश्नों' पर निर्णय किया जाता है। किसी प्रश्न या मामले की जाँच करने के लिए मंत्रिमण्डल का बहुत-सा कार्य विभिन्न समितियों द्वारा होता है। इस समितियों को दो वर्गों-'स्थाई समितियाँ' (Standing Committees) और 'तदर्थ समितियाँ' (Adhoc Committees) में विभाजित किया जा सकता है। मंत्रिमण्डल की बैठकों में प्रायः उन मंत्रियों को, जो मंत्रिमण्डल के सदस्य नहीं होते, भी आमंत्रित किया जाता है। विभागों से सम्बन्धित मामलों पर मंत्रिमण्डल में आपसी विचार-विमर्श होता है। ये मंत्री, समितियों के सदस्य हो सकते हैं।

मंत्रिमण्डल की बैठकों की कार्यवाही का विस्तृत विवरण नहीं रखा जाता, केवल 'प्रमुख तर्क' और 'अन्तिम निर्णय' ही लिखे जाते हैं। कार्यवाही का प्रसारण भी बहुत सीमित रहता है। इस कार्यवाही का उत्तरदायित्व मंत्रिमण्डलीय सचिवालय पर होता है।

मंत्रिमण्डल के कुछ असाधारण रूप
(Some Uncommon Forms of the Cabinet)

समय और आवश्यकतानुसार मंत्रिमण्डल के अनेक रूप हो सकते हैं, जिनका विवेचन निम्नानुसार किया जा सकता है–

(क) छाया मंत्रिमण्डल (Shadow Cabinet)–ब्रिटेन में राजा को इतना दल–निरपेक्ष और पवित्र माना जाता है कि उसके अन्तर्गत शासक–दल और विरोधी–दल दोनों को समान महत्व प्राप्त होता है, इसीलिए विरोधी दल को 'सम्राट या साम्राज्ञी का विरोधी दल' (His/Her Majesty's Oppostion) कहा जाता है। 'शासक–दल' के समान ही 'विरोधी दल' भी अपना मंत्रिमण्डल गठित करता है, जिसमें शासक–दल के मंत्रियों की तरह विरोधी दल के विभिन्न सदस्य अलग–अलग विभागों के अध्यक्ष होते हैं। इसे ही 'छाया मंत्रिमण्डल' की संज्ञा दी जाती है। इस प्रकार के संगठन के दो विशेष महत्व है–(i) विरोधी दल भली प्रकार संगठित रहता है, और (ii) विरोधी–दल, सत्ता सम्भालने के लिए सदैव तैयार रहता है। 1937 के 'मिनिस्टर्स ऑफ दी क्राउन एक्ट' द्वारा छाया मंत्रिमण्डल को संवैधानिक स्वीकृति प्रदान की गई।

(ख) संयुक्त मंत्रिमण्डल (Coalition Cabinet)–लोकसभा में किसी दल विशेष को बहुमत प्रास न होने पर कई दल मिलकर सरकार का गठन करते हैं, जिसे 'संयुक्त मंत्रिमण्डल' की संज्ञा दी जाती है। असाधारण संकटकालीन परिस्थितियों में देश की एकता बनाए रखने के लिए भी विभिन्न दल मिलकर मंत्रिमण्डल का निर्माण करते हैं। वैसे ब्रिटेन में संयुक्त मंत्रिमण्डल अधिक लोकप्रिय नहीं रहे। 1931 में आर्थिक–संकट तथा 1940–41 में महायुद्ध के समय ब्रिटेन में संयुक्त मंत्रिमण्डलों की स्थापना हुई थी। ये मंत्रिमण्डल दीर्घजीवी नहीं होते हैं।

(ग) युद्ध–मंत्रिमण्डल (War-Cabinet)–विशेष संकट अथवा युद्ध के समय अतिशीघ्र निर्णय लेने की आवश्यकता होती है। अत: शासन की सर्वोच्च नीति के निर्धारण और शासन के निर्देशन के लिए कुछ मंत्रियों की एक समिति बना दी जाती है। ये मंत्री किसी विभाग के अध्यक्ष नहीं होते बल्कि अपना पूरा समय समस्याओं के समाधान पर लगाते हैं। लगभग 5–6 मंत्रियों की इस समिति को 'युद्ध मंत्रिमण्डल' की संज्ञा दी जाती है। युद्ध या संकट की समाप्ति के साथ ही यह मंत्रिमण्डल समाप्त हो जाता है। 1916 में लॉयड जॉर्ज एवं 1040 में चर्चिल ने इस प्रकार के 'युद्ध मंत्रिमण्डल' बनाए थे।

(घ) आन्तरिक मंत्रिमण्डल (Inner Cabinet)–प्रधानमंत्री के लिए प्रत्येक समय अपने सम्पूर्ण मंत्रिमण्डल से सलाह लेना संभव नहीं होता, अतः वह किसी भी समस्या को मंत्रिमण्डल के सामने रखने से पहले प्रायः 4–5 प्रमुख सदस्यों से सलाह लेता है। इन प्रमुख सदस्यों को 'आन्तरिक मंत्रिमण्डल' की संज्ञा दी जाती है।

मंत्रिमण्डल के कार्य और अधिकार

(Functions and Rights of the Cabinet)

राजपद के सब अधिकारों, शक्तियों और कर्तव्यों का प्रयोग राजा के नाम से ब्रिटिश मंत्रिमण्डल ही करता है, जिसका आधार कानूनी न होकर परम्परागत है। कानूनी दृष्टि से मंत्रिमण्डल राजा की 'परामर्शदात्री समिति' मात्र है, जबकि परम्परा अथवा अभिसमयों की दृष्टि से वह 'वास्तविक कार्यपालिका' के रूप में कार्य करता है। मंत्रिमण्डल के अधिकारों और कार्यों को हम निम्नांकित तीन श्रेणियों में विभक्त कर सकते हैं–

(1) व्यवस्थापन सम्बन्धी अधिकार एवं कार्य

(Rights and Functions Regarding Legislature)

कानून बनाने के सम्बन्ध में समस्त शक्तियाँ संसद को ही प्राप्त हैं, किन्तु इस सम्बन्ध में संसद पर मंत्रिमण्डल ही नियंत्रण रखता है। मंत्रिमण्डल कानून-निर्माण में पहल करता है और उसका स्वरूप निर्धारित एवं नियंत्रित करता है। मंत्रिमण्डल सारे कार्यों का उत्तरदायित्व अपने ऊपर लेता है। विधेयक पेश करना, उसकी व्याख्या करना और उसे पारित करना, मंत्रिमण्डल का ही कार्य है। विधेयक यद्यपि लॉर्ड-सभा में ही पेश होते हैं और वे सदस्य भी जो मंत्री नहीं है, विधेयक प्रस्तुत कर सकते हैं। परन्तु अधिकांश महत्वपूर्ण विधेयक मंत्रियों द्वारा ही प्रस्तुत किए जाते हैं। 'वित्त-विधेयक' मंत्रिमण्डल द्वारा ही लोकसभा में प्रस्तुत किए जाते हैं। जिस विधेयक को मंत्रिमण्डल का समर्थन प्राप्त नहीं होता, उसके कानून बनने की सम्भावना बहुत कम अथवा नहीं के बराबर होती है।

मंत्रिमण्डल को ही यह निर्धारित करने का अधिकार है कि 'संसद की बैठक कब बुलाई जाए? कब उसका समापन और विघटन किया जाए?' उस भाषण को भी मंत्रिमण्डल ही तैयार करता है जो राजा संसद का उद्घाटन करते समय देता है और जिसमें आगामी सत्र के लिए 'शासन की सामान्य नीति' व उसके कार्यक्रम आदि का सांकेतिक विवरण होता है। संसद के सत्र के कार्यक्रमों का निर्धारण भी मंत्रिमण्डल ही करता है।

(2) कार्यपालिका सम्बधी अधिकार एवं कार्य

(Rights and Functions Regarding Executive)

मंत्रिमण्डल ही शासन की वास्तविक कार्यपालिका शक्ति है और राजपद में निहित समस्त अधिकारों का प्रयोग राजा के नाम से इसी के द्वारा किया जाता है। 1918 में स्थापित 'शासन यन्त्र समिति' (Machinery of Government Committee) के अनुसार 'कार्यपालक-क्षेत्र' के अन्तर्गत मंत्रिमण्डल के निम्नलिखित तीन मुख्य कार्य माने जाते हैं-

(1) संसद में प्रस्तुत की जाने वाली नीति का अन्तिम निर्धारण।

(2) संसद द्वारा निर्धारित नीति के अनुरूप राष्ट्रीय कार्यपालिका का सर्वोच्च नियंत्रण।

(3) राज्य के विभिन्न विभागों के अधिकारियों की सीमा का निर्धारण करना और उसमें सदा सामंजस्य बनाए रखना।

मंत्रिमण्डल को 'नीति का चुम्बक' (Magnent of Policy) माना जाता है। वह समस्त राष्ट्रीय एवं अन्तर्राष्ट्रीय प्रश्नों पर अपनी नीति का निर्धारण करता है। मंत्रिमण्डल के निर्णयों को सम्बन्धित विभाग क्रियान्वित करते हैं। वह अपने निर्णय को वैधानिक रूप देने के लिए 'प्रशासनिक विधियों' और 'संसदीय विधियों' के निर्माण का मार्ग चुनता है। मंत्रिमण्डल विधि-निर्माण के क्षेत्र में संसद का नेतृत्व करता है।

मंत्रिमण्डल का परम्परागत कार्य संसद द्वारा पारित कानूनों या विधियों को क्रियान्वित करना और प्रशासन का संचालन करना है। ब्रिटेन में समस्त कार्यपालिका शक्ति, जो राजा में निहित है, का उपयोग मंत्रिमण्डल करता है। मंत्रिगण विभिन्न विभागों के 'अध्यक्ष' होते हैं। वे अपने विभागों का संचालन और उनके कार्यों की देखभाल करते हैं। सम्पूर्ण मंत्रालय को मंत्रिमण्डल के आदेशों का पालन करना पड़ता है और उसके द्वारा निर्धारित नीतियों व निर्णयों को क्रियान्वित करना होता है।

मंत्रिमण्डल सरकार की नीति को क्रियान्वित करने के उद्देश्य से विभिन्न विभागों को एक सूत्र में बाँधता है और देखता है कि उनके कार्यों में अन्तर्विरोध न हो, वे एक-दूसरे के कार्य-क्षेत्र का अतिक्रमण न करें और सभी के कार्यों में समन्वय बना रहे। राजनयिक स्तर पर बड़े-बड़े पदाधिकारियों का चयन भी मंत्रिमण्डल ही करता है, राजा तो उन्हें केवल औपचारिक रूप से नियुक्त कर देता है।

प्रदत्त 'व्यवस्थापन या विधान' (Delegated Legislation) की शक्ति ने मंत्रिमण्डल के कार्यपालिका सम्बन्धी अधिकारों को और भी विस्तृत कर दिया है। संसद कानूनों की केवल मोटी-मोटी रूपरेखा बना देती है जबकि मंत्रिमण्डल नियमों-विनियमों द्वारा आवश्यक कार्यवाही को सम्पादित करता है।

संसद में प्रशासन से सम्बन्धित प्रश्नों और आलोचनाओं का उत्तर मंत्रिमण्डल को ही देना पड़ता है। उसे प्रशासन को उन दोषों से मुक्त करना होता है, जिनके कारण सरकार की आलोचना होती है।

(3) वित्त-सम्बन्धी अधिकार और कार्य

(Rights and Functions Regarding Finance)

वित्तीय क्षेत्र में भी मंत्रिमण्डल की शक्तियाँ बहुत महत्वपूर्ण हैं। मंत्रिमण्डल ही राज्य के समस्त व्यय के लिए उत्तरदायी होता है। इसके लिए आवश्यक वित्त जुटाना उसी का काम है। लोकसदन में 'वार्षिक राजकीय बजट' को प्रस्तुत करना मंत्रिमण्डल का अधिकार माना गया है। संसद में बजट-प्रस्तावों की आलोचना का उत्तर देना और संसद सदस्यों के कटौती प्रस्तावों से सरकारी पक्ष की रक्षा करना, मंत्रिमण्डल का उत्तरदायित्व माना जाता है। मंत्रिमण्डल बजट को संसद में प्रस्तुत करने के बाद भी उसमें आवश्यक परिवर्तन कर सकता है।

सरकार के उत्तरदायित्व पर ऋण लेने की व्यवस्था भी मंत्रिमण्डल ही करता है। यह निर्णय करने का अधिकार भी मंत्रिमण्डल को ही है कि "कौन-सा व्यय 'संचित निधि' (Consolidated Fund) और कौन-सा 'आकस्मिक निधि' (Contingency Fund) से किया जाएगा?" इस तरह से वित्तीय क्षेत्र में मंत्रिमण्डल को व्यापक अधिकार प्राप्त हैं।

(4) अन्य कार्य (Other Functions)

मंत्रिमण्डल द्वारा और भी अनेक महत्वपूर्ण कार्य सम्पादित किए जाते हैं। यथा-(i) गृह-मंत्री के परामर्श पर राजा द्वारा क्षमा के अपने 'विशेषाधिकार' का प्रयोग और प्रधानमंत्री के परामर्श पर उपाधियों का वितरण किया जाता है, (ii) राजा द्वारा देश-विदेश में सभी महत्वपूर्ण नियुक्तियाँ मंत्रिमण्डल के परामर्श पर ही की जाती हैं, (iii) महत्वपूर्ण न्यायालयों के न्यायाधीश, राजा द्वारा लॉर्ड चांसलर (जो मंत्रिमण्डल का सदस्य होता है) के परामर्शानुसार नियुक्त किए जाते हैं, (iv) प्रधानमंत्री के परामर्श पर ही राजा लोकसदन को विघटित करता है। स्पष्ट है कि मंत्रिमण्डल को व्यवस्थापन, कार्यपालन और वित्तीय सभी क्षेत्रों में व्यापक अधिकार

प्राप्त हैं। प्रदत्त व्यवस्थापन के कारण तो इसका कार्य और अधिकार-क्षेत्र और भी विस्तृत हो गया है।

मंत्रिमण्डल का अधिनायकत्व
(Distatorship Cabinet)
अथवा
मंत्रिमण्डल और संसद के मध्य सम्बन्ध
(Relationshp of the Cabinet and the Parliament)

मंत्रिमण्डल के कार्यों और उसकी शक्तियों के बारे में रेम्जे-म्योर का विचार है कि "इतनी व्यापक और विशाल शक्ति से युक्त होने के कारण मंत्रिमण्डल वास्तव में 'अधिनायक' बन गया है, क्योंकि अपने बहुमत के बल पर वह अपने एकमात्र अंकुश- 'संसदीय नियंत्रण' से भी मुक्त हो गया है।"

मंत्रिमण्डल की व्यापक शक्तियों का सही मूल्यांकन तभी किया जा सकता है जबकि संसद के साथ उसके सम्बन्धों पर कानूनी अथवा संवैधानिक और व्यावहारिक दोनों दृष्टियों से अलग-अलग विचार किया जाए। कानूनी दृष्टिकोण से प्रतिपादकों में 'डायसी' प्रमुख हैं, तो व्यावहारिक दृष्टिकोण के विचारकों में 'रेम्जे-म्योर' एवं 'लॉस्की' के नाम उल्लेखनीय हैं।

(क) कानूनी दृष्टिकोण और संसद की महत्ता

कानूनी अथवा सांविधानिक दृष्टिकोण के अनुसार 'संसद की सत्ता सर्वोच्च है'। इसका वास्तविक अभिप्राय यह है कि 'लोकसदन की सत्ता सर्वोच्च है', क्योंकि संसद के दोनों सदनों में लोकसदन ही वास्तविक अधिकार-सम्पन्न सदन है। लार्ड-सभा की शक्तियाँ नगण्य हैं और उसकी स्थिति एक 'सहायता सदन' की-सी है। कानूनी दृष्टि से मंत्रिमण्डल, संसद के प्रति उत्तरदायी है। वह संसद की ही एक समिति है और तभी तक वह पदारूढ़ रहती है जब तक संसद (लोकसदन) को इसका समर्थन प्राप्त रहे।

संसद (व्यवहार में लोकसदन) को 'सत्ता की सर्वोच्चता' प्रधानतः निम्नांकित दो रूपों में अभिव्यक्त होती है-

व्यवस्थापन सम्बन्धी सर्वोच्चता-विधि-निर्माण के क्षेत्र में संसद ही एकमात्र 'कानून-निर्मात्री सभा' है और उसके द्वारा पारित कानूनों के अनुसार ही प्रशासन करना मंत्रिमण्डल का कर्त्तव्य है। संसद का व्यवस्थापन-क्षेत्र सर्वव्यापक है। वह किसी भी विषय पर कानून बना सकती है और कोई भी वस्तु, व्यक्ति या स्थान उसके

व्यवस्थापन क्षेत्र से बाहर नहीं है। 'साधारण' और 'संवैधानिक' दोनों ही प्रकार के कानूनों को बनाने का उसका अधिकार असीमित है। उसे किसी भी कानून को संशोधित करने, समाप्त करने अथवा बनाने का अधिकार है। ब्रिटिश संसद द्वारा पारित कानूनों की किसी न्यायालय द्वारा पुनरीक्षा नहीं की जा सकती है।

उपर्युक्त विवेचन से स्पष्ट है कि व्यवस्थापन सम्बन्धी कार्यों में लोकसदन की सत्ता सर्वोच्च है। यद्यपि, व्यावहारिक दृष्टि से उसकी इस सत्ता की सर्वोच्चता पर प्रथाओं, परम्पराओं, धार्मिक मान्यताओं, विवेक, ब्रिटिश रूढ़िवादिता आदि का प्रतिबन्ध है, परन्तु कानूनी स्थिति यही है कि परम सत्तावान् संसद के 'शक्ति-सम्पन्न सदन' के रूप में लोकसदन इन प्रतिबन्धों या मर्यादाओं की चिन्ता किए बिना अपनी इच्छानुसार कानून बनाने के लिए स्वतंत्र है।

कार्यपालिका की नियंत्रण सम्बन्धी सर्वोच्चता, ब्रिटिश संविधान के अन्तर्गत संसद की स्थिति कार्यपालिका से उच्चतर है। मंत्रिमण्डल संसद की ही एक समिति है जो तभी तक सत्तारूढ़ रहती है जब तक संसद का इसको समर्थन प्राप्त है। समर्थन न रहने पर इसके अपने पद से त्याग-पत्र देना पड़ता है। राजा द्वारा विपक्ष के नेता को वैकल्पिक मंत्रिमण्डल बनाने के लिए आमन्त्रित किया जा सकता है। राजनीतिक अस्थिरता की स्थिति में लोकसदन को भंग कर नये चुनाव भी कराये जा सकते हैं। ब्रिटिश शासन-प्रणाली का परम्परागत सिद्धान्त यह है कि संसद जनता के हित में कार्यपालिका को नियंत्रित एवं मर्यादित करती है। संसद-प्रश्नोत्तर द्वारा, मंत्रिमण्डलीय नीति की आलोचना या अस्वीकृति, कटौती प्रस्ताव, कार्य-स्थगन प्रस्ताव, निन्दा प्रस्ताव अथवा अविश्वास प्रस्ताव आदि द्वारा मंत्रिमण्डल पर अपना अंकुश रखती है।

स्पष्ट है कि 'विधि-निर्माण', 'वित्त-व्यवस्था' तथा 'प्रशासन पर नियंत्रण' करना ब्रिटिश संसद का मुख्य अधिकार-क्षेत्र है। कानूनी दृष्टि से संसद सर्वोच्च सत्तायुक्त है। मंत्रिमण्डल अपनी नीतियों एवं कार्यों तथा अस्तित्व के लिए संसदीय बहुमत के समर्थन पर निर्भर रहता है।

(ख) व्यावहारिक दृष्टिकोण और संसद की महत्ता

मंत्रिमण्डल की संसद पर महत्ता

लोकसदन और मंत्रिमण्डल के सम्बन्ध पर यदि व्यावहारिक दृष्टिकोण से विचार किया जाए, जो स्थिति पूर्णतः भिन्न दिखाई देती है। अब संसद, मंत्रिमण्डल का नियंत्रण नहीं करती, अपितु मंत्रिमण्डल, संसद का नियंत्रण करता है। मंत्रिमण्डल की यह महत्ता निम्नलिखित विवेचन से स्पष्ट है–

(1) व्यवस्थापन क्षेत्र में मंत्रिमण्डल–इस क्षेत्र में व्यावहारिक स्थिति यह है कि जो भी प्रमुख कानून पारित किए जाते हैं, उनका प्रारूप मंत्रिमण्डल द्वारा तैयार किया जाता है। संसद द्वारा प्राय: उन्हें उसी रूप में पारित कर दिया जाता है, जिस रूप में वे मंत्रिमण्डल द्वारा प्रस्तुत किए जाते हैं। उनमें संशोधन भी तभी हो पाते हैं, जब वे मंत्रिमण्डल को मान्य होते हैं। मंत्रिमण्डल के सदस्य लोकसदन में बहुमत दल के सदस्य होते हैं, अत: लोकसदन मंत्रिमण्डल की इच्छानुसार विधेयकों को स्वीकृति प्रदान कर देती है। वास्तव में दलीय संगठन और उनका अनुशासन इतना कड़ा है कि संसद के सदस्य अपने नेताओं का विरोध करने, उनके आदर्शों के विरुद्ध आलोचना करने अथवा मतदान करने का साहस तक नहीं करते। 'गैर–सरकारी विधेयक' तभी संसद की स्वीकृति प्राप्त कर सकता है, जब उस पर मंत्रिमण्डल की कृपा–दृष्टि होती है। मंत्रिमण्डल की इच्छा के विरुद्ध विरोधी पक्ष द्वारा किसी भी प्रस्ताव को पास करा लेना या समाप्त कर देना अत्यंत कठिन है। इससे व्यवस्थापन के क्षेत्र में मंत्रिमण्डल की सर्वोच्चता कायम हो गई है।

(2) कार्यपालन क्षेत्र में मंत्रिमण्डल–कार्यपालन क्षेत्र में व्यावहारिक रूप से संसद की अपेक्षा मंत्रिमण्डल की ही स्थिति उच्चतर है। नीति–निर्धारण का वास्तविक कार्य मंत्रिमण्डल ही करता है और वही अपने बहुमत के बल पर संसद से उसे स्वीकृत कराता है। मंत्रिमण्डल संसद का कार्यक्रम और उसकी कार्य–पद्धति को निर्धारित करता है। वही यह निर्णय करता है कि "संसद का अधिवेशन कब होगा? क्या–क्या काम उसमें होगा? कितना समय किस काम के लिए दिया जाएगा? और संसद के सत्र का अवसान व उसका विघटन कब होगा? इसके अतिरिक्त लोकसदन का अधिकांश समय मंत्रिमण्डल द्वारा प्रयुक्त हो जाता है।" गैर–सरकारी सदस्यों को 'विधि–प्रस्तावों' पर विवाद का पूरा अवसर ही नहीं मिल पाता।

यदि लोकसदन 'अविश्वास–प्रस्ताव' या अन्य किसी साधन द्वारा मंत्रिमण्डल को समाप्त कर सकती है, तो मंत्रिमण्डल को भी यह अधिकार प्राप्त है कि वह लोकसदन का विघटन कराकर उसके सदस्यों को पुन: निर्वाचकों की दया का भिखारी बना दे। इससे संसद सदस्य सामान्यत: मंत्रिमण्डल का पतन करने का साहस नहीं कर पाते हैं।

(3) वित्तीय क्षेत्र में मंत्रिमण्डल–इस क्षेत्र में व्यावहारिक दृष्टि से मंत्रिमण्डल ही बजट तैयार करता है, उसे पारित करवाता है तत्पश्चात् उसे लागू करता है। राज्य की सम्पूर्ण आर्थिक नीति का संचालन 'मंत्रिमण्डल' द्वारा ही किया जाता है।

मंत्रिमण्डल ही राज्य की व्यवस्था का निर्धारण करता है, राजकीय आय व व्यय का निश्चय करता है। लोकसदन, वित्त-विधेयकों की आलोचना कर सकता है, किन्तु वह मद का खर्च बढ़ा नहीं सकता और न कोई नया कर जोड़ सकता है, वह नए करों का सुझाव भी नहीं दे सकता, केवल प्रस्तावित करों में कमी कर सकता है, लेकिन ऐसा भी वह पूरा प्रयास करने पर ही कर सकता है, क्योंकि लोकसदन का बहुमत मंत्रिमण्डल का समर्थक होता है।

लॉस्की का निष्कर्ष

लॉस्की का निष्कर्ष है कि व्यवहार में मंत्रिमण्डल की शक्ति संसद से अधिक अवश्य है, पर वह अधिनायक की तरह परम सत्तावान नहीं है। उसने इस मत का खण्डन किया है कि 'मंत्रिमण्डल ने लोकसदन के अधिकारों का अपहरण कर उसे अपने अधीन कर लिया है और वह स्वयं निरंकुश हो गया है।' मंत्रिमण्डल के अधिनायकवादी रुख पर निम्नलिखित शक्तियाँ अपना अंकुश रखती हैं-

(i) विरोधी दल का अस्तित्व-ब्रिटेन में शक्तिशाली विरोधी दल, मंत्रिमण्डल की शक्ति पर एक बहुत ही प्रभावशाली नियंत्रण रखता है। जेनिंग्स ने लिखा है कि "ब्रिटेन तथा अधिनायकवादी देशों में मुख्य अन्तर यह है कि ब्रिटेन में केवल एक ही दल नहीं है जो शक्ति या धोखे या सहमति से अथवा अच्छे या बुरे उपायों द्वारा सत्तारूढ़ बना रहना चाहता हो, बल्कि वहाँ कम से कम दो दल है तथा प्रत्येक दल समझाने-बुझाने या सहमति एवं समझौते के आधार पर सत्ता प्राप्त करना चाहता है।"

(ii) जनमत की शक्ति-मंत्रिमण्डलीय अधिनायकतत्व के मार्ग में एक महत्वपूर्ण अवरोध 'जनमत की शक्ति' है। ब्रिटिश जनता राजनीतिक दृष्टि से बहुत ही जागरूक है, अतः कोई भी मंत्रिमण्डल तानाशाही का मार्ग नहीं अपना सकता। यदि ऐसा किया गया तो न केवल संसद में जन-प्रतिनिधियों के हाथों उसके पराजित होने का भय है, बल्कि निर्वाचन में भी उसकी पराजय निश्चित है। प्रबल बहुमत वाली सरकार को भी जनमत के आगे झुकना पड़ता है। सन् 1940 में प्रबल जनमत की माँग पर चैम्बरलेन मंत्रिमण्डल को त्यागपत्र देना पड़ा था।

सदन की परम्पराएँ तथा दल के अपने ही सदस्यों का विरोध-'मंत्रिमण्डल अधिनायकत्व' के मार्ग में दो बाधाएँ ही शक्तिशाली अवरोध हैं-(i) सदन की परम्पराएँ एवं (ii) सत्तारूढ़ दल के अपने ही सदस्यों का विरोध या उनकी प्रतिक्रिया। ब्रिटिश लोकतंत्र में कोई भी मंत्रिमण्डल सदन की परम्पराओं की

अवहेलना करने का साहस नहीं करता, अन्यथा उसे भारी मूल्य चुकाना पड़ सकता है। लोकसभा, मंत्रिमण्डलीय कार्यों पर अपनी सतर्क दृष्टि रखती है और उसे मनमानी नहीं करने देती। इसके अतिरिक्त अपने ही राजनीतिक दल के सदस्य भी मंत्रिमण्डलीय निर्णयों का विरोध करके या उनके विरुद्ध जबरदस्त प्रतिक्रिया व्यक्त करके मंत्रिमण्डल को निरंकुश नहीं होने देते हैं।

मंत्रिमण्डल की शक्ति में प्रसार के कारण

(Reasons of Growing Importance of the Cabinet)

मंत्रिमण्डल की महत्ता या इसकी शक्ति में प्रसार अथवा वृद्धि के कारणों को निम्नानुसार विश्लेषित किया जा सकता है–

(i) दल-प्रणाली (Party System)–मंत्रिमण्डल की शक्ति में प्रसार का सबसे प्रमुख कारण 'ब्रिटेन की दल-प्रणाली' है। ब्रिटेन में प्रधानत: दो दल ही प्रमुख रहे हैं। यदि ब्रिटेन में दो दलों की प्रमुखता न होकर फ्रांस की भाँति अनेक दल होते हैं तो वहाँ के मंत्रिमण्डल की दशा भी फ्रांस के मंत्रिमण्डल जैसी होती। तब शक्ति के लिए विविध दल परस्पर खींचतान करते रहते, मंत्रिमण्डल को स्थायित्व न मिल पाता और न ही वह आज के समान महत्व और शक्ति का स्वामी होता।

(ii) दलीय अनुशासन (Party Discipline)–ब्रिटिश मंत्रिमण्डल की महत्ता का दूसरा कारण 'दलीय अनुशासन' है। इसका अभिप्राय है यह कि 'कोई सदस्य अपने दल के विरुद्ध मत नहीं दे सकता और न ही दल की नीति और उसके कार्यों को अपना समर्थन देने से मना कर सकता है।' दलीय अनुशासन के कारण संसद-सदस्य स्वेच्छापूर्वक कार्य नहीं कर सकता, क्योंकि इसका परिणाम-दल से बहिष्कार और अन्तत: राजनीतिक आत्मघात भी हो सकता है। परिणामत: मंत्रिमण्डल पूर्ण विश्वास के साथ अपने नियोजित कार्यक्रम पर चलता रहता है। अनुशासनबद्ध बहुमत का स्थायित्व ब्रिटिश मंत्रिमण्डल को इतनी शक्ति प्रदान कर देता है कि वह लोकसदन पर अपना प्रभुत्व जमाये रखता है।

(iii) प्रशासनिक समस्याओं की जटिलता (Complexities of Administrative Problems)–ब्रिटिश मंत्रिमण्डल को 'जटिल प्रशासनिक समस्याएँ भी शक्ति प्रदान करती हैं। 'लोक-कल्याणकारी राज्य' के विचार के प्रादुर्भाव के कारण प्रशासन की समस्याएँ अत्यंत व्यापक और जटिल हो गई हैं। संसद के सामान्य सदस्य इस योग्य नहीं होते कि वे इन समस्याओं को भली प्रकार समझ सकें और रानीति, प्रशासनिक, आर्थिक एवं तकनीकी मामलों में मंत्रिमण्डल का मार्ग-निर्देशन

कर सकें। इस असमर्थता का स्वाभाविक परिणाम यह होता है कि लोकसदन इन विभिन्न समस्याओं की जानकारी के लिए मंत्रिमण्डल पर ही अधिकांशतः निर्भर रहती है। इससे मंत्रिमण्डल की शक्ति में वृद्धि होती है।

(iv) कार्यभार की अधिकता (Heavy Workload)-कार्य की अधिकता के कारण भी लोकसदन को प्राप्त होने वाली महत्ता मंत्रिमण्डल को प्राप्त हो जाती है। लोकसदन का कार्य इतना बढ़ चुका है कि वह स्वयं इनका नियंत्रण, निरीक्षण अथवा संचालन करने में असमर्थ है। मंत्रिमण्डल द्वारा जो विषय और कार्य लोकसदन के समक्ष प्रस्तुत किए जाते हैं उन्हें प्रथम तो सभी संसद-सदस्य अच्छी तरह समझ सकने में ही असमर्थ रहते हैं, जिसका परिणाम यह होता है कि मंत्रिमण्डल के अधिकांश निर्णयों को लोकसदन बिना किसी विशेष कठिनाई या वाद-विवाद के स्वीकार कर लेता है। इस प्रकार मंत्रिमण्डल के निर्णय ही लोकसदन के निर्णय हो जाते हैं। विधियों (Legislations)का प्रारूप तैयार करना, उन्हें संसद में प्रस्तुत करना और संसद से स्वीकृत कराना, मंत्रिमण्डल का ही कार्य बन गया है। कार्यभार की अधिकता के कारण ही प्रदत्त-व्यवस्थापन (Delegated Legisltion) का प्रचलन हुआ है; जिसके कारण विधि-निर्माण के क्षेत्र में मंत्रिमण्डल बहुत अधिक शक्तिशाली हो गया है।

(v) मंत्रिमण्डल का सामूहिक उत्तरदायित्व (Collective Responsi-bility of the Cabinet)-मंत्रिमण्डल को शक्तिशाली बनाने में मंत्रियों के 'सामूहिक उत्तरदायित्व' की भी अहम् भूमिका रही है। इस सिद्धान्त के अन्तर्गत एक मंत्री की पराजय का अर्थ सम्पूर्ण मंत्रिमण्डल का पतन होता है, अतः सभी मन्त्रिगण 'टीम-भावना' से कार्य करते हैं। मंत्रिमण्डल एक बहुत ही दृढ़, छोटा-सा निकाय बन जाता है, जो असंगठित और विभिन्न दलों से निर्मित संसद की तुलना में विशेष शक्तिशाली बना रहता है।

(vi) लोकसदन के विघटन की व्यवस्था (Provision for the Dissolution of Parliament)-ब्रिटिश मंत्रिमण्डल को आवश्यकता पड़ने पर राजा से लोकसदन का विघटन कराने का अधिकार प्राप्त है। ब्रिटेन में यह एक 'संवैधानिक अभिसमय' है कि जब कोई 'मंत्रिमण्डल लोकसदन में पराजित हो जाता है, तो उसे तुरन्त पद-त्याग करने की आवश्यकता नहीं है।' प्रधानमंत्री को यह अधिकार है कि यदि वह यह अनुभव करे कि 'मंत्रिमण्डल की नीतियों और कार्यों को राष्ट्र का समर्थन प्राप्त है', तो वह राजा से लोकसदन को भंग करने की प्रार्थना कर सकता है

और राजा उसकी प्रार्थना को ठुकरा नहीं सकता। अत: लोकसदन के सदस्य 'पुन: निर्वाचन' की अनिश्चितता से बचने के लिए प्राय: मंत्रिमण्डल का समर्थन करते हैं।

(vii) लॉर्ड-सभा के अधिकारों की कटौती (Cut in the Rights of the House)-मंत्रिमण्डल की महत्ता का एक प्रमुख कारण यह भी है कि 'लॉर्ड-सभा' अब लगभग शक्तिहीन सदन बना दिया गया है। 1911 और 1949 के संसदीय अधिनियमों के पारित होने के बाद लॉर्ड-सभा संसद का दूसरा सदन नहीं रहा, अपितु दूसरे दर्जे का सदन हो गया है। इन अधिनियमों के कारण अब लॉर्ड-सभा मंत्रिमण्डल द्वारा प्रस्तुत विधेयकों को पारित होने से नहीं रोक सकती है; उनके पारित होने में केवल कुछ विलम्ब कर सकती है और उनकी आलोचना कर सकती है। इस तरह मंत्रिमण्डल का उत्तरदायित्व अब केवल एक ऐसे सदन (लोकसभा) के प्रति रह गया है, जो उसके अपने दल के बहुमत के कारण उसका अपना होता है।

(viii) संसदीय कार्य-विधि तथा राष्ट्रीय आपात (Parliamentary Working Procedure and National Emergency)-मंत्रिमण्डल की शक्ति में वृद्धि का एक कारण संसद की कार्य-विधि है। संसदीय कार्यवाहियों के नियमन द्वारा संसद-सदस्यों के हाथ बँधे रहते हैं, उनकी स्वतंत्रता पर अंकुश लगा रहता है। मंत्रिमण्डल वाद-विवाद को समाप्त करवा सकता है अथवा उसे सीमित कर सकता है। 'Simple Course' द्वारा पर्याप्त वाद-विवाद हो चुकने पर प्रस्ताव लाया जा सकता है। 'मुखबन्ध' के अनुसार विधेयक को अनेक भागों में बाँट दिया जाता है और प्रत्येक भाग के लिए समय निश्चित कर दिया जाता है। 'Kangaroo Closure' के द्वारा सभापति कुछ संशोधनों पर वाद-विवाद की आज्ञा ही नहीं देता। इन उपायों के अतिरिक्त 'दल-सचेतक' संसद-सदस्यों की स्वतंत्रता पर पूरा नियंत्रण रखता है। इन संसदीय कार्य-विधियों का अन्तिम परिणाम, मंत्रिमण्डल की शक्ति में वृद्धि के रूप में हुआ है। वर्तमान शताब्दी में प्रथम महायुद्ध, आर्थिक संकट, द्वितीय महायुद्ध आदि संकटकालीन परिस्थितियों नें मंत्रिमण्डल की शक्ति बढ़ाने में बड़ा योगदान दिया है। इन संकटों का सामना करने के लिए संसद द्वारा मंत्रिमण्डलों को व्यापक शक्तियाँ प्रदान की गईं। संकटों की समाप्ति पर भी इन विशेष शक्तियों में से कुछ शक्तियाँ मंत्रिमण्डल के हाथ में बनी रहीं। समय-समय पर उपस्थित होने वाले 'राष्ट्रीय संकटों' से मंत्रिमण्डल की शक्तियों में वृद्धि होती है।

(ix) वित्त पर नियंत्रण (Control of Finance)-मंत्रिमण्डल का 'राष्ट्रीय वित्त' पर नियंत्रण होता है, इससे उसके प्रभाव-वृद्धि में बहुत सहायता मिलती है।

राष्ट्रीय आय-व्यय के स्रोतों का निश्चय मंत्रिमण्डल द्वारा ही किया जाता है। लोकसदन के साधारण सदस्यों का राष्ट्रीय वित्त पर अधिकार बहुत कम रहता है।

(x) संसदीय जीवन की स्थिति (Position of the Tenure of the Parliament)-'संसदीय जीवन की स्थिति' भी मंत्रिमण्डल की शक्ति में वृद्धि का कारण है। प्राय: संसद के अवकाश-काल में सदस्यों को पता ही नहीं रहता कि मंत्रिगण क्या कह रहे हैं? उन्हें केवल समाचार-पत्रों के माध्यम से ही कुछ बातों का पता चलता रहता है। संसद-सदस्यों की यह बेखबरी की अवस्था, मंत्रियों को प्रभावपूर्ण बनाने में सहायक होती है।

इनके अतिरिक्त संसद के सत्रों का बहुत कम समय में लिए सम्पादित होना, संसद सदस्यों का नौसिखिया होना आदि कारण भी मंत्रिमण्डल की शक्ति में वृद्धि के लिए उत्तरदायी रहे हैं।

(xi) प्रधानमंत्री का नेतृत्व (Leadership of Prime-Minister)-'प्रधानमंत्री का नेतृत्व' भी मंत्रिमण्डल की शक्तियों में वृद्धि के लिए उत्तरदायी रहा है। ग्रेट ब्रिटेन में आम चुनाव प्रधानमंत्री के इर्द-गिर्द लड़े जाते हैं। इन आम चुनावों में इस बात का निर्धारण होता है कि "देश का अगला प्रधानमंत्री कौन होगा ?" प्रधानमंत्री का 'करिश्माई नेतृत्व' मंत्रिमण्डल को शक्तिशाली बना देता है।

प्रधानमंत्री
(The Prime-Minister)

ब्रिटिश शासन-व्यवस्था में प्रधानमंत्री ही व्यवहारत: सर्वोच्च कार्यपालिका का 'अध्यक्ष' है। सम्राट एक प्रतीकात्मक (Symbolic) प्रधान है, जिसकी सम्पूर्ण शक्तियों का प्रयोग मंत्रिमण्डल करता है। शक्तियों का यह प्रयोग अन्ततोगत्वा प्रधानमंत्री के हाथ में रहता है। वही ब्रिटिश राजनीतिक व्यवस्था की धुरी है।

प्रधानमंत्री के अधिकारों की महत्ता और व्यापकता पर विभिन्न मत प्रकट किए गए हैं। लॉर्ड मार्ले के अनुसार "प्रधानमंत्री 'समान पद वालों में प्रथम' (Primus-interpares of First among Equals) है, तो रेमजे म्योर की दृष्टि से "प्रधानमंत्री का अधिकार-क्षेत्र इतना व्यापक है और उसकी स्थिति अपने साथियों से इतनी उच्च है कि उसे 'अधिनायक' कहा जा सकता है।" लॉस्की के मत मध्यमार्गीय है; उसके अनुसार-"प्रधानमंत्री अपनी शक्तियों और अपने अधिकारों के कारण समान पद वालों में प्रथम से अधिक तो हैं, परन्तु 'अधिनायक' कदापि नहीं है।" फाइनर का भी कहना है कि-"प्रधानमंत्री कोई 'सीजर' नहीं है और न ही उसकी स्थिति ऐसी है

जिसे चुनौती न दी जा सके।" प्रधानमंत्री की सत्ता का सबसे बड़ा आधार यह है कि 'वह राष्ट्र की कितनी सेवा कर सकता है? किसी भी समय उसका प्रतिद्वन्द्वी उसका स्थान ग्रहण कर सकता है।

प्रधानमंत्री पद की अनौपचारिकता

(Informality of the Office of Prime Minister)

ब्रिटेन के अन्य संस्थानों की भाँति 'प्रधानमंत्री पद' भी अनौपचारिक है, उसका कोई कानूनी आधार नहीं है। प्रधानमंत्री पद की उत्पत्ति, परम्परा अथवा अभिसमयों की देन रही है। 1878 ई. से पहले किसी सरकारी प्रपत्र में प्रधानमंत्री पद का नाम भी नहीं आया था। 1937 ई. के 'क्राउन मंत्री अधिनियम' (The Minister of the Crown Act, 1937) में पहली बार कानूनी रूप से प्रधानमंत्री के पद को मान्यता प्रदान की गई। इसमें 'प्रधानमंत्री' व 'सरकारी कोष में प्रथम लॉर्ड' के पद का अस्तित्व स्वीकार किया गया। इस अधिनियम में प्रधानमंत्री की केवल संवैधानिक स्थिति को मान्यता मिली, उसे वास्तविक शक्ति प्रदान नहीं की गई। आज भी यही स्थिति कायम है, अर्थात् प्रधानमंत्री पद के अधिकारों और उसकी शक्तियों का कोई कानूनी आधार नहीं है। प्रधानमंत्री को सभी अधिकार 'संवैधानिक अभिसमयों' (Conventions) से प्राप्त हुए हैं और उन्हीं अभिसमयों में वे मर्यादित भी है।

प्रधानमंत्री का सरकारी निवास- '10 डाउनिंग स्ट्रीट है'। प्रधानमंत्री पद की महत्ता के आधार पर यह कथन उपयुक्त प्रतीत होता है कि-"कोई नहीं जानता और न कोई उसकी परवाह करता है कि अन्य मंत्री कहाँ निवास करते हैं किन्तु बेवकूफ से बेवकूफ आदमी '10 डाउनिंग स्ट्रीट' के अर्थ को भली-भाँति जानता है।" यह कथन प्रधानमंत्री पद के प्रति जन-अभिरुचि को प्रदर्शित करता है।

प्रधानमंत्री की नियुक्ति

(The Choice of The Prime Minister)

संविधान के अनुसार प्रधानमंत्री की नियुक्ति 'राजा' द्वारा होती है, लेकिन दलगत सरकार के निवास ने यह परम्परा स्थापित कर दी है कि 'लोकसभा में बहुमत-दल का नेता प्रधानमंत्री बनकर मंत्रिमण्डल का निर्माण करे।' इस प्रकार प्रधानमंत्री के चुनाव में राजा की शक्ति नगण्य हो गई है। फिर भी कुछ परिस्थितियाँ हैं जिनमें राजा स्व-निर्णय (Discretion) के अनुसार कार्य कर सकता है। ऐसी दशाएँ मुख्यतः तीन हो सकती हैं-

(i)जब लोकसदन में किसी भी दल को स्पष्ट बहुमत प्राप्त न हो। इस स्थिति में राजा का कर्त्तव्य है कि वह ऐसे व्यक्ति को पद-भार सम्भालने हेतु आमन्त्रित करे जो अपनी सरकार के लिए लोकसदन का बहुमत प्राप्त करने में सफल हो सके।

(ii) जब एक प्रधानमंत्री अचानक त्याग-पत्र दे-दे या उसकी मृत्यु हो जाए और आन्तरिक द्वन्द्व के कारण दल अपना नेता चुनने में असमर्थ रहे।

(iii) जब संसद में 'दलीय स्थिति' उत्पन्न हो अथवा देश की परिस्थिति के कारण 'संयुक्त मंत्रिमण्डल' का बनाया जाना आवश्यक हो जाए। परन्तु प्रधानमंत्री के सम्बन्ध में विभिन्न दलों में मतैक्य न हो। ऐमरी ने लिखा है कि "जब 1931 में श्री मैकडॉनल्ड ने पद-त्याग किया तो उनसे तथा विरोधी-दलीय नेताओं से राजा का 'व्यक्तिगत अनुरोध' ही उनको संयुक्त सरकार के प्रधान के रूप में प्रतिष्ठित कर सका।"

प्रधानमंत्री-पद के सम्बन्ध में अब यह सर्वमान्य धारणा बन गई है कि प्रधानमंत्री लोकसदन में से ही चुना जाए। यद्यपि परम्परागत नियम यही है कि प्रधानमंत्री या तो कोई 'पीयर' (Peer) हो अथवा 'लोकसदन का सदस्य' हो। वास्तव में 1902 में जब लॉर्ड ह्यूम को प्रधानमंत्री बनाए गए तो पूर्व में ही यह स्पष्ट कर दिया गया कि उन्हें अपनी उपाधियों का परित्याग कर देना होगा। लॉर्ड ह्यूम ने अपनी उपाधि त्यागने और लोकसदन के लिए उपचुनाव लड़ने के निश्चय की घोषणा की। चुनाव 7 नवम्बर को हुए, जिसमें 'ह्यूम' विजयी घोषित किए गए। प्रधानमंत्री को लोकसदन का सदस्य ही होना इसलिए आवश्यक माना जाता है कि वह तथा उसका मंत्रिमण्डल केवल लोकसदन के प्रति ही उत्तरदायी होता है। दलीय संगठन की दृष्टि से भी यह आवश्यक है कि प्रधानमंत्री लोकसदन से ही चुना जाए।

प्रधानमंत्री के लिए योग्यताएँ

यद्यपि प्रधानमंत्री पद के लिए कोई निश्चित योग्यता निर्धारित नहीं है, फिर भी व्यवहारत: उसके लिए कुछ योग्यताओं और व्यक्तिगत गुणों का होना आवश्यक माना जाता है-(i) संवैधानिक प्रथाओं ने ही यह आवश्यक बना दिया है कि प्रधानमंत्री लोकसदन का सदस्य हो, लोकसदन के बहुमत दल का नेता हो अथवा लोकसदन के बहुमत दल का समर्थन प्राप्त करने में समर्थ हो। (ii) उसमें कुछ विशेष गुणों का होना आवश्यक है। लॉस्की ने प्रधानमंत्री के गुणों का विशद् वर्णन करते हुए कहा है कि-"विवेक, कौशल, मनुष्यों पर शासन करने की शक्ति,

विश्वसनीय व्यक्तियों की पहचान, प्रभावशाली वक्तव्य देने की क्षमता, ऐसा शिक्षात्मक निर्णय ले सकने की योग्यता कि वह निर्णन, दल तथा लोकमत के अनुकूल तो अवश्य हो, लेकिन इतना अनुकूल भी न हो कि उसका सुगमतापूर्वक पालन न हो सके। एक ऐसी महत्वाकांक्षा जो देश की प्रगति तो करे किन्तु साथ ही आकस्मिकता के प्रदर्शन में सजग हो, व्यक्तियों या कार्यों के बारे में तत्कालीन निर्णय के समय मर्यादित व्यग्रता आदि वे सब गुण हैं जिनके बिना प्रधानमंत्री का काम नहीं चल सकता।''

वस्तुत: 'ब्रिटिश प्रधानमंत्री' पद तक पहुँचने का मार्ग बड़ा जटिल है। कार्टर (Carter) ने लिखा है कि ''सर्वप्रथम लोकसदन में व्यक्ति को 'राजनीतिक नेता' के रूप में ख्याति प्राप्त करनी होती है। मंत्रिमण्डल की सदस्यता और सम्भवत: प्रधानमंत्री पद की आकांक्षा, साधारणत: व्यक्ति अनेक पदों पर प्रशिक्षण प्राप्त करने के उपरांत ही प्राप्त कर सकता है।'' ये गुण ही प्रधानमंत्री को शक्तिशाली बनाते हैं।

प्रधानमंत्री की शक्तियाँ और कार्य का मूल्यांकन

(Powers of Functions of the Prime-Minister and their Evaluation)

प्रधानमंत्री वास्तविक रूप में न कि वैधानिक रूप में 'राज्य का प्रधान' है। उसके समान व्यापक सत्ता संसार में संभवत: किसी वैधानिक प्रधान को प्राप्त नहीं है। जब तक उस दल का संसद में बहुमत रहता है, वह अनेक ऐसे कार्य कर सकता है जो अमेरिका का राष्ट्रपति भी नहीं कर सकता। वह पहले से ही इस बात का वचन दे सकता है कि उक्त संधि पर हस्ताक्षर हो जाएँगे या उसका अनुमोदन हो जाएगा, या कोई विशेष विधान पारित हो जाएगा, या किसी भी धनराशि के व्यय की संसद द्वारा स्वीकृति मिल जाएगी। प्रधानमंत्री सम्पूर्ण शासन-सूत्र का 'केन्द्र' है।

कॉलिन एफ. पैडफील्ड ने ब्रिटिश प्रधानमंत्री की शक्ति पर विचार करते हुए उसके निम्नलिखित प्रमुख कार्यों का उल्लेख किया है-

(1) वह संसद में बहुमत प्राप्त दल का नेता होता है एवं सरकार का (अर्थात् प्रशासन का) प्रधान होता है।

(2) वह केबिनेट मंत्रियों का चयनकर्ता है तथा वह सरकार के अन्य सदस्यों (अर्थात् गैर-केबिनेट मंत्रियों) की नियुक्ति करता है, जिनकी संख्या लगभग सौ तक होती है।

(3) वह मंत्रियों के पदों में परिवर्तन कर सकता है, अर्थात् इच्छानुसार मंत्रिमण्डल का पुनर्गठन कर सकता है एवं वह केबिनेट मंत्री या केबिनेट स्तर के नीचे के

मंत्री को पदच्युत कर सकता है अथवा किसी मंत्री को सरकार से त्याग-पत्र देने के लिए कह सकता है।

(4) वह केबिनेट और महत्वपूर्ण केबिनेट-समितियों का अध्यक्ष होता है। वह नीतियों का समन्वय करता है और विभिन्न मंत्रालयों के कार्यों का निरीक्षण करता है।

(5) वह राष्ट्रीय और अन्तर्राष्ट्रीय मामलों में 'राष्ट्र का मुख्य प्रवक्ता' (Chief Spokesman) होता है। एवं अन्तिम रूप से वही दलीय अनुशासन के लिए उत्तरदायी होता है। वह मुख्य सचेतकों की नियुक्ति करता है, जो उसके निकट सम्पर्क में रहते हैं।

(6) वह संरक्षण प्रदान करता है, अर्थात् उसे विभिन्न न्यायिक और धार्मिक तथा अन्य प्रकार के अधिकारियों को नियुक्त करने का अधिकार है। वह उपाधियाँ और सम्मान वितरित करता है तथा 'पीयर' बनाता है।

(7) वह लोक-सेवा का 'राजनीतिक अध्यक्ष' होता है और वरिष्ठ लोक सेवकों की नियुक्ति तथा पदोन्नति के सम्बन्ध में गृह लोक सेवा के अध्यक्ष का सहयोग करता है।

(8) वह 'साम्राज्ञी' को सरकारी निर्णयों से अवगत कराता है और संसद को भंग कराने के बारे में परामर्श देता है।

प्रधानमंत्री की व्यापक शक्तियों और उसके कार्यों का विस्तृत विवेचन एवं मूल्यांकन निम्नलिखित शीर्षकों में किया जा सकता है-

(क) प्रधानमंत्री व मंन्त्रिमण्डल

प्रधानमंत्री ही मंत्रिमण्डल के निर्माण, जीवन तथा मरण का केन्द्र-बिन्दु है। उसका प्रभावशाली संचालन उसी पर निर्भर करता है। यह तथ्य निम्नांकित बिन्दुओं से स्पष्ट होता है-

(i) मंत्रिमण्डल का निर्माण-प्रधानमंत्री पद की बागडोर सम्भालने के बाद उसका पहला कर्तव्य होता है- 'मंत्रिमण्डल का निर्माण' करना। इसके लिए वह सदस्यों की सूची तैयार करता है। जिसे राजा विधिवत् स्वीकार कर लेता है। राजा द्वारा मंत्रियों की नियुक्ति करना केवल एक औपचारिकता मात्र है। कौन व्यक्ति मंत्रिमण्डल में लिया जाएगा, इसका निर्णय प्रधानमंत्री ही करता है। इस निर्णय में दलीय एकता एवं सुदृढ़ता, राजा की इच्छा, संवैधानिक अभिसमय, राजनीतिक स्थिति, आदि अनेक तत्व प्रभावशाली होते हैं, परन्तु अन्तिम निश्चय करना प्रधानमंत्री

का अधिकार है। यदि वह किसी व्यक्ति को मंत्रिमण्डल में सम्मिलित करना चाहता है तो राजा रोक नहीं सकता और यदि वह किसी व्यक्ति को सम्मिलित करना नहीं चाहता है, तो राजा इसके लिए उसको विवश नहीं कर सकता। मंत्रिमण्डल के निर्माण में प्रधानमंत्री के स्वविवेकीय अधिकार (Discretionary Powers) बहुत व्यापक हैं। फिर भी मंत्रियों के चयन में प्रधानमंत्री मनमानी नहीं कर पाता। उसे यह देखना पड़ता है कि उसके दल के प्रमुख सदस्यों का मंत्रिमण्डल में समावेश हो जाए। क्योंकि ऐसा न होने पर दल में फूट पड़ सकती परिणामत: उसकी स्वयं की स्थिति कमजोर हो सकती है। कभी-कभी तो उसे ऐसे व्यक्तियों को भी मंत्रिमण्डल में लेना पड़ सकता है, जिन्हें वह नहीं चाहता। क्योंकि ऐसा न करने से शासन संकट में पड़ सकता है। मंत्रिमण्डल का निर्माण करते समय उसे इस बात का भी ध्यान रखना पड़ता है कि यथासंभव उन्हीं लोगों को उसमें स्थान मिले जो परस्पर सहयोग की भावना से कार्य कर सकते हों।

(ii) मंत्रिमण्डल का संचालन-प्रधानमंत्री न केवल मंत्रिमण्डल का निर्माण करता है बल्कि उसे 'जीवन और गति' भी प्रदान करता है। वही अपने मंत्रियों में विभागों का वितरण करता है। कुछ सदस्य इतने प्रभावशाली और सशक्त हो सकते हैं कि विभागों का वितरण करते समय प्रधानमंत्री उनकी इच्छा का आदर करे। परन्तु साधारणत: विभागों के वितरण के सम्बन्ध में प्रधानमंत्री का निर्णय अन्तिम होता है।

प्रधानमंत्री को यह भी देखना पड़ता है कि मंत्रिमण्डल का कार्य सुचारु रूप से चल रहा है अथवा नहीं। समस्त प्रशासन का 'मुखिया' होने नाते वह सभी विभागों का निरिक्षण करता है। कभी-कभी जब मंत्रियों में परस्पर मतभेद उठ खड़े होते हैं, तो प्रधानमंत्री हस्तक्षेप कर औचित्य-अनौचित्य के निर्णय द्वारा उनके मतभेदों को दूर करता है। इस प्रकार मंत्रिमण्डल में सौहार्द तथा सद्भाव बनाए रखने का उत्तरदायित्व प्रधानमंत्री पर ही है। वही सबको एक सूत्र में पिरोए रखता है।

प्रधानमंत्री ही मंत्रिमण्डल की बैठकों का 'सभापतित्व' और उनकी समस्त कार्यवाहियों का 'संचालन' करता है। मंत्रिमण्डल की बैठकों की 'कार्यावली' (Agenda) पर उसका नियंत्रण होता है। मंत्रिमण्डल के निर्णयों और नीति-निर्धारण में प्रधानमंत्री का ही सर्वोपरि हाथ रहता है। मंत्रिमण्डल के सदस्य वाद-विवाद के लिए विचारार्थ विषय प्रस्तुत करते हैं, किन्तु प्रधानमंत्री उन्हें मानने न मानने की स्वतंत्रता होती है।

यहाँ यह स्मरणीय है कि प्रधानमंत्री अन्य मंत्रियों का 'अधिनायक' नहीं है। मंत्रिमण्डल के सदस्य प्रधानमंत्री के 'दास या अधीनस्थ' नहीं होते वरन् वे उसके सहयोगी होते हैं। उनको वह अपने विचारों को मानने के लिए उत्प्रेरित कर सकता है, किन्तु विवश नहीं कर सकता। इस रूप में उसकी स्थिति अमेरिकी राष्ट्रपति की स्थिति से पूर्णतः भिन्न है। वह अपने सहयोगी मंत्रियों की राय की कभी भी अवहेलना नहीं कर सकता। हाँ, यह अवश्य है कि उसकी स्थिति अन्य मंत्रियों की तुलना में बहुत अधिक प्रभावशाली होती है और वह मंत्रियों को अपने विचारों के अनुकूल बना लेता है। व्यवहार में पहल उसी की रहती है। मंत्रिमण्डल बहुधा उसका अनुकरण करते हैं।

(iii) मंत्रिमण्डल का अंत-प्रधानमंत्री मंत्रिमण्डल का सिर्फ 'निर्माता' एवं 'संयोजक' ही नहीं होता, बल्कि 'संहारकर्ता' भी होता है। मंत्रियों को उनके पदों से हटाने तथा मंत्रिमण्डल को भंग करने के विषय में उसकी इच्छा का वस्तुतः पर्याप्त महत्व होता है। सब मंत्रियों का भविष्य उसी के साथ बँधा हुआ होता है। प्रधानमंत्री के साथ ही अन्य मंत्री भी तैरते-डूबते हैं। उसके त्याग-पत्र के साथ पूरा मंत्रिमण्डल भंग हो जाता है। इसके अतिरिक्त यदि प्रधानमंत्री व अन्य किसी मंत्री के मध्य कोई मतभेद होता है, तो ऐसी दशा में प्रधानमंत्री उस असंतुष्ट मंत्री को त्याग-पत्र देकर संपूर्ण मंत्रिमण्डल को भंग कर सकता है। वैधानिक रूप से मंत्रियों की 'पदच्युति' का अधिकार, राजा का 'विशेषाधिकार' है, लेकिन व्यवहारतः यह परम्परा बन गई है कि इस अधिकार का प्रयोग वह प्रधानमंत्री की मन्त्रणा पर ही करता है।

वास्तव में प्रधानमंत्री की यह शक्ति ही मंत्रिमण्डल पर उसका नियंत्रण बनाए रखने में सहायक होती है। लॉस्की ने लिखा है कि -''प्रधानमंत्री मंत्रिमण्डल का केन्द्र-बिन्दु है। वह उसके निर्माण, उसके जीवन और उसके अन्त में 'केन्द्रीय स्थिति' रखता है।''

(ख) 'शासन प्रमुख' के रूप में प्रधानमंत्री

सिद्धान्ततः देश का 'शासन प्रमुख' राजा है; पर व्यवहारतः 'शासन प्रमुख' के सभी अधिकारों का उपभोग, प्रधानमंत्री और मंत्रिमण्डल द्वारा किया जाता है। प्रधानमंत्री ही राजा के नाम पर देश का पूरा शासन-तंत्र संचालित करता है। राज्य की सभी महत्वपूर्ण नियुक्तियाँ या तो प्रधानमंत्री द्वारा स्वयं की जाती हैं या राजा द्वारा उसके परामर्श से की जाती हैं। राजकीय-सम्मान प्रदान करने के अधिकार का प्रयोग भी राजा, प्रधानमंत्री के परामर्श से ही करता है। प्रशासकीय विभागों का संचालन उसी

की देख-रेख में होता है। देश की विदेश-नीति के सम्बन्ध में समस्त महत्वपूर्ण घोषणाएँ उसी के द्वारा होती हैं, न कि विदेश-मंत्री के द्वारा। विदेश मंत्रालय चाहे प्रधानमंत्री के पास हो या किसी और के पास, विदेशिक सम्बन्धों का सुचारु संचालन उसका दायित्व समझा जाता है।

विदेशिक सम्बन्धों के संचालन में प्रधानमंत्री सदैव अपना प्रभावपूर्ण नियंत्रण बनाए रखता है। वर्तमान प्रधानमंत्री 'जॉन मेजर' यूरोपीय एकीकरण के पक्षधर हैं और उन्होंने ब्रिटेन की इस प्रक्रिया में भागीदारी को सुनिश्चित किया है। उनके प्रयासों से ही ब्रिटेन यूरोपीय एककीकरण की प्रक्रिया में सकारात्मक योगदान कर रहा है। प्रधानमंत्री अन्य प्रशासकीय विभागों की देखरेख करता है, तथा मंत्रिगण उसका परामर्श लेकर ही कोई महत्वपूर्ण निर्णय लेते हैं। देश की शासन-सम्बन्धी नीति का निर्धारण, मंत्रिमण्डल के परामर्श से प्रधानमंत्री ही करता है। वहीं विविध मंत्रालयों के कार्यों में सामंजस्य स्थापित रखता है। प्रधानमंत्री अपने निर्णय मंत्रिमण्डल के परामर्श से ही लेने को बाध्य नहीं है अपितु वह मंत्रिमण्डल से विचार विमर्श किए बिना ही किसी भी नवीन नीति अथवा योजना को सार्वजनिक रूप से घोषित कर सकता है। स्थापित शासन-संचालन में प्रधानमंत्री मनमाना व्यवहार नहीं कर सकता, इस विषय में उसे अपने सहयोगियों का विश्वास प्राप्त करना पड़ता है, क्योंकि उसकी सफलता बहुत-कुछ उसके सहयोगियों पर निर्भर है। सहयोगियों के विश्वास को ठुकराकर निरंकुश आचरण करने वाला प्रधानमंत्री अपने दल, संसद और राष्ट्र का समर्थन खो बैठता है। सभी दृष्टियाँ सदैव प्रधानमंत्री के कार्यों पर लगी रहती है।

अन्तिम रूप से प्रधानमंत्री ही बजट (Budget) के लिए उत्तरदायी होता है। इसलिए 'राजकीय बजट' को प्रधानमंत्री और वित्तमंत्री ही अन्तिम रूप देते हैं। लोकसभा में प्रेषित करने से पूर्व बजट के लिए मंत्रिमण्डल की स्वीकृति नहीं ली जाती, यद्यपि मंत्रिमण्डल को बजट का एक मौलिक विवरण दे दिया जाता है।

(ग) 'राजा के परामर्शदाता' के रूप में प्रधानमंत्री

केवल प्रधानमंत्री ही 'राजा के परामर्शदाता' का कार्य करता है। सिद्धान्ततः प्रधानमंत्री का कार्य राजा को शासन-सम्बन्धी परामर्श देना है। राजा इस बात के लिए स्वतंत्र है कि वह प्रधानमंत्री से प्राप्त परामर्श को माने या ना माने, किन्तु व्यवहार में राजा सदैव प्रधानमंत्री के परामर्श को मानता है।

प्रधानमंत्री राजा और मंत्रिमण्डल को परस्पर सम्बद्ध रखने वाली कड़ी या 'सम्पर्क -सूत्र' का काम करता है। वह मंत्रिमण्डल के निर्णयों और विचारों की सूचना

राजा को देता है और राजा के परामर्श को मंत्रिमण्डल तक पहुँचाता है। आपातकाल में राजा सर्वप्रथम प्रधानमंत्री से ही सलाह लेता है, और उसकी इच्छा के अनुसार कार्य करता है। प्रधानमंत्री राजा के 'व्यक्तिगत जीवन' सम्बन्धी मामलों को भी नियंत्रित करता है। राजा किन-किन सरकारी कार्यों में भाग लेगा? साम्राज्य या राष्ट्रमण्डल के किस भाग की यात्रा करेगा? आदि बातों का निर्णय भी प्रधानमंत्री ही करता है।

(घ) संरक्षण और उपाधियों सम्बन्धी शक्ति के रूप में प्रधानमंत्री

प्रधानमंत्री के पास 'संरक्षण और अनुग्रह' की भारी शक्ति है। उपाधियाँ प्रदान करना राजा का 'विशेषाधिकार' है, किन्तु उनका वितरण प्रधानमंत्री के परामर्श पर ही किया जाता है। विशेष रूप से लॉर्ड-सभा की सदस्यता का प्रधानमंत्री, राजनीतिक प्रयोग कर सकता है। दल के असन्तुष्ट नेताओं को सन्तुष्ट करने, दल के समर्थकों और सेवकों को पुरस्कृत करने, दल के वयोवृद्ध एवं प्रतिष्ठित नेताओं को संसद में स्थान देने तथा दल के लिए धन एकत्रित करने आदि से सम्बन्धित मामलों में ब्रिटिश प्रधानमंत्री अपने 'संरक्षण' अधिकार का प्रयोग कर के लाभ पहुँचाता है। राष्ट्रीय महोत्सव के अवसरों पर प्रधानमंत्री, उपाधियाँ व सम्मान वितरित करते समय विरोधी दल के सुझाव भी आमंत्रित करता है।

(च) आपात्कालीन अधिकार के रूप में प्रधानमंत्री

युद्ध, अर्थ-संकट या अन्य इसी प्रकार के संकटों के समय ब्रिटिश प्रधानमंत्री की शक्ति बहुत बढ़ जाती है। यद्यपि ब्रिटिश संविधान के अन्तर्गत भारतीय संविधान की भाँति 'आपात्कालीन प्रावधान' नहीं दिए हुए हैं, तथापि तुरन्त कार्यवाही के लिए अथवा विपत्ति के समय सम्पूर्ण राष्ट्र की शक्ति का उपयोग करने के लिए यह आवश्यक हो जाता है कि कार्यपालिका विशेष रूप से शक्तिसम्पन्न बन जाए। यह एक तथ्य है कि 'द्वितीय महायुद्ध' के समय ब्रिटेन जैसे प्रजाजान्त्रिक राज्य में चर्चिल ने हिटलर और मुसोलिनी जैसे अधिनायकवादी शक्तियों का प्रयोग किया, किन्तु यह प्रयोग संवैधानिक ढंग से हुआ। वास्तव में आपात्काल के समय ब्रिटेन में 'सांविधानिक अधिनायकत्व' की स्थापना हो जाती है, जिसका 'तानाशाह' प्रधानमंत्री होता है। कभी-कभी तो शीघ्र कार्य करने की दृष्टि से प्रधानमंत्री स्वयं निर्णय कर देता है। कार्य पूरा हो जाने पर उसे मंत्रिमण्डल के समक्ष विचार-विमर्श के लिए प्रस्तुत किया जाता है।

(छ) 'दल के नेता' के रूप में प्रधानमंत्री

शासन का 'प्रधान' होने के अतिरिक्त प्रधानमंत्री 'बहुमत दल का नेता' भी होता है। उसकी सर्वोच्च शक्ति का रहस्य उसकी यह दलीय स्थिति ही है। विजेता दल का नेता होने के नाते ही वह प्रधानमंत्री बन जाता है। इस स्थिति में उसका व्यक्तित्व सार्वजनिक रूप ले लेता है, जिसकी अभिव्यक्ति रेडियो, कार्टून, प्रेस आदि द्वारा होती है। वह 'दलीय एकता' का प्रमुख स्तम्भ और प्रतीक होता है, जिसके विरुद्ध अकारण ही अंगुली उठाना या अविश्वास करना दल के साथ विश्वासघात माना जाता है। प्रधानमंत्री के व्यक्तित्व को ही केन्द्र बनाकर 'सामान्य निर्वाचन' लड़ा जाता है। अनिश्चित मतदाता, जो वास्तव में चुनावों का निर्णय करते हैं, किसी दल विशेष अथवा नीति का समर्थन न करके केवल एक नेता का समर्थन करते हैं। इसलिए प्रधानमंत्री को दल की शक्ति का 'मुख्य आधार' माना जाता है।

(ज) 'राष्ट्रनायक' के रूप में प्रधानमंत्री

वस्तुतः निर्वाचन के द्वारा प्रधानमंत्री सम्पूर्ण राष्ट्र का प्रतीक बन जाता है। उसके व्यक्तित्व में दल की प्रतिष्ठा और शक्ति समाहित हो जाती है तब उसे नेता पद से हटाया जाना अत्यन्त दुष्कर कार्य बन जाता है। 'राष्ट्रनायक' के रूप में प्रधानमंत्री की स्थिति तब स्पष्ट होती है, जब कई अवसरों पर उसके नाम पर ही चुनाव लड़ा जाता है। इससे प्रधानमंत्री की शक्तियों में भारी वृद्धि हो जाती है।

(झ) 'जनमत-संग्रह कराने की शक्ति' के रूप में प्रधानमंत्री

कभी-कभी पार्टी और केबिनेट में प्रधानमंत्री की स्थिति के लिए तब संकट उत्पन्न हो जाता है जब पार्टी के महत्वपूर्ण सदस्य और केबिनेट के वरिष्ट मंत्री प्रधानमंत्री के मत से असमहत हों। इस स्थिति में एक योग्य और प्रखर व्यक्तित्व वाला प्रधानमंत्री 'जनमत-संग्रह' का आश्रय ले सकता है, यदि उसे वह विश्वास हो जाये कि मतदाता उसके पक्ष का समर्थन करेंगे।

(ट) 'लोकसदन के नेता' के रूप में प्रधानमंत्री

प्रधानमंत्री लोकसदन (House of Commons) का 'नेता' होता है। यद्यपि आजकल ऐसी परम्परा है कि वह अपने किसी साथी को लोकसदन का नेता मनोनीत कर देता है, ताकि इस उत्तरदायित्व से उसे छुटकारा मिल जाए, किन्तु तब भी लोकसदन के नेता के रूप में अन्तिम उत्तरदायित्व प्रधानमंत्री का ही रहता है। अपने लोकसदन का नेता होने व अपने बहुमत के कारण प्रधानमंत्री लोकसदन को अपने नियंत्रण में रखता है। इस सम्बन्ध में उसकी स्थिति अमेरिकी राष्ट्रपति से बहुत भिन्न है, जिसका वहाँ की प्रतिनिधि सभा (House of Representatives) से कोई प्रत्यक्ष

सम्बन्ध नहीं होता। लोकसदन का नेता होने के नाते नीति सम्बन्धी मुख्य घोषणाएँ प्रधानमंत्री को ही करनी पड़ती हैं। उससे ही विभाग विशेष या प्रशासन की आलोचना से सम्बन्धित प्रश्न किए जाते हैं। वही इन प्रश्नों का उत्तर देकर संसद में सीधा मोर्चा लेता है। प्रधानमंत्री ही महत्वपूर्ण वाद-विवादों को आरम्भ करता है और रक्षा-विभाग, विदेश-विभाग या गृह-विभाग से सम्बन्धित वाद-विवाद में हस्तक्षेप करता है। अपने मंत्रियों से कोई भूल हो जाए, तो प्रधानमंत्री उस भूल को सुधार सकता है। अपने मंत्रियों के साथ उसे ही संसद में संपूर्ण व्यवस्थापन, कार्य का संचालन करना पड़ता है। संसद के 'दलीय सचेतक' (Whips), प्रधानमंत्री के नियंत्रण में रहते हैं। उसके द्वारा वह लोकसदन के अपने दल के सदस्यों को आवश्यक आदेश देता है। मुख्य सचेतक की सहायता से वह सदन को समय-सूचक कार्यवाहियों के सन्दर्भ में निर्दिष्ट करता है, कार्य-व्यवहार बतलाता है और विरोधी दल की राय जानकर प्रत्येक कार्यवाही के लिए समय निश्चित करता है प्रधानमंत्री को राजा द्वारा लोकसदन को विघटित कराने का महत्वपूर्ण अधिकार है। राजा साधारणतया उसके इस परामर्श को अस्वीकार नहीं कर सकता।

परन्तु अपनी इस महत्वपूर्ण स्थिति के कारण प्रधानमंत्री मनमानी नहीं कर सकता। उसे सदैव संसद सदस्यों की नाड़ी पर हाथ रखे हुए, उनकी भावनाओं का ध्यान रखना पड़ता है कि उसके क्रिया-कलापों के प्रति उनकी प्रतिक्रिया क्या है ? वह अपने दलीय सदस्यों और जनमत की अपेक्षा नहीं कर सकता। लोकमत की अवहेलना से वह बचता है, क्योंकि उसका और उसके दल का भावी निर्वाचन, 'अनुकूल लोकमत' पर ही निर्भर होता है।

प्रधानमंत्री की शक्तियाँ और परिसीमाएँ

(Limitations of the Powers of the Prime Minister)

ब्रिटिश प्रधानमंत्री विपुल अधिकारों का स्वामी है, लेकिन व्यवहार में वह अपने पाँच वर्ष के कार्यकाल का पूरा उपभोग तभी कर पाता है, जब उसे केबिनेट के साथियों का समर्थन मिलता रहे और लोकसदन में बहुमत का विश्वास प्राप्त रहे। जो अभिसमय प्रधानमंत्री की शक्ति को सीमित करते हैं और जो स्थितियाँ उसके विशाल अधिकारों पर रोक लगाती हैं, वे मुख्यत: इस प्रकार हैं-

(1) यदि लोकसदन में किसी महत्वपूर्ण विषय पर सरकार की हार हो जाए, तो प्रधानमंत्री त्याग-पत्र दे देता है अथवा वह सम्राट या साम्राज्ञी से संसद को भंग

करने की प्रार्थना कर सकता है। संसद भंग किए जाने की स्थिति में नए चुनाव कराये जाते हैं।

(2) प्रधानमंत्री को स्वयं पद-त्याग के लिए विवश किया जा सकता है। 1917 में 'एस्किथ' को प्रधानमंत्री पद त्यागने के लिए इस कारण विवश होना पड़ा क्योंकि 1914-1918 के महायुद्ध में उसके रवैये के प्रति केबिनेट में भारी असन्तोष था। 1940 ईस्वीं में चैम्बरलेन को प्रधानमंत्री के पद से इसलिए त्याग-पत्र देना पड़ा कि केबिनेट और संसद में असन्तुष्ट सदस्यों ने उसे इसके लिए बाध्य कर दिया था। 1956 में 'ईडन' की नीति के प्रति और 1963 में 'मैकमिलन' के प्रति तीव्र असन्तोष की लहर फैल गई। फलस्वरूप इन दोनों प्रधानमंत्रियों को अपना पद छोड़ना पड़ा।

(3) गम्भीर बीमारी की स्थिति में प्रधानमंत्री स्वयं पद-त्याग कर देता है, पर यदि वह ऐसा नहीं करता तो उस पर 'पद-त्याग' के लिए दबाव डाला जा सकता है। यद्यपि प्रधानमंत्री वैधानिक रूप से इस बात के लिए स्वतंत्र है कि वह किसी भी व्यक्ति को केबिनेट में ले, किन्तु उसकी इस शक्ति की व्यावहारिक और राजनीतिक सीमाएँ हैं। उसके लिए अपने दल के प्रभावशाली और प्रतिभाशाली सदस्यों की उपेक्षा करना प्राय: कठिन होता है।

(4) केबिनेट के गठन में प्रधानमंत्री की शक्ति की एक अन्य सीमा यह है कि वह दल के उन सदस्यों की अवहेलना नहीं कर सकता, जिन्हें दल में काफी सदस्यों का समर्थन प्राप्त हो। प्रधानमंत्री दुर्बल और अपेक्षाकृत कम प्रभावशाली मंत्री को पदच्युत कर सकता है। लेकिन प्रधानमंत्री साधारणतया ऐसा कदम उठाने से बचता है, क्योंकि उसे यह आशंका रहती है कि इस प्रकार की पदच्युतियाँ दलीय सदस्यों में असन्तोष न फैला दें। यदि केबिनेट मंत्रियों में असुरक्षा की भावना पैदा हो जाए तो एक शक्तिशाली प्रधानमंत्री का नेतृत्व भी खतरे में पड़ सकता है।

(5) प्रधानमंत्री अकेला ही नीति-निर्धारण नहीं कर सकता। विदेश-मंत्री, गृह-मंत्री, वित्त-मंत्री आदि का नीति-निर्धारण में कुछ न कुछ हाथ अवश्य रहता है। व्यवहार में नीति की रूपरेखा-दल में, अनुसन्धान निकायों में, केबिनेट समितियों में और निजी गोष्ठियों में तैयार की जाती है और अनेक निर्णय इन्हीं स्तरों पर ले लिये जाते हैं। प्रधानमंत्री के लिए इन निर्णयों के विपरीत जाना कठिन होता है। प्रधानमंत्री से मतभेद रखने वाले मंत्री को पद-मुक्त भले ही होना पड़े, लेकिन इससे अन्ततोगत्वा केबिनेट की स्थिति कमजोर हो जाती है। यदि प्रधानमंत्री नीति-निर्धारण में मनमानी

करता है तो दलीय एकता को आघात पहुँचाता है और वह अपनी स्थिति को संकट में डालता है।

(6) यह बात भी प्रधानमंत्री की शक्ति पर एक सीमा लगाती है कि वह प्रशासन के सभी पहलुओं पर दृष्टि नहीं रख सकता। 19वीं शताब्दी में प्रधानमंत्री 'पील' के लिए चाहे यह सम्भव था कि वह सरकार में घटित सब बातों को जान सके, लेकिन आज जबकि सरकार के कार्य अत्यधिक विस्तृत हो गए हैं, यह सम्भव नहीं है।

प्रधानमंत्री की वास्तविक स्थिति

(Actual Position of Prime Minister)

ब्रिटिश शासन-व्यवस्था में प्रधानमंत्री की स्थिति एक 'अधिनायक' (Dictator) के समान है। अन्तर केवल यह है कि एक 'अधिनायक' अथवा 'तानाशाह' मनमाने तरीके से अपनी शक्तियों का प्रयोग करता है, जबकि प्रधानमंत्री स्थापित नियमों, परम्पराओं और अभिसमयों के अनुसार देश का शासन करता है। इनकी अवहेलना करने पर उसका अस्तित्व संकट में पड़ जाता है। प्रधानमंत्री एक 'संवैधानिक तानाशाह' है जो अपने मंत्रियों को उचित सम्मान देता है और उनके मत का उचित आदर करता है। यद्यपि मतभेद उपस्थित होने पर वह अपनी स्वेच्छा से ही कार्य करता है और मतभेद अधिक बढ़ जाने पर, उसे नहीं बल्कि मंत्री को ही पद-त्याग करना होता है। इसमें कोई संदेह नहीं कि मंत्रिमण्डल के अन्य मंत्रियों की तुलना में उसकी स्थिति अधिक महत्व की है और वही मंत्रिमण्डल के निर्माण, संचालन व पतन के लिए उत्तरदायी होता है, परन्तु फिर भी विविध मंत्रियों के सम्बन्ध में उसकी स्थिति इतनी शक्तिशाली नहीं होती जितनी संयुक्त राज्य अमेरिका के राष्ट्रपति की है।

प्रधानमंत्री और उसके सहयोगी के मध्य परस्पर आपसी सम्बन्धों को विभिन्न विद्वानों ने विभिन्न प्रकार से व्यक्त किया है। लॉर्ड मार्ले (Morley) ने प्रधानमंत्री को 'समकक्षों में प्रथम' (First among Equals) बतलाते हुए कहा है कि "मंत्रिमण्डल में यद्यपि सभी मंत्रियों का स्थान एक-सा है, उनकी आवाज एक-सी है और कभी-कभी मतभेद के समय मत लिये जाते है तो उनके मतों की भी समानता पर आधारित 'एक व्यक्ति एक मत' के सिद्धान्त के अनुसार गणना होती है, फिर भी मंत्रिमण्डल का अध्यक्ष समान पद वालों में प्रथम है और जब तक वह प्रधानमंत्री पद पर रहता है उसकी स्थिति असाधारण व अद्धितीय रहती है।"

हरबर्ट मोरीसन के मतानुसार भी प्रधानमंत्री को 'समकक्षों में प्रथम' कहा जाना उसकी स्थिति को कम आँकना है। जैनिंग्स के अनुसार, "प्रधानमंत्री केवल 'समकक्षों में प्रथम' ही नहीं है और न केवल 'सितारों के बीच चन्द्रमा' ही, बल्कि वह तो 'सूर्य के समान' है जिसके चारों ओर अन्य नक्षत्र घूमते हैं।"

राजनीतिक दल का नेता बने रहने और लोकसभा के बहुमत का समर्थन प्राप्त रहने तक ही प्रधानमंत्री राष्ट्रीय महत्व का व्यक्ति समझा जाता है, किन्तु ज्योंही वह दलीय समर्थन से वंचित हो जाता है और लोकसभा के बहुमत का विश्वास खो बैठता है, उसका सम्पूर्ण महत्व लुप्त प्रायः हो जाता है। वस्तुतः अपना महत्व कायम रखने के लिए प्रधानमंत्री को व्यक्तित्वपूर्ण होना पड़ता है। अपने व्यक्तित्व द्वारा अर्जित किए गए महत्व के अनुरूप ही वह अपने पद को महत्व दे पाता है। जैनिंग्स ने ठीक ही लिखा है कि "प्रधानमंत्री की शक्ति और महत्ता कुछ उसके व्यक्तित्व पर, कुछ उसकी व्यक्तिगत प्रतिष्ठा पर और कुछ उसके दल के समर्थन पर निर्भर करती है।"

सारांश में, यही कहा जा सकता है कि "प्रधानमंत्री देश की शासन-व्यवस्था की धुरी और गुरुत्वाकर्षण का केन्द्र-बिन्दु होता है। वह देश की नीतियों का प्रवक्ता होता है। उसके कुशल तथा गतिशील नेतृत्व पर ही देश का भविष्य निर्भर करता है।"

4

संसद

इंग्लैण्ड में 'संसद' ही सम्प्रभु है, जो 'शासन-तंत्र' को संचालित व नियंत्रित भी करती है। वैधानिक तथा कानूनी रूप से संसद किसी भी प्रकार से मर्यादित नहीं है। डायसी ने इंग्लैण्ड की संसद के बारे में कहा है कि, "इंग्लैण्ड की संसद वैधानिक रूप से इतनी शक्तिशाली है कि 'वह शिशु को प्रौढ़ घोषित कर सकती है', और यदि वह उचित समझे तो किसी भी व्यक्ति को अपने ही मामले में न्यायाधीश बना सकती है, 'किसी भी व्यक्ति को मृत्योपरान्त भी राजद्रोही सिद्ध कर सकती है', 'गैर-कानूनी संतान को कानूनी ठहरा सकती है'।" डायसी ने ब्रिटेन की संसद के निम्न कारण बताए हैं-

(i) इंग्लैण्ड की संसद कोई भी कानून बना सकती है।

(ii) संसद, किसी भी कानून को निरस्त कर सकती है। इंग्लैण्ड के संविधान में ऐसा कोई भी सीमा-चिह्न नहीं है। जिससे यह सिद्ध किया जा सके कि कौनसा कानून मौलिक तथा कौनसा अमौलिक है।

(iii) इंग्लैण्ड में ऐसा कोई भी कानून, ऐसे किसी भी अधिकार को मान्यता प्रदान नहीं करता जो संसद द्वारा निर्मित किसी भी नियम को अवैधानिक ठहरा कर रद्द कर सके। संसद की सम्प्रभुता, राजा के शासन (स्वामित्व) (Dominion) के प्रत्येक क्षेत्र में व्याप्त है।

इंग्लैण्ड में 'न्यायिक पुनरावलोकन' के सिद्धान्त का प्रचलन नहीं होने से वहाँ संसद पर न्यायपालिका का बंधन नहीं है। इसके अतिरिक्त वहाँ 'संवैधानिक विधि'

तथा 'साधारण विधि' में भी किसी तरह का भेद नहीं किया गया है, जो इंग्लैण्ड की संसद की सर्वोच्चता स्थापित करने में सहायक बनी है। संसद को विधि-निर्माण के क्षेत्र में अत्यंत व्यापक अधिकार प्राप्त है, तथा उसके द्वारा बनाई गई विधि 'सर्वोच्च तथा सर्वव्यापक' मानी जाती है। वैधानिक रूप से संसद सब कुछ कर सकती है- चाहे उसका काम पागलपन का हो या बुद्धि का। सैद्धान्तिक दृष्टि से विधि-निर्माण के क्षेत्र में इंग्लैण्ड की संसद को प्राप्त इस शक्ति को ही 'संसद की सम्प्रभुता' (Sovereignty of Parliament) की संज्ञा दी जाती है।

इंग्लैण्ड की संसद के सम्बन्ध में कभी-कभी यह प्रश्न उठता है कि 'इंग्लैण्ड की संसद सर्वोच्च अथवा सम्प्रभु है या दोनों'? 'सर्वोच्च' से तात्पर्य यह है कि संसद पूरे देश के लिए और किसी भी विषय पर कानून बना सकती है। विधि-निर्माण की सम्पूर्ण शक्ति संसद के हाथ में है। अतः इस दृष्टि से ब्रिटेन की संसद जहाँ एक तरफ सर्वोच्च है तो वहीं दूसरी तरफ सम्प्रभु भी, क्योंकि इंग्लैण्ड में संयुक्त राज्य अमेरिका की भाँति 'न्यायिक पुनरावलोकन' का सिद्धान्त प्रचलन में नहीं है। अमेरिका में सर्वोच्च न्यायालय को यह अधिकार प्राप्त है कि वह कांग्रेस द्वारा पारित किसी भी कानून को अवैध अथवा असंवैधानिक घोषित कर सकता है, यदि वह कानून संविधान की भावना के विपरीत हो। लेकिन ऐसी शक्ति इंग्लैण्ड के किसी भी न्यायालय को प्राप्त नहीं है। वहाँ संसद की शक्ति ही सर्वोच्च व सम्प्रभु, दोनों है।

संसद की सम्प्रभुता की परिसीमाएँ

(Limitations of the Sovereignity of Parliament)

व्यावहारिक दृष्टि से संसद पर अनेक परम्पराओं और राजनीतिक यथार्थों का बन्धन है, जो उसकी सम्प्रभुता को सीमित करता है। मुख्य रूप से संसद की सम्प्रभुता पर निम्नलिखित बन्धन स्पष्ट रूप से झलकते हैं-

(1) जनमत का नियंत्रण (Control of Public Opinion)-संसदीय सम्प्रभुता पर यह व्यावहारिक प्रतिबन्ध है क्योंकि संसद का निम्न-सदन (कॉमन-सभा), जनता द्वारा प्रत्यक्ष रूप से निर्वाचित होता है। ऐसी स्थिति में इसके द्वारा जनता की इच्छाओं तथा परम्पराओं के विरुद्ध विधि-नर्माण का साहस नहीं किया जा सकता।

(2) मंत्रिमण्डल की शक्ति व विधि का शासन (Power's of the Cabinet and Rule of Law)-कार्य की अधिकता और समय की कमी के कारण संसद अपनी असीमित शक्तियों का पूर्ण उपयोग नहीं कर पाती। परिणामस्वप विधि-

निर्माण, वित्त-नियंत्रण तथा अधिकांश प्रशासकीय कार्यों पर मंत्रिमण्डल का आधिपत्य जमा रहता है। सदन में जब-तक मंत्रिमण्डल का बहुमत है, तब-तक वह संसद के 'स्वामी' का कार्य करता है न कि 'सेवक' का कार्य। 'विधि के शासन' का सामान्य अर्थ यह है कि देश का आम कानून सब पर लागू होता है। किसी के पास किसी प्रकार की कोई भी मनमानी शक्ति नहीं है और कानून के समक्ष सभी नागरिक समान हैं। संसद कानून के शासन का उल्लंघन नहीं कर सकती। यदि संसद स्वयं भी विधि के शासन का उल्लंघन करती है, तो गम्भीर जनप्रतिक्रिया उत्पन्न हो जायेगी।

(3) अन्तर्राष्ट्रीय कानून एवं संगठन (International Law and Organisation)-अन्तर्राष्ट्रीय कानून एवं संगठनों द्वारा भी संसद की 'सम्प्रभुता शक्ति' सीमित हो जाती है। यद्यपि वैधानिक रूप से संसद, अन्तर्राष्ट्रीय कानूनों के विरुद्ध विधियों का निर्माण कर सकती है, लेकिन व्यवहार में जिन कानूनों को सभ्य राष्ट्रों की सहमति प्राप्त हो चुकी है उन्हें ब्रिटेन ने भी मान्यता प्रदान की। 'वेस्ट रैण्ड गोल्ड माइनिंग कम्पनी बनाम सम्राट' नामक विवाद में यह स्वीकार कर किया गया है कि "जो कुछ सभ्य राष्ट्रों ने निर्णय किया है, वह हमारे देश में भी माना जाना चाहिए।" अन्तर्राष्ट्रीय विधि द्वारा स्वीकृत नियमों का पालन करना सभ्य राष्ट्रों का दायित्व भी समझा जाता है। अतः इस व्यवस्था से 'संसदीय सर्वोच्चता' स्वतः ही सीमित हो जाती है। इसी प्रकार आज विश्व भर में अनेक अन्तर्राष्ट्रीय संगठन, विभिन्न मानवीय समस्याओं पर समय-समय पर विचार-विनिमय कर, विश्वभर में एक सामान्य नीति के अपनाये जाने की सिफारिश करते हैं। इससे भी ब्रिटिश संसद की शक्तियाँ आंशिक रूप से सीमित होती हैं।

(4) निर्वाचक मण्डल तथा संसद का संगठन (Electrate and the Composition of the Parliament)-'सम्प्रभुता-शक्ति' वास्तविक रूप में संसद में निहित नहीं है, बल्कि यह निर्वाचक मण्डल में निहित है। क्योंकि निर्वाचक मण्डल ही संसद को चुनते हैं और वे ही उसे हटा सकते हैं। अतः संसद को निर्वाचक मण्डल की प्रतिक्रिया को ध्यान में रखकर ही अपना कार्य करना पड़ता है।

संसद में तीन अवयव सम्मिलित हैं-सम्राट, लॉर्ड-सभा, और कॉमन्स-सभा। आज सम्राट निस्संदेह 'शक्ति शून्य' हो गया है, लेकिन लॉर्ड-सभा अपने प्रबुद्ध सदस्यों के मूल्यवान विचारों से कॉमन्स-सभा की निरंकुशता पर प्रतिबंध लगाती है। इसके अतिरिक्त आपसी प्रतिक्रियाओं एवं व्यवस्थाओं से भी एक-दूसरे को नियंत्रित एवं संतुलित करने में सहयोग मिलता है।

(5) दबाव समूह की भूमिका (Role of Pressure Group)–संसद द्वारा जब भी कभी कोई कानून बनाया जाता है तो उससे सम्बन्धित 'दबाव समूह' सक्रिय हो जाते हैं। उनकी 'संसदीय समितियों' में गवाहियाँ ली जाती हैं और उनके द्वारा प्रस्तुत तथ्यों को ध्यान में रखा जाता है। अतः संसद, विधि बनाने में अपनी मनमानी नहीं कर सकती।

उपर्युक्त विश्लेषण के उपरान्त स्पष्ट हो जाता है कि इंग्लैण्ड की संसदीय सम्प्रभुता को सिद्धान्त रूप में स्वीकार किया गया है, व्यवहार रूप में उसकी सम्प्रभुता सीमित है। अर्थात् उस पर अनेक प्रकार के नियंत्रण, उसकी शक्ति तथा सत्ता को नियंत्रित करते हैं। अतः इंग्लैण्ड की संसदीय संप्रभुता, एक वैधानिक सत्य है, राजनीतिक सत्य नहीं।

ब्रिटेन की संसद की शक्तियों के ह्रास के कारण

ब्रिटेन की संसद वैधानिक रूप से अत्यधिक शक्तिशाली मानी जाती है, परन्तु आधुनिक कल्याणकारी राज्य के रूप में ऐसी अनेक परिस्थितियाँ उत्पन्न कर दी गई हैं, जिनके परिणामस्वरूप व्यवहारिक संसद पर परम्परागत एवं नैतिक अंकुश लग गये हैं, फलस्वरूप उसकी शक्तियों में ह्रास उत्पन्न हो गया है। ब्रिटेन में संसदीय शक्तियों के ह्रास के निम्नलिखित कारण हैं–

(1) प्रदत्त व्यवस्थापन (Delegated Legislation)–समयाभाव व कार्यों की अधिकता के कारण स्वयं संसद के विधि-निर्माण के कार्य का दायित्व कुछ संस्थाओं को सौप देती है। जैसे कार्यपालिका या "सपरिषद आदेश"। यह संसद के अधिकारी को स्वयं समुचित करती है।

(2) राज्य का व्यक्तिवाद से समाजवाद में परिवर्तन होना–आज राज्य अधिक से अधिक सामाजिक व कल्याणकारी कार्य करने लगा है, परिणामस्वरूप इससे 'राष्ट्रीयकरण' की प्रवृत्ति बढ़ रही है। ब्रिटेन में भी समाजवादी राज्य की स्थापना पर जोर दिया जा रहा है। अतः 'मंत्रिमण्डल की सहायता' उपर्युक्त उद्देश्यों को प्राप्त करने का एक महत्वपूर्ण माध्यम प्रतीत होता है, अतः स्वतः ही उसकी शक्तियों में वृद्धि हो रही है। जबकि संसद की शक्तियों का ह्रास होने लगा है।

(3) वित्तीय नियंत्रण में ह्रास व दलीय अनुशासन–राज्य का वार्षिक बजट मंत्रिमण्डल द्वारा ही तैयार किया जाता है। जिसे वित्त-मंत्री, संसद में पेश करता है। ब्रिटेन में यह नियम बना हुआ है कि संसद बजट को उसी रूप में पारित कर देता है, जिस रूप में वित्त-मंत्री द्वारा सदन में पेश किया जाता है। इस कारण भी संसद की

स्थिति कमजोर हो गयी है। प्रत्येक दल का उम्मीदवार उसके दलीय अनुशासन से बंधा हुआ होता है। अतः संसदीय सदस्य अपनी स्वयं की इच्छा से कुछ भी नहीं कर सकते, उन्हें दल के सचेतकों की इच्छा के अनुसार कार्य करना होता है। अर्थात् अपनी 'दलीय भावना' को ध्यान में रखकर ही संसद किसी कार्य में अपनी सहमति या असहमति प्रदान करती हैं।

(4) संसदीय प्रक्रिया-संसद में अधिकांशतः जो विधेयक पेश किये जाते हैं वे 'सरकारी विधेयक' होते हैं। सदन का अधिकतर समय उन पर ही विचार करने में लग जाता है। सदस्यों के निजी विधेयकों पर विचार करने के लिए सदन के पास पर्याप्त समय ही नहीं बचता। कंगारू समापन, गिलाटीन समापन आदि के द्वारा भी सदन में शीघ्र वाद-विवाद समाप्त कर दिया जाता है। परिणामस्वरूप संसद में सदस्यों की स्वतंत्रता पर आघात पहुँचा है, क्योंकि उनके बोलने की स्वतंत्रता का ह्रास हुआ है। इसी के साथ संसदीय शक्तियों का भी ह्रास हो रहा है।

अतः उपर्युक्त सामान्य विश्लेषण के आधार पर हम कह सकते हैं कि 'वर्तमान में संसदीय शक्तियों का ह्रास हुआ है।'

इंग्लैण्ड की संसद

(The British Parliament)

लॉर्ड-सभा

(House of Lords)

ऐतिहासिक दृष्टि से लॉर्ड-सभा दोनों सदनों में पुरानी है। वह नॉर्मन-ऐंजिविन काल की 'महती सभा' (Magnum concillium) की उत्तराधिकारिणी है। अतः यह वहाँ की लोकतंत्र पर आधारित शासन प्रणाली का एक अपवाद है।

लॉर्ड-सभा की रचना (Compostion of the House of Lords)

लॉर्ड-सभा की सदस्य संख्या कभी एक नहीं रही है। उदाहरणार्थ, सन् 1948 में उसके सदस्यों की संख्या 844, सन् 1952 में 842 और सन् 1956 में 820 थी। 1968 में इसके सदस्यों की संख्या 1062 के ऊपर ही थी। वर्तमान में इसकी सदस्य-संख्या 1080 है, जिसमें 1054 लौकिक तथा 26 आध्यात्मिक लार्डस हैं। लॉर्ड-सभा की रचना कई प्रकार के सदस्यों से मिलकर होती है और वे विविध प्रकार की प्रक्रियाओं द्वारा उस सदन के सदस्य बनते हैं। लॉर्ड-सभा के सदस्य अग्रांकित प्रकार के होते हैं-

(1) राजवंश के राजकुमार लॉर्ड-सभा की पहली श्रेणी के सदस्य होते हैं। ये राजवंश के लोग होते हैं। इनकी संख्या बहुत थोड़ी होती है। वर्तमान में इनकी संख्या चार है। ये सदस्य लॉर्ड-सभा की बैठक में प्रायः भाग नहीं लेते हैं।

(2) वंश परम्परागत पीर दूसरी श्रेणी के सदस्य होते हैं। इस प्रकार के सदस्यों में सेना, कला, संस्कृति अथवा शिक्षा के क्षेत्रों के विशिष्ट व्यक्तियों की नियुक्ति की जाती है। ऐसी सदस्यता वंश-परम्परा से सदस्य के बड़े लड़के को प्राप्त होती है, जिसकी आयु कम से कम 21 वर्ष हो। इस वर्ग के सदस्यों की संख्या निश्चित नहीं है। **'पीर'** (Peer) शब्द का अर्थ समान होता है, पर पीर लोग कई स्तर के होते हैं। कुछ उनमें से **'ड्यूक'** (Duke), कुछ **'मार्क्विस'** (Marquis), कुछ **'वन्सकाउण्ट'** (Vinscount) व कुछ **'बैरन'** कहे जाते हैं। पहले पीरों की नियुक्ति स्वयं राजा द्वारा की जाती थी, पर राजंतत्र के लोकतंत्रीकरण के बाद से अब पीरों की नियुक्तियाँ प्रधानमंत्री के परामर्श से राजा द्वारा की जाती है। अब स्त्रियाँ भी लॉर्ड-सभा की सदस्या हो सकती हैं।

(3) स्कॉटलैण्ड के प्रतिनिधि 'पीर', एक अन्य श्रेणी के सदस्य होते हैं। सन् 1907 के यूनियन ऐक्ट द्वारा इंग्लैण्ड व स्कॉटलैण्ड को एक कर दिया गया था और यह व्यवस्था की गयी थी कि 'स्कॉटलैण्ड के सब पीर लोग अपने में से 16 पीर प्रत्येक संसद के लिए चुना करेंगे।' पर 1963 से अब ऐसी व्यवस्था कर दी गयी है कि 'स्कॉटलैण्ड के सभी पीर लॉर्ड-सभा में बैठ सकते हैं।' एक्ट में यह व्यवस्था नहीं की गयी थी कि नये पीर भी हों, परिणामस्वरूप पुराने पीर धीरे-धीरे समाप्त हो गये हैं।

(4) आयरलैण्ड के प्रतिनिधि 'पीर' एक अन्य श्रेणी के सदस्य होते थे। सन् 1801 के 'यूनियन ऐक्ट' द्वारा आयरलैण्ड व इंग्लैण्ड को एक कर दिया गया था और यह व्यवस्था की गयी थी कि 'आयरलैण्ड के पीर लोग लॉर्ड-सभा के लिए अपने में से जीवन भर के लिए 28 पीरों का निर्वाचन करेंगे।' सन् 1931 में, जब 'आयरिश फ्री स्टेट' अस्तित्व में आया, नवीन पीरों का मनोनयन बन्द हो गया। परिणामस्वरूप वर्तमान में इस प्रकार के पीर लोग भी समाप्त हो गये हैं।

(5) जीवन पीर, सन् 1958 के 'लाइफ पीरेज ऐक्ट' के अनुसार राजा द्वारा लॉर्ड-सभा के लिए नियुक्त किये जाते हैं। इसके अन्तर्गत प्रायः वयोवृद्ध नेताओं की नियुक्ति हुआ करती है। इस प्रकार नियुक्त किये गये सदस्यों को कोई वेतन नहीं मिलता; तथापि उन्हें मार्ग-व्यय और दैनिक भत्ता (8.50 पौण्ड) अवश्य मिलता है।

इस ऐक्ट का उद्देश्य यह था कि 'लॉर्ड-सभा में विभिन्न दलों का प्रतिनिधित्व संतुलित रहे। असन्तुलन की स्थिति में प्रधानमंत्री अपने दल के सदस्यों को पीर बनवा सकता है।'

(6) **साधारण-अपील-लॉर्ड** भी 'लॉर्ड-सभा' के सदस्य होते हैं। लॉर्ड-सभा देश भर के लिए अपील का सर्वोच्च न्यायालय है। उसके इस कार्य का सम्पादन 'अपील-लार्ड' ही करते हैं। सन् 1876 के एक्ट की व्यवस्था के अनुसार 'देश के विधि विशेषज्ञों में से राजमुकुट द्वारा जीवन भर के लिए कानूनी-लॉर्ड नियुक्त किये जाते हैं।' इस समय कानूनी लॉर्डों की संख्या 10 है।

(7) आध्यात्मिक लॉर्ड की लॉर्ड-सभा के सदस्य होते हैं। ये पीर नहीं होते वरन् 'धर्मगुरु' होते हैं। इनकी संख्या 26 हैं, जिनमें (1) कैण्टरबरी का आर्कबिशप, (2) यॉर्क का आर्कबिशप, (3) लन्दन का बिशप, (4) डरहम का बिशप, व (5) विन्चेस्टर का बिशप अवश्य सम्मिलित किये जाते हैं। शेष 21 पदों पर इंग्लैण्ड के वरिष्ठ बिशप लोग होते हैं।

इस प्रकार लॉर्ड-सभा की रचना एक प्रकार के सदस्यों द्वारा नहीं होती। उनमें से कुछ मनोनीत व कुछ निर्वाचित होते हैं।

लॉर्ड-सभा के पदाधिकारी (Officers of the House of Lords)

लॉर्ड-सभा का सभापतित्व लॉर्ड चांसलर करता है, उसकी नियुक्ति प्रधानमंत्री के परामर्श से राजा या रानी द्वारा की जाती है। वह सदन का पदेन अध्यक्ष (Speaker) होता है। परन्तु उसे निर्णायक मत देने का अधिकार नहीं है। वह मंत्रिमण्डल का सदस्य होता है। लॉर्ड कुछ अन्य ऐसे पीर लोगों की नियुक्ति भी करता है, जो अध्यक्ष की अनुपस्थिति में अध्यक्ष का कार्य करते हैं तथा उपाध्यक्ष (Deputy Speaker) कहलाते हैं। पहला उपाध्यक्ष सदन की समितियों की अध्यक्षता भी करता है। सदन के स्थायी कर्मचारियों में सदन का लिपिक, जैण्टिलमैन उशर ऑफ दि ब्लैक रॉड व सारजेण्ट-एट-आर्म्स प्रमुख होते हैं।

लॉर्ड-सभा की गणपूर्ति (Quorum) तथा कार्य-प्रणाली (Working)

संसद के दोनों सदनों का प्रारम्भ और सत्रावसान साथ-साथ होता है। लॉर्ड-सभा का अधिवेशन लगभग सप्ताह में चार दिन-सोमवार से गुरुवार तक चलता है और वह भी लगभग दो घंटे प्रतिदिन।

लॉर्ड-सभा के अधिकांश सदस्य सक्रिय होते हैं। अतः मुश्किल से ही लॉर्ड-सभा की उपस्थिति कभी 100 से ऊपर पहुँच पाती है। चूँकि गणपूर्ति 3 सदस्यों से हो

जाती है, लेकिन विधि पारित करते समय 30 सदस्यों की उपस्थिति आवश्यक है। अत: बैठकों को स्थगित करने की प्राय: आवश्यकता नहीं होती है। जो सदस्य भाग लेते हैं, वे सब उच्च योग्यता और सार्वजनिक जीवन के अनुभवी व्यक्ति होते हैं। लॉर्ड-सभा में अधिकांश लोकसदन के भूतपूर्व सदस्य, भूतपूर्व प्रधानमंत्री, राजदूत, उद्योगपति आदि होते हैं।

कार्यवाही में नियमों के पालन की ओर भी लोकसदन की तरह अधिक सतर्क नहीं रहा जाता। यहाँ 'स्थायी आदेशों' व 'समापन प्रस्तावों' की व्यवस्था नहीं है। केवल दो स्थायी आदेश हैं; प्रथम के अनुसार, 'कोई सदस्य एक ही विषय पर दो बार नहीं बोल सकता है' और दूसरे के अनुसार, 'वाद-विवाद विषय से असम्बद्ध नहीं हो सकता।'

लॉर्ड-सभा के कार्य व अधिकार

(Power and function of the House of Lords)

लॉर्ड-सभा की शक्ति व कार्य सदा बदलते रहे हैं। सत्रहवी सदी के अन्त तक लॉर्ड-सभा की शक्तियाँ लोकसदन की शक्तियों से बढ़कर थीं। इसके बाद 18वीं सदी तक दोनों सदनों की शक्तियाँ बराबर रहीं। उसके बाद धीरे-धीरे लोकसदन का महत्व बढ़ता गया और वह लॉर्ड-सभा से अधिक शक्तिशाली हो गया। ऑग व जिंक के अनुसार, "अब स्थिति यह हो गयी है कि लॉर्ड-सभा 'दूसरा सदन' नहीं, वरन् 'दूसरे दर्जे का सदन' हो गया है।" उसकी शक्तियों व उसके कार्यों का अध्ययन हम निम्न शीर्षकों में कर सकते हैं:

1. व्यवस्थापन सम्बन्धी कार्य व शक्तियाँ-

(i) विधेयकों के प्रस्तुतीकरण के सम्बन्ध में-वित्त विधेयकों को छोड़कर अन्य सभी विधेयक लार्डसभा अथवा लोकसदन में से किसी में भी सर्वप्रथम प्रस्तुत किये जा सकते हैं। 'वित्त-विधेयक' सबसे पहले लोकसदन में ही प्रस्तुत किये जाते हैं। सन् 1911 के पार्लियामेन्ट ऐक्ट की व्यवस्था के अनुसार लोकसदन का अध्यक्ष (Speaker) यह निर्णय करता है कि 'कोई विधेयक वित्त विधेयक है या नहीं'। इस सम्बन्ध में उसका निर्णय अन्तिम होता है। साधारण विधेयक अनेक अवसरों पर लॉर्ड-सभा में प्रस्तुत किये भी गये हैं और उन पर उसने बड़ा उपयोगी कार्य किया है। उदाहरणार्थ, सन् 1947 का 'कम्पनी विधेयक' (Company's Bill of 1947) सबसे पहले लॉर्ड-सभा में प्रस्तुत किया गया था और लॉर्ड-सभा ने उसे 347 संशोधनों के बाद लोकसदन को भेजा था। लोकसदन में विचार होने के बाद भेजे गये विधेयकों

पर भी लॉर्ड-सभा पूर्णरूप से विचार करती है। उसके संशोधनों को लोकसदन औचित्य के आधार पर स्वीकार करता है। लॉर्ड-सभा में बहस और भी खुलकर हो सकती है, क्योंकि वहाँ समय की कोई पाबन्दी नहीं होती।

(ii) विधेयकों के विषय में अन्तिम निर्णय के सम्बन्ध में-विधेयकों के विषय में अन्तिम निर्णय की दृष्टि से लोकसदन का अधिकार अधिक है और लॉर्ड-सभा की स्थिति 'दूसरे दर्जे के सदन' की है। वित्त विधेयक न तो पहले लॉर्ड-सभा में प्रस्तुत ही किये जा सकते हैं और न ही लॉर्ड-सभा विचार करने की प्रक्रिया में उसे अनिश्चित काल तक रोके रह सकती है। लोकसदन द्वारा भेजे गये किसी वित्त विधेयक पर यदि लॉर्ड-सभा एक माह तक स्वीकृति अथवा अस्वीकृति सम्बन्धी कोई निर्णय न दे, तो लोकसदन बिना लॉर्ड-सभा की स्वीकृति के ही उसे राजा के पास स्वीकृति के लिए भेज सकता है। राजा की स्वीकृति के पश्चात् ऐसा विधेयक 'कानून' बन जाता है, चाहे उसे लॉर्ड-सभा ने स्वीकार किया हो या न किया हो। यदि लॉर्ड-सभा किसी वित्तीय विधेयक को संशोधित करके लोकसभा के विचारार्थ भेजे, तो लोकसभा को यह अधिकार है कि वह उन संशोधनों को स्वीकार करे या स्वीकार न करे। सन् 1911 के 'संसदीय ऐक्ट' के पास होने से पहले दोनों सदनों के अधिकार प्रत्येक प्रकार के विधेयकों के विषय में समान थे। पर इस ऐक्ट के पारित होने के परिणामस्वरूप उपर्युक्त व्यवस्था हो गयी है और सन् 1949 के संसदीय ऐक्ट के द्वारा भी यही व्यवस्था रखी गयी है।

साधारण विधेयकों के विषय में भी मूल रूप से दोनों सदनों की शक्ति समान थी। पर इन विधेयकों के सम्बन्ध में भी अब निर्णायक शक्ति लोकसदन को ही प्राप्त हो गयी है। सन् 1911 के 'संसदीय कानून' के अनुसार लॉर्ड-सभा साधारण विधेयक को अधिक से अधिक केवल दो वर्ष तक रोक सकती थी। लॉर्ड-सभा को लोकसदन द्वारा स्वीकृत विधेयकों को दो बार अस्वीकार करने का अधिकार था; पर यदि लोकसदन फिर भी तीसरी बार उसे पारित कर दे और इस बीच में दो वर्ष का समय व्यतीत हो जाये, तो ऐसा विधेयक राजा की स्वीकृति के पश्चात् 'कानून' बन जाता है, चाहे उसे लॉर्ड-सभा ने स्वीकार किया हो या न किया हो। पर सन् 1949 के संसदीय कानून के अनुसार यह विलम्ब करने का समय केवल एक वर्ष कर दिया गया है। अब लॉर्ड-सभा लोकसदन द्वारा पारित किसी विधेयक को केवल एक बार अस्वीकृत कर सकती है, पर यदि लॉर्ड-सभा द्वारा अस्वीकृत ऐसे विधेयक को लोकसदन दूसरी बार पारित कर दे और इस बीच में एक वर्ष का समय व्यतीत हो

गया हो, तो वह विधेयक राजा की स्वीकृति के पश्चात् कानून बन जाता है, चाहे लॉर्ड-सभा ने उसे स्वीकार किया हो या न किया हो। एक वर्ष के समय का हिसाब लगाने की जो व्यवस्था की गयी है, वह यह है कि यह अवधि विधेयक के पहले पारायण के दूसरे वाचन की तिथि से लेकर उसके दूसरे पारायण के तीसरे वाचन की तिथि तक लगाई जाती है।

स्पष्टत: व्यवस्थापन के सम्बन्ध में लॉर्डसभा का कार्य केवल यही है कि संशोधनों को प्रस्तावित कर सके, विधेयकों को कुछ समय तक रोक सके और उनसे सम्बन्धित विवाद के द्वारा सरकार व जनता को प्रभावित कर सके। फिर भी लॉर्ड-सभा व्यवस्थापन में पर्याप्त योगदान देती है। इसके अतिरिक्त कम विवादग्रस्त विधेयकों पर गहराई से विचार करके वह लोकसदन का काफी समय भी बचा सकती हैं। लॉर्ड-सभा में विधेयकों पर विचार गहराई से इसलिए भी हो सकता है, क्योंकि वहाँ 'दलीय नियंत्रण' शिथिल होता है और सचेतकों की व्यवस्था भी उतनी कड़ी नहीं रहती है। लॉर्ड-सभा के भाषणों का प्रचार भी कम होता है, अत: वक्ताओं को 'जनमत' का डर नहीं होता।

(2) कार्यपालिका से सम्बन्धित कार्य व शक्तियाँ-लोकसदन की तरह लॉर्ड-सभा को भी अधिकार है कि वह प्रशासन के प्रत्येक पहलू के विषय में प्रश्नों द्वारा सरकार से सूचना प्राप्त कर सके और उसकी नीतियों व कार्यों पर खुला वाद-विवाद कर सके। जब न्यायाधीशों को उनके पद से हटाने की बात का निर्णय होना होता है, तो लोकसदन व लॉर्ड-सभा सम्मिलित रूप से निर्णय करते हैं। मंत्रिमण्डल के कुछ सदस्य भी लॉर्ड-सभा से लिये जाते हैं और लॉर्ड-सभा का अध्यक्ष, जिसे 'लॉर्ड चांसलर' (Lord Chancellor) कहा जाता है, आवश्यक रूप से मंत्रिमण्डल का सदस्य होता है। प्रत्यायोजित व्यवस्थापन (Delegated Legislation) के संदर्भ में कार्यपालिका द्वारा विभिन्न प्रावधानों के दुरुपयोग पर भी लॉर्ड-सभा नियंत्रण रख सकती है। परन्तु कार्यपालिका की किसी नीति या विधेयक को अस्वीकार करके अथवा सीधे अविश्वास के प्रस्ताव द्वारा लॉर्ड-सभा, मंत्रिमण्डल को पद-त्याग करने के लिए बाध्य नहीं कर सकती।

(3) न्याय सम्बन्धी कार्य व शक्तियाँ- लॉर्ड-सभा का तीसरे प्रकार का कार्य 'न्याय सम्बन्धी' है। इस सम्बन्ध में उसका पहला कार्य लोकसदन द्वारा प्रस्तुत महाभियोगों की सुनवाई करना है। न्याय सम्बन्धी उसका दूसरा कार्य 'अपील के उच्चतम न्यायालय' के रूप में कार्य करना है। वह ग्रेट ब्रिटेन व नार्दर्न आयरलैण्ड के

मामलों की अपील का 'सर्वोच्च न्यायालय' भी है। लॉर्ड-सभा जब अपील न्यायालय के रूप में कार्य करती है, तब उसके सब सदस्य भाग नहीं लेते, वरन् उसमें उस समय केवल दस कानूनी लॉर्ड और अन्य न्यायिक विशेषज्ञ लॉर्ड चांसलर की अध्यक्षता में 'सभा की न्याय समिति' के रूप में न्याय कार्य करते हैं।

इस सम्बन्ध में यह स्मरणीय है कि धीरे-धीरे लॉर्ड-सभा के न्यायिक कार्यों का महत्व कुछ कम हो गया है। पीर बनाये जाने से सम्बन्धित विवादों पर लॉर्ड-सभा द्वारा विचार किया जाना सन् 1948 से बन्द हो गया है। 1948 के 'फौजदारी न्याय अधिनियम' (Criminal Justice Act) के पारित होने के बाद से पीरों का यह विशेषाधिकार भी समाप्त कर दिया गया है कि 'उन पर लगाये गये अभियोगों की सुनवाई केवल लॉर्ड-सभा में ही हो सकेगी।' वैसे भी 1806 के बाद ऐसे किसी अभियोग की सुनवाई नहीं हुई है।

(4) सांविधानिक नियमों तथा आदेशों पर विचार- लॉर्ड-सभा का एक अन्य महत्वपूर्ण कार्य 'सांविधानिक उपनियमों तथा आदेशों (Statutory Rules and Orders) पर विचार करना भी है।' कार्यपालिका अधिकारियों को संसदीय अधिनियमों के अन्तर्गत विस्तृत नियम और उपनियम बनाने का अधिकार है तथा लॉर्ड-सभा उनकी वैधानिकता की जाँच करती है। 1947 ई. में लॉर्ड-सभा के इस अधिकार के विरुद्ध माँगे उठीं, लेकिन उसकी इस शक्ति को छीन लिये जाने का कोई प्रभावशाली प्रयत्न नहीं हुआ।

(5) विचारात्मक एवं आलोचनात्मक कार्य- लॉर्ड-सभा 'विधायी निकाय' के रूप में इतनी उपयोगी नहीं है, जितनी 'विचारक निकाय' के रूप में हैं। लॉर्ड-सभा में ख्याति प्राप्त तथा अनुभवी व्यक्ति होते हैं] जो विदेशी तथा साम्राज्य सम्बन्धी मामलों में विशेषज्ञ होते हैं। अतः राष्ट्रीय नीति पर लॉर्ड-सभा में वाद-विवाद प्रायः उच्चकोटि तथा व्यवस्थित रूप में होता है और लोकसदन जैसी संघर्षमय स्थिति इसमें नहीं होती। यह सदन, प्रस्तावों पर अधिक वाद-विवाद करती हैं, 'विधेयकों' पर तो सामान्य वाद विवाद किया जाता है। लॉर्ड-सभा देश की समस्याओं पर गंभीरतापूर्वक विचार करती है और लोकसदन में जल्दबाजी में पारित किये गये विधेयकों का पुनरीक्षण का कार्य करती है। प्रायः इसके सुझावों तथा विचारों को आदरपूर्वक व सम्मान की दृष्टि से देखा जाता है। लॉर्ड-सभा की उपर्युक्त शक्तियों के विश्लेषण के उपरांत निष्कर्ष रूप में यह कहा जा सकता है कि 'लोकसदन की तुलना में लॉर्ड-सभा की शक्तियाँ अत्यंत कमजोर हो गई हैं।'

लॉर्ड-सभा का मूल्यांकन (Evaluation of the House of Lords)

यह कहा जाता है कि 'इंग्लैण्ड की राजनीतिक व्यवस्था में लॉर्ड-सभा का अस्तित्व एक असंगति के रूप में है। अतः जितना शीघ्र उसे दूर किया जा सके, उतना ही अच्छा है।' उसके विषय में दूसरा मत यह है कि 'लॉर्ड-सभा का बना रहना तो आवश्यक है, पर उसका सुधार होना चाहिए।' पहली प्रकार का मत साधारणतः वहाँ के मजदूर दल का है, जिसने अनेक बार उसको समाप्त करने की बात कही है। लॉर्ड-सभा के पक्ष व विपक्ष का विवेचन हम निम्नलिखित प्रकार के कर सकते हैं :

1. लॉर्ड-सभा का विपक्ष

(i) अलोकतंत्रीयता का प्रतीक- लॉर्ड-सभा की सबसे पहली आलोचना यह की जाती है कि 'वह अलोकतंत्रीयता का प्रतीक है, क्योंकि उसकी सदस्यता का आधार वंशक्रमानुगत है, जो लोकतंत्रीय प्रणाली के पूर्णतः विरुद्ध है।' लोकतंत्रीय प्रणाली का यह मुख्य मंत्र है कि व्यवस्थापिका निर्वाचित हो और प्रत्येक योग्य नागरिक को उसके लिए प्रतिनिधि चुनने व चुने जाने का अधिकार प्राप्त हो। इसके अतिरिक्त वह इस कारण भी अलोकतंत्रीय है कि उसमें समाज के सभी वर्गों का प्रतिनिधित्व नहीं है। उसमें केवल धनी-मानी सामन्त व ऊँचे व्यापारियों के वर्गों का प्रतिनिधित्व है। लोकतंत्र का अर्थ यह है कि व्यवस्थापिका में संपूर्ण समाज का प्रतिनिधित्व हो। अतः लॉर्ड-सभा के प्रतिनिधित्व की व्यवस्था अलोकतंत्रीय है।

(ii) एक दल की प्रभुता-दूसरा आधार जिसके कारण लॉर्ड-सभा की आलोचना की जाती है यह है कि 'उसमें सदा एक ही दल का प्रभुत्व बना रहता है।' समाज के विचारों व उनकी मान्यताओं के अनुसार दलीय स्थिति का परिवर्तन, लोकतंत्र की एक प्रमुख विशेषता है। जो दल समाज के विचारों व उसकी आकांक्षाओं का सबसे अधिक प्रतिनिधित्व करता है, वह शक्ति प्राप्त करता है। पर लॉर्ड-सभा की सदस्यता का आधार 'उत्तराधिकार' है, जिससे समाज में आये परिवर्तनों का उसमें प्रतिबिम्बन नहीं हो सकता, अतः वहाँ सदा ही 'रूढ़िवादी दल' (Conservative Party) का प्रभुत्व बना रहता है। 'श्रमिक दल की सरकार' के समय में सन् 1947 में कुल 845 सदस्यों में से केवल 38 सदस्य 'मजदूर दल' के, 65 सदस्य 'उदार दल' के, 390 सदस्य 'रूढ़िवादी दल' के और शेष रूढ़िवादी दृष्टिकोण के थे। वह सदा वस्तुतः उन लोगों की गढ़ी बनी रहती है, जो रूढ़िवादिता के पोषक व प्रगतिशीलता के विरोधी होते हैं। वह उन सब कार्यों का विरोध करती

है, जो उदार दल या मजदूर दल की ओर से प्रगतिशीलता के नाम पर किये जाते हैं।

(iii) सदस्यों की उदासीनता-इसके अतिरिक्त लॉर्ड-सभा के अधिकांश सदस्य अपने विधायक के कार्य के प्रति उदासीन रहते हैं। वे लोग बहुत कम बैठकों में सम्मिलित होते हैं। एक बार तो एक सदस्य को द्वारपाल ने सभा भवन में घुसने तक नहीं दिया था, क्योंकि द्वारपाल यह नहीं जानता था कि वह व्यक्ति लॉर्ड-सभा का कोई सदस्य है। सन् 1938 में की गयी एक गणना के अनुसार लॉर्ड-सभा के 729 सदस्यों में से 371 सदस्य ऐसे निकले, जिन्होंने सन् 1919 से 1931 तक कभी भी वाद-विवाद में भाग नहीं लिया था।

(iv) दोषपूर्ण संसदीय प्रक्रिया-लॉर्ड-सभा के सदन की गणपूर्ति मात्र तीन सदस्यों से मान ली जाती है, जबकि लोकसदन की गणपूर्ति की संख्या 40 है। इसके अतिरिक्त लॉर्ड-सभा का संगठन और अनुशासन भी दोषपूर्ण ही प्रतीत होता है। सभा के अध्यक्ष 'लार्ड चांसलर' को सदस्यों को अनुशासित करने का अधिकार नहीं है। अत: इस दोषपूर्ण व्यवस्था के कारण ही आलोचकों ने इसे 'अनियंत्रित भीड़ भरा सदन' कहा है।

(v) धनपतियों का गढ़ व शक्तिहीन सदन- लॉर्ड-सभा, धनिकों और निहित स्वार्थों का समूह है, जिसमें बड़े-बड़े उद्योगपतियों व सार्वजनिक कम्पनियों के संचालकों को ही अधिक प्रतिनिधित्व प्राप्त है। अर्थात् यह सभा वस्तुतः महान् उद्योगों और व्यापारिक संस्थाओं द्वारा शासित होती है। लॉर्ड-सभा के पास, विशेषकर 1911 व 1949 के 'संसदीय नियमों' के पास हो जाने के उपरांत शक्तियों का निरन्तर ह्रास हुआ है। जैसे वर्तमान में इंग्लैण्ड में 'धन विधेयक' के सम्बन्ध में लॉर्ड-सभा को मात्र एक माह के विलम्ब करने के अतिरिक्त अन्य कोई शक्ति नहीं है तथा साधारण विधेयकों को रोकने में भी मात्र एक माह के विलम्ब के अतिरिक्त कोई शक्ति नहीं रह गयी है। अत: ऐसे 'शक्तिहीन सदन' की कोई आवश्यकता नहीं है।

उक्त कारणों के आधार पर यह कहा जाता है कि 'लॉर्ड-सभा की इस स्थिति का या तो सुधार होना चाहिए या उसे समाप्त कर दिया जाना चाहिए।'

2. लॉर्ड-सभा का पक्ष

जैसे ऊपर कहा गया है कि 'लोकमत इसी दशा में है कि लॉर्ड-सभा को बनाये रखा जाय', यद्यपि सभी यह चाहते हैं कि उसका सुधार अवश्य किया जाय। जिन आधारों पर लॉर्ड-सभा को बनाये रखने की बात कही जाती है, उन्हें निम्न प्रकार रख सकते हैं:

(i) लोकतंत्र की सुरक्षा-सबसे पहला आधार, जिस पर लोग लॉर्ड-सभा को बनाये रखने का समर्थन करते हैं-लोकतंत्र की सुरक्षा है। लोकतंत्र की सबसे प्रमुख आवश्यकता यह है कि व्यवस्थापन पर किसी एक संस्था अथवा दल का एकाधिकार न होने पाये और लोगों की स्वतंत्रता व उनके मौलिक अधिकार सुरक्षित बने रहें। इसके लिए यह आवश्यक है कि व्यवस्थापिका द्वि-सदनीय हो और एक सदन के 'व्यवस्थापन कार्य' की देखभाल दूसरा सदन करता रहे। यदि लॉर्ड-सभा नहीं रहेगी तो लोकसदन का सत्तारूढ़ दल स्वच्छन्दतापूर्वक लोगों की स्वतंत्रता व उनके अधिकारों के साथ खिलवाड़ कर सकेगा तथा शासन का रूप 'लोकतंत्र' का न रहकर 'अधिनायकतंत्र' का बन जायेगा। ऐसे अधिनायकतंत्र की निरंकुशता इंग्लैण्ड में और भी अधिक होगी, क्योंकि वहाँ की संसद को ही सर्वोच्च सत्ता प्राप्त है। वहाँ अमरीका की तरह न 'न्यायिक पुनर्विचार' (Jicicial Review) की व्यवस्था है और न रूस की तरह 'व्यक्ति के मौलिक अधिकारों की व्यवस्था' ही है।

कॉमनवेल ने कुछ समय के लिए लॉर्ड-सभा को समाप्त कर दिया था। पर इसके बिना भी काम न चल सका और उसे उसकी स्थापना फिर से करनी पड़ी थी। उसकी पुनर्स्थापना करते समय उसे भी यह स्वीकार करना पड़ा था कि ''इंग्लैण्ड के लोगों को एक रोक लगाने वाली अथवा संतुलन रखने वाली शक्ति की आवश्यकता है और जब तक किसी ऐसे संतुलन की व्यवस्था नहीं होती, 'सुरक्षा' नही हो सकती है।''

(ii) लोकतंत्र की अति-उत्साह की प्रत्यौषधि-दूसरा आधार जिसपर लॉर्ड-सभा के बनाये रखने का समर्थन किया जाता है, यह है कि 'उसके रहने से व्यवस्थापन का स्तर नहीं गिरने पायेगा।' लोकसदन 'प्रतिनिध्यात्मक' संस्था है। उसका निर्माण जनसाधारण द्वारा निर्वाचित उन सदस्यों के द्वारा होता है, जो प्रायः क्रान्तिकारी विचार वाले तथा युवकोचित प्रवृत्ति के होते हैं। अपने जोश के कारण वे प्रायः यही चाहते हैं कि उनके कार्यक्रमों को पूरा करने के लिए व्यवस्थापन शीघ्र-से-शीघ्र पूरा हो सके। जोश में वे प्रायः यह नहीं देखते कि उनके द्वारा प्रस्तावित व्यवस्थापन वास्तविक रूप से हितकारी है या नहीं। लोकसदन अपने बहुमत के आधार पर जैसा चाहे वैसा व्यवस्थापन कर सकता है। अतः इस प्रकार के सदन द्वारा किये हुए व्यवस्थापन के दोषों को दूर करने के लिए यह आवश्यक है कि दूसरा सदन उन पर पुनर्विचार करने के लिए हो। लोकसदन द्वारा पारित विधेयकों पर लॉर्ड-सभा में विचार होता है। उसमें कुछ समय लगता है, जिसके कारण प्रेस व

जनता में भी विधेयकों के विषय पर विचार हो जाता है। यदि लॉर्ड-सभा, विधेयकों को संशोधनों सहित लोकसदन को लौटा देती है, तो प्रेस व जनता के विचारों से प्रभावित होकर लोकसदन भी उस पर शांतिपर्वूक विचार कर लेता है। इस प्रकार लॉर्ड-सभा के अस्तित्व से व्यवस्थापन उन दोषों से मुक्त हो जाता है, जो जल्दबाजी के कारण उसमें अन्यथा आ जाते हैं। अत: दूसरे सदन के रूप में उसका अस्तित्व आवश्यक है।

(iii) व्यवस्थापन की सुविधा-लॉर्ड-सभा के बने रहने से व्यवस्थापन कार्य में सुविधा होती है। राज्य का रूप 'लोक-कल्याणकारी' हो जाने के कारण राज्य का कार्य व व्यवस्थापन का विस्तार बढ़ता जा रहा है। इंग्लैण्ड के विषय में भी यही बात है। व्यवस्थापन कार्य के लिए दो सदन होने से दोनों ही व्यवस्थापन कार्य कर सकते हैं। समान्य विधेयकों पर लॉर्ड-सभा भी पहले विचार करके तत्पश्चात् लोकसदन को भेज सकती है। इस प्रकार लोकसदन का समय बच सकता है। पर लॉर्ड-सभा के न होने के लोकसदन पर व्यवस्थापन का कार्य-भार इतना अधिक हो सकता है कि या तो वह पूरा न हो सके अथवा वह ठीक से किया न जा सके।

(iv) शासन संचालन की सुविधा-लॉर्ड-सभा के रूप में शासक दल व प्रधानमंत्री को एक ऐसा मंच प्राप्त रहता है, जिसके माध्यम से किसी भी विशेष व्यक्ति को मंत्रिमण्डल में सम्मिलित किया जा सकता है या राजनीतिक में कम रुचि रखने वाले योग्य व्यक्तियों को भी शासन कार्य से सम्बद्ध किया जा सकता है। लोकसदन के बहुमत द्वारा समर्थित सरकार पर अंकुश रखने का कार्य भी किसी सीमा तक लॉर्ड-सभा कर सकती है, क्योंकि लॉर्ड-सभा में दलीय बन्धनों का वैसा महत्व नहीं होता, जैसा लोकसदन मे होता है। इसमें सन्देह नहीं कि लॉर्ड-सभा सदा ही अपने उद्देश्य कि सिद्धि में सफल नहीं रहती, पर यह निश्चय है कि उसके अस्तित्व का कुछ न कुछ प्रभाव प्रशासन की प्रक्रिया पर निश्चित् रूप से पड़ता है।

(v) योग्यता का भण्डार-लॉर्ड-सभा के पक्ष-पोषकों का कहना है कि लॉर्ड-सभा के कुछ सदस्य ऐसे अवश्य होते हैं, जिनकी सदस्यता के कारण लॉर्ड-सभा को योग्यता, राजनय व शासन सम्बन्धी 'ज्ञान का भण्डार' कहा जा सकता है। उनका मत है कि ऐसे सदस्यों की सेवाएँ निस्संदेह देश के लिए लाभकारी होती है।

इसके अतिरिक्त जनमत को प्रभावित करने का भी लॉर्ड-सभा एक महत्वपूर्ण साधन है, वहीं लॉर्ड-सभा ब्रिटिश जनता की परम्परागत संस्थाओं के प्रेम के कारण भी अनुकूल है।

लॉर्ड-सभा के सुधार के सुझाव
(Suggestions for the Reform of the House of Lords)

समय-समय पर लॉर्ड-सभा के सुधार के लिये विभिन्न प्रयत्न किये गये। इस दिशा में अनेक समितियों व आयोगों द्वारा विचार किया जा चुका है, जिनमें से 'रोजबरी समिति', 'लायड जॉर्ज आयोग' तथा 'ब्राइस आयोग' प्रमुख है। समय-समय पर लॉर्ड-सभा के सुधार के लिए जो सुझाव रखे गये हैं, उनमें प्रमुख निम्न प्रकार हैं :

(1) वंश-परम्परानुसार 'पीर' बनाये जाने की प्रथा समाप्त कर दी जानी चाहिए, इसके स्थान पर राजा को चाहिए कि योग्य व्यक्तियों को जीवनभर के लिए लॉर्ड-सभा का सदस्य नियुक्त किया करे। इस कार्य में उसकी सहायता एक निर्वाचित समिति करे। इस प्रकार लॉर्ड-सभा के सदस्य धनी व रूढ़िवादी व्यक्ति ही नहीं होंगे, वरन् योग्यतम व्यक्ति भी उसके सदस्य हो सकेंगे। इस सुझाव के अनुकूल ही सन् 1958 में 'वंशानुक्रम के आधार' से थोड़ा हटकर 'योग्यता के आधार' पर लोगों को जीवनपर्यन्त पीर बनने और महिलाओं को भी पीर बनने की सुविधा दी गयी थी।

(2) वर्तमान 'पीर' अपने में से कुछ को निश्चित संख्या में लॉर्ड-सभा के लिए प्रतिनिधि चुन दें। वर्तमान 'वंशगत पीरों' की व्यवस्था समाप्त कर दी जाय। इससे धीरे-धीरे वंशगत पीरों का प्रतिनिधित्व समाप्त हो जायेगा और समय बीतने पर वंशानुक्रम पर आधारित पीर लोग समाप्त हो जायेंगे। साथ ही लॉर्ड-सभा के सदस्यों को कुछ निश्चित पारिश्रमिक मिलना चाहिए, जो उनकी उपस्थिति पर निर्भर होना चाहिए। ऐसा करने से सदस्यों की उदासीनता समाप्त हो जायेगी और वे अनुपस्थित रहना छोड़ देंगे।

(3) लॉर्ड-सभा के सदस्यों को इस बात की छूट होनी चाहिए कि वे लोकसदन की सदस्यता ग्रहण करने के लिए लॉर्ड-सभा की सदस्यता से त्यागपत्र दे सकें। सन् 1963 में संसद ने एक नया 'पीरेज अधिनियम' पारित किया, जिसके अनुसार कोई भी पीर, लॉर्ड-सभा से त्यागपत्र दे सकता है। यह आवश्यकता इसलिये भी अनुभव की गयी कि अपने पीर पिता की मृत्यु के बाद उसके उत्तराधिकारी को स्वतः और अनिवार्य रूप से पीर मान लिया जाता था और कई युवक उत्तराधिकारी, लॉर्ड-सभा में जाकर अपनी उन्नति के द्वार बन्द करने को उद्यत नहीं होते थे।

(4) लॉर्ड-सभा का अधिकार यही रहना चाहिए कि वह विधेयकों को केवल निश्चित समय के लिए ही रोक सके। लेकिन साथ-साथ यह अधिकार भी होना चाहिए कि लॉर्ड-सभा व्यवस्थापन में महत्वपूर्ण भाग ले सके। वह 'उदासीन दर्शक' मात्र ही न रहकर लोकसदन को सक्रिय सहयोनी बन सके।

सन् 1958 व 1963 के 'पीरेज अधिनियमों' के पारित हो जाने के बाद भी लॉर्ड-सभा की रचना एवं कार्यप्रणाली में सुधार की चर्चा समाप्त नहीं हुई है। श्रमिक दल इस सदन के सुधारों के लिए विशेष रूप से आग्रहशील रहा है। उसी की सरकार के आग्रह पर 1967 में संसद के अपने उद्घाटन भाषण में रानी एलिजाबेथ ने "लॉर्ड-सभा की शक्तियाँ कम करने और आनुवांशिक सदस्यता समाप्त करने" का प्रस्ताव किया था। श्रमिक दल एवं रूढ़िवादी दल के कुछ नेताओं के प्रयास से इसके बाद 'सर्वदलीय समिति' की स्थापना भी हुई थी। जेसा लॉर्ड-सभा के रूढ़िवादी दल के नेता ने जून 1968 में कहा था कि "समिति में विभिन्न मुद्दों पर लगभग समझौता भी हो गया था। परन्तु इसी बीच चूँकि लॉर्ड-सभा ने रोडेशिया के विरुद्ध आर्थिक प्रतिबन्ध लगाने के सरकारी प्रस्ताव को अस्वीकृत कर दिया और उससे कुछ कटुता उत्पन्न हो गयी, फलतः लॉर्ड-सभा के भविष्य के बारे में विवाद पुनः बढ़ गया। सन् 1968 में सरकार की ओर से लोकसदन में 'संसदीय विधेयक (संख्या 2)' प्रस्तुत किया गया। उस विधेयक में लॉर्ड-सभा के गठन और शक्तियों के संशोधन की व्यवस्था की गयी। उसमें यह भी व्यवस्था की गयी कि लॉर्ड-सभा किसी विधेयक को छः महीने से अधिक के लिए निलम्बित नहीं कर सकेगी और वह उसे स्वीकृत तो किसी भी रूप में नहीं कर सकेगी, यद्यपि वह उस पर पुनर्विचार की माँग अवश्य कर सकेगी। श्रमिक और रूढ़िवादी दोनों दलों के उग्रवादियों की ओर से उस विधेयक का इतना प्रबल विरोध हुआ कि सरकार को उसे पारित करवाने का विचार ही त्यागना पड़ा। इस सम्बध में कोई आम सहमति अभी तक नहीं हो पायी है। रूढ़िवादी दल यह चाहता है कि लॉर्ड-सभा का किसी विधेयक को अस्वीकृत करने का अधिकार अक्षुण्य रहे, क्योंकि उसका विश्वास है कि जिस प्रकार की दल-प्रणाली व चुनाव प्रणाली देश में हैं, उसके उतावले शासन पर सार्थक प्रतिबन्ध लॉर्ड-सभा द्वारा ही लगाया जा सकता है। परन्तु श्रमिक दल का उग्रवादी समूह इसके लिए सहमत नहीं है। वस्तुतः यह कोई नहीं चाहता कि लॉर्ड-सभा व लोकसदन में संघर्ष की स्थिति आये, परन्तु 'दोनों को एक-दूसरे का परिपूरक कैसे बनाया जायें?' यह मसला अभी तक एक समस्या और विवाद का विषय बना हुआ है।

लॉर्ड-सभा के सुधार में बाधक तत्त्व-

लॉर्ड-सभा के सुधारों की क्रिया में यद्यपि अनेक प्रयास हुए लेकिन अभी तक वांछित परिणाम नहीं निकल पाये हैं। इसके मुख्य कारण निम्न हैं-

(1) इंग्लैण्डवासियों में परम्पराओं का बहुत अधिक महत्व है। वे 'परम्परा प्रेमी' कहे जाते हैं। परम्पराओं में परिवर्तन करना कठिन कार्य है, यही कारण है कि वे लॉर्ड-सभा को अपनी महत्वपूर्ण प्राचीन संस्था के रूप में मानते हुए गौरव अनुभव करते हैं।

(2 लॉर्ड-सभा के सुधारों की माँग तो निरन्तर उठ रही है, लेकिन आज तक कोई सुदृढ़ व्यवस्था लॉर्ड-सभा के सुधारों के सम्बन्ध में नहीं बन पाई है। इंग्लैण्ड में आज भी लोकतांत्रिक राजतंत्र विद्यमान है। जिसमें पूर्ण सुधार करना अभी संभव नहीं है।

(3) राजनीतिक दलों में आज तक भी यह निर्णय नहीं हो पाया है कि लॉर्ड-सभा के सुधार किन आधारों पर तथा किन सिद्धान्तों पर किए जाये। लॉर्ड-सभा के व्यक्तियों में निरन्तर ह्रास हो रहा है।

लॉर्ड-सभा की 'अमेरिकी सीनेट' से तुलना-अमेरिकी सीनेट, कांग्रेस का उच्च सदन है और लॉर्ड-सभा भी इंग्लैण्ड की संसद का उच्च (द्वितीय) सदन है। लेकिन कार्यों व शक्तियों की दृष्टि से इंग्लैण्ड की लॉर्ड-सभा जितनी कमजोर है एवं गौण है, अमेरिकी सीनेट उतनी ही अधिक शक्तिशाली है। दोनों सदनों का तुलनात्मक अध्ययन निम्न बिन्दुओं के आधार पर किया जा सकता है-

(1) रचना के आधार पर-रचना की दृष्टि से लॉर्ड-सभा पूर्णतया उत्तराधिकार पद्धति पर आधारित आनुवांशिक कुलीनतंत्रीय सदन है 'जबकि अमेरिकी सीनेट जनता द्वारा प्रत्यक्ष रूप से निर्वाचित सदन हैं।' इसके अतिरिक्त दोनों में सदस्य संख्या के अनुपात का भी बड़ा अन्तर है। अमेरिकी सीनेट की सदस्य संख्या 100 है, वहीं लॉर्ड-सभा की सदस्य संख्या 1080 है। लॉर्ड-सभा के बहुत कम सदस्य सदन में उपस्थित होते हैं, जबकि सीनेट के सभी सदस्य सीनेट की कार्यवाही में भाग लेते हैं।

(2) विधायी क्षेत्र-साधारण विधेयकों के प्रस्तुतीकरण के सम्बन्ध में दोनों की स्थिति समान है। इनके किसी भी सदन में (लॉर्ड-सभा व सीनेट) साधारण विधेयकों को प्रस्तुत किया जा सकता है और दोनों ही सदनों द्वारा स्वीकार करने पर भी कोई भी विधेयक 'कानून' का रूप धारण कर सकता है। लेकिन मतभेद की

स्थिति उत्पन्न होने पर सीनेट की स्थिति लॉर्ड-सभा से अधिक शक्तिशाली प्रतीत होती है। क्योंकि अमेरिका में सीनेट की स्वीकृति के बिना कोई भी विधेयक पारित नहीं हो सकता। साधारण विधेयकों के सम्बन्ध में सीनेट को पूर्ण निषेधाधिकार प्राप्त है, जबकि इंग्लैण्ड की लॉर्ड-सभा, विधेयक को केवल एक वर्ष के लिए रोक सकती है, उसके बाद वह विधेयक राजा की स्वीकृति के बाद 'कानून' बन जाता है। इस आधार पर लॉर्ड-सभा को एक वर्ष के लिए 'विलम्बकारी विशेषाधिकार' ही प्राप्त है।

(3) वित्तीय शक्तियाँ-वित्त विधेयकों की प्रस्तुतीकरण की यह व्यवस्था है कि वित्त-विधेयक न तो सीनेट में प्रस्तुत किया जाता है और न ही लॉर्ड-सभा में, लेकिन लॉर्ड-सभा की शक्ति इस क्षेत्र में बहुत ही कम है। लॉर्ड-सभा को वित्त-विधेयक में कोई भी महत्वपूर्ण परिवर्तन करने की शक्ति प्राप्त नहीं है। वह अधिक से अधिक केवल एक माह तक किसी वित्त-विधेयक पर रोक लगाने के अतिरिक्त कुछ नहीं कर सकता। एक माह का समय बीत जाने पर लोकसदन द्वारा वित्त-विधेयक सम्राट, के पास हस्ताक्षर के लिए भेज दिया जाता है, चाहे लॉर्ड-सभा ने उसे स्वीकार किया हो या अस्वीकार किया हो। जबकि सीनेट केवल प्रारम्भिक धारा को छोड़कर विधेयक के रूप में संशोधित कर उसके स्वरूप को भी बदलने की शक्ति प्राप्त है। सीनेट को वित्त-विधेयक पर अस्वीकृति प्रदान करने का भी अधिकार प्राप्त है। अमेरिका में दोनों सदनों की स्वीकृति के बिना विधेयक कांग्रेस से पारित नहीं माना जाता।

(4) कार्यपालिका शक्तियाँ-कार्यपालिका से सम्बन्धित शक्तियों में भी 'सीनेट' ही अधिक शक्तिशाली है। इस क्षेत्र में लॉर्ड-सभा प्रभावहीन प्रतीत होती है। क्योंकि मंत्रिमण्डल पर उसका नियंत्रण नहीं के बराबर है। यद्यपि लॉर्ड-सभा द्वारा मंत्रियों से प्रश्न पूछनें पर आलोचना की जा सकती है; लेकिन इससे अधिक वह कुछ नहीं कर सकता। मंत्रिमण्डल, लोकसदन के प्रति उत्तरदायी है, लॉर्ड-सभा के प्रति नहीं। जबकि अमेरिकी सीनेट को कार्यपालिका क्षेत्र में प्रभावशाली शक्तियाँ प्राप्त हैं। सीनेट को संधियों के पुष्टीकरण की, राष्ट्रपति द्वारा की गई नियुक्तियों के पुष्टिकरण की विविध विभागों के विरुद्ध जाँच का तथा युद्ध की घोषणा के सम्बन्ध में महत्वपूर्ण शक्तियाँ प्राप्त हैं। हन शक्तियों के माध्यम से ही सीनेट राष्ट्रपति पर नियंत्रण रखती है। सीनेट का इन शक्तियों के कारण 'प्रतिनिधि-सदन' से भी अधिक महत्व बढ़ जाता है।

(5) न्यायिक शक्तियाँ–जब लॉर्ड–सभा व सीनेट की शक्तियों की तुलना की जाती है, तो लॉर्ड–सभा की स्थिति सीनेट से अधिक शक्तिशाली प्रतीत होती है। लॉर्ड–सभा ब्रिटेन का सबसे ऊँचा 'अपील न्यायाधीकरण' है, जबकि सीनेट को इस प्रकार की कोई शक्ति प्राप्त नहीं है।

लोकसदन
(House of Commons)

इंग्लैण्ड का लोकसदन संसार का सबसे पुराना 'प्रतिनिधि–सदन' है। इंगलैण्ड के 'व्यवस्थापक अंग' के रूप में इसका महत्व इतना अधिक है कि प्रतिदिन की बोलचाल में हम उसे 'संसद' का पर्यायवाची मान लेते हैं। वस्तुतः लोकसदन व लॉर्ड–सभा दोनों ही से मिलकर संसद पूरी होती है तथा व्यवस्थापन कार्य भी दोनों ही सदनों द्वारा निश्चित प्रक्रिया के अनुसार किया जाता है। लोकसदन को ही व्यवहार में 'संसद' मानने का कारण, लोकसदन के व्यवस्थापन सम्बन्धी वे अधिकार हैं, जिनकी व्यापकता के कारण वह व्यवस्थापन के क्षेत्र में 'सर्वेसर्वा' बन जाता है।

लोकसदन की रचना (Composition of the House of Commons)

सन् 1948 के प्रतिनिधित्व सम्बन्धी कानून के पारित होने के बाद से लोकसदन अब पूर्णरूप से 'प्रतिनिधि–सदन' हो गया है। 1983 के बाद लोकसदन की सदस्य संख्या 650 है, जिनमें 531 इंग्लैण्ड के, 36 वेल्स के, 71 स्कॉटलैण्ड व 12 उत्तरी आयरलैण्ड के हैं। ये सभी सदस्य पृथक्–पृथक् निर्वाचन क्षेत्रों से 'एक व्यक्ति एक मत' के आधार पर वयस्क मताधिकार द्वारा चुने जाते हैं। 1970 में किये गये परिवर्तन के अनुसार 18 वर्ष के प्रत्येक स्त्री पुरुष को मत देने का अधिकार प्राप्त है तथा 21 वर्ष या उससे अधिक की आयु वाला कोई भी नागरिक संसद के लिए चुनाव लड़ सकता है। परन्तु आयरलैण्ड के सामन्त वर्ग को छोड़कर सभी पीर, चर्च के पादरी और मंत्रियों के अलावा अन्य लाभ के पदों पर कार्य करने वाले लोग, चुनाव के लिए अयोग्य ठहराये गये हैं। ब्रिटेन में पहले कुछ 'बहुसदस्यी' निर्वाचन क्षेत्र भी थे, लेकिन आज सभी निर्वाचन क्षेत्र 'एक सदस्यीय' हैं। लोकसदन का एक सदस्य लगभग 75000 मतदाताओं का प्रतिनिधित्व करता है। विदेशियों, देशद्रोहियों, घोर अपराध के लिए दण्डित व्यक्तियों और पागल या दिवालिये प्रमाणित व्यक्तियों को मताधिकार प्राप्त नहीं है। चुनाव में अवैधानिक कार्य करने वाले व्यक्तियों को 5 वर्ष के लिए मताधिकार से वंचित कर देने का प्रावधान है। लोकसदन के सदस्यों का वेतन 12,000 पौंड वार्षिक होता है और उन्हें अन्य व्ययों के लिए अनेक भत्ते मिलते

हैं। इसके अतिरिक्त नि:शुल्क रेल यात्रा करने की सुविधा भी प्राप्त होती है। उनका निर्वाचन पाँच वर्ष के लिए होता है और उनकी सदस्यता, लोकसदन के कार्यकाल के साथ-साथ चलती है।

लोकसदन के सदस्यों में-खानों में काम करने वाले लोगों के वर्ग (miners) के सदस्य तथा अध्यापक, वकील, पत्रकार, व्यापारी, किसान और सैनिक-वर्ग के लोग आते हैं।

कॉमनसभा (लोकसदन) का कार्यकाल-सामान्यतया ब्रिटिश लोकसदन का कार्यकाल पाँच वर्ष है, लेकिन संकटकाल में इसका कार्यकाल बढ़ाया भी जा सकता है जैसा कि प्रथम व द्वितीय महायुद्ध के समय ऐसा किया गया था। लोकसदन को प्रधानमंत्री की सिफारिश पर राजा, अवधि के पूर्व भी विघटित कर सकता है और नये चुनाव करवा सकता है। लेकिन ऐसी स्थिति तब उत्पन्न होती है जब लोकसदन में सत्ताधारी दल (मंत्रिमण्डल) के विरुद्ध अविश्वास प्रस्ताव पारित हो जाए तथा वह दुबारा जनता से शक्ति प्राप्त करने के लिए नये चुनाव कराने की राजा से सिफारिश करता है।

सदन का अधिवेशन-कॉमनसभा का अधिवेशन लॉर्ड-सभा के साथ ही आरम्भ हो जाता है। इंग्लैण्ड में यह प्रथा प्रचलित है कि लोकसदन का वर्ष में कम से कम एक अधिवेशन अवश्य बुलाया जाये, क्योंकि कुछ आवश्यक विधेयक एक बार में केवल एक ही वर्ष के लिए पारित किये जाते हैं। साधारणतया वर्ष भर में लोकसदन की कम से कम 160 दिन बैठकें होती है। लोकसदन की गणपूर्ति हेतु 40 सदस्यों की संख्या की आवश्यकता होती है।

इंग्लैण्ड की संसद के अधिवेशन वेस्टमिनिस्टर भवन (Palace of the West Minister) में आयोजित किये जाते हैं। दोनों सदनों की बैठक सामान्य स्थिति में अलग-अलग ही होती हैं, परन्तु विशेष स्थिति में दोनों सदनों के संयुक्त अधिवेशन भी आयोजित किये जाते हैं; जैसे संसद के उद्घाटन के समय तथा राजकीय संदेशों व भाषणों को सुनने आदि के लिये। लोकसदन के अधिवेशन सप्ताह में प्रथम पाँच दिन होते हैं। शनिवार को साधारणतया अवकाश होता है तथा संकटकाल में संसद को कभी भी आयोजित किया जा सकता है।

संसद का मुख्य रूप कार्य, वाद-विवाद है। यह कार्य, विधि-निर्माण या वित्तीय -नियंत्रण से भी अधिक माना गया है।

लोकसदन के पदाधिकारी (Officers of the House of Commens)

लोकसदन का प्रमुख अधिकारी 'अध्यक्ष' (Speaker) होता है। उसका निर्वाचन प्रत्येक संसद के गठन के बाद उसके सदस्यों द्वारा किया जाता है। चुनाव के लगभग दो सप्ताह में नई संसद का अधिवेशन आयोजित कर लिया जाता है। जब संसद का प्रथम अधिवेशन बुलाया जाता है तो लॉर्ड-सभा का एक संदेशवाहक जिसे 'जैण्टिलमैन असर ऑफ दि ब्लेक रॉड' (Gentleman usher of the Black Rod) कहते हैं, सब सदस्यों को लॉर्ड-सभा में जाने के लिए आह्वान करता है। वहाँ पर लॉर्ड चांसलर, लोकसदन के सदस्यों को अपना अध्यक्ष चुनने के लिए कहता है तथा अन्य अधिकारी भी चुने जाते हैं। अन्य संसदीय अधिकारियों में-साधन समिति का अध्यक्ष (Chairman of the Committee of the Ways of Means) एवं उपाध्यक्ष (Deputy Speaker) प्रमुख होते हैं, जिनका चुनाव भी लोकसदन के सदस्यों द्वारा किया जाता है। असंसदीय स्थायी अधिकारियों में सदन का लिपिक (Clerk of the House), सारजेण्ट-एट-आर्म्स (Seargent-at-Arms) तथा चैपलेन (Chaplain) प्रमुख होते हैं। सदन के लिपिक के कार्यों की प्रकृति बहुमुखी है। वह सदन के आदेशों पर हस्ताक्षर करता हैं, लॉर्ड-सभा को भेजे जाने वाले विधेयकों को पृष्ठांकित (Endorse) करता है, सदन की कार्यवाही का लेखा रखना तथा अध्यक्ष की सहायता से 'सरकारी पंजिका' (Official Journal) तैयार करने के प्रमुख कार्य उसके द्वारा किये जाते हैं। सारजेण्ट एट आर्म्स का प्रमुख कार्य सदन की प्रतिष्ठा को बनाये रखना है। अतः वह सदन के सब आदेशों को लागू करवाने का कार्य करता है। इसके अतिरिक्त द्वारपाल व संदेशवाहकों को संदेश देने तथा सदन के अधिपत्रों पर अमल करने का कार्य करता है।

लोकसदन की शक्तियाँ ब उसके कार्य (Powers and Functions of the House of Commons)

लोकसदन की शक्तियों व उसके कार्यों का अध्ययन करते समय अंग्रेजी संविधान की उस विशेषता का स्मरण स्वतः हो आता है, जिसे 'सिद्धान्त व व्यवहार का भेद' कहा जाता है। सैद्धान्तिक रूप में जितनी शक्तियाँ लोकसदन को प्राप्त हैं अथवा उसके जितने कार्य है, उतनी शक्तियों का उपभोग व उतने कार्य का सम्पादन वह व्यावहारिक रूप में नहीं करता। सैद्धान्तिक व व्यावहारिक रूप में शक्तियों व कार्यों का यह भेद निम्न विवेचन से स्पष्ट हो जायेगा:

(1) लोकसदन व व्यवस्थापन-मूलतः लोकसदन 'व्यवस्थापिका संस्था' है। यह साधारण व संवैधानिक दोनों प्रकार के कानूनों का निर्माण करने की

अधिकारिणी है। दोनों तरह के कानूनों को भी लोकसदन एक जैसी सरलता से पारित कर सकता है। कानून निर्माण के क्षेत्र में अन्तिम अधिकार लोकसदन का ही है। लॉर्ड-सभा विधेयकों को कानून बनने देने में केवल कुछ देर कर सकती है। लोकसदन का व्यवस्थापन क्षेत्र भी सर्वव्यापक है। देश का कोई स्थान, कोई वस्तु व कोई व्यक्ति ऐसा नहीं है, जो उसके व्यवस्थापन क्षेत्र से बाहर हो। अमेरीका की तरह वहाँ न्यायपालिका को यह अधिकार प्राप्त नहीं है कि संसद द्वारा पारित किसी कानून को वह अवैध घोषित कर सके। इस प्रकार लोकसदन इंग्लैण्ड में 'उच्चतम कानून निर्मात्री संस्था' है।

पर यदि व्यावहारिक दृष्टिकोण से व्यवस्थापन के सम्बन्ध में हम लोकसदन की स्थिति को देखें, तो उसकी शक्ति की अवास्तविकता स्पष्ट हो जाती है। संसद का अधिवेशन ही राजमुकुट के अभिभाषण से प्रारम्भ होता है, जिसका तात्पर्य है कि इस आयोजन के माध्यम से मंत्रिमण्डल अपनी उन नीतियों की घोषणा कर रहा है, जिन पर व्यवस्थापन के लिए अधिवेशन का आयोजन किया गया है। मंत्रिमण्डल के प्रकरण में जैसा हमने देखा था, अधिकांश व्यवस्थापन, मंत्रिमण्डल द्वारा प्रस्तावित किया जाता है। लोकसदन के सदस्यों को पहले तो इतना समय ही नहीं मिलता कि वे किसी विधेयक का प्रारूप तैयार कर सकें, और यदि कोई सदस्य किसी विधेयक को तैयार करके सदन में प्रस्तुत कर भी दे, तो उसका स्वीकृत होना या न होना व्यवहार में मंत्रिमण्डल के समर्थन पर ही निर्भर करता है। विधेयकों को अस्वीकार करने के लिए लोकसदन व्यवहार में स्वतंत्र नही है, क्योंकि अन्ततोगत्वा लोकसदन के बहुमत दल को अपने मंत्रिमण्डल द्वारा प्रस्तावित व्यवस्थापन का समर्थन करना ही पड़ता है। इस प्रकार व्यवहार में 'व्यवस्थापन सम्बन्धी क्षेत्र' में लोकसदन का नहीं, वरन् मंत्रिमण्डल का नेतृत्व रहता है।

(2) लोकसदन व वित्त-व्यवस्था-इंग्लैण्ड में एक सुप्रसिद्ध कहावत है कि 'राजकोष, जनता के अधिकार की वस्तु है और यही कारण है कि जनता के प्रतिनिधि, लोकसदन को बजट के सम्बन्ध में अन्तिम अधिकार प्राप्त है।' लॉर्ड-सभा वित्त-विधेयकों को केवल एक माह के लिए रोक सकती है। वित्त-विधेयक केवल लोकसदन में ही सबसे पहले प्रस्तुत किये जा सकते हैं और उसके द्वारा स्वीकृत होने के पश्चात् यदि एक माह का समय बीत जाने तक लॉर्ड-सभा उन्हें स्वीकार न करे, तो भी वे 'कानून' बन जाते हैं। इस प्रकार हम देखते हैं कि सिद्धान्त रूप से राजकीय वित्त पर लोकसदन का पूर्ण अधिकार है।

पर व्यावहारिक स्थिति दूसरी ही है। 'राजकीय बजट' का निर्माण मंत्रिमण्डल द्वारा किया जाता है। वित्तमंत्री (Chancellor of Exchequer) द्वारा वह सदन में प्रस्तुत किया जाता है। बजट सम्बन्धी प्रस्ताव राजमुकुट (Crown) की सिफारिश के बिना प्रस्तुत नहीं किये जा सकते और राजमुकुट की सिफारिश व्यवहार में मंत्रिमण्डल की ही सिफारिश होती है। बजट के प्रस्तुत होने के पश्चात् भी लोकसदन का अधिकार केवल उसमें कटौती करने का या पूर्णत: अस्वीकृत करने का है। वह अपनी ओर से व्यय में न कोई वृद्धि कर सकता है और न कोई नवीन व्यय अथवा कर प्रस्तावित कर सकता है। मंत्रिमण्डल अपने दलीय बहुमत के समर्थन के आधार पर बजट को प्राय: मूल रूप में पारित करा लेता है। इस प्रकार लोकसदन की वित्त सम्बन्धी शक्ति का प्रयोग भी व्यवहार में मंत्रिमण्डल ही करता है।

(3) लोकसदन व कार्यपालिका-कार्यपालिका के सम्बन्ध में भी लोकसदन की शक्ति महत्वपूर्ण है। सिद्धान्तत: मंत्रिमण्डल लोकसदन की एक 'समिति' मात्र है। लोकसदन उस पर अपना नियंत्रण रखता है। वह मंत्रिमण्डल से सार्वजनिक विषयों पर प्रश्न पूछता है, उसके कार्यों की आलोचना करता है, आवश्यकता पड़ने पर मंत्रिमण्डल की भर्त्सना करता है और उसके विरुद्ध अविश्वास प्रस्ताव प्रकट करके उसे पदच्युत करता है। बजट पर अपना नियंत्रण रखकर भी लोकसदन कार्यपालिका के कार्यों पर अपना अंकुश रखता है। इन तमाम प्रक्रियाओं के दौरान यह आवश्यक नहीं कि केवल विपक्षी दल ही आलोचना करें, एक सीमा के अन्तर्गत रहते हुए बहुमत दल के सदस्य भी सरकार की आलोचना कर सकते हैं और उसके कार्यों का मूल्यांकन कर सकते हैं। इंग्लैण्ड की परम्परा के अनुसार 'सरकार के समर्थकों द्वारा उसके विरुद्ध क्षणिक विद्रोह को निन्दनीय नहीं कहा जा सकता है।' इस प्रकार हम देखते हैं कि सिद्धान्त रूप से कार्यपालिका के क्षेत्र में भी लोकसदन को पर्याप्त शक्ति प्राप्त है।

पर व्यावहारिक दृष्टि से कार्यपालन के सम्बन्ध में लोकसदन की शक्ति अवास्तविक है, तथा यह कहना कि 'मंत्रिमण्डल लोकसदन की समिति मात्र है और वह केवल लोकसदन के निर्णयों को कार्य रूप देती है', केवल सैद्धान्तिक तथ्य ही है। व्यवहार में नीति-निर्धारण सम्बन्धी अधिकांश निर्णय मंत्रिमण्डल द्वारा ही किये जाते हैं। निर्धारित नीति का क्रियान्वयन भी मंत्रिमण्डल स्वयं की परिस्थितियों व आवश्यकताओं के अनुकुल करता है। सदन में रखे प्रश्नों, कटौती या अविश्वास प्रस्तावों आदि के माध्यम से लोकसदन कार्यपालिका से कुछ मामलों की जानकारी

मात्र ही प्राप्त कर सकता है अथवा उसके कार्यों की किसी हद तक आलोचना ही कर सकता है, उसे सरलता से पदच्युत नहीं कर सकता। कार्यपालिका को पदच्युत करने करने के अधिकार का प्रयोग लोकसदन व्यवहार में कितना करता है, यह इस बात से ही स्पष्ट है कि सन् 1979 में 'कैलहन मंत्रिमण्डल' के पतन की घटना को छोड़कर, सन् 1885 से अब तक कभी भी कोई मंत्रिमण्डल लोकसदन द्वारा पदच्युत नहीं किया गया है।

इंग्लैण्ड के लोकसदन व अमेरिकी प्रतिनिधि-सदन की तुलना

(A comparative study of House of Commons and House of Representatives)

विश्व की अधिकांश शासन व्यवस्थाओं में 'द्विसदनीय' व्यवस्थाओं की व्यवस्था प्रचलित है। अमेरिका व इंग्लैण्ड में भी ऐसा ही है। इंग्लैण्ड में 'निम्न सदन' को लोकसदन (कॉमनसभा) तथा अमेरिका में 'प्रतिनिधि सभा' के नाम से जाना जाता है। 'अमेरिकी प्रतिनिधि सभा' की स्थिति का जब 'इंग्लैण्ड के लोकसदन' से तुलनात्मक आधार पर विश्लेषण किया जाता है, तो वह कम स्थिति में दिखाई पड़ता है। मुनरो ने भी दोनों देशों के निम्न-सदनों का तुलनात्मक अध्ययन करते हुए कहा है कि "लोकसदन तथा प्रतिनिधि-सदन दोनों में अनेक समानताएँ तथा विभिन्नताएँ हैं, यद्यपि दोनों एक दूसरे की सन्तान हैं और उनमें पारस्परिक पैतृक चिह्न स्पष्ट रूप से विद्यमान हैं, तथापि दोनों की रचना में स्वभाव व वातावरण की भिन्नता का स्पष्ट प्रभाव है। संक्षेप में यह कहा जा सकता है कि एक संस्था गुणों के अनुसार 'अंग्रेज' है और दूसरी 'अमेरिकन'। प्रत्येक का स्वभाव तथा चित्त-वृत्ति पृथक्-पृथक् है।" दोनों निम्न सदनों का तुलनात्मक अध्ययन निम्न बिन्दुओं के आधार पर किया जा सकता है।

(1) निर्वाचन के आधार पर-इंग्लैण्ड में यह व्यवस्था प्रचलित है कि 'देश का नागरिक किसी भी क्षेत्र से लोकसदन का चुनाव लड़ सकता है' जबकि अमेरिका में प्रतिनिधि सभा का चुनाव, देश का नागरिक अपने 'राज्यक्षेत्र' से लड़ सकता है। अर्थात् चुनाव लड़ने के लिए उसे उस राज्य का निवासी होना अनिवार्य है, जहाँ से वह प्रतिनिधि सभा का चुनाव लड़ रहा है।

(2) सदन के अध्यक्ष की भूमिका के आधार पर-ब्रिटेन में 'लोकसदन के स्पीकर (अध्यक्ष') के निर्वाचन के सम्बन्ध में यह प्रथा प्रचलित है कि 'स्पीकर' किसी भी दल से अपना सम्बन्ध नहीं रखता और वह पूर्णतया निष्पक्ष रहता है,

जबकि अमेरिकी प्रतिनिधि-सदन का स्पीकर अपने दल से सम्बन्ध रखता है और वह हमेशा अपने दल का समर्थन भी करता है।

(3) गणपूर्ति के आधार पर-ब्रिटेन में लोकसदन की 'गणपूर्ति' के सम्बन्ध में यह प्रभा प्रचलित है कि 'कुल सदन संख्या के 40 सदस्यों के उपस्थित होने पर सदन की गणपूर्ति पूरी मान ली जाती है।' जबकि अमेरिका में प्रतिनिधि-सदन की गणपूर्ति सदन की कुल संख्या का बहुमत माना जाता है।

(4) व्यवस्थापन सम्बन्धी शक्तियों के आधार पर-इस क्षेत्र में ब्रिटिश लोकसदन, स्पष्टतः प्रतिनिधि सभा से अधिक शक्तिशाली है, क्योंकि इस क्षेत्र से उसे अन्तिम निर्णय का अधिकार प्राप्त है। जबकि इस क्षेत्र में सामान्य रूप में तो सीनेट व प्रतिनिधि-सभा को समान शक्तियाँ प्राप्त हैं, केवल 'वित्त-विधेयकों' का प्रस्तुतीकरण प्रतिनिधि-सभा में ही हो सकता है, सीनेट में नहीं। इसके साथ-साथ अन्य विधेयक भी इस सदन में प्रस्तुत किये जा सकते हैं। यह व्यवस्था होते हुए भी कोई भी विधेयक तब तक कांग्रेस द्वारा पारित नहीं माना जाता जब तक सीनेट के समान ही प्रतिनिधि सभा की स्वीकृति उस पर प्राप्त न हो जाये। परन्तु यदि दोनों सदनों में किसी बात पर मतभेद हो जाता है, तो उसका निर्णय दोनों सदनों की समिति द्वारा किया जाता है और जब समिति में कोई समझौता नहीं हो पाता तो अन्त में सीनेट की ही विजय होती है। अतः इस दृष्टि से इस क्षेत्र में लोकसदन की अपेक्षा प्रतिनिधि-सदन की स्थिति कमजोर प्रतीत होती है।

(5) कार्यपालिका शक्तियों के आधार पर-'कार्यपालिका शक्तियों' के आधार पर भी अमेरिकी प्रतिनिधि-सदन ब्रिटिश लोकसदन की अपेक्षा निर्बल ही प्रतीत होता है। क्योंकि इंग्लैण्ड में कार्यपालिका, लोकसदन के अधीन हैं, मंत्रिमण्डल, लोकसदन (कॉमनसभ) के प्रति पूर्ण उत्तरदायी माना जाता है तथा लोकसदन, 'अविश्वास प्रस्ताव' द्वारा उसे हटा भी सकता है। जबकि अमेरिका में कार्यपालिका का प्रतिनिधि-सदन में कोई विशेष सम्पर्क नहीं रहता है तथा प्रतिनिधि-सदन के राष्ट्रपति व मंत्रियों को अपदस्थ भी नहीं किया जा सकता। सीनेट को ही राष्ट्रपति द्वारा की गई संधियों व उसके द्वारा की गई नियुक्तियों की स्वीकृति एवं विविध विभागों की जाँच पड़ताल आदि से सम्बन्धित कार्यकारी शक्तियाँ प्राप्त है।

(6) संवैधानिक कानून निर्माण प्रक्रिया के आधार पर-इंग्लैण्ड में 'संवैधानिक कानून' भी साधारण व्यवस्थापन की प्रक्रिया से ही पारित होते हैं, जिसके अन्तर्गत प्रत्येक कानून के विषय में निर्णायक शक्ति लोकसदन को ही प्राप्त

है। जबकि अमेरिका में प्रतिनिधि-सदन को इस सम्बन्ध में निर्णायक शक्ति प्राप्त नहीं है। सीनेट, प्रतिनिधि सभा की इच्छाओं पर अपने विषेधाधिकार (Veto) का प्रयोग कर सकती है। अतः इस क्षेत्र में भी अमेरिकी 'प्रतिनिधि-सदन' इतना प्रबल नहीं है जितना कि इंग्लैण्ड का 'लोकसदन'।

(7) न्यायिक पुनरीक्षण व्यवस्था के आधार पर-अमेरिका में व्यवस्थापिका द्वारा पारित प्रत्येक विधेयक का 'न्यायिक पुनर्निरीक्षण' किया जा सकता है तथा न्यायालय उसे अवैध भी घोषित कर सकता है। जबकि इंग्लैण्ड में लोकसदन द्वारा पारित किसी भी विधेयक का न्यायिक पुनर्निरीक्षण नहीं किये जाने की प्रथा प्रचलित है।

(8) लोकसदन व प्रतिनिधि-सदन की समितियों की शक्ति के आधार पर- आधुनिक समय में विधि-निर्माण में 'समितियों' की महत्वपूर्ण भूमिका बनती जा रही है। लेकिन जब इंग्लैण्ड के 'लोकसदन समितियों' की शक्तियों व अमेरिकी 'प्रतिनिधि-सदन' की शक्तियों का तुलनात्मक अध्ययन किया जाता है, तो प्रतिनिधि-सदन की समितियाँ अधिक शक्तिशाली प्रतीत होती है।

अमेरिकी प्रतिनिधि-सदन व इंग्लैण्ड के लोकसदन के उपर्युक्त बिन्दुओं के तुलनात्मक अध्ययन के उपरांत निष्कर्ष रूप हम यह कह सकते हैं कि 'इंग्लैण्ड का लोकसदन अत्यन्त शक्तिशाली 'निम्न सदन' है, जो 'संसद' का पर्याय बन गया है। जबकि अमेरिकी प्रतिनिधि-सदन लोकसदन की तुलना में एक दुर्बल निम्न सदन है जो उच्च सदन का पिछलग्गू बनता जा रहा है।

लोकसदन की स्थिति की वास्तविकता (Reality about the Position of the House of Lords)

लोकसदन की उपयोगिता के विषय में जो कुछ ऊपर कहा गया है, उससे स्पष्ट है कि शासन का प्रमुख भार मंत्रिमण्डल पर होते हुए भी यह नहीं कहा जा सकता है कि लोकसदन का कोई उपयोग नहीं है। उसका अस्तित्व इस बात का प्रतीक है कि देश के शासन संचालन में सदा लोकतंत्रीय सिद्धान्तों का प्रयोग होता है।

परन्तु चूँकि ब्रिटिश लोकसदन स्वयं व्यवस्थापन या शासन के सम्बन्ध में प्रत्यक्ष कार्य नहीं करता, अतः सदन में हुए वाद-विवाद व समीक्षाओं के महत्व को अत्यधिक नहीं माना जा सकता है। वस्तुतः दलीय अनुशासन के कारण लोकसदन प्रायः शासक-वर्ग की नीतियों को स्वीकार कर लेता है। इस प्रकार प्रायः यह मान लिया जाता है कि 'सरकार का कार्य शासन करना है और लोकसदन का कार्य उसकी

आलोचना करना है।' ऐसी स्थिति में लोकसदन का महत्व इस बात पर निर्भर करता है कि उसकी आलोचना को सरकार कहाँ तक महत्व देती है और नीति के निर्माण व उसके क्रियान्वयन में वह उस पर कहाँ तक विचार करती है।

संसदीय विपक्ष

(Parliamentary Opposition)

संसदीय लोकतंत्र में 'विपक्ष' का अति महत्वूर्ण स्थान होता है। इस प्रकार से वह सरकारी कार्यों की निगरानी रखने व आलोचना करने तथा जनता को उनसे अवगत कराने का महत्वपूर्ण कार्य करता है। ताकि सरकार सतर्क रहे। यदि विपक्ष सतर्क नहीं होगा तो सरकार अपने दल के बहुमत के बल पर मनमानी करेगी, जिससे नागरिकों की स्वतंत्रता का हनन होगा। अतः इंग्लैण्ड की संसद की कार्य-प्रणाली में भी विपक्ष का स्थान अत्यंत महत्वपूर्ण है। इंग्लैण्ड में विपक्ष भी उसी प्रकार अच्छी तरह संगठित है, जिस प्रकार सरकारी पक्ष संगठित रहता है। उसे राजकीय मान्यता प्राप्त रहती है। विपक्ष के नेता को सरकारी कोष से निर्धारित वेतन मिलता है। अन्य मंत्रियों की तरह उसे भी एक कमरा मिला रहता है। राजा या रानी द्वारा जब संसद का उद्‌घाटन किया जाता है, तब वह प्रधानमंत्री के साथ खड़ा होता है। वस्तुतः वह 'वैकल्पिक प्रधानमंत्री' (Alternative Prime Minister) होता है। द क्राउन ऐक्ट, 1937 में विपक्षी दल का नेता ही 'विपक्ष का नेता' होता है। शासक दल की असफलता पर प्रायः उसे ही प्रधानमंत्री बनाया जाता है तथा उसे ही सरकार बनाने का निमंत्रण दिया जाता है। विपक्षी दल का महत्व इंग्लैण्ड में इसलिए और भी अधिक है कि वहाँ साधारणतः केवल दो महत्वपूर्ण दल हैं और वहाँ विपक्ष की भी शक्ति ऐसी होती है कि उसकी उपेक्षा नहीं की जा सकती। लॉर्ड-सभा में भी विपक्ष का नेता होता है, जिसे निर्धारित वेतन मिलता है।

विपक्ष का संगठन (Organization of the Opposition)

इंग्लैण्ड में प्रतिपक्षी-दल की संसदीय इकाई प्रायः 'शासक दल' की तरह ही संगठित होती है। वहाँ यदि सरकार राजा की होती है, तो विपक्ष भी राजा का ही होता है। शासक दल की तरह विपक्ष का भी अपना नेता और 'छाया मंत्रिमण्डल' (Shadow Cabinet) होता है। विपक्ष के नेता की सहायता उसके 'छाया मंत्रिमण्डल' के सदस्य करते हैं। शासक दल की तरह ही विपक्ष के भी अपने 'सचेतक' (Whips) होते हैं। शासन की समस्याओं पर विचार करने के लिए शासक दल की तरह उसकी बैठकें भी नियमित रूप से होती हैं। सक्रिय मंत्रिमण्डल की तरह विपक्ष के 'छाया

मंत्रिमण्डल' में भी शासन के विविध विषय पृथक्-पृथक् व्यक्तियों के सुपुर्द होते हैं। छाया मंत्रिमण्डल को 'विपक्ष की नीति समिति' (Policy Comittee) अथवा 'कार्यकारिणी समिति' (Executive Comittee) कहा जाता है। रूढ़िवादी दल (Conservative Party) के 'छाया मंत्रिमण्डल' का निर्माण दल का नेता प्रायः अपनी इच्छा से स्वतंत्र रूप से करता है। श्रमिक दल (Labour Party) जब विपक्ष में होता है, तो उसके नेता, उपनेता, प्रमुख सचेतक तथा 'छाया मंत्रिमण्डल' के अन्य सदस्यों का चुनाव 'संसदीय श्रमिक दल' करता है।

विपक्ष के कार्य (Functions of the Opposition)

सरकार अपना कार्य लोकसदन के बहुमत के समर्थन के आधार पर चलाती है। ऐसी दशा में यह प्रश्न उठना स्वाभाविक है कि 'संसदीय विपक्ष का क्या कार्य है, जिसके लिए संविधान में उसकी व्यवस्था रखी गयी है।' वस्तुतः विपक्ष के कुछ निश्चित उपयोगी कार्य हैं, जैसा निम्न विवेचन से स्पष्ट हो जायेगाः

(1) शासन की आलोचना-विपक्ष का सबसे प्रमुख कार्य सरकार के कृत्यों की 'आलोचना करना' है। जैनिंग्स ने मंत्रिमण्डल व संसद के मध्य आपसी सम्बन्धों के संदर्भ में लिखा है कि "संसद शासन नहीं कर सकती। वह आलोचना करने से अधिक और कुछ नहीं कर सकती।" तथा "यदि संसद का मुख्य कार्य आलोचना करना है, तो 'विपक्ष' उसका अत्यंत प्रमुख भाग है।" संसद में मंत्रिमण्डल के कार्यों की आलोचना मुख्यतः विपक्ष की ओर से होती है। यों तो सरकारी दल के लोग भी प्रश्न करते हैं, वाद-विवाद में भाग लेते हैं तथा काम रोको प्रस्ताव आदि के द्वारा सरकारी कार्यों की त्रुटियों को प्रकाश में लाते हैं, पर विपक्ष के सदस्य इस कार्य को अधिक निर्भीकतापूर्वक करते हैं, क्योंकि सरकार से उन्हें प्रायः कोई मोह नहीं होता।

(2) शासन की वैकल्पिक नीति का प्रचार-विपक्ष, सरकार के विरुद्ध 'निदा व अविश्वास प्रस्ताव' लाने में भी नहीं हिचकता, यद्यपि वह सफलतापूर्वक सरकार को पराजित नहीं कर सकता, क्योंकि सरकार को सदा अपने बहुमत दल का समर्थन प्राप्त रहता है। पर विपक्ष द्वारा समय-समय पर की हुई आलोचना से जनता को सरकार की नीतियों व उसके कृत्यों का औचित्य व अनौचित्य और शासन की 'वैकल्पिक नीतियों' के बारे में अवश्य मालूम होता रहता है। इस आधार पर जनता का समर्थन प्राप्त होने पर विपक्षी दल -शासन की बागडोर सम्भाल लेता है।

(3) सरकारी नीति को प्रभावित करना-पदारूढ़ सरकार के कार्यों व उसकी नीतियों पर प्रभाव डालने का कार्य भी विपक्ष करता है। उसका दृष्टिकोण व उसकी नीतियाँ सरकार के दृष्टिकोण व उसकी नीतियों को निश्चित, रूप से प्रभावित करती हैं। सरकार को विपक्ष की धुआँधार आलोचना का भय रहता है। विपक्ष के दृष्टिकोण व उसकी आलोचना के प्रति लगातार उदासीन रहने का अर्थ यह भी हो सकता है कि आगामी निर्वाचन के समय वह 'अपदस्थ' हो जाये। इस आधार पर कहा जा सकता है कि 'विपक्षी दल भी नीति निर्माण में भागीदार होता है।' सशक्त विरोधी दल, शासक दल द्वारा प्रस्ताविक नीति के कमजोर पक्ष पर प्रकाश डालता है और उसे 'उपचार या निराकरण की विधि' भी बतलाता है।

(4) लोकतंत्र की सुरक्षा-विपक्ष, 'लोकतंत्र की सुरक्षा' का कार्य भी करता है। वह आलोचना द्वारा सरकार को इस बात के लिए बाध्य किये रहता है कि वह अपनी नीतियों को लोकमत के अनुरूप बनाये रखे तथा बहुमत के समर्थन के आधार पर अपने को 'अधिनायक' न बना ले। विपक्ष के माध्यम से अल्पमत का 'प्रकाशन' होता रहता है तथा वह 'सरकार के शक्तिमद की प्रत्यौषधि' के रूप में कार्य करता है। जैसा जैनिंग्स ने कहा है, "जब तक विपक्ष विद्यमान है, अधिनायकतंत्र की स्थापना नहीं हो सकती है।"

विपक्ष की उपादेयता की सीमा (Limitations of the Utility of the Opposition)

'प्रतिपक्षी दल' की भूमिका महत्वपूर्ण होते हुए भी पूर्णत: सफल व उपयोगी नहीं कही जा सकती है। उसकी भूमिका का एक दुष्परिणाम यह होता है कि प्रतिपक्षी दल द्वारा निरन्तर कटु आलोचना के कारण सरकारी तंत्र की गति धीमी पड़ जाती है। इंग्लैण्ड में प्रतिपक्ष की उपस्थिति का यह दुष्प्रभाव इस रूप में स्पष्ट दिखाई देता है कि अनेक बार अन्तर्राष्ट्रीय जगत में ब्रिटेन के कदम धीमे हो गये हैं तथा विदेश में उसकी प्रक्रियाएँ ब्रिटेन के विपरीत हुई हैं। उदाहरणार्थ, 1949 में विपक्ष द्वारा 'श्रमिक दलीय सरकार' की कटु आलोचना के कारण अर्जेण्टाइना का दृष्टिकोण ब्रिटेन के प्रति और भी कठोर हो गया था। इसी प्रकार विपक्षी दल के असहयोग के कारण ही इंग्लैण्ड को 1956 में 'स्वेज मोर्चे' पर कोई सफलता नहीं मिल पायी। विपक्ष के ऐसे ही क्रियाकलाप के सम्बन्ध में टीर्नें (Tierney) ने कहा है कि "विपक्ष का कार्य कोई सुझाव न रखना, प्रत्येक वस्तु का विरोध करना तथा सरकार को पलट देना ही है।"

पर विपक्ष का यह मूल्यांकन पूरी तरह सही नहीं है। जैसा उसके कार्यों के विवेचन में बताया गया है, वह सरकारी नीतियों व उनके कृत्यों की कमियों की ओर जनता व स्वयं सरकार का ध्यान आकर्षित करता है, जिससे सरकारी क्रियाकलाप का परिमार्जन होता रहता है। वह 'बहुमत के अत्याचारों' से भी जनता को बचाता है। बहुमत दल की सरकार को अधिनायक बनने से रोककर वह लोकतंत्र की रक्षा करता है। विपक्ष 'विरोध के लिए विरोध' करता है, यह भी अतिश्योक्ति ही नहीं। उसकी स्थिति विपक्ष की ही नहीं, 'वैकल्पिक सरकार' (Alternative Government) की भी होती है। जब बहुमत दल जनता का विश्वास खो देता है, तब विपक्षी दल को शासन की बागडोर संभालनी पड़ती है। यही कारण है कि विपक्ष केवल 'विरोध के लिए विरोध' करने की बात नहीं सोच सकता। वह ऐसे कोई वायदे नहीं कर सकता है, जिसे वह स्वयं सरकार बनाने के बाद पूरा न कर सके। उसे वस्तुतः उत्तरदायी दल की तरह कार्य करना होता है। यद्यपि जैसा जॉन प्रोफेट ने कहा है, "इसमें उसके पर्याप्त रूप से प्रभावशाली होने में बाधा पड़ती है, क्योंकि मतदाताओं में यह भावना उत्पन्न न होने देने के लिए कि 'वह केवल नकारात्मक है', विपक्ष तीव्र आलोना करने में हिचकिचा सकता है।" विपक्ष की उत्तरदायित्व की भावना के कारण ही 'राष्ट्रीय -संकट' के समय विपक्ष व सरकारी दल एक हो जाते हैं तथा 'सम्मिलित सरकार' देश के शासन का संचालन करती है।

विपक्ष इसलिए फलता-फूलता है कि बहुमत दल अपने बहुमत की शक्ति के आधार पर उसे नष्ट नहीं करना चाहता। बहुमत दल इसलिये विश्वासपूर्वक अपने बहुमत के आधार पर शासन चला सकता है कि उसे विपक्ष की ओर से केवल 'वैधानिक व क्रियात्मक विरोध' की ही आशा रहती है। विपक्ष दूसरे के अस्त्विव का आदर करता है। इंग्लैण्ड की संसदीय व्यवस्था की इसी अच्छाई पर गर्व करते हुए जैनिंग्स ने कहा कि कि "हम एक स्वतंत्र जाति के हैं, क्योंकि हम लोग स्वतंत्रतापूर्वक आलोचना कर सकते हैं तथा यदि हमारी आलोचना प्रभावकारी सिद्ध हो जाये, तो सरकार को हटाने के लिए मजबूर भी कर सकते हैं।" जैनिंग्स का मत है कि "यह जानने के लिए कि 'अमुक जाति राजनीतिक' रूप से स्वतंत्र है या नहीं, केवल यह जान लेना आवश्यक है कि 'वहाँ विपक्ष है या नहीं।" इसके विपरीत फ्राउड ने दलीय व्यवस्था पर आधारित शासन की व्यवस्था को 'अप्रत्यक्ष गृहयुद्ध' की स्थिति माना है। पर वास्तविकता यह है कि दलीय व्यवस्था पर आधारित शासन व्यवस्था गृहयुद्ध नहीं, वरन् उसका विकल्प है, क्योंकि बहुमत के साथ-साथ ऐसे विपक्ष के अस्तित्व से, जो पूर्ण स्वाधीनता से सरकार की आलोचना कर सके और

फिर भी बहुमत के शासन के सम्मुख नत-मस्तक रह सके, एक ऐसी व्यवस्था बन जाती है, जिसमें शासन का परिवर्तन बिना हिंसापूर्ण उथल-पुथल के हो सकता है। इस दृष्टि से भी विपक्ष की सव-उपादेयता असंदिग्ध है।

लोकसदन का मूल्यांकन उसकी उपयोगिता (Evaluation of the House of Commons and it Utility)

लोकसदन की शक्तियों व उसके कार्यों के उक्त विवेचन से जैसा हमने देखा, उसकी शक्ति व उसके अधिकार केवल 'सैद्धान्तिक' हैं। परन्तु इसका अर्थ नहीं है कि लोकसदन का अस्तित्व व्यर्थ है। देश के शासन-सूत्र में लोकसदन का निश्चित उपयोग है। उसकी उपयोगिता के आधार निम्न प्रकार हैं:

(1) आलोचना का मंच व लोकमत का केन्द्र-लोकसदन सरकार के कार्यों की 'आलोचना के मंच' व 'लोकमत की अभिव्यक्ति के केन्द्र' के रूप में कार्य करता है। लोकसदन में जनता के प्रतिनिधि सरकार के कार्यों की आलोचना करते हैं , जबकि सरकार के प्रतिनिधि उसका उत्तर देते हैं; इससे सरकार की नीतियों व उसके कार्यों पर प्रकाश पड़ता है। लोकसदन के सदस्य प्रशासन की नीतियों व कार्यों के विषय में अपने-अपने मत प्रकट करते हैं, जिससे लोकमत का निर्माण होता है। यही कारण है कि जैनिंग्स ने लोकसदन को "आलोचना का मंच व लोकमत का केन्द्र" कहा है। आलोचना की दृष्टि से लोकसदन के प्रतिपक्षी दल का कार्य बड़ा महत्वपूर्ण है। उसके लिए पारिश्रमिक दिया जाता है। इसीलिये यह कहा जाता है कि "इंग्लैण्ड की सरकार अपनी आलोचना कराने के लिए भी वेतन देती है।"

प्रतिपक्षी दल, जनसाधारण को प्रशासन की कमजोरियों के विषय में प्रशिक्षित करता है। अत: जनता सरकार के क्रियाकलाप के प्रति सदा सतर्क बनी रहती है। सरकार यह जानती रहती है कि यदि वह प्रशासन में ढ़ील करेगी और लगातार गलतियाँ करती जायेगी, तो उसकी शक्ति छिन जायेगी। जैसा लॉस्की ने कहा है, "उत्तरदायी सरकार पर आने वाली हार की छाया सदा रहती है।" प्रतिपक्षी दल प्रश्नों के द्वारा पहले यह जानकारी प्राप्त करता है कि अमुक मामले में सरकार क्या कर रही है? या क्या करने जा रही है? फिर वह सरकार की त्रुटियों की व उसकी नीतियों की कमियों व असफलताओं की आलोचना करता है, 'स्थगन प्रस्ताव' रखकर उन पर विवाद करता है और अवसर पाकर 'निन्दा या अविश्वास के प्रस्ताव' प्रस्तुत करता है। प्रतिपक्षी दल 'अविश्वास प्रस्ताव' आदि के द्वारा प्राय: सरकार को पदच्युत करने में सफल नहीं होता, पर प्रश्नों, पूरक प्रश्नों व स्थगन-प्रस्ताव व उनके सम्बन्ध में सरकार की ओर से प्रस्तुत किये गये स्पष्टीकरणों के माध्यम से सरकार

पर सदन के विचारों की ओर से सदन का सरकार के विचारों की एक निश्चित अन्त:क्रिया होती रहती है।

(2) राजनीतिज्ञों व शासन-कुशल व्यक्तियों के चयन का स्थान-लोकसदन के माध्यम से देश के राजनीतिज्ञ व शासन कुशल व्यक्तियों के व्यक्तित्वों पर प्रकाश पड़ता रहता है। लोकसदन के सदस्य मंत्रिगण, सदन में होने वाले वाद-विवाद में अपने राजनीति सम्बन्धी ज्ञान तथा अपनी शासन-कुशलता का परिचय देते हैं। अत: यह सबको मालूम हो जाता है कि कौन लोग आवश्यकता पड़ने पर मंत्रिपरिषद अथवा अन्य उत्तरदायी पदों पर काम कर सकते हैं। इस प्रकार लोकसदन को राजनीतिज्ञों व शासन-कुशल व्यक्तियों के चयन का स्थान माना जाता है।

(3) सहमति पर आधारित लोकतंत्र का माध्यम-लोकसदन के माध्यम से 'सहमति पर आधारित लोकतंत्र' संभव हो जाता है। लोकसदन के माध्यम से जनता के प्रतिनिधियों की एक बड़ी सख्या का सम्बन्ध शासन के कार्यों से बना रहता है। प्रतिनिधियों के माध्यम से एक ओर जनता को यह पता चलता है कि उनकी सरकार क्या कर रही है? तो दूसरी और सरकार को यह पता चलता रहता है कि उनकी नीतियों व उनके कार्यों की जनता पर क्या प्रतिक्रिया हो रही है? लोकसदन वस्तुत: उस प्रभुता की अभिव्यक्ति के साधन के रूप में काम करता है, जिसे 'लोक-प्रभुता' (Popular Sovereignty) कहा जाता है और उसके माध्यम से लोकतंत्र, लोक-प्रभु की सहमति से चलता रहता है।

लोकसदन के अस्तित्व के कारण ही जनता के प्रतिनिधि शासन कार्य पर खुले रूप से विवाद कर सकते हैं तथा आलोचना द्वारा सरकार को वैसा करने के लिए बाध्य कर सकते हैं, जैसा लोकमत चाहता हो। यद्यपि शासन के ऐसे कुछ कार्य देश के व्यापक हित की दृष्टि से गुप्त अवश्य रखे जाते हैं, तथापि साधारणत: 'लोकसदन' से छिपाकर सरकार कोई कार्य नहीं कर सकती। लोकसदन के अस्तित्व के कारण ही अल्पसंख्यक दल, राष्ट्र के मामलों व शासन की नीतियों के विषय में अपने विचार व्यक्त करने के अधिकार का प्रयोग कर सकते हैं।

इस प्रकार हम देखते हैं कि लोकसदन के अस्तित्व के कारण देश का शासन जनता के प्रतिनिधियों के माध्यम से, जनता की अनुमति व सहमति से चलता रहता है तथा ऐसा नहीं होने पाता कि एक बार शक्ति प्राप्त करके सरकार जैसे चाहे वैसे शासन-कार्य चलाये। ऐमरी (Amery) ने अपनी पुस्तक 'थॉट्स ऑन दि कॉन्स्टीट्यूशन' में अंग्रेजी संविधान की इसी विशेषता की ओर संकेत किया है और

कहा है कि "वहाँ का लोकतंत्र 'शक्ति के प्रत्यायोजन' पर आधारित न होकर सहमति पर आधारित है।" जनमत से प्रभावित होने के साथ ही सरकार 'जनमत' को भी प्रभावित करने का प्रयास करती है। विपक्ष की ओर से आलोचना के उत्तर में सरकारी पक्ष अपनी नीतियों की व्याख्या करते हुए अनेक ऐसी उपयोगी बातें जनता के समक्ष रखता है, जिससे जनमत उसके पक्ष में होने के लिए प्रवृत्त होता है।

संसदीय प्रतिनिधित्व
(Parliamentry Representation)

प्रतिनिधित्व की दृष्टि से लॉर्ड-सभा पर तो कोई भी विचार करना ही व्यर्थ है, क्योंकि उसका तो रूप ही एक 'प्रतिनिधित्व रहित संस्था' का है। जनता का प्रतिनिधित्व केवल लोकसदन में होता है, जिसके लिए संपूर्ण संयुक्त राज्य (United Kingdom) के विविध निर्वाचन क्षेत्रों से सदस्यगण निर्वाचित होकर आते हैं। निर्वाचन के लिए संपूर्ण देश अनेक 'निर्वाचन क्षेत्रों' में बँटा हुआ है तथा प्रत्येक क्षेत्र से एक सदस्य का निर्वाचन होता है। एक 'स्थायी सीमा आयोग' क्षेत्रों की सीमाओं के निर्धारण पर सदा दृष्टि रखता है तथा आवश्यकतानुसार उसमें फेर-बदल करने का उसे अधिकार है। इस समय निर्वाचन क्षेत्रों की संख्या 650 है।

मतदाताओं व सदस्यों की अर्हताएँ

'प्रतिनिधित्व' की व्यवस्था सन् 1949 के 'प्रतिनिधित्व अधिनियम' के अनुसार है। इसके अनुसार लोकसभा का निर्वाचन 'गुप्त मतदानपत्रों' (Secret Ballots) द्वारा होता है। लॉर्ड-सभा के सदस्यों व अन्य किसी प्रकार के अयोग्य घोषित व्यक्तियों को छोड़कर, 18 वर्ष की आयु प्राप्त सभी अंग्रेज नागरिक तथा आयरिश गणतंत्र के नागरिक, लोकसदन के सदस्यों के निर्वाचन में 'मतदान' करने के लिए व 21 वर्ष की आयु प्राप्त नागरिक, उसकी 'सदस्यता' के लिए चुने जाने के अधिकारी हैं। निर्वाचन के लिए अयोग्य घोषित व्यक्तियों में आयरलैण्ड के कुछ पीर लोगों को छोड़कर अन्य सब पीर लोग, इंग्लैण्ड, स्कॉटलैण्ड, आयरलैण्ड व रोमन-कैथोलिक चर्चों के क्लर्जी व दिवालियों के अतिरिक्त वे व्यक्ति भी सम्मिलित हैं, जो न्याय-अधिकारी, लोक-सेवक, सैनिक, पुलिस-सेवक, राष्ट्रमण्डल के बाहर किसी देश के विधायक या अन्य किसी सार्वजनिक पद के अधिकारी हैं।

निर्वाचन प्रणाली

इंग्लैण्ड में जिस निर्वाचन प्रणाली का प्रयोग होता है, उसे 'साधारण बहुमत पर आधारित एकमतपत्रीय निर्वाचन (Simple Majoritywith one Ballot) की

प्रणाली' कहा जाता है। इसके अंतर्गत प्रत्येक निर्वाचन क्षेत्र से वह एक सदस्य निर्वाचित समझा जाता है, जिसे सबसे अधिक मत प्राप्त होते हैं, चाहे उसे कुल मतों का बहुमत मिले या नहीं। इस 'निर्वाचन प्रणाली' के अन्तर्गत मतदाताओं व सदस्यों के बीच सीधा सम्पर्क बना रहता है। व्यय भी अपेक्षाकृत कम होता है तथा स्थानीय प्रतिभा को भी प्रोत्साहन मिलता है।

पर इस प्रणाली के निश्चित दोष भी हैं। इस प्रणाली में निर्वाचन स्थानीय, प्रभाव के कारण संकुचित विचारों के आधार पर होता है। अतः इसके अन्तर्गत चुने गये प्रतिनिधियों में स्थानीय महत्व की बातों पर अधिक ध्यान देने की प्रवृत्ति होती है। इसके अतिरिक्त कभी-कभी अत्यंत कम संख्या के समर्थन से ही सदस्य निर्वाचित घोषित हो जाता है।

एक उदाहरण से ऊपर कही हुई बात स्पष्ट हो जायेगी। सन् 1945 में 'केनरवन बरो' (Caenarvon Borough) का निर्वाचन परिणाम निम्न प्रकार था :

नाम	दल	मत-संख्या
डी. पी. ह्वाइट	रूढ़िवादी दल	11,432
डी. एस. डेविस	उदारवादी दल	11,096
डब्ल्यू. ई. जॉन्स	श्रमिक दल	10,625
जे. ई. डेनियल	वेल्स राष्ट्रवादी	1,560
	योग	34,713

उपर्युक्त प्रणाली में 'डी. पी. ह्वाइट' निर्वाचित घोषित हुए। यद्यपि जितने मतदाताओं ने संसद का सदस्य बनाना चाहा, उससे प्रायः दूने मतदाताओं ने उन्हें सदस्य नहीं बनाना चाहा।

'दलगत' दृष्टि से भी इस प्रणाली के द्वारा सब दलों को उचित प्रतिनिधित्व प्राप्त नहीं होता। इसके अन्तर्गत उन बड़े-बड़े दलों को तो प्रतिनिधित्व प्राप्त हो जाता है, जिन्हें संपूर्ण जनसंख्या के आधे से भी कम का समर्थन प्राप्त होता है किन्तु उन छोटे-छोटे दलों को कोई प्रतिनिधित्व प्राप्त नहीं होता, जिन्हें संपूर्ण मत संख्या के पर्याप्त भाग का समर्थन प्राप्त होता है। इंग्लैण्ड में सन् 1955 के 'निर्वाचन परिणाम' को उदाहरण स्वरूप लेने से यह बात स्पष्ट हो जायेगी। सन् 1955 का निर्वाचन परिणाम इस प्रकार था :

दल का नाम	प्रत्याशियों की संख्या	निकटतम मतों की संख्या (हजारों में)	प्राप्त मत (प्रतिशत में)	प्राप्त स्थान
रूढ़िवादी दल व उसके समर्थक	624	13,287,000	49.7	345
श्रमिक दल	617	12,405,000	46.4	277
उदारवादी दल	110	722,000	2.7	6
साम्यवादी दल	17	33,000	.1	0
अन्य	41	313,000	1.1	2

उपर्युक्त 'निर्वाचन परिणाम' पर दृष्टि डालने से यह स्पष्ट है कि 'रूढ़िवादी दल' को सम्पूर्ण मतों के आधे से कम ही मत प्राप्त हुए हैं, फिर भी वह सम्पूर्ण देश का शासन चलाने का अधिकारी बना। इसके विपरीत दलों को प्राप्त स्थानों की संख्या उन्हें प्राप्त मतों के योग के अनुपात में नहीं है। 'उदार दल' को सम्पूर्ण मत संख्या के कुल 2.7 प्रतिशत मत प्राप्त हुए, पर उसे सम्पूर्ण स्थानों के केवल 1 प्रतिशत स्थान प्राप्त हुए।

उक्त आधारों पर यह कहा जाता है कि 'साधारण बहुमत' पर आधारित 'एक सदस्यीय निर्वाचन प्रणाली' का प्रतिनिधित्व उचित नहीं होता तथा उसके द्वारा ऐसी संसद का निर्माण नहीं होता, जिसे विशुद्ध रूप से 'प्रतिनिधि संसद' कहा जा सके। इस असंगति के निराकरण के लिए 'आनुपातिक प्रतिनिधित्व प्रणाली' (Proportional Representa-tion System) को विकल्प के रूप में प्रस्तुत किया जाता रहा है। इसके पीछे तर्क यह है कि ''हस्तान्तरणीय मत' (Transferable Vote) प्रणाली के द्वारा ऐसा संभव है कि प्रत्येक विजेता उम्मीदवार को न्यूनतम निर्धारित मत संख्या अवश्य प्राप्त हो जाये।''

पर संसद को विशुद्ध रूप से 'प्रतिनिधि संस्था' बनाना असंभव है। 650 व्यक्तियों की संसद, साढ़े तीन करोड़ व्यक्तियों की सभी प्रकार की विचारधाराओं को पूर्णरूप से प्रतिबिम्बित नहीं कर सकती। यदि निर्वाचन की व्यवस्था इस प्रकार की करने का भी प्रयत्न किया जाय कि निर्वाचन, 'क्षेत्रों' के आधार पर न होकर, 'विचारधाराओं' के आधार पर हो, तो यह भी संभव नहीं है, क्योंकि संपूर्ण जनसंख्या

को पृथक्-पृथक् इस प्रकार से निर्वाचन क्षेत्रों में विभक्त नहीं किया जा सकता, जो सब अलग-अलग किसी एक विचारधारा के प्रतीक हों। संसद के सदस्य वस्तुत: किसी समूह विशेष के हितों का ही प्रतिनिधित्व नहीं करते हैं। वे केवल उन्हीं लोगों के प्रतिनिधि नहीं होते हैं, जो उसके लिए अपना मत देते हैं; वरन् वे उन लोगों के भी प्रतिनिधि होते हैं, जो अन्य असफल सदस्यों के लिए अपना मत देते हैं, या अपने मत का प्रयोग ही नहीं करते।

लोकदल का अध्यक्ष
(The Speaker of The House of Commons)

इंग्लैण्ड के लोकसदन के अध्यक्ष को 'स्पीकर' कहा जाता है। उसका एक पद, 'ऐतिहासिक पद' है। उसका अस्तित्व सन् 1936 से चला आ रहा है, जब 'थॉमस हंगरफोर्ड' देश के पहले स्पीकर बने थे। एक समय था, जब लोकसदन, केवल 'प्रार्थना-पत्र भेजने वाली संस्था' थी और राजा इस बात के लिए स्वतंत्र था कि वह लोकसदन के ऐसे प्रार्थनापत्रों को राजा के समक्ष प्रस्तुत करे और उसकी ओर से राजा के समक्ष बोले। यही कारण था कि वह व्यक्ति 'स्पीकर' कहलाया। राजतंत्र में लोकतंत्रीकरण के बाद से लोकसदन, 'प्रार्थना करने वाली संस्था' नहीं रही, वरन् वह 'लोकप्रभुता का प्रतीक' बन गयी है। परिणामस्वरूप स्पीकर अब प्रार्थना करने वाली संस्था का प्रतिनिधि नहीं रहा, वरन् एक ऐसी संस्था का अध्यक्ष है, जो लोकप्रभुता का प्रतीक व उसकी संरक्षिका है। सन् 1919 के 'लन्दन गजट' के अनुसार जो व्यवस्था है, उसके अनुसार उसका पद काउन्सिल के लॉर्ड प्रेसीडेण्ट के बाद आता है। वह 'वेस्टमिन्स्टर भवन' में रहता है और पदमुक्त होने के बाद उसे 'पीर' बनाया जा सकता है। राष्ट्र की संचित निधि में से उसे 8500 पौण्ड वार्षिक वेतन मिलता है तथा इसके अतिरिक्त उसे आवास आदि की अन्य सुविधायें भी मिलती हैं। सेवानिवृत्त होने पर उसे 4000 पौण्ड वार्षिक पेन्शन दिया जाता है और उसे 'लॉर्ड-सभा का सदस्य' बना दिया जाता है। उसके बाद वह जीवन भर लॉर्ड-सभा का सदस्य रहता है। उसके अधिकार व उसकी शक्ति को सभी दल मानते हैं।

अध्यक्ष की मान्यता का आधार (Basis for the Respect of the Speaker)

अध्यक्ष को सब दलों का सम्मान प्राप्त होता है और उसके अधिकार को सभी मानते हैं। इसका कारण, उसका निष्पक्ष होना है। निर्वाचन होने के बाद व्यवहार में वह किसी भी दल का व्यक्तित्व नहीं रहता। राजनीतिक व प्रशासन के मामलों में वह अपनी व्यक्तिगत राय प्रकट नहीं करता। सदन के सभी दलों के सदस्यों को वह

समान रूप से बोलने का अवसर प्रदान करता है। यही कारण है कि इर्सकिन मे (Erskin May) का मत है कि "लोकसदन का अध्यक्ष 'सदन की शक्ति', उसकी कार्यवाही व उसकी शान के सम्बन्ध में 'सदन का प्रतिनिधि' माना जाता है। वह सदन का एक अत्यंत विशिष्ट व्यक्ति होता है।" अध्यक्ष की निष्पक्षता को बनाये रखने के लिए इंग्लैण्ड का लोकमत भी सक्रिय है। इस सम्बन्ध में यह सुझाव यह है कि "उसके लिए एक विशेष निर्वाचन क्षेत्र होना चाहिए, जहाँ से उसका निर्वाचन निर्विरोध संभव हो सके।" दूसरा विकल्प यह है कि एक बार चुने जाने के बाद अध्यक्ष को सदन का 'स्थायी अधिकारी' मान लिया जाय और उसके निर्वाचन क्षेत्र में पुनः उपचुनाव आयोजित किया जाय, जिससे यह शिकायत न रहे कि अध्यक्ष के निर्वाचन क्षेत्र को सदन में सक्रिय प्रतिनिधित्व नहीं मिलता और वहाँ के निर्वाचकों का मत सदन तक नहीं पहुँच पाता है।

इस प्रकार कालान्तर में जो परम्पराएँ विकसित हुई हैं, उनमें अध्यक्ष को अपने को तटस्थ बनाये रखने के लिए बड़ा बल मिलता है। प्रायः लम्बे अनुभव वाले लोकसदन के सदस्य को 'अध्यक्ष' बनाया जाता है। यदि अध्यक्ष-पुनर्निर्वाचित होना चाहे, तो कोई दल प्रायः उसका विरोध नहीं करता है। यद्यपि हाल के वर्षों में इस परम्परा का पूर्ण परिपालन नहीं हो पाया है, क्योंकि श्रमिक दल ने सदैव अपने प्रत्याशी को सामने लाने का प्रयास किया है; तथापि अब भी यह परम्परा है कि उसके नाम का प्रस्ताव अपेक्षाकृत सीधे-सादे सदस्य द्वारा किया जाता है और कतिपय सदस्य मनोनीत अध्यक्ष को बाँह पकड़कर इस प्रकार अध्यक्ष की कुर्सी पर बिठाते हैं, मानों वह इसके लिए बहुत ही अनिच्छुक हो।

अध्यक्ष का निर्वाचन (Election of the Speaker)

अध्यक्ष के पद का निर्वाचन प्रायः 'सर्वसम्मति' से होता है। एक बार जो व्यक्ति अध्यक्ष निर्वाचित हो जाता है, वह प्रायः तब तक अध्यक्ष निर्वाचित होता रहता है, जब तक उसमें कार्य करने की शक्ति रहती है। यह पद्धति इतनी मान्य है कि अध्यक्ष के निर्वाचन क्षेत्र से कोई अन्य उम्मीदवार प्रायः कभी खड़ा नहीं होता। इसलिये यह कहा जाता है कि 'एक बार अध्यक्ष सदैव के लिए अध्यक्ष' (Once a Speaker is Always a Speaker) होता है। सरकारें बदल जाती हैं, पर अध्यक्ष प्रायः नहीं बदलता। प्रधानमंत्री व प्रतिपक्षी दल का नेता परस्पर विचार करके, किसी ऐसे व्यक्ति को अध्यक्ष पद के लिए खड़ा करते हैं, जो 'सरकारी-दल' व 'प्रतिपक्षी दल' दोनों को ही मान्य हो। इस प्रकार जब अनौपचारिक रूप से किसी व्यक्ति के विषय

में निश्चित् कर लिया जाता है, तो सदन के एक साधारण सदस्य द्वारा उसका नाम 'अध्यक्ष' पद के लिए प्रस्तावित किया जाता है और एक अन्य साधारण सदस्य भी उसका अनुमोदन करता है। यदि मंत्रिगण उसके नाम का प्रस्ताव व अनुमोदन करे, तो उससे यह प्रतीत होगा कि 'वह सदन का प्रतिनिधि न होकर सरकार का प्रतिनिधि है।' यह प्रथा सन् 1889 से चली आ रही है, जब प्रधानमंत्री पिट ने 'अध्यक्ष पद' के लिए श्री इरिंगटन का नाम देना चाहता था तथा निवर्तमान अध्यक्ष श्री हैटसेल ने उनसे ऐसा करने के लिए मना किया था और कहा था कि "ऐसा होने से अध्यक्ष, सरकार का व्यक्तित्व प्रतीत होगा।"

फिर भी इस सम्बन्ध में हमें यह याद रखना चाहिए कि साधारण सदस्यों द्वारा अध्यक्ष के नाम का प्रस्ताव व अनुमोदन होने से यह नहीं कहा जा सकता कि अध्यक्ष वास्तविक रूप से पूरे सदन द्वारा चुना जाता है। वास्तविकता यही है कि अध्यक्ष वही व्यक्ति होता है, जो सरकार को मान्य होता है। यही कारण है कि मुनरो ने इस विषय में कहा है कि "साधारण सदस्यों द्वारा प्रस्ताव व अनुमोदन केवल इस अवास्तविक बात को पूरा करने के लिए ही किये जाते हैं कि 'चयन', मंत्रियों द्वारा न होकर पूरे सदन द्वारा होता है।"

अध्यक्ष की शक्तियाँ व उसके कार्य (Powers and Functions of The Speaker)

इंग्लैण्ड की राजनीतिक व्यवस्था में अध्यक्ष का पद 'वैभव' की दृष्टि से भी और 'शक्ति' की दृष्टि से भी बड़े महत्वपूर्ण पदों में से एक है। उसकी शक्तियों व उसके कार्यों का विश्लेषण निम्न तीन शीर्षकों में किया जा सकता है :

(1) लोकसदन का प्रतिनिधित्व-लोकसदन के 'अध्यक्ष' के रूप में वह सदन से बाहर सदन का प्रतिनिधित्व करता है। इस रूप में उसकी शक्तियों व उसके कार्यों का विभाजन हम निम्न उपशीर्षकों में कर सकते हैं :

(क) लोकसदन व राजा की मध्यस्थता-लोकसदन का अध्यक्ष, 'लोकसदन व राजा के बीच की कड़ी' के रूप में काम करता है। लोकसदन व लॉर्ड-सभा की सम्मिलित बैठक के लिए जब लोकसदन के सदस्य जाते हैं, तो उसका नेतृत्व अध्यक्ष ही करता है। राजा की ओर से यदि कोई संदेश लोकसदन के लिए भेजे जाते हैं, तो उन्हें भी वह पढ़कर सुनाता है। राजा की ओर से वही लोकसदन के लिपिक को रिक्त स्थानों की पूर्ति के लिए आदेश देता है। वही उनके लिए चुनावों की घोषणा करता है। वही विशेष अवसरों व उत्सवों पर सदन के संदेश राजा तक पहुँचाता है। वही 'वित्त-विधेयकों' को राजा के समक्ष उसकी स्वीकृति के

लिए प्रस्तुत करता है।

(ख) लोकसदन व लॉर्ड-सभा की मध्यस्थता-लोकसदन व लॉर्ड-सभा के पारस्परिक सम्बन्धों व उनके परस्पर व्यवहार में भी अध्यक्ष, लोकसदन का प्रतिनिधित्व करता है। कोई विधेयक वित्त विधेयक है या नहीं, इस सम्बन्ध में निर्णय अध्यक्ष द्वारा ही किया जाता है। लॉर्ड-सभा वित्त-विधेयकों के विषय में अपनी जो प्रतिक्रिया व्यक्त करती है और उसमें जिन संशोधनों का प्रस्ताव करती है, उनके विषय में अध्यक्ष ही यह निर्णय करता है कि "उनसे लोकसदन के अधिकारों पर आघात तो नहीं होता"? यदि वह ऐसा समझे, तो सन् 1911 के 'संसदीय कानून' के अनुसार वह ऐसे संशोधनों को हटा सकता है और अपने ऐसे निर्णय की सूचना लॉर्ड-सभा को भेज सकता है।

(ग) अध्यक्ष व बाह्य जगत-बाह्य जगत में भी अध्यक्ष, लोकसदन का नेतृत्व करता है। अन्य देशों को जाने वाले संसदीय प्रतिनिधिमण्डलों का नेतृत्व प्रायः वही करता है। अन्य बाह्य अधिकारियों को लोकसदन के निर्णयों की सूचना भी वही देता है। वही उन्हें यह भी बताता है कि उन्हें किस प्रकार क्रियान्वित किया जाना है। उसी के माध्यम से लोकसदन को वे सूचनाएँ अथवा प्रार्थनाएँ व याचिकाएँ प्राप्त होती हैं, जो बाहर से उसके लिए प्रेषित की जाती है।

(2) लोकसदन की अध्यक्षता-लोकसदन की अध्यक्षता से सम्बन्धित उसकी शक्तियाँ और अधिक वास्तविक महत्व की है। अध्यक्ष के रूप में जो शक्तियाँ व अधिकार उसे प्राप्त हैं, वे तो महत्व के हैं ही, पर उनका महत्व उस निष्पक्षता व सूझबूझ के कारण और भी बढ़ जाता है, जिसके साथ अध्यक्ष उनका प्रयोग करता है। इंग्लैण्ड के लोकसदन के अध्यक्ष की निष्पक्षता, वस्तुतः प्रसिद्धि की वस्तु बन गयी है और उसकी इस निष्पक्षता के कारण उसकी शक्ति, उसके अधिकार व उसका सम्मान और भी बढ़ गया है।

उसकी महत्वपूर्ण शक्तियाँ व कार्य निम्न प्रकार हैं :

(1) अध्यक्ष लोकसदन की प्रत्येक बैठक के प्रारंभ में यह देखता है कि गणपूर्ति है या नहीं। वह यह भी देखता है कि वह ऐसे प्रश्नों व विधेयकों पर सदन में विचार न होने दे, जो लोकसदन की निश्चित व्यवस्था के प्रतिकूल हों।

(2) उसे यह अधिकार है कि वह ऐसे प्रश्नों व विधेयकों पर सदन में विचार न होने दे, जो लोकसदन की निश्चित व्यवस्था के प्रतिकूल हों। विवादग्रस्त विषयों पर वह अपनी व्यवस्था देता है। एक अध्यक्ष द्वारा दी हुई किसी विषय से सम्बन्धित

व्यवस्थाएँ दूसरे अध्यक्षों के लिए परम्पराएँ बन जाती हैं और उन्हें भी वे सामान्यतः मान्य होती हैं।

(3) वह काम रोको प्रस्तावों की नियमितता अथवा अनियमितता पर विचार करता है। उसके द्वारा अनियमित घोषित प्रस्ताव पर सदन में विचार नहीं हो सकता।

(4) किसी विधेयक से सम्बन्धित प्रस्ताव अथवा किसी विशेष समिति की नियुक्ति का प्रस्ताव नियमित है या नहीं, अपने विवेक से इसका निर्णय करना उसका अधिकार है।

(5) अध्यक्ष किसी विषय या विवाद को समाप्त करने की आज्ञा दे सकता है। किसी विषय के लिये वह वाद-विवाद का समय निर्धारित कर सकता है।

सदन के किसी सदस्य द्वारा यदि किसी विषय पर विवाद बन्द करने का प्रस्ताव प्रस्तुत किया जाये और इस प्रस्ताव पर मतदान होने पर यदि पक्ष व विपक्ष के बराबर मत आयें, तो अध्यक्ष को 'निर्णायक मत' देने का अधिकार होता है। पर परम्परा ऐसी है कि वह अपने इस अधिकार का प्रयोग प्रायः विवाद के समय को बढ़ाने के लिए ही करता है, ताकि अन्तिम निर्णय इस सम्बन्ध में सदन को ही करना पड़े।

(6) सन् 1919 में उसके अधिकारों में किये गये संशोधानों के अनुसार, 'अध्यक्ष को अधिकार है कि वह प्रस्तुत किये गये संशोधनों प्रस्तावों में से, जिन्हें वह चाहे, उन्हें सदन के समक्ष विचार के लिये रख सकता है।' उसके द्वारा अस्वीकृत संशोधनों पर सदन में विचार नहीं हो सकता।

(7) सदन में 'व्यवस्था बनाये रखना' अध्यक्ष का सबसे महत्वपूर्ण कार्य है। यद्यपि व्यवस्था सम्बन्धी नियमों का निर्माण सदन स्वयं करता है, तथापि जैसा इर्सकिन ने कहा है, "अध्यक्ष वह कार्यपालक अधिकारी है, जो उसके नियमों को क्रियान्वित करता है।" इस सम्बन्ध में अध्यक्ष को अधिकार है कि वह सदस्यों को अनुशासन में रहने की आज्ञा दे सके। वह उनसे असंसदीय शब्दों को वापस लेने के लिए भी कह सकता है। वह किसी सदस्य का नाम लेकर सदन का ध्यान इस ओर आकर्षित कर सकता है कि वह सदस्य संसद में गड़बढ़ करने वाले सदस्य के विरुद्ध क्या कार्यवाही करे। अध्यक्ष किसी सदस्य को कुछ समय के लिए निलम्बित भी कर सकता है। यदि कोई सदस्य अध्यक्ष की आज्ञा से सदन छोड़ने के लिए तैयार न हो, तो वह 'सशस्त्र सार्जेण्ट' द्वारा उसे बाहर भी निकलवा सकता है। यदि सदन में अत्यधिक अनुशासनहीनता व अव्यवस्था फैल जाये, जो अध्यक्ष सदन की कार्यवाही

को निलंबित कर सकता है।

(3) लोकसदन सम्बन्धी प्रशासन-अध्यक्ष लोकसदन का 'प्रशासनिक अधिकारी' भी होता है। वह लोकसदन की कार्यवाही के मुद्रण व प्रकाशन के लिए मुद्रकों व सम्पादकों की नियुक्ति करता है। यह देखना भी उसका दायित्व होता है कि सदन की कार्यवाही का प्रकाशन ठीक रूप से होता रहे।

इस प्रकार हम देखते हैं कि 'अध्यक्ष पद' के साथ गौरव, शक्ति व दायित्व तीनों ही जुड़े हुए हैं। इंग्लैण्ड का अध्यक्ष पद, लोकतंत्रात्मक परम्पराओं का प्रतीक व उसका संरक्षक है तथा अपनी निष्पक्षता के काण इंग्लैण्ड के लोकसदन की अध्यक्षता, अन्य संसदीय प्रणाली वाले देशों के लिए अनुकरण की वस्तु बन गयी है।

स्पीकर की वास्तविक स्थिति

(Actual Position of the Speaker)

इंग्लैण्ड के 'कॉमनसभा के अध्यक्ष' की शक्तियों तथा प्रशासन में उसकी महत्वपूर्ण भूमिका के अवलोकन के उपरांत उसकी वास्तविक स्थिति स्वत: ही सामने आ जाती है। कॉमनसभा के अध्यक्ष का पद अत्यधिक प्रतिष्ठा, सम्मान एवं गौरव का पद है। उसकी शक्तियाँ असीमित व अनियंत्रित हैं। उसके लिए गये निर्णयों के विरुद्ध सामान्यतया कोई निर्णय नहीं लिये जाते। उसके निर्णयों को बदलने का एक ही उपाय है- 'अविश्वास प्रस्ताव'। जब तक ऐसा नहीं किया जाता तब तक उसके द्वारा लिये गये समस्त निर्णय सभी सदस्यों को मानने पड़ते हैं चाहे वे उनसे यह महसूस हो या न हो। उसे सदन को स्थगित करने का भी अधिकार प्राप्त है, यदि उसे यह मससूस हो जाय कि सदन की कार्यवाही शांतिपूर्वक चलाना असंभव हो गया है। सदन के अन्दर उसका शब्द ही 'कानून' होता है। मुनरो ने 'स्पीकर' को 'सदन का प्रमुख व्यक्ति' माना है।

अत: यह कहना उपयुक्त होगा कि कॉमनसभा के अध्यक्ष का पद, प्रतिष्ठा, सम्मान व गौरव का पद है, जिसके साथ संसदीय लोकतांत्रिक व्यवस्था की सफलता के अनेक अति महत्वपूर्ण दायित्व जुड़े हुये हैं।

ब्रिटिश स्पीकर की अमेरिकन स्पीकर से तुलना

(British Speaker Compared with the American Speaker)

अमेरिका में स्पीकर के पद की स्थापना वहाँ के संविधान निर्माताओं ने 'इंग्लैण्ड के स्पीकर पद' के आधार पर ही की है। जैसा कि इंग्लैण्ड में निम्न सदन का अध्यक्ष 'स्पीकर' कहलाता है, उसी प्रकार अमेरिका में निम्न सदन का अध्यक्ष

भी स्पीकर कहलाता है। लेकिन जब दोनों के स्पीकरों का तुलनात्मक अध्ययन किया जाता है तो दोनों में कुछ समानताएँ व कुछ अतिमहत्वपूर्ण असमानताएँ झलकती हैं। जो प्रमुख इस प्रकार है–

समानताएँ

(1) दोनों स्पीकर निम्न सदन के अध्यक्ष होते हैं। अध्यक्ष होने के नाते वे सदन की बैठकों की अध्यक्षता करते, शांति और व्यवस्था बनाये रखने तथा सदस्यों के वाचन का क्रम निर्धारित करने के साथ-साथ विभिन्न विवादों तथा प्रस्तावों पर सदस्यों के मत लेने का कार्य दोनों ही स्पीकरों द्वारा किया जाता है।

(2) किसी प्रस्ताव या विवाद पर समान मत आने की स्थिति में दोनों ही स्पीकरों को 'निर्णय मत' देने का अधिकार है। दोनों को ही अपने-अपने सदन का प्रतिनिधि माना जाता है।

(3) अमेरिका का स्पीकर राष्ट्रपति तथा सीनेट को जोड़ने की कड़ी का काम करता है। वहीं इंग्लैण्ड का स्पीकर भी राजा व लॉर्ड-सभा को जोड़ने की एक कड़ी माना जाता है।

असमानताएँ

इंग्लैण्ड के स्पीकर तथा अमेरिकी स्पीकर दोनों को प्राप्त शक्तियों तथा उनकी नियुक्ति प्रक्रिया के आधार पर दोनों में अनेक महत्वपूर्ण असमानताएँ झलकती हैं। प्रमुख-प्रमुख इस प्रकार हैं–

(1) ब्रिटिश लोकसदन के स्पीकर का चुनाव 'सर्वसम्मति' के आधार पर होता है जबकि अमेरिकी प्रतिनिधि सदन के स्पीकर का चुनाव 'दलीय आधार' पर होता है, अमेरिका में दोनों दल अपने-अपने उम्मीदवार खड़े करते हैं। अतः जो अधिक से अधिक मत प्राप्त करता है, वही स्पीकर निर्वाचित होता है।

(2) निर्वाचन के पश्चात् दोनों स्पीकरों की सदन में भूमिकाओं में भी अन्तर पाया जाता है। सामान्यतया निर्वाचित होने के पश्चात् इंग्लैण्ड का स्पीकर, राजनीति से संन्यास ले लेता है, इसके विपरीत अमेरिकन स्पीकर, सदन में अपने दल का नेता ही नहीं होता है, बल्कि वह अपने दल को सुदृढ़ करने के लिए खुले रूप में कार्य भी करता है।

(3) ब्रिटेन में यह प्रथा प्रचलित है कि 'स्पीकर' विधेयकों पर बहस में भाग नहीं लेता है, वह तो केवल उस समय मतदान में भाग लेता है जब किसी विषय पर मतों के बराबर की स्थिति सामने आ जाए। ऐसी स्थिति में ही वह अपने 'निर्णायक

मत' का प्रयोग करता है। इसके विपरीत अमेरिकी प्रतिनिधि-सदन के स्पीकर को बहुमत दल का नेता व सदन का सदस्य होने के कारण विधेयकों पर बोलने तथा मतदान करने का अधिकार प्राप्त है। अत: अपने मत के आधार पर अपने दल की स्थिति को मजबूत बनाता है।

(4) इंग्लैण्ड के स्पीकर को 'वित्त-विधेयक की प्रामाणिकता' की शक्ति प्राप्त है जबकि प्रतिनिधि-सदन के स्पीकर को इस प्रकार की कोई शक्ति प्राप्त नहीं है। इंग्लैण्ड के स्पीकर को सदन के सभी सदस्यों के अधिकारों के संरक्षक के रूप में देखा जाता है जबकि अमेरिका में स्पीकर केवल अपने दल के हित के लिए ही कार्य करता है।

उपर्युक्त विवरण के आधार पर यह कहा जा सकता है कि "अमेरिकी प्रतिनिधि-सदन के स्पीकर के पद के विकास का मूल आधार 'ब्रिटिश की परम्पराएँ' ही हैं। अत: दोनों में अनेक महत्वपूर्ण समानताएँ पाई जाती हैं। लेकिन दोनों की समानताओं व असमानताओं का तुलनात्मक अध्ययन करने पर यह विदित होता हैं कि दोनों में आधारभूत असमानताएँ भी निहित है।"

दलीय सचेतक
(The Party Whips)

'ह्विप (Whip)' शब्द का सम्बन्ध शिकार से है जिसका प्रयोग 'कुत्तों के प्रबंधक' के लिए किया जाता है, जो कोड़ों के द्वारा शिकारी कुत्तों को सही मार्ग पर नियंत्रित रखता है। दलीय सचेतक के भी उसी प्रकृति के कार्य हैं, वे भी अपने-अपने दल के सदस्यों को अनुशासन व नियंत्रण में रखते हैं। सचेतकों के इस महत्वपूर्ण कार्य के आधार पर उनकी महत्वता को स्पष्ट करते हुए जी.एम. कार्टर तथा अन्य विद्वानों ने कहा है, कि "संसदीय पद्धति की प्रभावदायकता, लोकतंत्र के अध्यक्ष के समान ही सचेतकों पर निर्भर करती है।" सत्ताधारी दल का सचेतक 'संसदीय सचिव' होता है। उसे राजकोष से वेतन दिया जाता है, जबकि अन्य सचेतकों को कोई वेतन नहीं मिलता। प्राय: 'सत्ताधारी दल' का सचेतक प्रधानमंत्री के निकट सम्पर्क में रहता है और अनेक महत्वपूर्ण कार्य करता है।

सचेतकों के मुख्य कार्य- सदन की गणपूर्ति को बनाए रखना, अपने दल के सदस्यों की उपस्थिति के सम्बन्ध में आवश्यक आदेश जारी करना होता है। जब विचारणीय प्रश्नों के महत्व के अनुसार इन आदेशों का अर्थ यह होता है कि 'सदन में उसकी उपस्थिति अनिवार्य है।' सचेतक अपने दल के सदस्यों को यह सूचना देता

है कि उन्हें किस प्रकार मत देना है। इसके अतिरिक्त सचेतक मंत्रियों तथा दलीय सचेतकों के मध्य सम्पर्क स्थापित कर मंत्रियों को दल की भावना से अवगत कराते हैं ताकि विस्फोटक स्थिति पैदा न हो जाए। सचेतकों द्वारा ही वाद-विवाद को सुव्यवस्थित करने का प्रयास किया जाता है। वह अध्यक्ष को अवगत कराता है कि उनके दल की ओर से किन्हें बोलने के लिए आमंत्रित किया जाए। अत: सचेतकों के कार्यों की प्रकृति के आधार पर कहा जा सकता है कि स्पीकर के समान ही सचेतकों की संसदीय व्यवस्था को सफल बनाने में अहम् भूमिका का निर्वाह किया जाता है।

इंग्लैण्ड की 'समिति प्रणाली'

(The British Committee System)

संसार की समस्त संसदों के समक्ष एक सामान्य समस्या यह है कि 'कम से कम समय में अच्छा से अच्छा व्यवस्थापन किस प्रकार हो सके।' प्राय: सभी संसदें व्यवस्थापन कार्य के भार में सामर्थ्य से अधिक दबी हुई हैं। परिणामस्वरूप एक ओर उनकी कठिनाई यह है कि वे सरलता से सम्पूर्ण व्यवस्थापन कार्य को निबटा नहीं पाती तथा दूसरी ओर उनकी कठिनाई यह है कि कार्य की शीघ्रता के कारण व्यवस्थापन कार्य का स्तर उचित नहीं रहने पाता। इस द्विपक्षीय समस्या के समाधान के लिए ही इंग्लैण्ड में उस प्रणाली का प्रादुर्भाव हुआ, जिसे हम 'समिति प्रणाली' (Committee System) कहते हैं। समिति प्रणाली का प्रयोग अब प्राय: सभी देशों की व्यवस्थापिकाओं द्वारा किया जाता है।

इंग्लैण्ड की 'समिति प्रणाली' का प्रारम्भ रानी एलिजाबेथ के समय में हुआ, जब विधेयकों पर अच्छी तरह विचार करने के लिए उन्हें 'प्रवर समितियों' के सुपुर्द किया जाता था। 'समिति प्रणाली' का संगठन, ढंग से सर्वप्रथम सन् 1882 में किया गया। लोककल्याणकारी राज्य के विचार के साथ-साथ व्यवस्थापन के कार्य के बढ़ने के कारण 'समिति प्रणाली' का महत्व और भी बढ़ गया है।

समिति प्रणाली का विकास (Development of the Committee System)

इंग्लैण्ड की 'समिति प्रणाली' का प्रारम्भ मुख्यत: व्यावहारिक कारणों से हुआ है। एक समय था, जब निरंकुश राजतंत्र के समय में लोकसदन का अध्यक्ष राजा का पक्षपाती हो जाता था। वह सदन की बातों के विषय में राजा को पहले से बता देता था। अत: सदस्य यह चाहते थे कि वे अपनी समस्याओं पर उससे बचकर विचार कर सकें। इस कारण लोकसदन के सदस्यों ने यह निश्चय किया कि विधेयकों पर विचार करने के लिए छोटी-छोटी समितियाँ बना ली जायें, जिनमें विधेयकों पर बिना

'अध्यक्ष' के विचार हो सके। इस प्रकार इस उद्देश्य की पूर्ति के लिए कि "अध्यक्ष की अनुपस्थिति में बिना किसी दबाव के समस्याओं पर विचार हो सके", 'समिति प्रणाली' का प्रादुर्भाव हुआ।

समिति प्रणाली का प्रादुर्भाव राजनीतिक कारणों से भी हुआ। लोकसदन जैसी बहुसंख्यक सभा से यह आशा नहीं की जा सकती कि प्रस्तुत समस्याओं पर वह पूर्ण गंभीरता से विचार कर सके। लोकसदन का वातावरण भी इतना औपचारिकतापूर्ण होता है कि वहाँ विधेयकों पर खुलकर विचार नहीं किया जा सकता। परिणामस्वरूप यह आवश्यक समझा गया कि 'आकार में छोटी' समितियों की व्यवस्था की जाये, जिससे उनमें विधेयकों पर गंभीरतापूर्वक किन्तु खुलकर विचार किया जा सके।

समितियों का कार्य (Functions of the Committes)

समितियाँ जितना व्यवस्थापन कार्य करती हैं, उससे ऐसा भ्रम होता है कि व्यवस्थापन कार्य में समितियों का कार्य मुख्य तथा संसद का कार्य गौण है। इसमें संदेह नहीं कि विधेयकों को सुव्यवस्थित रूप देने का कार्य समितियों द्वारा ही होता है, फिर भी यह नहीं कहा जा सकता कि 'व्यवस्थापन के सम्बन्ध में समितियों का कार्य मुख्य व संसद का कार्य गौण है।' इंग्लैण्ड में समितियों की स्थिति लोकसदन की 'अधीनस्थ संस्थाओं' की है तथा व्यवस्थापन का मुख्य दायित्व लोकसदन का ही है। समितियों का कार्य विधेयकों के सिद्धान्तों के विषय में कुछ करना नहीं, वरन् उसका कार्य उनके प्रारूप में सुधार करना है। इंग्लैण्ड की व्यवस्थापन प्रक्रिया के अनुसार द्वितीय वाचन के प्रारम्भिक चरण में सदन, विधेयक के सिद्धान्तों को अपनी स्वीकृति प्रदान कर देता है। फिर विधेयक, समिति के सुपुर्द किया जाता है। इस प्रकार विधेयकों के सिद्धान्तों के विषय में सदन पहले से ही निश्चय कर लेता है। अतः समितियों को सिद्धान्तों में कोई हेर-फेर करने का अवसर नहीं रहता। उनका कार्य-सदन द्वारा भेजे गये विधेयकों के प्रारूप को शब्द-शब्द व वाक्य-वाक्य करके पढ़ना तथा सिद्धान्तों को ज्यों की त्यों बनाये रखकर, उनके प्रारूप में सुधार करना होता है। इसी दृष्टि से समितियाँ विधेयकों पर विचार करती हैं, उनके प्रारूप को सुधारने के लिए विधेयकों में संशोधनों का सुझाव देती हैं। समितियाँ विधेयकों के विषय में अपना प्रतिवेदन सदन को देती हैं। सदन उन संशोधनों के सुझावों को मानने या न मानने के लिए पूर्ण स्वतंत्र होता है। समितियों का काम इस प्रकार केवल परामर्श सम्बन्धी है। इतना होता हुए भी 'मंत्रिमण्डलीय व्यवस्था' के कारण समितियाँ अपने आपको संसद के समक्ष उस प्रकार असहाय अनुभव नहीं करती, जैसा कांग्रेस

के मध्य अमरीकी समितियाँ करती हैं। अमरीका में कांग्रेस अनेक बार समितियों के प्रतिवेदनों को अस्वीकार कर देती है या उसमें इतने संशोधन करती है कि उनका स्वरूप ही बदल जाता है।

समितियों के प्रकार (Types of Committees)

इंग्लैण्ड में समितियाँ कई प्रकार की हैं। उनमें से प्रमुख निम्नलिखित हैं :

(1) सम्पूर्ण सदन की समिति– सबसे प्रमुख समिति वह समिति है, जिसे 'सम्पूर्ण सदन की समिति' (Committee of the Whole House) कहा जाता है। सम्पूर्ण सदन की समिति का तात्पर्य समिति के रूप में सम्पूर्ण सदन से ही होता है। पर इसका यह अर्थ नहीं है कि सम्पूर्ण सदन की समिति व सदन में कोई अन्तर ही न हो। दोनों ही में कुछ निश्चित भेद हैं। सदन की बैठक की अध्यक्षता, अध्यक्ष करता है; पर सम्पूर्ण सदन की समिति की अध्यक्षता, सदस्य नहीं करता। सदन जब 'समिति' के रूप में कार्य करता है, तो अध्यक्ष अपना स्थान छोड़ देता है और समिति अपने सदस्यों में से ही किसी को समिति की बैठक का अध्यक्ष बनाती है। समिति का अध्यक्ष सदन के अध्यक्ष के स्थान पर नहीं बैठता, वरन् वह सदन के लिपिक (Clersk) के स्थान पर बैठता है। इसके अतिरिक्त अध्यक्ष का 'अधिकार दण्ड' (Rod of Authority) भी मेज से हटाकर उसके नीचे रख दिया जाता है। इसका अर्थ यह होता है कि समिति के लिए अब अनुशासन के उन नियमों में चलने व सदन के लिए निश्चित प्रक्रिया से कार्य करने की आवश्यकता नहीं है, जिनके अनुसार अध्यक्ष की उपस्थिति में सदन की कार्यवाही की जाती है। फलतः वह अनुशासन व औपचारिकता भी समाप्त हो जाती है, जिनका प्रतीक अध्यक्ष होता है।

सम्पूर्ण सदन की समिति व सदन में कुछ कार्यविधि सम्बन्धी अन्तर भी है। सदन की कार्यविधि में प्रत्येक प्रस्ताव किसी सदस्य द्वारा प्रस्तुत किया जाता है और कोई अन्य सदस्य उसका समर्थन करता है, पर समिति की कार्यविधि में प्रस्ताव के अनुमोदन की आवश्यकता नहीं होती। सदन की बैठक में एक सदस्य को प्रायः एक बार ही बोलने दिया जाता है, जबकि समिति की बैठक में सदस्य लोग जितनी बार चहे बोल सकते हैं। सदन की बैठक में प्रायः ऐसा नहीं होता, उसमें विवाद तब तक चलता रह सकता है, जब तक सभी सदस्य अपनी–अपनी बात कहकर संतुष्ट न हो जायें।

सम्पूर्ण सदन की समिति में सभी विधेयकों पर विचार नहीं होता है। मुख्य रूप से उसे केवल 'वित्त विधेयक' विचारार्थ दिये जाते हैं। वित्त विधेयकों के प्रायः

दो भाग होते हैं। उनका एक भाग व्यय से सम्बन्धित होता है और दूसरा भाग आय से। सम्पूर्ण सदन की समिति जब व्यय से सम्बन्धित भाग पर विचार करती है, तब उसे 'पूर्ति समिति' (Committee of Supply) कहा जाता है और जब वह 'आय' से सम्बन्धित भाग पर विचार करती है, तब उसे 'साधन समिति' (Committee of Ways of Means) कहा जाता है। उन अन्य विधेयकों पर भी सम्पूर्ण सदन की समिति में विचार हो सकता है, जिन्हें सदन आवश्यक समझकर उसके सुपुर्द कर दे।

इस प्रकार सम्पूर्ण सदन की समिति व्यवस्थापन कार्य में संसद को बड़ी महत्वपूर्ण सहायता देती है। उसकी बैठकों में अनुशासन व कार्यविधि के कठोर बंधनों के न होने से विधेयकों के सभी पहलुओं पर अच्छी तरह स्वतंत्रतापूर्वक विचार किया जा सकता है। पर समिति में बरती जाने वाली अनुशासनहीनता व बन्धनविहीनता के कारण समय की बर्बादी होती है। सम्पूर्ण सदन की समिति की एक उपयोगिता यह बतायी जाती है कि 'उसके अन्तर्गत राजनीतिक दलों के अनुशासन की कठोरता नहीं बरती जाती। विवाद अधिक स्वतंत्रतापूर्वक होने के कारण विधेयकों पर विचार अच्छी तरह हो जाता है।' पर यह बात भी व्यवहार में सत्य नहीं होती। सम्पूर्ण सदन की समिति पर भी बहुमत दल छाया रहता है। जैसा ऑग व जिंक ने कहा है, "जब सम्पूर्ण समिति का प्रयोग किया जाता है, तब कार्यविधि यद्यपि सदन की तुलना में अधिक खर्चीली रहती है, तथापि राजनीतिक वातावरण वस्तुतः सदन से भिन्न नहीं रहता; दलीय अनुशासन उसी प्रकार दिखायी देता है; सम्बन्धित मंत्री विवाद पर छाया रहता है; मतदान पर दलीय आदेश का नियंत्रण रहता है तथा सरकार की हार को बड़ी गंभीर बात समझा जाता है।"

(2) विशिष्ट या प्रवर समितियाँ (Select Committees)–समितियों का दूसरा प्रमुख प्रकार विशिष्ट समितियों का होता है। विशिष्ट समितियाँ प्रायः पन्द्रह सदस्यों की होती हैं। उनके सदस्य प्रायः उन विषयों के विशेषज्ञ होते हैं, जिन विषयों के विधेयक समितियों को सौंपे जाते हैं। इन समितियों की नियुक्तियाँ किसी विधेयक के विषय में 'प्राविधिक जाँच' के लिए की जाती है। कभी-कभी किसी प्राविधिक विषय के विधेयक के प्रारूप पर विचार करने के लिए भी विशिष्ट समितियों की नियुक्ति की जाती है। विशिष्ट समितियों की नियुक्ति किसी विधेयक के अस्तित्व में आने से पहले भी व उसके बाद भी की जा सकती है।

ये समितियाँ दो प्रकार की होती हैं–'तदर्थ विशिष्ट समितियाँ' (Adhoc Select Committees) व 'सत्रान्तक विशिष्ट समितियाँ' (Sessional Select Committees)।

तदर्थ समितियाँ अस्थायी होती हैं। विधेयक के विचार की समाप्ति के साथ इनका अस्तित्व समाप्त हो जाता है। सत्रान्तक विशिष्ठ समितियाँ सदन द्वारा प्रत्येक सत्र के प्रारंभ में नियुक्त की जाती हैं। वे सत्र के अन्त तक चलती हैं। पर लोकसदन स्वयं निर्णय करता है कि कौन-कौन-सी विशिष्ट समितियाँ अत्यंत शक्तिशाली होती हैं। विशिष्ट समितियों को खुले अधिवेशन करने का अधिकार होता है। वे किसी भी व्यक्ति को अपने समक्ष गवाही देने के लिए बुला सकती हैं। कोई भी व्यक्ति विशिष्ट समिति के बुलावे को अस्वीकार नहीं कर सकता और न ही किसी व्यक्तिगत व सरकारी जानकारी को ही उसे बताने से इन्कार कर सकता है; ऐसा करना कानूनी अपराध होता है। ये समितियाँ यह भी देख सकती हैं कि किसी विधेयक में निहित सिद्धान्त कहाँ तक वांछनीय हैं। इस सम्बन्ध में लोकसदन उनके विचारों का आदर करता है तथा यद्यपि सिद्धान्ततः किसी विधेयक विशेष के सम्बन्ध में अन्तिम निर्णय लोकसदन द्वारा ही किया जाता है, तथापि व्यवहार में विशिष्ट समितियों का निर्णय ही लोकसदन का निर्णय सिद्ध होता है।

विशिष्ट समितियों की 'कार्य प्रणाली' और 'ढाँचे के सुधार' के लिए बहुधा माँग की जाती रही है। उन्हीं माँगों के संदर्भ में 1968-69 सत्र की कार्यप्रणाली निर्धारक विशिष्ट समिति ने अपने एक प्रतिवेदन में कुछ सिफारिशें की थीं, जिनके आधार पर अक्टूबर 1970 में लोकसदन की विशिष्ट समितियाँ शीर्षक पर एक और प्रतिवेदन तैयार किया गया था। उस प्रतिवेदन के अनुसार विशिष्ट समितियों का गठन अब उनके कार्य के आधार पर होने लगा है। इस आधार पर अब विशिष्ट समितियाँ कृषि, विज्ञान, शिक्षा आदि के लिए अलग-अलग होने लगी हैं। जनवरी 1971 में 'प्राक्कलन-समिति' (Estimates Committee) के स्थान पर 'व्यय-समिति' (Expenditure Committee) का गठन करना स्वीकार कर लिया गया है। इस समिति का कार्य यह देखना है कि व्यय के आँकड़ों और अनुमानों में अन्तर्निहित नीतियों को कैसे और अधिक मितव्ययता से लागू किया जा सकता है? इस समिति के 49 सदस्य होते हैं, जिनका मनोनयन प्रत्येक सत्र के प्रारंभ में किया जाता है। 'गणपूर्ति' के लिए कम से कम 9 सदस्यों की उपस्थिति आवश्यक होती है। इस कमेटी द्वारा नियुक्त एक 'स्टीअरिंग (Steering) उपसमिति' ओर 6 उपसमितियाँ कार्यात्मक स्तर पर होती हैं, जिनके नाम (i) सार्वजनिक व्यय (सामान्य), (ii) सुरक्षा और विदेश, (iii) व्यापार व उद्योग, (iv) शिक्षा एवं कला, (v) रोजगार और सामाजिक सेवाएँ, (vi) पर्यावरण व गृह उपसमितियाँ हैं।

(3) स्थायी समितियाँ (Standing Committees)–समितियों का एक तीसरा प्रकार 'स्थायी समितियों' का होता है। व्यवस्थापन का अधिकतर कार्य इन्हीं समितियों के द्वारा होता है। इनका कार्यकाल सदन के सत्र के साथ चलता है। लोकसदन के सत्र के प्रारम्भ में ये समितियाँ बना दी जाती हैं। ये समितियाँ विषयवार नहीं बनायी जातीं। जैसी आवश्यकता पड़ती है, विधेयक उनके सुपुर्द कर दिये जाते हैं। ये समितियाँ 'प्रवर समितियाँ' नहीं होती। इनके सदस्य आवश्यक रूप से उन विषयों के विशेषज्ञ नहीं होते, जिनसे सम्बन्धित विधेयक उन्हें सौंपे जाते हैं।

इन समितियों के सदस्य दो प्रकार के होते हैं। पहले प्रकार के सदस्य 'स्थायी सदस्य' होते हैं, जिनकी संख्या लगभग 16 से लेकर 50 तक होती है। दूसरे प्रकार के सदस्य 'अस्थायी' होते हैं, उनको विधेयक विशेष पर विचार होने के समय समितियों में सम्मिलित कर लिया जाता है। वे सदस्य प्रायः 'विधेयक' के विषय में विशेषज्ञ होते हैं। इनकी संख्या प्रायः बीस-तीस के बीच में होती हैं। अध्यक्ष किसी भी स्थायी समिति को कोई भी विधेयक सौंप देता है और विधेयक के विषय में विशेषज्ञों को उसके 'अस्थायी' सदस्यों के रूप में सम्मिलित कर लिया जाता है।

इंग्लैण्ड में इस प्रकार की कुल 5 समितियाँ हैं। प्रथम चार समितियों को 'ए', 'बी', 'सी', और 'डी' समिति का नाम दिया गया है। 'स्कॉटलैण्ड समिति'- पाँचवी स्थायी समिति है, इसमें इकहत्तर सदस्य होते हैं। उन विधेयकों पर विचार करती है, जिनका सम्बन्ध विशेषतः स्कॉटलैण्ड से होता है।

स्थायी समितियों का चयन एक 'चयन-समिति' के द्वारा होता है, जिसे अध्यक्ष प्रत्येक सत्र के प्रारंभ में बना देता है। चयन समिति में बड़े चुनींदा-चुनींदा लोग रखे जाते हैं। यही समिति, स्थायी समितियों का निर्माण करती है और लोकसदन के अध्यक्ष द्वारा दिये हुए नामों में से उनके अध्यक्षों की नियुक्तियाँ करती है। चयन समिति इस बात का ध्यान रखती है कि सरकारी पक्ष व विपक्ष, दोनों के सदस्यों को समितियों में उचित प्रतिनिधित्व मिले। साधन-समिति (Committee of Ways and Means) के अध्यक्ष व उपाध्यक्ष, 'पदेन चयन समिति' के सदस्य होते हैं।

स्थायी समितियों का कार्य विधेयकों के प्रारूप में संशोधन करना ही होता है, वे उनके सिद्धान्तों में कोई परिवर्तन नहीं कर सकतीं। ये समितियाँ विधेयक का रूप बदल सकती हैं, पर उसे पूर्णतः समाप्त नहीं कर सकतीं। प्रत्येक विधेयक को उन्हें पुनः लोकसदन के समक्ष अपने प्रतिवेदन के साथ प्रस्तुत करना पड़ता है। लोकसदन को यह अधिकार होता है कि वह समितियों द्वारा प्रस्तावित संशोधनों को स्वीकार करे

या न करे। इस प्रकार हम देखते हैं कि विधेयकों के रूप को सुधारने में स्थायी समितियाँ बड़ा महत्वपूर्ण कार्य करती हैं। फिर भी कुछ कारणों से स्थायी समितियों की आलोचना भी की जाती है। बीस 'स्थायी सदस्य' व बीस-तीस 'अस्थायी' सदस्यों के कारण इन समितियों की सदस्य-संख्या इतनी अधिक हो जाती है कि इनमें कोई गंभीर विचार नहीं हो सकता। स्थायी समितियों पर कार्यभार भी अधिक है। अत: यह कहा जाता है कि स्थायी समितियों की संख्या दस होनी चाहिए। स्थायी समितियों के सदस्य विधेयकों के विषय में विशेषज्ञ नहीं होते हैं। इसीलिए आलोचकों का कहना है कि स्थायी समितियों का निर्माण विषयवार होना चाहिए तथा उन्हें भी विधेयकों के सम्बन्ध में जाँच आदि के सिलसिले में सरकारी कर्मचारियों व अन्य लोगों को गवाही के लिए बुलाने का पूर्ण अधिकार होना चाहिए।

(4) गैर सरकारी या निजी विधेयक समितियाँ (Private Bill Committees)- समितियों का एक अन्य प्रकार उन समितियों का होता है, जो गैर-सरकारी विधेयकों पर विचार करने के लिए बनायी जाती हैं। वे समितियाँ 'अस्थायी' होती है। लोकसदन द्वारा निर्मित ऐसी समितियों में चार व लॉर्ड-सभा द्वारा निर्मित ऐसी समितियों के पाँच सदस्य होते हैं। इन समितियों की शक्ति बड़ी व्यापक व महत्व की होती है। ये विधेयकों के रूप पर विचार कर उनकी वांछनीयता व अवांछनीयता के आधार पर उनमें फेरबदल भी करती हैं। ये न्यूनाधिक न्यायिक (Judicial) समितियाँ होती हैं। ये समितियाँ विधेयक में प्रस्तावित व्यवस्था से लाभान्वित होने वाले लोगों को और उन लोगों को गवाही के लिए बुला सकती है, जिन्हें उनसे हानि होने की संभावना हो। ये लोग स्वयं तथा अपने वकीलों के द्वारा अपने-अपने पक्ष को समितियों के समक्ष रख सकते हैं। समितियाँ सब सुनने के बाद यह निर्णय करती हैं कि किसी विधेयक का निर्माण होना चाहिए या नहीं अथवा यदि होना चाहिए तो उसका क्या रूप होना चाहिए? समितियों का निर्णय प्राय: अन्तिम होता है, क्योंकि प्राय: लोकसदन इन समितियों के प्रतिवेदन के विरुद्ध कार्य नहीं करता।

(5) सम्मिलित समितियाँ-समितियों का एक अन्य प्रकार 'सम्मिलित समितियों' का होता है। इनका निर्माण, दोनों सदनों में बराबर-बराबर सदस्य लेकर उन विधेयकों अथवा विषयों पर विचार करने के लिए किया जाता है, जिनमें दोनों सदन समान रूप से सम्बन्धित होते हैं। इन समितियों का रूप 'विशिष्ट समितियों' का होता है, क्योंकि इनमें दोनों सदनों के वे सदस्य सम्मिलित किये जाते हैं, जो सम्बन्धित विषय का विशिष्ट ज्ञान व उसके प्रति विशेष अभिरुचि रखते हैं। उस

समय जब दोनों सदनों की शक्तियाँ समान थीं, इन समितियों का बड़ा महत्व था, पर अब सन् 1911 व 1949 के संसदीय अधिनियमों के निर्माण के बाद 'लॉर्ड-सभा' की शक्ति क्षीण हो गयी है और सम्मिलित समितियों का महत्व भी कम हो गया है।

ब्रिटेन की संसद तथा अमरीका की कांग्रेस की समितियों की तुलना

ब्रिटेन और अमरीका की शासन प्रणाली की भिन्नता तथा दलीय अनुशासन के प्रति दृष्टिकोण में भिन्नता के कारण वहाँ की समिति-व्यवस्था में भी काफी अन्तर पाया जाता है। सर्वप्रथम, अमरीका में, जहाँ समितियों की सदस्यता के लिए तीव्र प्रतियोगिता है और 'वरिष्ठता' के सिद्धान्त का पालन किया जाता है, वहाँ इंग्लैण्ड में दोनों ही बातें नहीं हैं। दूसरे, इंग्लैण्ड में संसद के अध्यक्ष की भाँति समितियों के प्रधान को निष्पक्षता का परिचय देना होता है जबकि प्रतिवेदन उसके नाम से नहीं लिये जाते। तीसरे, अमरीका की व्यवस्था के विपरीत, इंग्लैण्ड की समिति में विधेयक से सम्बन्धित मंत्री अवश्य होता है, फलतः औपचारिकता बरती जाने के बावजूद दलीय परम्पराएँ उभर आती हैं, यद्यपि समिति में सरकारी पक्ष की हार सरकार के त्यागपत्र का कारण नहीं बनती। अन्त में, अमेरिका में समितियों को विधेयक में 'आमूल परिवर्तन' या उन्हें 'खारिज' करने की शक्ति मिली होती है, जो ब्रिटिश समितियों को प्राप्त नहीं है। फिर भी समिति में मंत्री की उपस्थिति से इस बात का आश्वासन रहता है कि "सदन में प्रतिवेदन गिरेगा वहीं, जबकि अमरीका की समितियाँ इस ओर से आश्वस्त नहीं हो सकतीं।"

विधि निर्माण या व्यवस्थापन प्रक्रिया

(Law Making or Legislative Procedure)

इंग्लैण्ड की संसद संसार की अत्यंत प्राचीन व्यवस्थापिकाओं में से है। अंग्रेजी संसद प्रतिवर्ष सैकड़ों कानून बनाती है। अतः यह आवश्यक था कि व्यवस्थापन के लिए किसी ऐसी प्रणाली का उद्भव किया जाता, जिसके अन्तर्गत व्यवस्थापन कार्य शीघ्रतापूर्वक सुचारु रूप से चल सकता। यही कारण है कि इंग्लैण्ड में व्यवस्थापन के लिए एक अत्यंत वैज्ञानिक प्रणाली का आर्विभाव हुआ है। संसदीय शासन प्रणाली के साथ-साथ इंग्लैण्ड इस क्षेत्र में भी जगत के अन्य देशों के लिए पथ-प्रदर्शक सिद्ध हुआ है।

विधेयकों के विविध प्रकार (Various Kinds of Bills)

इंग्लैण्ड की संसद द्वारा जिन विधेयकों पर विचार किया जाता है, वे मुख्य रूप से दो प्रकार के होते हैं- (1) सार्वजनिक-बिल (Public Bills) तथा (2)

निजी-विधेयक (Private Bill)। सार्वजनिक-विधेयक भी दो प्रकार के होते हैं- (i) निजी सदस्यों के विधेयक तथा (ii) सरकारी-विधेयक। सरकारी-विधेयक भी दो प्रकार के होते हैं। (अ) वित्त-विधेयक तथा (ब) सामान्य-विधेयक।

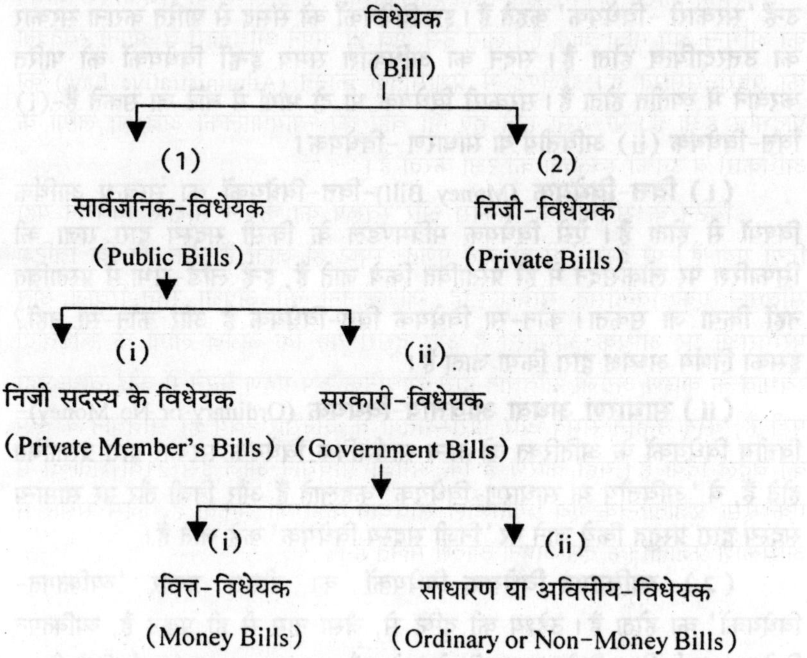

(1) सार्वजनिक विधेयक (Public Bill)-विधेयकों का पहला प्रकार 'सार्वजनिक विधेयकों' (Public Bills) का होता है। सार्वजनिक विधेयक, जैसा उसके नाम से प्रकट है, सार्वजनिक विषय से सम्बन्धित होता है। जैसे-शिक्षा पद्धति या करों में कोई संशोधन या परिवर्तन लाने वाला विधेयक। उसका उद्देश्य किसी सार्वजनिक हित को साधना होता है। यह सरकार के किसी सदस्य अर्थात् किसी मंत्री द्वारा प्रस्तुत किया जाता है। वह सार्वजनिक विधेयक जिसका सम्बन्ध वित्त सम्बन्धी मामले से होता है, 'वित्त विधेयक' कहलाता है। सार्वजनिक विधेयक को 'सरकारी विधेयक' भी कहा जाता है। सार्वजनिक विधेयकों के पुनः दो प्रमुख भेद किए गये हैं-

(i) निजी सदस्य विधेयक (Private Member's Bills)-ये वे सार्वजनिक विधेयक होते हैं, जिन्हें मंत्रियों के अतिरिक्त सदन के अन्य किसी सामान्य सदस्य द्वारा प्रस्तुत किया जाता है। लेकिन इस प्रकार के विधेयकों का सरकारी सहयोग के

अभाव में पारित होना बहुत कठिन होता है।

(ii) सरकारी-विधेयक (Government Bills)-जिन सार्वजनिक विधेयकों को मंत्रिमण्डल के सदस्यों द्वारा सरकार के नाम से सदन में प्रस्तुत किया जाता है, उन्हें 'सरकारी -विधेयक' कहते हैं। इन विधेयकों को संसद से पारित कराना सरकार का उत्तरदायित्व होता है। सदन का अधिकांश समय इन्हीं विधेयकों को पारित करवाने में व्यतीत होता है। सरकारी विधेयक भी दो भागों में बाँटे जा सकते हैं-(i) वित्त-विधेयक (ii) अवित्तीय या साधारण -विधेयक।

(i) वित्त-विधेयक (Money Bill)-वित्त-विधेयकों का सम्बन्ध आर्थिक विषयों से होता है। ऐसे विधेयक मंत्रिमण्डल के किसी सदस्य द्वारा राजा की सिफारिश पर लोकसदन में ही प्रस्तावित किये जाते हैं, इन्हें लॉर्ड-सभा में प्रस्तावित नहीं किया जा सकता। कौन-सा विधेयक वित्त-विधेयक है और कौन-सा नहीं? इसका निर्णय अध्यक्ष द्वारा किया जाता है।

(ii) साधारण अथवा अवित्तीय-विधेयक (Ordinary or No Money)-वित्तीय विधेयकों के अतिरिक्त जो अन्य सार्वजनिक विधेयक सरकार द्वारा प्रस्तावित होते हैं, वे 'अवित्तीय या साधारण-विधेयक' कहलाते हैं और निजी तौर पर सामान्य सदस्य द्वारा प्रस्तुत किये जाने पर 'निजी सदस्य विधेयक' कहे जाते हैं।

(2) व्यक्तिगत-विधेयक-विधेयकों का तीसरा प्रकार 'व्यक्तिगत-विधेयकों' का होता है। उद्देश्य की दृष्टि से, जैसा नाम से ही प्रकट है, व्यक्तिगत विधेयक सार्वजनिक विधेयक का विलोम होता है। इसका सम्बन्ध 'सार्वजनिक हित-साधन' से न होकर 'विशिष्ट हित-साधन' से होता है। ये विधेयक प्राय: नगरपालिकाओं तथा नगर-निगमों जैसी स्थानीय संस्थाओं द्वारा प्रार्थना-पत्रों के माध्यम से प्रस्तुत किये जाते हैं। उदाहरणार्थ, यदि कोई नगरपालिका स्थानीय विज्ञापनों के नियंत्रण से सम्बन्धित किसी विधेयक को प्रस्तुत करे अथवा अवकाश-प्राप्त सैनिकों का कोई संगठन किसी प्रकार के सैनिकों के लिए पेंशन दिये जाने से सम्बन्धित विधेयक प्रस्तुत करे, तो ये विधेयक 'व्यक्तिगत-विधेयक' कहे जायेंगे।

इन विधेयकों के पारित होने के लिए संसद में एक भिन्न प्रक्रिया को अपनाया जाता है। क्योंकि व्यक्तिगत विधेयकों का सम्बन्ध सार्वजनिक हित से न होकर विशिष्ट हित से होता है। इन विधेयकों को मंत्रियों द्वारा प्रार्थना-पत्र भेजकर नहीं प्रस्तुत किया जाता है, इनको पारित करने के लिए संसद में 'सार्वजनिक विधि निर्माण' प्रक्रिया से भिन्न प्रक्रिया अपनाई जाती है।

निजी-विधेयक (Private Bills) **तथा निजी सदस्य-विधेयक** (Private Member's Bills) **में अन्तर**

'निजी-विधेयक' किसी विशेष स्थान से सम्बन्धित स्थानीय महत्व के होते हैं। अत: इसका प्रभाव सीमित संख्या के लोगों पर पड़ता है। इसके विपरीत 'निजी सदस्य विधेयक' सर्वसाधारण या जनता के अधिकांश भाग से सम्बन्धित होते हैं। ये संसद के 'गैर-सरकारी सदस्यों' द्वारा प्रस्तुत किये जाते हैं। ये 'सार्वजनिक विधेयक' होते हैं।

व्यवस्थापन की प्रक्रिया तथा उसके विविध स्तर (Procedure of Legeslation and Its Various Stages)

(1) प्रस्तुतीकरण का प्रथम वाचन-व्यवस्थापन की प्रक्रिया में पहला स्तर विधेयक के प्रस्तुतीकरण (Introduction) तथा प्रथम-वाचन का होता है। सिद्धान्त: दोनों बातें भिन्न वस्तुएँ हैं, पर इंग्लैण्ड में ऐसी प्रथा है कि विधेयक का प्रस्तुतीकरण व प्रथम वाचन एक साथ ही होता है। विधेयकों के प्रस्तुतीकरण के विषय में यह स्मरणीय है कि कोई भी सार्वजनिक विधेयक सिद्धान्तत: किसी भी संसद सदस्य द्वारा प्रस्तुत किया जा सकता है। पर व्यवहार में सभी महत्वपूर्ण 'सार्वजनिक विधेयक' सरकार की ओर से किसी मंत्री द्वारा प्रस्तुत किये जाते हैं। 'वित्त-विधेयक' अनिवार्यत: वित्तमंत्री (Chancellor of the Exchequer) द्वारा ही प्रस्तुत किया जाता है। एक अन्य विशेष बात यह है कि साधारणत: कोई भी विधेयक संसद के दोनों सदनों में से किसी भी सदन में प्रस्तुत किया जा सकता है; पर यदि कोई विधेयक 'वित्त-विधेयक' होता है, तो वह केवल लोकसदन (House of Commons) में ही प्रस्तुत किया जाता है।

विधेयकों को प्रस्तुत करने की तीन विधियाँ प्रचलित हैं। पहली विधि 'साधारण प्रस्तुतीकरण' (Dummy Introduction) की विधि है। इसके अन्तर्गत विधेयक के प्रस्तावक को विधेयक प्रस्तुत करने से पहले किसी प्रकार का भाषण नहीं देना पड़ता। विधेयक को प्रस्तुत करने की लिखित सूचना वह सदन के 'लिपिक' (Clerk of the House) को देता है। अध्यक्ष, विधेयक को विधिवत् प्रस्तुत करने के लिए लिपिक को बुलाता है। वह आकर अपने विधेयक को सदन के लिपिक के पास जमा करा देता है तथा वह स्वयं या लिपिक, विधेयक के 'शीर्षक' को सुना देता है। इस प्रकार विधेयक का प्रस्तुतीकरण हो जाता है। इसके बाद एक प्रस्ताव किया जाता है कि 'विधेयक को पहली बार पढ़ा हुआ समझा जाय और उसे छपवाने की आज्ञा प्रदान की जाय।' इस प्रकार प्रस्ताव का प्रस्तुतीकरण व प्रथम वाचन समाप्त हो जाता

है। प्रस्तुतीकरण की दूसरी विधि को **'दस मिनट के नियम का प्रस्तुतीकरण'** (Introduction Under the Ten Minutes Rule) कहा जाता है। इस विधि का प्रयोग सरकार द्वारा उन महत्वपूर्ण विधेयकों के लिए किया जाता है कि 'विधेयक का प्रथम वाचन पूरा समझा जाय व उसे छपवाने की आज्ञा दी जाय।' इस प्रस्ताव के स्वीकार होने पर विधेयक का प्रस्तुतीकरण व प्रथम वाचन पूरा हो जाता है। यह स्पष्ट है कि इस विधि में किसी प्रकार का विशेष विवाद नहीं होने पाता। उसका अवसर विधेयक के दूसरे वाचन में ही आता है।

प्रस्तुतीकरण की तीसरी विधि वह होती है, जिसके अन्तर्गत विधेयक की व्यवस्था को संक्षेप में प्रस्तुत किया जाता है तथा जिसे 'विधेयक' की व्यवस्था पर प्रकाश डालने वाला 'प्रस्तुतीकरण' कहा जाता है। इस विधि के अन्तर्गत 'प्रस्तावक' अपने विधेयक सिद्धान्तों व उसके लाभों को बताते हुए एक लम्बा भाषण देता है तथा सदन में अपने विधेयक को प्रस्तुत करने की अनुमति देने का प्रस्ताव रखता है। विरोध करने वाले सदस्य उस विधेयक के सिद्धान्तों के दोषों को सदन के समक्ष रखते हुए इस प्रस्ताव का विरोध करते हैं कि ''विधेयक को सदन में प्रस्तुत करने की अनुमति न दी जाये। अंत में निर्णय मतदान द्वारा होता है।'' यदि सदन का निर्णय प्रस्तावक के पक्ष में होता है, तो फिर इस प्रकार का एक प्रस्तावक सदन के समक्ष रखा जाता है कि ''विधेयक का प्रथम वाचन पूर्ण समझा जाये व उसे छपवाया जाय''। इस विधि के अन्तर्गत जनता, विधेयक की ओर अत्यधिक आकर्षित होती है तथा लोकमत का निर्माण सरलता से हो जाता है। पर चूँकि इस विधि में अधिक समय लगता है, अत: अब इसे प्राय: प्रयोग में नहीं लाया जाता।

(2) द्वितीय वाचन–सदन में द्वितीय वाचन का प्रारम्भ उस समय होता है, जब कोई सदस्य, साधारणत: विधेयक का प्रस्तावक, यह प्रस्ताव करता है कि विधेयक को दूसरी बार पढ़ा जाय। द्वितीय वाचन के अन्तर्गत विधेयक के सिद्धान्तों व उसकी अच्छाई-बुराईयों पर पूर्ण विचार किया जाता है।

विधेयक के जीवन में 'द्वितीय वाचन' का बड़ा महत्व है। इसके अन्तर्गत विधेयक की धाराओं व उनकी रचना पर यद्यपि विचार नहीं होता, तथापि उसके सिद्धान्तों पर इस वाचन में विशद् रूप से विचार किया जाता है। इस वाचन में पूर्ण विधेयक को ही स्वीकार अथवा अस्वीकार किया जा सकता है। विधेयक को अस्वीकार करने का दूसरा ढंग यह है कि जब विधेयक का प्रस्ताव यह प्रस्तावक करे कि विधेयक को अब दूसरी बार पढ़ा जाय, तो विरोध पक्ष की ओर से विधेयक को

इतने समय बाद दूसरी बार पढ़ने का संशोधन रख दिया जाय कि संसद का सत्र ही समाप्त हो जाय। इस प्रकार विधेयक को स्पष्ट रूप से अस्वीकार भी नहीं किया जाता है तथा वह समाप्त भी हो जाता है। विधेयक को अस्वीकार करने का यह कुछ नम्रतापूर्ण ढंग है। द्वितीय वाचन में यदि सरकार की हार हो जाये, तो सरकार को त्यागपत्र देना पड़ता है। इसलिये सरकार की ओर से प्रस्तुत किये हुए विधेयकों के द्वितीय वाचन के समय बहुमत अपनी पूरी शक्ति पर लगा देता है कि सरकारी पक्ष की हार न होने पाये। पर इसका यह तात्पर्य नहीं होता कि विपक्ष द्वारा की हुई आलोचना व्यर्थ जाती है। जिन संशोधनों को सरकार उचित समझती है, वह उन्हें स्वीकार कर लेती है। यदि सरकार यह देखती है कि लोकमत किसी विधेयक के अत्यंत विरुद्ध है, तो वह स्वयं ऐसे विधेयक को वापस भी ले लेती है। सन् 1936 में कोयले की खानों से सम्बन्धित विधेयक के विषय में ऐसा ही हुआ था। सरकार को विरोध के कारण उसे वापस लेना पड़ा था।

(3) **समिति स्तर**-द्वितीय वाचन में जब विधेयक के सिद्धान्त सदन द्वारा स्वीकार कर लिये जाते हैं, तब उसे सदन की किसी समिति के सुपुर्द किया जाता है। वित्त विधेयकों को सम्पूर्ण सदन की किसी 'समिति' को दिया जाता है तथा सभी विधेयकों को किसी 'स्थायी समिति' को दिया जाता है। कभी-कभी विधेयकों को किसी 'विशिष्ट समिति' को भी दे दिया जाता है। पर उसके बाद भी उसे किसी-न-किसी 'स्थायी समिति' अथवा 'सम्पूर्ण सदन की समिति' के पास विचारार्थ भेजा जाता है। विधेयक के जीवन में 'समिति स्तर' का भी बड़ा महत्व है। इस स्तर पर विधेयक को विधेयक के रूप में पूर्ण बनाया जाता है। इस स्तर पर विधेयक पर धारा-प्रति-धारा एवं शब्द-प्रत्ति-शब्द विचार किया जाता है। यह विचार अनौपचारिक होता है। इसमें सदन में बरते जाने वाले नियमों की कठोरता नहीं होती। यहाँ प्रस्ताव का समर्थन होना आवश्यक नहीं होता। कोई सदस्य कितनी भी बार बोल सकता है। लोकसदन का अध्यक्ष बैठक का सभापतित्व नहीं करता है, अतः अनुशासन के नियमों का पालन भी नहीं किया जाता। विधेयक के विषय में वास्तविक कार्य, 'समिति स्तर' पर ही होता है।

(4) **प्रतिवेदन स्तर**-अमरीका की समितियों की तरह इंग्लैण्ड की समितियों को किसी विधेयक को अस्वीकार करने अथवा बिना कुछ किये, रख छोड़ने का अधिकार नहीं है। अतः ये प्रत्येक विधेयक को अपने प्रतिवेदन के साथ सदन को लौटाती हैं। यह पूर्णतः सदन के अधिकार की बात है कि समितियों के प्रतिवेदन में

दिये गये सुझावों को वह स्वीकार करे या न करे। सदन का प्रतिवेदन कुछ भी क्यों न हो, विधेयक के स्वरूप व उसके सिद्धान्तों के विषय में अन्तिम निर्णय करना सदन का कार्य है। उन विधेयकों के विषय में जिन्हें सम्पूर्ण सदन की समिति को सुपुर्द किया जाता है, 'प्रतिवेदन स्तर' केवल औपचारिक होता है। सम्पूर्ण सदन की समिति में विचार होने के बाद विधेयक का जो रूप बनता है, उसके विषय में केवल एक नाममात्र का प्रतिवेदन दे दिया जाता है तथा सदन उसे बिना किसी विशेष वाद-विवाद के स्वीकार कर लेता है। कुछ आलोचकों का कहना है कि प्रतिवेदन स्तर में समय बहुत बर्बाद होता है, क्योंकि सदन उन सब परिवर्तनों व संशोधनों पर पुनः पूर्णतः विचार करता है तथा कभी-कभी तो वह ऐसा केवल यह दिखने के लिए ही करता है कि उसकी सत्ता इस सम्बन्ध में 'सर्वोच्च' है।

(5) तृतीय वाचन-विधेयक के जीवन का तीसरा स्तर तृतीय वाचन का होता है। तृतीय वाचन में अध्यक्ष प्रस्ताव करता है कि "विधेयक को अब तीसरी बार पढ़ा जाय। तृतीय वाचन में भी द्वितीय वाचन की तरह विधेयक के सिद्धान्तों पर ही विचार होता है। तथा उन्हीं पर राजनीतिक वाद-विवाद होता है। विधेयक के रूप पर कोई वाद-विवाद नहीं होता, अतः इस स्तर पर वाक्य-प्रति-वाक्य अथवा शब्द-प्रति-शब्द विचार नहीं होता, केवल उसके सिद्धान्तों तथा उसके लाभ-हानि पर विचार होता है। इस वाचन में नियमित संशोधन स्वीकार नहीं किये जाते हैं। केवल परिवर्तन 'विधेयक के प्रारूप' में किये जाते हैं। तथ्यों की दृष्टि से उसमें कोई परिवर्तन नहीं किया जा सकता। अंत में यदि आवश्यक होता है, तो मतदान होता है। यदि विधेयक स्वीकार हो जाता है, तो वह दूसरे सदन में भेजे जाने के योग्य हो जाता है।

(6) दूसरे सदन की प्रक्रिया-एक सदन द्वारा पारित होने पर विधेयक दूसरे सदन में भेजा जाता है। अधिकतर सरकारी विधेयक चूँकि पहले लोकसदन में प्रस्तुत किये जाते हैं, अतः लोकसदन द्वारा विचार होने के पश्चात् विधेयक लॉर्ड-सभा में जाया करते हैं। सन् 1855 तक ऐसी प्रथा थी कि 'वह मंत्री, जो विधेयक को लोकसभा में प्रस्तुत करता था, लॉर्ड-सभा में भी उसे प्रस्तुत करता था।' पर अब सदन का लिपिक विधेयक को दूसरे सदन में ले जाता है। जहाँ तक प्रक्रिया का प्रश्न है, उसमें दोनों सदनों की प्रकिया में कोई विशेष अन्तर नहीं है। दूसरे सदन में भी वे ही स्तर-प्रथम वाचन व प्रस्तुतीकरण, द्वितीय वाचन, समिति स्तर, प्रतिवेदन स्तर तथा तृतीय वाचन होते हैं; पर अन्तर केवल इतना है कि वहाँ पर समिति स्तर पर 'स्थायी

समितियों' व 'विशिष्ट समितियों' का प्रयोग नहीं किया जाता, वरन् वहाँ सम्पूर्ण सदन की समिति का प्रयोग किया जाता है। परिणामस्वरूप विधेयक, लॉर्ड-सभा द्वारा शीघ्र पारित कर दिये जाते हैं, क्योंकि जब विधेयक 'सम्पूर्ण सदन की समिति' को दिये जाते हैं, को 'प्रतिवेदन स्तर' केवल एक उपचार-मात्र रह जाता है। यदि विधेयक दूसरे सदन द्वारा स्वीकृत कर लिया जाता है अथवा उसके द्वारा प्रस्तावित संशोधनों को पहला सदन स्वीकार कर लेता है, तो विधेयक को राजा की स्वीकृति के लिए भेज दिया जाता है।

(7) विधेयक पर दोनों सदनों के मतभेद का समाधान-पर यदि दोनो सदनों में मतभेद होता है, तो उसे दूर करने के लिए दो विधियों का प्रयोग किया जाता है।

पहली विधि दोनों सदनों के कुछ प्रतिनिधियों, जिन्हें 'प्रबंधक' (Managers) कहते हैं, के सम्मेलन द्वारा पारस्परिक मतभेद को समाप्त करने की होती है। सम्मेलन में लोकसदन के प्रबन्धकों की संख्या, लॉर्ड-सभा के प्रबंधकों की संख्या की दुगुनी होती है। यह सम्मेलन दोनों सदनों के मतभेदों को दूर करने पर विचार करता है। यह सम्मेलन 'स्वतंत्र तथा अन्तरंग (Closed)' दोनों प्रकार का होता है। 'अन्तरंग सम्मेलन' में मतभेद के आधारों को एक लिखित बयान के रूप में विरोधी सदन के प्रबन्धकों के द्वारा प्रस्तुत किया जाता है। 'स्वतंत्र सम्मेलन' में प्रबन्धक, मतभेद के आधारों को मौखिक रूप से प्रस्तुत कर सकते हैं तथा उनके पक्ष में विस्तारपूर्वक कह सकते हैं। सन् 1836 से स्वतंत्र सम्मेलन का प्रयोग नहीं हुआ है, यद्यपि 'ब्राइस समिति' के मतानुसार दोनों सदनों के मतभेदों को सुलझाने का यह सबसे अच्छा ढंग है।

दूसरे ढंग का प्रारंभ सन् 1851 में हुआ। इसके मतानुसार दोनों सदन अपने मतभेदों को लिखित सन्देशों द्वारा दूर करने का प्रयत्न कर सकते हैं। यदि सम्मेलन तथा लिखित सन्देशों द्वारा दोनों ही प्रकार से मतभेद दूर न हो सकें, तो सन् 1911 के 'संसदीय कानून' के पारित होने के बाद व्यवस्था ऐसी थी कि विधेयक समाप्त हो जाता था। पर उक्त कानून के पारित होने के बाद व्यवस्था ऐसी रही कि उसके अनुसार दोनों सदनों के बीच मतभेद की दशा में लॉर्ड-सभा, लोकसदन द्वारा पारित विधेयकों को दो वर्ष तक कानून बनाने से रोक सकती थी। पर सन् 1949 के संसदीय कानून के अनुसार अब ऐसी व्यवस्था के अनुसार मतभेद की दशा में विधेयक के भाग्य का अन्तिम निर्णय लोकसदन के हाथ में रहता है।

(8) राजकीय स्वीकृति-विधेयक के जीवन का अन्तिम स्तर 'राजकीय स्वीकृति' (Royal Assent) का होता है। यह स्तर केवल औपचारिक होता है। विधेयक राजा की स्वीकृति के लिए प्रस्तुत किये जाते हैं तथा अध्यक्ष की उपस्थिति में उनके 'शीर्षक' लॉर्ड-सभा में पढ़े जाते हैं।

जैसा उपर्युक्त विवेचन से हमने देखा, इंग्लैण्ड में व्यवस्थापन कार्य बड़े 'वैज्ञानिक ढंग' से होता है तथा व्यवस्थापन की उक्त वैज्ञानिक प्रक्रिया के माध्यम से अंग्रेजी संसद इस बात का प्रयत्न करती है कि व्यवस्थापन अच्छे-से-अच्छे रूप में हो तथा उसके द्वारा राष्ट्रीय हित की साधना हो सके। फिर भी वहाँ की व्यवस्थापन प्रक्रिया में कभी-कभी समय बहुत अधिक लगता है, इसका कारण यह है कि इस बात की कोई निश्चित व्यवस्था नहीं है कि व्यवस्थापन के विविध स्तरों के बीच कितना समय व्यतीत होना चाहिए। इसके अतिरिक्त इंग्लैण्ड की व्यवस्थापन की प्रक्रिया की आलोचना इस आधार पर भी की जाती है कि उसमें वाद-विवाद में भी अत्यधिक समय लगता है। इस समय को कम किये जाने के उद्देश्य से वाद-विवाद को सीमित किये जाने के लिये उसके समापन की भी व्यवस्था है।

समापन (Closure)

वाद-विवाद अत्यधिक अनावश्यक रूप से लम्बा न चलने पाये, इसके लिये व्यवस्थापन की प्रक्रिया में 'समापन' की विधि का प्रयोग किया जाता है। समापन के मुख्यत: तीन प्रकार हैं:

(1) साधारण समापन (Simple Closure)-समापन की इस विधि में-यदि कोई सदस्य किसी विषय पर होने वाले वाद-विवाद को बन्द कराना चाहता है, तो वाद-विवाद के विषय से भिन्न किसी अन्य विषय पर प्रश्न पूछने लगता है। इसका आशय यही होता है कि चल रहे वाद-विवाद को समाप्त किया जाय। ऐसा होने पर अध्यक्ष वाद-विवाद बन्द करने का प्रस्ताव सदन के समक्ष रख देता है और यदि ऐसे प्रस्ताव के पक्ष में सदन के कम-से-कम 100 सदस्य हों, तो सदस्य वाद-विवाद को समाप्त कर विषयगत प्रस्ताव को मतदान के लिये रख सकता है।

(2) गिलोटीन अथवा टुकड़ा-टुकड़ा करके समापन (Guillotine Closure by Compartment)-समापन की इस विधि का नामकरण फाँसी देने के उस यंत्र के नाम पर किया गया है, जिसमें तेज धार वाला एक फलक होता था और जो निर्धारित समय पर अपराधी के सिर पर गिरकर उसके सिर को उसके धड़ से अलग करते हुए उसके दो टुकड़े करके, उसके जीवन को समाप्त कर देता था। इसी

आधार पर इस विधि में विधेयक पर टुकड़ों में, अर्थात् धारा-प्रति-धारा बहस की जाती है और पूर्व निर्धारित समय पर उसे बन्द करके उस पर मतदान करा लिया जाता है। इस सम्बन्ध में प्रयोग की जाने वाली कठोरता के कारण इस विधि को 'गिलोटिन की विधि' कहा जाता है और टुकड़ों में बहस की व्यवस्था के कारण उसे 'टुकड़ा-टुकड़ा करके समापन की विधि' या 'विभागीय समापन की विधि' कहा जाता है।

(3) **कंगारू समापन** (Kangaroo Closure)-समापन की इस विधि का नाम ऑस्ट्रेलिया में पाये जाने वाले एक जानवर के नाम पर रखा गया है, जो चलने के लिए छलांगे भरता है। इस प्रक्रिया का प्रयोग किसी विधेयक पर प्रस्तावित संशोधनों के निबटारे के लिये किया जाता है। इस विधि के अन्तर्गत सदन का अध्यक्ष व सम्पूर्ण समिति का अध्यक्ष, दोनों मिलकर अनेक संशोधनों में से कुछ संशोधनों को विचार के लिये छाँट लेते हैं। इस प्रकार विचार के लिये संशोधनों को छाँटने में चूँकि 'कंगारू' की तरह छलांग लगाई जाती है, अतः इस विधि को 'कंगारू समापन की विधि' कहा जाता है।

वित्त विधेयक के व्यवस्थापन की प्रक्रिया की विशेषताएँ

वित्त विधेयकों के विषय में कुछ विशेषताएँ बरती जाती हैं, जो निम्न प्रकार हैं:

(1) वित्त विधेयक केवल लोकसदन में ही पहले प्रस्तुत किये जाते हैं, क्योंकि इंग्लैण्ड में यह एक सर्वमान्य राजनीतिक तथ्य है कि "राजकोष जनता की वस्तु हैं, तथा उसका नियंत्रण जनता के प्रतिनिधि-सदन- 'लोकसदन' के हाथ में होना चाहिए।"

(2) वित्त विधेयक सरकार की ओर से प्रस्तुत किये जाते हैं। साधारणतः वे 'वित्तमंत्री' द्वारा प्रस्तुत किये जाते हैं, क्योंकि वित्त की प्रत्येक माँग तथा नवीन करों के प्रस्तावों के लिए राजा या रानी द्वारा पूर्व-स्वीकृति होनी चाहिए। इस स्वीकृति को केवल कोई मंत्री ही प्राप्त कर सकता है। इसके अतिरिक्त यह भी आवश्यक है कि राजा द्वारा स्वीकृत माँग से अधिक धन की स्वीकृति, उसके अतिरिक्त अन्य कोई न कर सके। इसलिए ऐसी व्यवस्था है कि लोकसदन, वित्त-विधेयक की आलोचना कर सकता है, उसमें प्रस्तुत माँगों में कमी कर सकता है, पर उसमें वृद्धि नहीं कर सकता।

(3) द्वितीय वाचन के अन्तर्गत सिद्धान्तों के स्वीकार होने के पश्चात् 'वित्त-विधेयक' के लिए यह आवश्यक है कि उसे सम्पूर्ण सदन की समिति के विचारार्थ

भेजा जाय। सम्पूर्ण सदन की समिति जब विधेयक के व्यय से सम्बन्धित भाग पर विचार करती है, तब उसे 'पूर्ति समिति' (Committee of Supply) कहा जाता है तथा जब वह उसके आय के साधनों से सम्बन्धित भाग पर विचार करती है, तब उसे 'साधन समिति' (Committee of Ways and Means) कहा जाता है।

(4) वित्त विधेयकों को पारित करने का अन्तिम अधिकार लोकसदन को प्राप्त है। सन् 1949 के संसदीय कानून के अनुसार वर्तमान व्यवस्था यह है कि कॉमनसभा वित्त विधेयक के पारित होने के केवल एक माह की देर कर सकती है।

व्यक्तिगत सदस्यों के प्रस्तावों व विधेयकों से सम्बन्धित प्रक्रिया की विशेषताएँ

(1) व्यक्तिगत सदस्यों के प्रस्तावो व विधेयकों के लिए संसद के कार्यक्रम मे बहुत कम समय मिलता है। 'व्यक्तिगत सदस्यों के विधेयक' कानूनों में उसी प्रकार संशोधन प्रस्तावित कर सकते हैं, जिस प्रकार 'सरकारी विधेयक' करते हैं; पर व्यक्तिगत सदस्यों के विधेयक ऐसे नहीं हो सकते, जिनका सम्बन्ध सार्वजनिक धन के व्यय से हो।

(2) व्यक्तिगत सदस्यों के विधेयकों के लिए यह आवश्यक है कि वे संसद के किसी साधारण सदस्य के द्वारा प्रस्तुत किये जायें।

व्यक्तिगत विधेयकों से सम्बन्धित प्रक्रिया की विशेषताएँ

(1) 'व्यक्तिगत सदस्यों के विधेयक' ऐसे 'साधारण सार्वजनिक विधेयक' (Public Bills) होते हैं, जो साधारण संसद-सदस्यों द्वारा प्रस्तुत किये जाते हैं। 'व्यक्तिगत विधेयक' (Private Bills) वे विधेयक होते हैं, जिनका सम्बन्ध किसी स्थानीय वैयक्तिक विषय से होता है।

(2) 'सार्वजनिक विधेयक' संसद में साधारणत: सरकार के किसी सदस्य द्वारा तथा कभी-कभी साधारण संसद सदस्य द्वारा प्रस्तुत किये जाते हैं, पर 'व्यक्तिगत विधेयक' प्राय: संसद के बाहर से व्यक्तियों अथवा संस्थाओं द्वारा संसद को भेजे जाते हैं। 'व्यक्तिगत विधेयकों' के प्रस्तुतीकरण के लिए यह आवश्यक है कि उनके लिए एक प्रार्थना-पत्र, मय उनके प्रारूप के, व्यक्तिगत विधेयकों के कार्यालय में दिया जाय। उसके विषय में सरकारी गजट की घोषणा की जाय, विधेयक का प्रस्तुतीकरण चाहने वाला उतनी धनराशि, 'सरकारी कोष' में जमा करे, जितनी उसमें व्यय होने की संभावना हो तथा एक अधिकारी विधेयक के विषय में यह प्रमाणित करे कि वह 'नियमानुसार' है।

(3) 'द्वितीय वाचन' के अन्तर्गत विधेयक के सिद्धान्तों पर विस्तापूर्वक विवाद होता है तथा यदि विधेयक बिना किसी विरोध के पारित हो जाता है, तो उसे निर्विरोध 'विधेयकों की समिति' के सुपुर्द कर दिया जाता है। समिति विधेयक की धाराओं पर विस्तारपूर्वक विचार करती है तथा अपने प्रतिवेदन के साथ उसे सदन को वापस कर देती है।

यदि किसी विधेयक का विरोध होता है, तो ऐसे विधेयक को व्यक्तिगत विधेयकों की समिति के सुपुर्द कर दिया जाता है। यह समिति विधेयक के विषय में न्यायिक जाँच करती है, जिसमें विधेयक के पक्ष-विपक्ष दोनों के ही लोग अपने-अपने पक्ष की बात समिति के समक्ष रखते हैं। समिति अपनी जाँच केवल विधेयक की प्रस्तावना तक ही सीमित रखती है तथा विधेयक के 'सिद्धान्तों' पर ही वह पक्ष-विपक्ष के तर्क सुनती है। यदि समिति का मत यह होता है कि विधेयक 'कानून' बनने के योग्य नहीं है, तो वह उसकी धाराओं पर विस्तारपूर्वक विचार करती है और अपने प्रतिवेदन के साथ उसे सदन को वापस भेज देती है।

इसके बाद 'प्रतिवेदन-स्तर' पर तृतीय वाचन, 'व्यक्तिगत' विधेयकों का भी उसी प्रकार होता है, जिस प्रकार 'सार्वजनिक विधेयकों' का होता है।

इस प्रक्रिया के दोष भी बड़े महत्वपूर्ण हैं। 'व्यक्तिगत विधेयकों' में पारित होने की प्रक्रिया में व्यक्तिगत स्वार्थों का इतना बोलबाला होता है कि सार्वजनिक हित की बात गौण बन जाती है। जब समिति विधेयकों पर विचार करती है, तो वह साधारणतः उन्हीं लोगों को बुलाती है, जो निहित स्वार्थों का प्रतिनिधित्व करते हैं। परिणामस्वरूप इस बात की संभावना रहती है कि 'समिति निर्णय लेते समय केवल व्यक्तिगत हितों का ध्यान रखकर अपना निर्णय दे दे और सार्वजनिक हितों का ध्यान न रखें।' प्रक्रिया बड़ी खर्चीली भी है। इसमें बड़े-बड़े वकीलों से काम लेना पड़ता है तथा उन्हें पारिश्रमिक देना पड़ता है। सरकारी कोष में 'विधेयक के पारायण का सम्भावित व्यय' जमा करना पड़ता है तथा अन्य अनेक प्रकार के शुल्क देने पड़ते हैं। समिति के समक्ष, उपस्थित साक्षियों के आने-जाने में बड़ा व्यय होता है।

अस्थायी आदेश (Provisional Orders)

उक्त दोषों को 'अस्थायी आदेशों' (Provisional Orders) की व्यवस्था द्वारा दूर करने का प्रयत्न किया गया है। इस व्यवस्था के अन्तर्गत संसद शासन के विविध विभागों को यह अधिकार देती है कि 'व्यक्तिगत हितों की पूर्ति विविध विभाग अस्थायी आदेश जारी करके करते रहें।' व्यक्तिगत हितों से समबन्धित लोग

सम्बन्धित विभाग को प्रार्थना-पत्र देते हैं, उसमें वे यह बताते हैं कि किस प्रकार के अस्थायी आदेश द्वारा उनकी आवश्यकता पूरी हो सकती है। विभाग साक्षियों को बुलाता है, पक्ष-विपक्ष की बात सुनता है तथा पूरी जाँच के बाद आवश्यक 'अस्थायी आदेश' जारी करता है। इस प्रकार जारी 'अस्थायी आदेशों' की संख्या जब पर्याप्त हो जाती है, तब उन सबको इकट्‌ठा करके सम्बन्धित विभाग के मंत्री द्वारा पुष्टिकरण के लिए संसद के समक्ष 'सरकारी विधेयक' के रूप में प्रस्तुत कर दिया जाता है। इस प्रकार के विधेयक यद्यपि सरकार की ओर से रखे जाते हैं, तथापि पारित होने की प्रक्रिया 'व्यक्तिगत विधेयकों' जैसी होती है। प्रस्तुतीकरण व प्रथम वाचन के पश्चात् द्वितीय वाचन होता है। उसके पश्चात् पुष्टिकरण विधेयक निर्विरोध विधेयकों की समिति के सुपुर्द कर दिये जाते हैं। समिति, पक्ष-विपक्ष द्वारा प्रस्तुत किए हुए तर्कों पर विचार करके अपने प्रतिवेदन सहित विधेयक को संसद को वापस कर देती है, जहाँ 'सार्वजनिक विधेयक के पारायण' की प्रक्रिया द्वारा वह पारित कर दिया जाता है। अस्थायी आज्ञाओं की व्यवस्था, व्यक्तिगत विधेयकों के पारायण की प्रक्रिया के दोषों को काफी दूर कर देती है। पुष्टिकरण विधेयक चूँकि सरकार के मंत्रियों द्वारा प्रस्तुत किये जाते हैं, अतः सार्वजनिक हितों का संरक्षण बना रहता है। इसके अतिरिक्त व्यय की बचत होती है, क्योंकि अनेक 'व्यक्तिगत विधेयक' अस्थायी आज्ञाओं के रूप में तथा एक विधेयक के रूप में एक ही समय में पारित हो जाते हैं। समय की भी बचत होती है, क्योंकि संसद व समिति दोनों ही पुष्टिकरण विधेयक पर अनेक बार के स्थान पर एक ही बार में विचार कर लेते हैं।

फिर भी अस्थायी आज्ञाओं की व्यवस्था द्वारा कर्मचारीतंत्र तथा मंत्रिमण्डल का अधिकार, व्यवस्थापन पर बढ़ गया है। संसद व समिति जो विचार 'पुष्टिकरण विधेयक' पर करती है, वह केवल औपचारिक भी होता है, क्योंकि जितनी अस्थायी आज्ञाएँ एक पुष्टिकरण विधेयक में सम्मिलित होती हैं, उन पर पूर्ण विचार संभव नहीं होता।

इंग्लैण्ड में अधिकृत (प्रदत्त) व्यवस्थापन

(Delegated Legislation in England)

संसार के अन्य देशों की तरह इंग्लैण्ड में भी व्यवस्थापन का कार्य इतना अधिक बढ़ गया है कि संसद उस सबको पूरा नहीं कर पाती। इसके अतिरिक्त व्यवस्थापन का रूप भी अब इतना पेचीदगीपूर्ण हो गया है कि उसकी सब बारीकियों को अधिनियमों में सम्मिलित किया जाना, उन्हें साधारणतः बड़ा बनाये बिना संभव

नहीं होता। ऐसी स्थिति में अब परिपाटी यह चल पड़ी है कि संसद द्वारा पारित अधिनियमों में व्यवस्थाओं की केवल मोटी रूपरेखा दे दी जाती है और उसके अधीन शासन के विविध विभाग उन नियमों का निर्माण करते हैं, जो सम्बन्धित अधिनियमों को क्रियान्वित करने में सहायक होते हैं तथा जो उसी प्रकार लागू किये जा सकते हैं, जिस प्रकार उनसे सम्बन्धित कानून लागू किये जाते हैं। इस परिपाटी में संसद कानून का केवल अस्थिपंजर मात्र तैयार करती है और उस पर आवश्यक रक्त व मांस चढ़ाने का कार्य शासन के सम्बन्धित विभाग करते हैं। इस प्रकार शासन को एक प्रकार के 'उप-व्यवस्थापन' (Sub-Legislation) की शक्ति प्राप्त हो जाती है, जिसे 'अधिकृत या प्रदत्त व्यवस्थापन' (Delegated Legislation) भी कहा जाता है।

अधिकृत व्यवस्थापन का विकास (Development of Delegated Legislation)

कार्यपालिका को संसद द्वारा व्यवस्थापन करने का अधिकार दिये जाने के उदाहरण हमें ट्यूडर सम्राट 'हेनरी अष्टम' के समय से मिलते हैं और उसी समय से इस सम्बन्ध में 'हेनरी अष्टम धारा' (Henry VIII Clause) प्रसिद्ध है, जिसके अनुसार शासन के मंत्रियों को अधिनियमों के सुविधापूर्ण क्रियान्वयन के लिए नियम बनाने का अधिकार प्राप्त माना जाता है। आधुनिक समय में इस प्रकार के नियमों के निर्माण का चलन इतना अधिक हो गया है कि उसे अब स्वयं 'उप-व्यवस्थापन' या 'अधिकृत व्यवस्थापन' का नाम दिया जाने लगा है। सन् 1919 से इस प्रकार के व्यवस्थापन का चलन बढ़ता ही गया है। सन् 1919 में संसद द्वारा पारित 60 अधिनियमों में से 20 में शासन को आवश्यक विनियमों के निर्माण का अधिकार प्रदान किया गया है। सन् 1927 में संसद द्वारा पारित 43 अधिनियमों के अधीन शासन द्वारा 1,349 विनियमों का निर्माण किया गया। सन् 1945 में शासन द्वारा निर्मित विनियमों की संख्या 1789 रही। इस प्रकार यह स्पष्ट है कि अधिकृत व्यवस्थापन की परिपाटी लगातार विकास ही ओर उन्मुख है।

अधिकृत व्यवस्थापन के विकास के कारण

(Factors Responsible for the Development of Delegated Legislation)

ब्रिटेन में अधिकृत व्यवस्थापन का विकास निम्न कारणों से हुआ है:

(1) राज्य के कार्यक्षेत्र के विस्तार के कारण व्यवस्थापन-कार्य का विस्तार-20वीं सदी में सारे संसार की तरह ब्रिटेन में भी राज्य का रूप 'पुलिस राज्य' का न रहकर 'लोक-कल्याणकारी राज्य' का हो गया है और उसके कारण राज्य के व्यवस्थापन-कार्य का अत्यधिक विस्तार हो गया है। अतः संसद अब समय की कमी

के कारण विधियों में किसी व्यवस्था की केवल मोटी रूपरेखा दे देती है और उनके क्रियान्वयन के लिए आवश्यक नियमों के निर्माण का कार्य शासन के विविध विभागों के लिए छोड़ देती है।

(2) व्यवस्थापन का पेचीदगीपूर्ण स्वरूप (Complicated Nature of Legislation)–व्यवस्थापन का रूप इतना जटिल व पेचीदगीपूर्ण होता है कि उसे सामान्य सांसद भली प्रकार से समझ नहीं पाते। औद्योगिक व अनेक वैज्ञानिक विषयों से सम्बन्धित व्यवस्थापन में इतनी पेचीदगियाँ होती हैं कि उन्हें पूरा करते हुए विधियों के निर्माण–कार्य में अत्यधिक समय लग सकता है। अतः संसद अब विधियों के निर्माण में केवल सिद्धान्तों पर आधारित मोटी बातों का ही समावेश करती है और विवरण की बातों का कार्य वह शासन के विविध विभागों पर छोड़ देती है, जो उप–व्यवस्थापन के माध्यम से पूरा करते हैं।

(3) कानूनों को लागू किये जाने की कठिनाई (Difficulty in the Implementation of Laws)–कानूनों का निर्माण जिन परिस्थितियों के लिए किया जाता है, वे प्रायः बदलती रहती हैं। अतः बदली हुई परिस्थितियों में कानूनों को लागू करने में कठिनाई होती हैं। अतः उन परिस्थितियों में कानूनों में परिवर्तन किये बिना उन्हें लागू किये जाने के लिए शासन के विविध विभाग, उनके अधीन नियमों का निर्माण करते हैं।

(4) संकटकाल का सामना करने के लिए (To meet the Emergency)–संकटकाल का सामना करने के लिए भी 'अधिकृत व्यवस्थापन' का सहारा लेना पड़ता है। युद्ध अथवा अन्य किसी कारण से 'संकटकाल' उपस्थित होने पर कभी–कभी ऐसी स्थिति आ जाती है कि संसद के पास विधिवत् विधि–निर्माण करने के लिए समय नहीं होता। ऐसी स्थित में संसद स्वयं कार्यपालिका को स्थिति से निबटने तथा आवश्यक नियमों व विनियमों के निर्माण के लिए अधिकृत कर देती है। सन् 1939 में द्वितीय विश्वयुद्ध के समय ब्रिटिश संसद ने 'संकटकालीन सुरक्षा अधिनियम' पारित करके शासन को 'अधिकृत व्यवस्थापन' द्वारा संकटकाल से निबटने के लिए अधिकार प्रदान कर दिया था।

अधिकृत व्यवस्थापन की आलोचना (Criticism of Delegated Legislation)

अधिकृत व्यवस्थापन का विस्तार इतना अधिक हो गया है कि वह सामान्य व्यवस्थापन पर छा गया है। अतः अनेक ओर से उसकी आलोचना की जाती है। उसकी आलोचना के आधार निम्न प्रकार हैं:

(1) नव अधिनायकवाद का उदय (Rise of New Despotism)–अधिकृत व्यवस्थापन की परिपाटी ने एक प्रकार से नवीन प्रकार के अधिनायकवाद को जन्म दिया है, जो स्पष्ट रूप से अधिनायकवाद न होते हुए भी 'अधिनायकवाद' है, क्योंकि इसके द्वारा कार्यपालिका को 'अधिनायकीय अधिकार' प्राप्त हो गये हैं, जिसके माध्यम से वह अपनी तानाशाही चलाने में समर्थ हो जाती है।

(2) संसद की सर्वोच्चता पर कुठाराघात (Onslanght upon the Parliamentary Supremacy)–अधिकृत व्यवस्थापन की परिपाटी संसद की उस सर्वोच्चता पर भी कुठाराघात करती है, जो इंग्लैण्ड के संविधान की एक मुख्य विशेषता है, क्योंकि इसके कारण व्यवस्थापन के क्षेत्र में कार्यपालिका भी संसद की शक्ति की सहभागिनी बन जाती है।

(3) विधि के शासन व सामान्य न्यायालयों की शक्तियों पर प्रतिबंध (Limitation of the Rule of Law and the Powers of the Ordinary courts)–'विधि का शासन' तथा 'देश के सामान्य न्यायालयों द्वारा न्याय-कार्य का सम्पादन', ब्रिटेन के संविधान की एक प्रमुख विशेषता है। अधिकृत व्यवस्थापन की परिपाटी ने बहुत हद तक ब्रिटेन के संविधान की इस विशेषता को भी नष्ट कर दिया है और विधि के शासन व सामान्य न्यायालयों की शक्तियों को प्रतिबन्धित कर दिया है, क्योंकि शासन के परिनियमों के अधीन अनेक ऐसे 'प्रशासनिक न्यायाधिकरणों' (Administrative Tribunals) की स्थापना की गई है, जो उनके अनुसार निर्धारित क्षेत्रों में न्याय-कार्य करते हैं। जैसा लार्ड हीबर्ट ने कहा है "प्रशासनिक न्यायाधिकरण न्यायालयों के अधिकारों को सीमित करते हैं। इसलिये इससे विधि के शासन के लिये एक बहुत बड़ा खतरा है।"

(4) नौकरशाही का वर्चस्व –अधिकृत व्यवस्थापन की आलोचना इस प्रकार भी की जाती है कि 'उसके कारण नौकरशाही का बोलबाला हो गया है।' रैमजे म्योर के अनुसार, यह 'नौकरशाही' की विजय है। क्योंकि जैसा उन्होंने कहा है, "संसद ने अपने अधिकार उस नौकरशाही को समर्पित कर दिये हैं, जो प्रच्छन्न रूप से उनका वास्तविक प्रयोग करती है।" सर एफ. पोलक ने तो इस सम्बन्ध में यहाँ तक अपना मत व्यक्त किया है कि "अधिकृत व्यवस्थापन के कारण नौकरशाही ने 'राज्य के भीतर राज्य' बना लिया है।"

(5) लोकतंत्र व व्यक्तिगत स्वतंत्रता के लिये भयंकर (Dangerous to Democracy and Individual Liberty)–अधिकृत व्यवस्थापन के माध्यम से

नौकरशाही को अत्यधिक व्यापक शक्तियाँ प्राप्त हो जाती हैं, जो प्रत्यक्ष रूप से जनता के प्रति उत्तरदायी नहीं होती। यह स्थिति लोकतंत्र के लिए भयंकर है। इसके अतिरिक्त नौकरशाही इस प्रकार प्राप्त शक्ति का प्रयोग इस ढंग से भी कर सकती है जिससे व्यक्तिगत स्वतंत्रता, खतरे में पड़ जाय। इस प्रकार 'अधिकृत व्यवस्थापन' लोकतंत्र व व्यक्तिगत स्वतंत्रता के लिये एक खतरा बन जाता है।

अधिकृत व्यवस्थापन की वांछनीयता या उसका औचित्य

(Desirability or Justification of Delegated Legislation)

उपर्युक्त आलोचना के होते हुए भी अधिकृत व्यवस्थापन को निम्न आधारों पर वांछनीय एवं उचित माना जाता है:

(1) राज्य के कार्य के विस्तार की दृष्टि से आवश्यक-इंग्लैण्ड में लोक कल्याणकारी राज्य के विचार के उदय के कारण राज्य का कार्यक्षेत्र जितना बढ़ गया है, उस सबके लिये आवश्यक पूरा व्यवस्थापन संसद नहीं कर सकती। ऐसी दशा में यह उचित ही है कि संसद कानूनों की मोटी रूपरेखा भर तैयार कर दे और शेष विवरण की बातें शासन द्वारा निर्मित नियमों द्वारा पूरी की जायें।

(2) विधि-निर्माण-कार्य की जटिलता की दृष्टि से आवश्यक आज के कानून इतने जटिल होते हैं कि उनकी बारीकियों की पूरी जानकारी संसद को नहीं होती। अत: यह उचित ही है कि संसद अपने को विधि-निर्माण के मोटे रूप तक ही सीमित रखे तथा उसकी बारीकियों को शासन द्वारा निर्मित नियमों पर छोड़ दिया जाय।

(3) शासन द्वारा निर्मित नियम संसदीय विधियों की अपेक्षा सरलता से संशोधनीय-अधिकृत व्यवस्थापन की परिपाटी के पक्ष में एक तर्क यह दिया जाता है कि 'शासन द्वारा निर्मित नियमों में संशोधन, संसद के कानूनों में संशोधन की अपेक्षा शीघ्रता व सरलता से किया जा सकता है।'

(4) संकटकाल के लिए उपयोगी-अधिकृत व्यवस्थापन की परिपाटी, 'संकटकाल' में भी उपयोगी है, क्योंकि युद्ध आदि के समय में अधिकांश संसद के सत्र ही नहीं हो पाते और यदि सत्र हो भी सकें, तो उनमें कानून पारित उतनी जल्दी नहीं हो पाते, जितनी जल्दी युद्ध के कारण उन्हें पारित किया जाना चाहिए। यही कारण है कि विश्वयुद्ध के दौरान 'देश सुरक्षा अधिनियम' (Defence of the Realm Act) के द्वारा संसद ने देश की सुरक्षा के हित में आवश्यक नियम-निर्माण करने की शक्ति शासन को प्रदान कर दी थी।

(5) अधिकृत व्यवस्थापन का परिणाम आवश्यक रूप से नौकरशाही नहीं-यदि थोड़ी-सी सावधानी बरती जाय, तो यह आवश्यक नहीं कि 'अधिकृत व्यवस्थापन' का परिणाम नौकरशाही की स्थापना ही हो। शासन के विभागीय अधिकारी मंत्रियों के और मंत्री संसद के अधीन होते हैं। अत: 'अधिकृत व्यवस्थापन की परिपाटी' के अन्तर्गत विभागीय अधिकारी जो कुछ निर्माण का कार्य करते हैं, उस पर मंत्रियों के माध्यम से संसद का नियंत्रण रहता है। इसके अतिरिक्त न्यायालय उन कार्यों को अवैध ठहरा सकते हैं, जो शासन द्वारा निर्मित ऐसे नियमों के अधीन किये गये हों, जो स्वयं संसद के अधिनियम के अनुकूल न हों अथवा जिनमें प्रशासन के द्वारा संसद द्वारा लगाई गई सीमाओं का उल्लंघन किया गया हो। इसके अतिरिक्त अनुभव भी यही बताता है कि सरकारी अधिकारी प्राय: अपनी इस शक्ति का दुरुपयोग नहीं करते।

अधिकृत व्यवस्थापन की व्यवस्था के सुधार के सुझाव

(Suggestios of the Reform of the System of Delegated Legislation)

'अधिकृत व्यवस्थापन' के पक्ष व विपक्ष दोनों में ही जो कुछ कहा गया है, उसके होते हुए मंत्रियों की शक्तियों पर विचार करने वाली एक समिति के प्रतिवेदन के शब्दों में ''अधिकृत व्यवस्थापन का विकास, चाहे वह बुरा हो या अच्छा, अवश्यम्भावी है। वह सांविधानिक विधि के क्षेत्र में शासन-सम्बन्धी हमारे विचारों में हुए उस परिवर्तन का स्वाभाविक परिणाम है, जो राजनीतिक, सामाजिक व आर्थिक और वैज्ञानिक खोजों से हमारे जीवन की प्रथाओं में आये परिवर्तन के कारण हुआ है।'' इसलिए यह मानते हुए कि अधिकृत व्यवस्थापन अपरिहार्य है, उसे बनाये रखते हुए उसकी व्यवस्था में सुधार किये जाने के प्रयत्न किये गये हैं। सन् 1929 में स्थापित मंत्रियों की शक्तियों पर विचार करने के लिए नियुक्त समिति ने अपने प्रतिवेदन में यह मत व्यक्त किया था कि यद्यपि इस व्यवस्था को संसद की सर्वोच्चता पर आघात करने वाली नहीं माना जा सकता, तथापि इसके दुरुपयोग पर रोक लगाये जाने के लिए निम्न सुझावों पर अमल किया जाना लाभकारी होगा:

(1) ''शासन द्वारा बनाये जाने वाले नियमों के प्रारूप बहुत सावधानी से तैयार किये जायें। तथा नियमों के अन्तर्गत कार्य करने वाले अधिकारियों के कार्यों पर इस उद्देश्य से नजर रखी जाये कि वे नियमों के अन्तर्गत प्राप्त अधिकारो का दुरुपयोग न करें।''

(2) ''नियमों के अन्तर्गत कार्य करने वाले अधिकारियों के निर्णयों के विरुद्ध न्यायालयों में अपील की व्यवस्था होनी चाहिये, जिससे उनके औचित्य-अनौचित्य का निर्णय हो सके।''

(3) ''प्रशासनिक विनियमों (Administrative Regulatins) को संसद के विचारार्थ भेजा जाय और यदि संसद आवश्यक समझे, तो वह उनके अमल को रोक सके।''

उक्त सुझावों के अनुसार ग्रेट ब्रिटेन में अब संसद द्वारा प्रतिवर्ष नियुक्त एक 'प्रवर समिति' जिसे 'संविधि नियमों सम्बन्धी प्रवर समिति' (Select Committee on Statutory Instruments) कहा जाता है, अधिकृत व्यवस्थापन के अन्तर्गत नियमों व विनियमों की जाँच करती है और संसद की प्रभुसत्ता अथवा अधिकारियों द्वारा शक्ति के दुरुपयोग की दृष्टि से, यदि वह उनमें से ही किसी को आपत्तिजनक समझती है, तो वह संसद का ध्यान उस पर 'आवश्यक कार्यवाही' किये जाने के लिए आकर्षित कर सकती है। अधिकृत व्यवस्थापन पर संसदीय नियंत्रण रहे, इसके लिए निम्न अन्य व्यवस्थायें भी की गई हैं:

(1) शासन के विभागों द्वारा निर्मित कुछ नियम, विनियम व परिषदीय आदेशों के विषय में यह प्रतिबंध लगा दिया गया है कि वे संसद का दोनों सदनों द्वारा स्वीकृत होने पर ही लागू किये जायेंगे।

(2) कुछ नियमों, विनियमों व आदेशों के विषय में यह व्यवस्था है कि उन्हें संसद के समक्ष विचार के लिए रखा जाता है और संसद को कोई भी सदन 40 दिन के भीतर प्रस्ताव पारित करके उनमें से किसी को भी रद्द कर सकता है। कुछ नियमों, विनियमों व आदेशों को केवल संसद के पटल पर रख देना ही आवश्यक होता है, जिससे सदस्य व्यक्तिगत रूप से प्रश्न पूछकर या 'काम रोको प्रस्ताव' आदि के द्वारा उनमें से किसी के विषय में सरकार के कार्यों पर संसद का ध्यान आकर्षित कर सकते हैं।

संसदीय आयुक्त या ओम्बुड्समैन

(Parliamentary Commissioner or Ombudsman)

उच्च स्तर पर शासन के कार्यों से सम्बन्धित शिकायतों की जाँच के लिये इंग्लैण्ड की संसद से सम्बद्ध एक नये अधिकारी के पद का सृजन किया गया है, जिसे 'संसदीय आयुक्त' या ओम्बुड्समैन कहा जाता है तथा जिसकी नियुक्ति सन् 1967 के एक अधिनियम के अधीन की गई है। इंग्लैण्ड का 'ओम्बुड्समैन', लगभग

वैसा ही पदाधिकारी है, जिस प्रकार के प्रदाधिकारी की व्यवस्था स्वीडन, डेनमार्क व न्यूजीलैण्ड में की गई है। यह पद भारत के 'लोकायुक्त' के पद से भी मिलता-जुलता है।

'ओम्बुड्समैन' की नियुक्ति सम्राट द्वारा की जाती है और उसे पदच्युत नहीं किया जा सकता। इस पदाधिकारी को भेजी जाने वाली शिकायत केवल किसी 'सांसद' के माध्यम से ही भेजी जा सकती है। सांसद यह निर्णय करने के लिए स्वतंत्र है कि किसी शिकायत को ओम्बुड्समैन को भेजा जाये या नहीं। शिकायत प्राप्त होने के बाद यह अधिकारी, 'शिकायत से सम्बन्धित शासन विभाग' से पूछताछ करता है। वह सम्बन्धित मामलों व कागजों को देखने के लिये अपने पास मंगा सकता है। यदि विभाग के उत्तर से वह स्वयं संतुष्ट हो जाता है, तो वह अपने निर्णय से 'सम्बन्धित सांसद' को अवगत कर देता है, अन्यथा वह शिकायत के सम्बन्ध में अपनी जाँच-आख्यान आवश्यक कार्यवाही के लिए संसद को भेज देता है।

▣▣▣

5

विधि व न्याय व्यवस्था

इंग्लैण्ड अपनी 'स्वस्थ कानूनी व्यवस्था' व 'उत्तम न्याय प्रणाली' के लिए प्रसिद्ध माना जाता है। जिस प्रकार एक लम्बे समय में राजतंत्र का लोकतंत्रीकरण हुआ है और वहाँ के 'लोकतंत्रीय संविधान' का विकास हुआ है, उसी प्रकार वहाँ की कानूनी व्यवस्था व न्याय की प्रणाली का विकास हुआ है। इस विकास का प्रभाव वहाँ की 'कानून व न्याय व्यवस्था' पर दो रूपों में दिखायी पड़ता है। विकास के प्रभाव का रूप यह है कि वहाँ कानून के कलेवर का अधिकांश भाग निर्मित कानून के रूप में न होकर उस विकसित कानून के रूप में हैं, जिसे 'सामान्य कानून' (Common Law) कहते हैं। दूसरा प्रभाव उस व्यवस्था पर यह हुआ है कि उसमें लोकतंत्र की इकाई, व्यक्ति के अधिकारों व उसकी स्वतंत्रताओं की रक्षा को सर्वोपरि माना गया है। प्रशासन के द्वारा व्यक्ति के अधिकारों व उसकी स्वतंत्रताओं पर आघात न होने पाये, इसके लिए कानून सदा 'प्रहरी' के समान तैयार है। यही कारण है कि इंग्लैण्ड में शासन 'शासक वर्ग' का नहीं, वरन् कानून का समझा जाता है तथा 'कानून का शासन' (Rule of Law) वहाँ के संविधान की एक प्रमुख विशेषता मानी जाती है।

विधि का शासन
(Rule of Law)

ब्रिटेन में शासन, 'कानून का शासन' है, इसका तात्पर्य यही है कि वहाँ सर्वोपरिता कानून की है। कानून की इस सर्वोपरिता का डायसी ने अपनी पुस्तक 'लॉ

ऑफ कांस्टीट्यूशन' (Law of Constitution) में बड़ा विशद् विवेचन किया है तथा यह दिखाया है कि किस प्रकार कानून की सर्वोपरिता की यह मान्यता अंग्रेजी प्रशासन व वहाँ के सार्वजनिक जीवन को प्रभावित करती है।

डायसी ने विधि के शासन का उल्लेख करते हुए लिखा है कि "विधि के शासन से केवल यह तात्पर्य नहीं है कि कोई भी व्यक्ति विधि से ऊपर नहीं है, परन्तु यह भी है कि प्रत्येक व्यक्ति चाहे उसका पद या उसकी अवस्था कुछ भी हो राज्य की साधारण विधि के अधीन है ओर साधारण न्यायालयों के क्षेत्राधिकार के अन्तर्गत है।" 'कानून के शासन' की प्रमुख विशेषताएँ निम्न प्रकार हैं:

(1) **कानून की सर्वोपरिता** (Supremacy of the Law)–डायसी की विवेचना के अनुसार कानून के शासन का पहला अर्थ यह है कि ब्रिटेन में सर्वोपरिता कानून की है, किसी व्यक्ति अथवा प्रशासनिक अधिकारी की नहीं है। प्रशासन के सभी कार्यों के लिए आवश्यक है कि उनके किये जाने के लिए कानून द्वारा अधिकार प्रदान किया गया हो। दूसरे शब्दों में, मनमाने ढंग से किसी भी व्यक्ति के जीवन, उसकी स्वतंत्रता या सम्पत्ति का अपहरण नहीं किया जा सकता तथा उसे प्रशासन की ओर से शारीरिक या आर्थिक किसी प्रकार का भी दण्ड तभी दिया जा सकता है, जब किसी विशेष न्यायालय द्वारा नहीं, वरन् साधारण न्यायालय द्वारा सामान्य न्यायिक विधि के अन्तर्गत यह निर्णय कर लिया गया हो कि वह व्यक्ति किसी कानून के भंग करने का दोषी है।

(2) **विधि के समक्ष समानता** (Equality Before Law)–डायसी के अनुसार 'कानून के शासन' का दूसरा तात्पर्य यह है कि प्रत्येक व्यक्ति चाहे वह किसी भी स्थिति या पद का हो, कानून के अनुसार कार्य करने के लिए तथा कानून के उल्लंघन करने पर उसका परिणाम भुगतने के लिए बाध्य है। जैसा डायसी ने कहा है, "केवल यही बात नहीं है कि कोई भी व्यक्ति कानून के ऊपर नहीं है, अपितु एक बात यहाँ यह भी है कि प्रत्येक व्यक्ति, चाहे वह किसी भी पद या स्थिति का हो, राज्य के साधारण कानून के अधीन तथा साधारण न्यायालयों के न्यायक्षेत्र के अन्तर्गत है।" दूसरे शब्दों में, प्रत्येक नागरिक, पद व स्थिति के भेदभाव के बिना, कानून के सामने समान है तथा कानून के अन्तर्गत जो लाभ-हानि प्राप्य हैं, वे सभी को समान रूप से प्राप्य हैं। जहाँ एक ओर साधारण व्यक्तियों के विरुद्ध कानून का उल्लंघन करने पर मुकदमा चलाया जा सकता है, वहाँ दूसरी ओर सरकारी अधिकारियों के विरुद्ध, अपनी सरकारी हैसियत में किये हुए उन कार्यों के लिए भी

मुकदमा चलाया जा सकता है, जो कानू के विरुद्ध हों और जिनके करने के लिए अधिकारियों के पास कोई कानूनी आधार न हो। यही नहीं, साधारण व्यक्तियों के कार्यों का औचित्य या अनौचित्य, जिस साधारण कानून के आधार पर साधारण न्यायालयों द्वारा देखा जाता है, उस साधारण कानून के आधार पर उन्हीं साधारण न्यायालेयों द्वारा सरकारी अधिकारियों के सरकारी हैसियत के किये हुए कार्यों का औचित्य या अनौचित्य देखा जाता है। कानून के शासन की इस मान्यता के कारण ही ब्रिटेन में फ्रांस जैसे न्यायालय नहीं है, जिन्हें प्रशासनिक-न्यायालय (Administrative Courts) कहा जाता है तथा जिनमें उन मुकदमों की सुनवाई होती है, जो प्रशासन के अधिकारियों के विरुद्ध उनके द्वारा पदेन किये हुए कानून विरुद्ध कार्यों के विषय में चलाये जाते हैं।

इस सम्बन्ध में यह ध्यान देने की बात है कि ब्रिटेन की यह व्यवस्था, फ्रांस की व्यवस्था से पूर्णतः भिन्न है। वहाँ साधारण नागरिकों के विरुद्ध चलाये जाने वाले मुकदमे, साधारण कानून के अनुसार तथा साधारण न्यायालयों में चलते हैं तथा प्रशासन के कर्मचारियों के विरुद्ध उनके द्धारा पदेन किये कार्यों के विषय में मुकदमे 'प्रशासनिक कानून' (Administrative Law) के अनुसार व 'प्रशासनिक न्यायालयों' (Administ- rative Courts) में चलाये जाते हैं।

(3) व्यक्ति के अधिकारों की रक्षा (Protection of Individual Rights)- डायसी के मतानुसार, "इंग्लैण्ड में 'कानून का शासन' है", इसका तात्पर्य यह है कि वहाँ "संविधान के सामान्य सिद्धान्त उन न्यायिक निर्णयों के परिणाम हैं, जिनके द्वारा न्यायालयों के समक्ष प्रस्तुत मामलों में साधारण व्यक्तियों के अधिकारों का निरूपण किया गया है।" वहाँ व्यक्तियों के अधिकार व उनकी स्वतंत्रताओं की सुरक्षा इसलिये नहीं है, कि भारत की तरह संविधान में उनकी व्यवस्था करके की गयी है, वरन् इसलिये है कि न्यायिक निर्णय उनकी रक्षा सदा से करते आये हैं। 'कानून के शासन' का महत्व इतना अधिक है कि संसदीय कानूनों का निर्माण भी उसी की रक्षा के लिए किया जाता है। संसद की कानून बनाने की शक्ति को इसलिये सर्वोच्च समझा जाता है कि यह देश के उस सामान्य कानून को ध्यान में रखते हुए कानून बनाती है, जो स्वयं 'कानून के शासन' का आधार है।

फ्रांस में एक समय था जब वहाँ के 'कुलीनों' को विशेष सुविधायें प्राप्त थीं। वे साधारण कानून से परे थे। वे अपने दास लोगों को बिना किसी कार्यवाही के दण्ड दे सकते थे। फ्रांस के सामाजिक जीवन की यह स्थिति इसलिये थी कि वहाँ 'कानून

का शासन' न था। इसी कारण फ्रांस में कालान्तर में दो प्रकार के कानूनों का विकास हुआ–पहला 'सामान्य कानून' और दूसरा 'प्रशासनिक कानून'। इंग्लैण्ड में ऐसी बात नहीं है। वहाँ सभी नागरिक कानून के सामने समान है। वहाँ शासन, व्यक्तियों का न होकर कानून का है, अतः शासक-वर्ग भी कानून के शिंकजे से बाहर नहीं है तथा वहाँ सरकारी कार्य करते हुए भी यदि सरकारी कर्मचारी कोई त्रुटि या अपराध करता है, तो उसके विरुद्ध भी कानूनी कार्यवाही उसी तरह की जाती है जिस तरह वह साधारण नागरिक के विरुद्ध की जा सकती है।

'कानून के शासन' का व्यावहारिक रूप या उसकी सीमाएँ

(Practical Aspect of the Rule or Law of Its Limitations)

'कानून के शासन' के विषय में जो कुछ ऊपर कहा गया है, वह उसका केवल सैद्धान्तिक पक्ष है। व्यवहार में कानून की मान्यता उतनी नहीं है जितनी मान्यता की कल्पना डायसी ने की है। इसके विपरीत अनेक ऐसी व्यवस्थाएँ की गयी हैं, जो डायसी की 'कानून के शासन' सम्बन्धी मान्यता के प्रतिकूल हैं तथा जिससे 'कानून के शासन' के उस रूप पर सीधा आघात होता है, जिस रूप की कल्पना डायसी ने की है। डायसी ने "कानून के शासन" के जिन तीन सैद्धान्तिक पहलुओं की कल्पना की है, उन तीनों को पृथक्-पृथक् लेकर हम उन पर व्यवहार की दृष्टि से निम्न प्रकार विचार कर सकते हैं–

(1) विधि का शासन तथा अधिकारियों का विवेकाधिकार (Rule of Law and Drescretionary Powers of Authorities)–'कानून के शासन' के पहले पहलू पर विचार करते हुए डायसी ने यह प्रतिपादित किया है कि 'कानून का शासन' इस बात के विरुद्ध है कि अधिकारियों को 'शक्ति के व्यापक स्वेच्छापूर्ण तथा स्वविवेकगत' प्रयोग का अधिकार प्राप्त हो। व्यवहार की दृष्टि से यदि इस पर विचार किया जाय, जो इस बात का कोई औचित्य नहीं हो सकता कि अधिकारियों को कानून को क्रियान्वित करने में अपने विवेक के प्रयोग करने का बिल्कुल अधिकार नहीं होना चाहिए। स्वेच्छाचारिता (Arbitrariness) व विवेक (Discretion) दो अलग-अलग वस्तुएँ हैं तथा अधिकारियों की स्वेच्छाचारिता जहाँ सुशासन की दृष्टि से नितान्त अवांछनीय है, वहाँ उनका विवेकशील होना तथा कानून को क्रियारूप देने में अपने विवेक से काम लेना सुशासन की दृष्टि से अत्यधिक वांछनीय है। वास्तविकता इस सम्बन्ध में यह है कि राज्य का कार्यक्षेत्र व्यापक हो जाने तथा उसका निर्वाह करने के लिए राज्य के अधिकारियों को विविध प्रकार के दायित्वों को

निभाने के लिए यह आवश्यक है कि अधिकारियों को अपने विवेक से कार्य लेने की पूरी स्वतंत्रता हो। आवश्यकता इस बात की है कि विवेक, 'विवेक' ही रहे, वह 'स्वेच्छारिता' न हो जाये।

(2) विधि का शासन तथा अधिकृत व्यवस्थापन (Rule of Law and Delegated Legislation)–इसके अतिरिक्त व्यवहार में यह न पहले कभी संभव रहा है और न अब। जब राज्य का कार्यक्षेत्र बहुत अधिक बढ़ गया है, यह संभव है कि समाज की प्रत्येक आवश्यकता का नियमन संसद के विस्तृत व्यवस्थान द्वारा ही हो। संसद का इतिहास बताता है कि बहुत पहले से ही ब्रिटेन में यह प्रथा चली आ रही है; जिसे अब संसद द्वारा 'शक्ति का हस्तान्तरण' (Delegation of Power by Parliament) या 'अधिकृत व्यवस्थापन' (Delegated Legislation) अथवा उप-व्यवस्थापन (Sub-Legislation) की संज्ञा दी जाती है। उदाहरणार्थ, चौदहवीं शताब्दी में एक संसदीय कानून के द्वारा यह व्यवस्था की गयी थी कि "जब तक राजा तथा उसकी 'परामर्शदात्री समिति' कोई अन्य व्यवस्था न करे, ऊन का निर्यात नहीं किया जायेगा।", जिससे यह स्पष्ट है कि किस समय उन का निर्यात खोल दिया जाय। इसका नियमन करना संसद द्वारा कार्यपालिका पर छोड़ दिया गया था। सन् 1834 के 'पुअर लॉ एमेण्डमेण्ड ऐक्ट' (Poor Law Amendment Act of 1834) के द्वारा भी 'पुअर लॉ कमिश्नरों' (Poor Law Commissioners) को संसद ने अपने इस अधिकार का हस्तान्तरण कर दिया था कि निर्धनों की सहायता का प्रबन्ध करने के लिए वे पेरिशों (Parishes) को मिला दें। संसद द्वारा अपनी शक्ति का इस प्रकार का हस्तान्तरण अब बहुत अधिक बढ़ गया है। परिस्थितियों के थोड़े से परिवर्तन के कारण यदि कानून को क्रियान्वित करने में किसी परिवर्तन की आवश्यकता भी होती है, तो इस सुविधा के कारण फिर से नये व्यवस्थापन की आवश्यकता नहीं होती है। पर यह व्यवस्था 'कानून के शासन' के उस रूप के प्रतिकूल है, जिसका प्रतिपादन डायसी ने किया है। डायसी द्वारा प्रतिपादित 'कानून के शासन' का अर्थ यह है कि "प्रशासन का प्रत्येक कृत्य या तो सामान्य कानून द्वारा अधिकृत हो अथवा संसदीय कानून द्वारा अधिकृत हो।" पर अधिकृत व्यवस्थापन की उक्त व्यवस्था द्वारा स्पष्टत: यह व्यवस्था की जाती है कि प्रशासन अपने द्वारा बनाये हुये नियमों के अनुसार भी कार्य कर सके। जब समाज इस प्रकार की व्यवस्था की उपयोगिता स्वीकार करता है, तो फिर डायसी द्वारा प्रतिपादित 'कानून के शासन' की वह मान्यता स्पष्टत: समाप्त हो जाती है, जिसका उन्होंने इतना अधिक महत्व माना था।

(3) विधि का शासन तथा प्रशासनिक नियम (Rule of Law and Administrative Rules)–कानून के शासन का दूसरा पहलू डायसी के अनुसार यह है कि "साधारण व्यक्ति या राजकीय पदाधिकारी, दोनों ही कानून की दृष्टि में समान हैं तथा दोनों पर साधारण न्यायालयों के ही समान कानून के उल्लंघन के लिए कानूनी कार्यवाही की जा सकती है।" पर व्यवहार में ऐसी बात नहीं है। अब देश में उनके ऐसे प्रशासनिक कार्यालय है, जिनमें प्रशासन के अधिकारी, 'न्यायाधिकारी' होते हैं तथा सरकारी कर्मचारियों व साधारण नागरिकों के मुकदमों का निर्णय करते हैं। यही नहीं, मुकदमों का निर्णय भी ऐसे मामलों में साधारण कानून के अनुसार नहीं, वरन् प्रशासन द्वारा निर्मित उन प्रशासनिक नियमों (Administrative Regulations) के अनुसार किया जाता है, जो किसी विशेष प्रकार के मामलों के लिए बनाये जाते हैं। 'श्रम न्यायालय' (Labour Tribunals) व सामाजिक बीमा के 'स्थानीय अपील न्यायालय' (Local Appeal Tribunal for Social Insurance) ऐसे ही न्यायालय है, जो न देश के साधारण न्यायालयों में से हैं और न ही देश के साधारण कानून के अनुसार न्याय-कार्य करते हैं। ये अपना कार्य, श्रम व सामाजिक बीमा सम्बन्धी प्रशासनिक नियमों के अनुसार करते हैं। इस प्रकार स्पष्ट है कि सब मामलों में लोग न तो साधारण कानून के ही अन्तर्गत हैं और न साधारण न्यायालयों के ही न्यायक्षेत्र में हैं।

(4) विधि का शासन तथा शान्ति-व्यवस्था (Rule of Law and Law and Order)–'साधारण व्यक्ति व सरकारी कर्मचारी अपनी त्रुटि के लिए कानून के सामने समान रूप से उत्तरदायी हैं', यह बात भी अब नहीं रही है। सरकारी कर्मचारी अपने द्वारा पदेने किये हुए कार्यों के लिए स्वयं ही उत्तरदायी है, यह बात इस प्रसिद्ध कानूनी मान्यता पर आधारित है कि "राजा कोई त्रुटि नहीं कर सकता।" इसलिये उसकी ओर से किये गये प्रत्येक कार्य का उत्तरदायी प्रशासन का कोई भी अधिकारी होना चाहिए। इसके अतिरिक्त एक अन्य कानूनी मान्यता यह भी है कि "उसकी स्वीकृति के बिना, राजा पर कोई मुकदमा नहीं चलाया जा सकता।" इसका परिणाम यह है कि यदि सरकार किसी कार्य का उत्तरदायित्व स्वीकार न करे, तो उसके विरुद्ध कोई कानूनी कार्यवाही नहीं की जा सकती। इन दोनों मान्यताओं के दो स्पष्ट अवांछनीय परिणाम होते थे। पहली मान्यता के कारण सरकारी कर्मचारी, सरकारी कार्य करने से हिचकिचाता था, क्योंकि वह जानता था कि उसे अपने किये कार्यों में संभावित त्रुटियों का परिणाम स्वयं ही भुगतना है। दूसरे, जब सरकार कर्मचारियों द्वारा की गयी त्रुटियों का उत्तरदायित्व अपने ऊपर नहीं लेती थी, तो साधारण नागरिकों के

लिए यह कठिन था कि वे अपने साथ किये हुए प्रशासनिक अनौचित्यों के बदले में कोई प्रतिफल (Compensation) पा सकें। ये दोनों ही बातें अवांछनीय नही थीं। अतः इन दोनों बातों को समाप्त करने के लिए 'क्राउन प्रोसीडिंग्स ऐक्ट', 1947 (Crown Procedings Act, 1947) के द्वारा सरकार के प्रभुत्वमय रूप (Sovereign Capacity) व स्वामित्वमय या व्यापारिक रूप (Proprietory or Business Capacity) दोनों में अन्तर कर दिया गया है। जब सरकार 'शान्ति-व्यवस्था' (Law and Order) बनाये रखने के लिए अथवा ऐसे ही अन्य कार्य करने से सम्बन्धित कार्य करती है, तो वह अपने प्रभुत्वमय रूप से कार्य कर रहीं होती है तथा ऐसी दशा में किये गये कार्यों के लिए सरकार के विरुद्ध मुकदमा नहीं चलाया जा सकता। दूसरी ओर जब सरकार शिक्षा-संचालन, श्रमिकों की दशा का सुधार, श्रमिकों व पूँजीपतियों के सम्बन्धों का संचालन अथवा अन्य किसी राष्ट्रीयकृत व्यवसाय का संचालन जैसे कार्यों का सम्पादन करती है, तो यह माना जाता है कि सरकार अपने स्वामित्वमय अथवा व्यापारिक रूप में कार्य कर रही है। ऐसी दशा में यदि सरकारी कृत्य से किसी को कोई हानि पहुँचती है, तो उसके लिए सरकार के विरुद्ध कानूनी कार्यवाही की जा सकती है।

इस प्रकार यह स्पष्ट है कि 'कानून के शासन' की यह बात है कि "साधारण नागरिक तथा सरकारी कर्मचारी दोनों ही अपने-अपने कृत्यों के लिए कानून के समक्ष समान रूप से उत्तरदायी हैं, तथा न्यायालयों के न्यायक्षेत्र में एक से ही हैं," अब नहीं रही है। फिर भी इस सम्बन्ध में यह स्मरणीय है कि अन्तिम निर्णय देश के साधारण न्यायालयों के हाथ में ही है, क्योंकि प्रशासनिक न्यायालयों के निर्णयों के विरुद्ध ऊँचे न्यायालयों में अपील की जाने की व्यवस्था रखी गयी है।

(5) विधि का शासन तथा व्यक्ति के अधिकार (Rule of Law and Individual Rights)-डायसी द्वारा प्रतिपादित 'कानून के शासन' का तीसरा पहलू 'व्यक्ति के अधिकारों' से सम्बन्धित है, जिसके विषय में उनका मत है कि "कानून का शासन, जिसका आधार 'सामान्य कानून' (Common Law) है, व्यक्ति के अधिकारों का रक्षक है तथा देश के साधारण न्यायालय उसके अनुसार अपने निर्णयों द्वारा उनकी रक्षा करते हैं।" वस्तुतः व्यक्ति के अनेक ऐसे अधिकार हैं, जो उसे 'सामान्य कानून' के अन्तर्गत प्राप्य न होकर, अनेक 'संसदीय कानूनों' के अन्तर्गत प्राप्य हैं। देश के न्यायालय, 'सामान्य कानून' के अनुसार नहीं, वरन् 'संसदीय कानूनों' के ही अन्तर्गत उन अधिकारों की रक्षा से सम्बन्धित निर्णय देते हैं।

उदाहरणार्थ, पेंशन, बीमा, निःशुल्क शिक्षा से सम्बन्धित अनेक अधिकार ऐसे हैं, जो सामान्य कानून पर आधारित 'कानून के शासन' द्वारा संरक्षित नहीं है, वरन् संसदीय कानून तथा प्रशासनिक नियमों द्वारा संरक्षित हैं। यही नहीं, वैयक्तिक-स्वतंत्रता, स्वरक्षा, अनुचित-गिरफ्तारी, मारपीट, अनुचित जेल के विरुद्ध कानूनी कार्यवाही अथवा भाषणादि की स्वतंत्रता जैसे उन अधिकारों के लिए भी विविध संसदीय कानूनों द्वारा व्यवस्था की गयी है, जिन्हें सदा से सामान्य कानून पर आधारित 'कानून के शासन' द्वारा संरक्षित माना जाता है। उदाहरण के लिए, हम 'बन्दी प्रत्यक्षीकरण' (Writ of Habeas Corpus) को ले सकते हैं, जिसकी व्यवस्था सन् 1976 व 1816 के 'हैबियस कोर्पस ऐक्ट' द्वारा की गयी है, यद्यपि उसकी व्यवस्था देश के 'सामान्य कानून' (Common Law) में भी विद्यमान थी। सरकार की ओर से व्यक्तियों की गिरफ्तारी की व्यवस्था सामान्य कानून के अनुसार ही नहीं चलती, वरन् वह 'क्रिमिनल जस्टिस ऐक्ट', 1925 (Criminal Justice Act, 1925) जैसे कानूनों के अनुसार भी चलती है।

इस प्रकार यह स्पष्ट है कि 'कानून के शासन' के उस रूप से, जिसका प्रतिपादन डायसी ने किया है, वर्तमान परिस्थितियों में काम नहीं चल सकता। 'कानून का शासन' अब भी अंग्रेजी संविधान की एक महत्वपूर्ण विशेषता है, पर यह आवश्यक है कि वर्तमान परिस्थितियों में उसका जो रूप होना चाहिए या है; उसे स्वीकार करते हुए उसका पुनः स्पष्टीकरण किया जाय। 'कानून के शासन' का अर्थ अब यह नहीं समझा जाना चाहिए कि सामान्य कानून पर आधारित शासन ही 'कानून का शासन' है, वरन् उस कानून पर आधारित शासन को भी 'कानून का शासन' समझा जाना चाहिए, जिसके अन्तर्गत सामान्य कानून (Common Law), संसदीय कानून (Statute Law) तथा संसदीय कानून के अन्तर्गत निर्मित प्रशासनिक नियम (Administrative Rules and Regulations) आदि भी सम्मिलित हैं। 'कानून के शासन' को क्रियान्वित करने वाले अधिकारियों को अपने विवेक से काम लेने का अधिकार तो अवश्य होना चाहिए, पर उन्हें स्वेच्छाचारी होने की छूट कभी नहीं होनी चाहिए।

विधि व न्याय-व्यवस्था की विशेषताएँ

(Main Features of the System of Law and Justice)

'संयुक्त राज्य' (United Kingdom) यद्यपि एक एकात्मक राज्य है, तथापि उसके अन्तर्गत सर्वत्र एकसी कानून व न्याय की व्यवस्था नहीं है। इंग्लैण्ड व वेल्स

की कानून व न्याय की व्यवस्था अलग तरह की है, स्कॉटलैण्ड की अलग तरह की है और उत्तरी आयरलैण्ड की अलग तरह की है। फिर भी बहुत दिनों से चले आ रहे निकट के सम्पर्क के कारण सभी प्रदेशों की कानून व न्याय की व्यवस्था में पर्याप्त समानता आ गयी है। यद्यपि यह समानता इंग्लैण्ड व वेल्स तथा उत्तरी आयरलैण्ड की व्यवस्थाओं में अधिक तथा स्कॉटलैण्ड व शेष संयुक्त राज्य की व्यवस्थाओं में कम है। विविध प्रदेशों की व्यवस्थाओं के अलग-अलग होते हुए भी संपूर्ण राज्य की व्यवस्था की कुछ ऐसी विशेषताएँ हैं, जो सब प्रदेशों की व्यवस्थाओं के लिए सामान्य हैं ये विशेषताएँ निम्न प्रकार हैं:

1. विधि का असंहिताबद्ध रूप (Uncondified Form of Law)

ब्रिटेन के 'संयुक्त राज्य' की 'कानून व न्याय व्यवस्था' की एक प्रमुख विशेषता यह है कि वहाँ कानून का अधिकांश भाग संहिताबद्ध (Codified) नहीं है। यहाँ का अधिकांश कानून, कानून के उस रूप में है, जिसे 'सामान्य कानून' (Common Law) कहा जाता है तथा जिसे हम न्यायालयों में अनेक निर्णयों के रूप में देख सकते हैं। एक अन्य रूप, जिसमें वहाँ असंहिताबद्ध कानून का बहुत बड़ा अंश पाया जाता है, 'औचित्यपूर्ण निर्णयों' (Equity) का है। कानून के ये दोनों रूप क्या हैं, उसके विषय में विस्तृत विवेचन 'कानूनों के प्रकार' के प्रसंग में किया जायेगा। संयुक्त राज्य का अधिकांश कानून असंहिताबद्ध है, इससे यह भी नहीं समझना चाहिए कि वहाँ संहिताबद्ध कानून का अस्तित्व ही नहीं है। संसद का अधिकार क्षेत्र बढ़ने के साथ अब वहाँ के कानून के कलेवर में एक बहुत बड़ा भाग कानून के उस रूप का भी सम्मिलित हो गया है, जिसे 'संसदीय कानून' व 'उप-व्यवस्थापन' (Delegated Legislation) कहा जाता है तथा जिसका रूप संहिताबद्ध कानून का है।

2. फौजदारी व दीवानी विधियों में अन्तर
(Difference between Criminal and Civil Law)

ब्रिटेन के 'कानून व न्याय की व्यवस्था' की एक अन्य प्रमुख विशेषता यह है कि वहाँ 'फौजदारी' (Criminal) व 'दीवानी' (Civil) कानून के अन्तर को माना गया है। 'फौजदारी कानून' का सम्बन्ध पूरे समाज अथवा राज्य के विरुद्ध किये गये अपराधों से होता है तथा उसके अन्तर्गत अभियोग का संचालन (prosecution) राज्य की ओर से किया जाता है। 'दीवानी कानून' का सम्बन्ध समाज के सदस्यों, अर्थात् व्यक्तियों के अधिकार, उनके कर्तव्य तथा उनके दायित्व सम्बन्धी झगड़ों से होता है

तथा उसके अन्तर्गत व्यक्तियों की ओर से स्वयं अभियोग चलाये जाते हैं। पर इन दोनों की विभाजन-रेखा बहुत ही सूक्ष्म है ओर किसी-किसी मामले में दोनों ही बातें हो सकती हैं। उदाहरणार्थ, किसी दुर्घटना के सम्बन्ध में किसी कार ड्राइवर के खतरनाक ढंग से मोटर चलाने के लिए 'फौजदारी' के अन्तर्गत और सम्पत्ति के नुकसान पहुँचाने के लिए 'दीवानी' के अन्तर्गत मुकदमा चलाया जा सकता है।

3. न्यायालयों की एकसूत्रता (Unified Heirarchyof Courts)

ब्रिटेन के 'कानून व न्याय की व्यवस्था' की अन्य विशेषता यह है कि वहाँ न्यायालय एक सूत्र में बंधे हुए है। एक समय था कि जब देश में अनेक प्रकार के न्यायक्षेत्रों के सहित अनेक प्रकार के न्यायालय थे। उस समय यह जानना बड़ा कठिन था कि 'अमुक वाद' (Dispute) किस न्यायालय के समक्ष निर्णय के लिए प्रस्तुत किया जाना चाहिए? पर सन् 1873 से 1876 तक के समय में पारित सुधार सम्बन्धी कानूनों द्वारा अब न्यायालयों का पुनर्गठन कर दिया गया है परिणामस्वरूप केवल 'जस्टिसेज ऑफ पीस' नाम के न्यायालयों को छोड़कर व्यावहारिक दृष्टि से सभी न्यायालय अब एक सूत्र में हो गये हैं।

4. सामान्य विधि व साधारण न्यायालयों की प्रभुता

(Supremacy of Ordinary Law and Ordinary Courts)

ब्रिटेन के 'कानून व न्याय' की व्यवस्था की एक अन्य विशेषता यह भी है कि वहाँ साधारण कानून व 'प्रशासनिक कानून' तथा 'साधारण न्यायालयों' व 'प्रशासनिक न्यायालयों' में से प्रभुता 'साधारण कानून व साधारण न्यायालयों' की है। कुछ समय पहले तक वहाँ फ्रांस की तरह यह व्यवस्था भी नहीं थी कि साधारण नागरिकों के मामले, साधारण कानून के अनुसार, साधारण न्यायालयों द्वारा सुने जायें तथा सरकारी कर्मचारियों द्वारा पदेन किये हुए कार्यों से सम्बन्धित मामलों की सुनवाई, प्रशासनिक कानून (Administrative Law) के अन्तर्गत, प्रशासनिक न्यायालयों (Administrative Courts) द्वारा की जाये। साधारण नागरिक व सरकारी कर्मचारी दोनों ही कानून की दृष्टि में समान हैं और दोनों के कृत्यों से सम्बन्धित मामलों की सुनवाई के लिए साधारण कानून व साधारण न्यायालयों की व्यवस्था ही उचित है, यह बात बहुत समय से वहाँ की 'कानून व न्याय व्यवस्था' की प्रमुख विशेषता रही है। पर उस समय से जब से श्रमिकों व उद्योगपतियों के सम्बन्धों के संचालन के लिए 'श्रम न्यायालयों' (Labour Tribunals), अथवा सामाजिक बीमा के मामलों की सुनवाई के लिए 'स्थानीय अपील न्यायालयों' (Local Appeal

Trubunals) या ऐसे ही अन्य अनेक न्यायालयों की स्थापना हुई है। 'सामान्य कानून' व 'संसदीय कानून' के अतिरिक्त बहुत से प्रशासनिक नियम (Administrative Regulation) अस्तित्व में आये हैं, स्थिति बदल गयी है। इस नवीन न्यायालयों का रूप, 'प्रशासनिक न्यायालयों' का ही है। जिस कानून के अन्तर्गत ये मुकदमों की सुनवाई करते हैं, उस कानून का रूप 'साधारण कानून' का न होकर 'प्रशासनिक कानून' का ही होता है। फिर भी अन्तिम प्रभुत्व, साधारण कानून व साधारण न्यायालयों का ही है, क्योंकि प्रशासनिक कानून के अन्तर्गत किये हुये प्रशासनिक न्यायालयों के निर्णयों के विरुद्ध अपील, साधारण न्यायालयों में ही होती है। ये उनका निर्णय साधारण कानून के अनुसार करने के लिए स्वतंत्र हैं।

5. न्यायालयों की स्वतंत्रता व निष्पक्षता

(Independence and Impartiality of Judges)

ब्रिटेन के 'कानून व न्याय की व्यवस्था' की एक अन्य प्रमुख विशेषता 'न्यायाधीशों की स्वतंत्रता व उनकी निष्पक्षता' है। जैनिंग्स ने कहा है, "ब्रिटिश न्यायाधीशों के विरुद्ध कभी भी पक्षपात, भ्रष्टाचार या राजनीतिक प्रभाव का आरोप नहीं लगाया जाता।" वहाँ के न्यायाधीशों की नियुक्ति, उनके वेतन तथा उनकी सेवास्थिति इतनी सुरक्षापूर्ण है कि वे प्रशासकीय अथवा अन्य प्रकार के प्रभाव से पूर्णतः मुक्त रहते हैं। अनेक देशों में न्यायधीशों की नियुक्ति उनके जीवन के प्रारम्भिक समयों में 'छोटे न्याय-पदों' पर की जाती है तथा पदोन्नति होते-होते वे उच्च न्यायाधीशों के पदों पर पहुँचते हैं। चूँकि यह पदोन्नति प्रशासनिक अधिकारियों की कृपा से ही होती है, अतः यह स्वाभाविक होता है कि ऐसी व्यवस्था वाले देशों में न्यायाधीश लोग यदि और किसी के प्रभाव में नहीं, तो प्रशासनिक अधिकारियों के प्रभाव में तो अवश्य ही रहते हैं। ब्रिटेन में ऐसा नहीं होता। वहाँ जीवन के मध्य में वकालात करने वाले योग्य व्यक्ति को 'न्यायाधीश' नियुक्त किया जाता है तथा एक बार न्यायाधीश का पद मिलने पर वे पद की सुरक्षा के विषय में निश्चिन्त हो जाते हैं। पदोन्नति की व्यवस्था भी ऐसी नहीं है कि उससे न्यायाधीशों की निष्पक्षता पर कोई प्रभाव पड़ सके। उदाहरणार्थ एक काउन्टी के न्यायाधीश को, उच्च न्यायालय का न्यायाधीश होने की कोई आशा नही होती, जिस आशा के कारण वह प्रशासनिक अधिकारियों की कृपा की अभिलाषा करे। उच्च न्यायालय के न्यायाधीशों की पदोन्नति, अपील के न्यायालयों अथवा लॉर्ड-सभा के न्यायाधीश के पद के लिए अवश्य होती है। पर उससे न्यायाधीशों की स्थिति में इतना अन्तर नहीं आता कि उस कृपा के कारण वे अपनी निष्पक्षता को छोड़ दें। एक बार 'न्यायाधीश' का पद प्राप्त

होने पर व्यक्ति जीवन-भर न्यायाधीश रह सकता है। इस प्रकार चूँकि व्यवस्था ऐसी है कि न्यायाधीशों को अपनी नियुक्ति अथवा पदोन्नति या नौकरी पर बने रहने के लिए किसी प्रशासनिक अधिकारी का मुँह नहीं ताकना पड़ता, वे स्वतंत्र व निष्पक्ष हैं तथा स्वतंत्रता व निष्पक्षतापूर्वक न्याय-कार्य कर सकते हैं।

6. न्यायिक सर्वेक्षण का अभाव (Absence of Judicial Review)

ब्रिटेन के 'कानून व न्याय की व्यवस्था' की एक अन्य प्रमुख विशेषता यह है कि "वहाँ 'न्यायिक सर्वेक्षण' (Judicial Review) की व्यवस्था नहीं है। वहाँ संसद की कानून-निर्माण सम्बन्धी शक्ति सर्वोच्च है तथा उसके द्वारा बनाये हुए कानूनों की वैधता अथवा अवैधता के विषय में वहाँ के न्यायालय कुछ भी नहीं कर सकते।" न्यायालयों का कार्य संसद के कानूनों के अनुसार न्याय-कार्य करना है, उन कानूनों की वैधता अथवा अवैधता के विषय में उन्हें कुछ भी नहीं कहना है। वहाँ अमरीका अथवा भारत जैसी न्यायिक सर्वेक्षण की व्यवस्था नहीं है, जहाँ सर्वोच्च न्यायालय को यह अधिकार प्राप्त है कि व्यवस्थापिका द्वारा पारित किसी भी कानून को अवैध घोषित कर दे। न्यायिक सर्वेक्षण की ही तरह वहाँ न्यायपालिका द्वारा व्यक्ति के 'मौलिक अधिकारों' की सुरक्षा की वैसी व्यवस्था नहीं है, जैसी व्यवस्था अमरीका अथवा भारत में है। पर, फिर भी इसका अर्थ यह नहीं है कि वहाँ व्यक्ति की स्वतंत्रताओं की रक्षा न होती हो। वहाँ भी व्यक्ति की स्वतंत्रताओं की उतनी ही रक्षा होती है, जितनी अमरीका अथवा भारत में होती है, क्योंकि 'कानून का शासन' (Rule of Law) वहाँ के संविधान की एक प्रमुख विशेषता है।

(7) जूरी की व्यवस्था (Arrangement of Jury)

ब्रिटेन की कानून व न्याय-व्यवस्था की एक अन्य प्रमुख विशेषता 'जूरी की प्रणाली' है। वहाँ अधिकांश फौजदारी व दीवानी दोनों प्रकार के वादों में 'जूरी प्रणाली' के प्रयोग की व्यवस्था की जाती है। उदाहरणार्थ, इंग्लैण्ड व वेल्स में उन सब फौजदारी के मुकदमों में, जिनमें तीन महीने से अधिक जेल का दण्ड दिया जा सकता है, यदि प्रतिवादी चाहे, तो मुकदमे की सुनवाई जूरी के समक्ष होती है। स्कॉटलैण्ड में भी फौजदारी के मुकदमों की दूसरी सुनवाई जूरी के समक्ष होती है। दीवानी के मुकदमों में अवश्य इंग्लैण्ड में जूरी का प्रयोग कम होता है। केवल उन मामलों में जूरी बैठायी जाती है, जो मान-हानि, अनुचित ढंग से जेल होने, गैर-कानूनी ढंग से गिरफ्तार होने, धोखाधड़ी व विवाह के सम्बन्ध में वचन-भंग किये जाने आदि से सम्बन्धित होते हैं। और यदि मुकदमें के पक्षों में से कोई भी पक्ष जूरी

के प्रयोग के लिए कहता है। जूरी की व्यवस्था से न्याय की निष्पक्षता और अधिक बढ़ती है, क्योंकि जूरी के सदस्य न्यायपालिका से स्वतंत्र होते हैं।

8. नि:शुल्क कानूनी सहायता (Free Legal Aid)

ब्रिटेन की कानूनी व न्याय-व्यवस्था की एक अन्य विशेषता 'नि:शुल्क कानूनी सहायता' की व्यवस्था है। 'कानूनी सहायता एवं परामर्श अधिनियम', 1949 तथा 'कानूनी सहायता (स्कॉटलैण्ड) अधिनियम', 1949 के अन्तर्गत ऐसी व्यवस्था है कि आर्थिक दृष्टि से निर्बल व्यक्तियों को दीवानी के मामलों में 'उच्च न्यायालय (High Court) तथा अपीली न्यायालयों' (Courts of Appeal) के मामलों में, इंग्लैण्ड व वेल्स में तथा सत्र न्यायालय (Court of Sessions) व शैरिफ न्यायालयों (Sheriff Courts) के मामलों में स्कॉटलेण्ड में कानूनी सहायता नि:शुल्क मिल सकती है। इंग्लैण्ड व वेल्स में कानूनी सहायता की व्यवस्था उन मामलों के लिए भी है, जो लॉर्ड-सभा की अपील के होते हैं। इसके अतिरिक्त वहाँ काउण्टी अदालतों (County Courts) के दीवानी के मामलों तथा मजिस्ट्रेटों व तिमाही दौरा न्यायालयों (Quarter Sessions Courts) की कुछ दीवानी कार्यवाहियों, विशेषतया 'विवाह सम्बन्धी' मामलों में भी नि:शुल्क कानूनी सहायता की व्यवस्था है। फौजदारी के मामलों में भी न्यायालय उन मामलों में कानूनी सहायता की व्यवस्था कर सकता है, जिनमें प्रतिपक्ष आर्थिक दृष्टि से साधन सम्पन्न हो तथा जिनमें न्यायालय न्याय के हित में ऐसा करना आवश्यक समझे।

अंग्रेजी विधि का वर्गीकरण
(Classification of British Law)

1. सामान्य विधि (Common Law)

अंग्रेजी कानून के प्रकारों में सबसे प्राचीन वह प्रकार है, जिसे 'सामान्य कानून' (Common Law) कहा जाता है। कानून के इस प्रकार का प्रारंभ अब से लगभग आठ सौ वर्ष पूर्व हुआ। नॉरमन राजाओं के राज्य की स्थापना से पहले देश में कोई एक सी कानूनी व्यवस्था नहीं थी। स्थानीय न्यायाधिकारी, स्थानीय प्रथाओं व कानूनों के अनुसार स्थानीय मामलों में निर्णय किया करते थे। नॉरमन (Norman) व ऐन्जिविन (Angevin) राजाओं ने देश में एकसी कानून व न्याय व्यवस्था की स्थापना की तथा उन्होंने यह प्रथा चला दी कि "राजकीय न्यायधीश संपूर्ण देश का दौरा किया करें तथा यह देखा करें कि सर्वत्र न्याय-कार्य ठीक ढंग से हो रहा है या नहीं।" प्रारंभ में न्यायधीश स्थान-स्थान पर मामलों की सुनवाई करते थे और

स्थानीय प्रथाओं व कानूनों के अनुसार न्याय-कार्य करते थे। धीरे-धीरे उन्होंने कानून के एक से सिद्धान्तों के आधार पर न्याय-कार्य करना प्रारंभ कर दिया तथा 'स्थानीय कानून व प्रथाएँ' गौण हो गयीं। इस प्रक्रिया से न्यायधीशों के निर्णयों द्वारा धीरे-धीरे कानून के एक रूप का आविर्भाव हो गया, जो सब स्थानों के लिए सामान्य था। यही कारण है कि अब भी न्यायाधीशों के निर्णयों द्वारा इस प्रकार के अस्तित्व में आये हुए कानून को हम 'सामान्य कानून' कहते हैं। सामान्य कानून का बोध कराने के लिए 'स्टेयरे डिसाइसिस' (Stare Decisis) शब्द का भी प्रयोग किया जाता है, जिसका अर्थ 'वर्तमान अभियोगों की सुनवाई तथा उनके निर्णय पूर्व निर्णयों के आधार पर तथा उनके संदर्भ में किया जाना होता है।' सामान्य कानून की ही तरह वे न्यायालय भी अस्तित्व में आये, जिन्हें अब 'ऐसाइजेज' (Assizes) कहते हैं। जो अब भी सरकारी आज्ञा से दौरा न्यायालयों की तरह काम करते हैं।

सामान्य कानून, इस तरह ऐसे कानूनों का समूह है, जिसका निर्माण न तो कभी किसी राजा द्वारा ही किया गया है और न ही जिसकी व्यवस्था किसी व्यवस्थापिका संस्था द्वारा ही की गयी है, वरन् जिसका विकास धीरे-धीरे न्यायाधीशों के निर्णयों के आधार पर हुआ है। फिर भी महत्व की बात इसके सम्बन्ध में यह है कि 'अनुबंध कानून' तथा अन्य दीवानी मामलों से सम्बन्धित अधिकांश कानूनी व्यवस्था (Law of Contracts) इसके अन्तर्गत आ जाती है। 'फौजदारी कानून' का बहुत कुछ भाग भी इसके अन्तर्गत था, पर उसका अधिकांश, अब 'संसदीय कानून' (Statutes Laws) के रूप में हो गया है।

2. सुनीति या औचित्यपूर्ण निर्णय (Equity)

अंग्रेजी कानून का दूसरा प्रकार उस कानून का है, जिसे हम औचित्यपूर्ण निर्णय (Equity) के नाम से पुकारते हैं। सामान्य कानून के विकास में एक समय ऐसा आया, जब उसके द्वारा सब प्रकार के मामलों का निर्णय होना संभव न रहा। न्याय कार्य में न्यायाधीश यह सोचते रहते थे कि निर्णय 'सामान्य कानून' के अनुसार होना चाहिए। पर नवीन परिस्थितियों के उत्पन्न होने से ऐसे मामले भी उनके सामने आ जाते थे, जिनका निर्णय करना 'सामान्य कानून' के अनुसार संभव नहीं होता था। ऐसी दशा में अन्याय से पीड़ित व्यक्तियों को न्याय नहीं मिल पाता था और वे न्यायाधीशों के निर्णय के विरुद्ध राजा से अपील करने के लिए बाध्य हो जाते थे, क्योंकि उसे ही लोग 'न्याय का केन्द्र' (Fountain of Justice) तथा 'सभी न्यायालयों का स्वामी' मानते थे। प्रारंभ में जब ऐसी अपील सम्बन्धी याचिकाएँ कम होती थीं, राजा स्वयं

उन पर विचार कर लेता था तथा अपने विवेक से उन पर निर्णय देता था। सामान्य कानून की किसी व्यवस्था की अनुपस्थिति में राजा को निर्णय अपने विवेक द्वारा विषय के औचित्य (Equity) के आधार पर ही देना पड़ता था। तो राजा के लिए यह संभव न रहा कि वह स्वयं ही उन पर विचार करके निर्णय दे सके। परिणामस्वरूप राजा ने ऐसी याचिकाओं को अपने 'चांसलर' के पास भेजना प्रारंभ कर दिया। चांसलर 'चांसरी' नाम के न्यायालय (The court of Chancery) का प्रमुख होता था तथा 'राजा का आत्मसाधक' (Keeper of the King's Conscience) कहा जाता था। 'चांसरी' नामक इस न्यायालय का रूप वस्तुतः न्यायालय का नहीं, वरन् राज्य के एक 'प्रशासनिक विभाग' का होता था, जिसका कार्य औचित्स के आधार पर कानून व न्याय का सामंजस्य स्थापित करना था। इस न्यायालय द्वारा जो निर्णय दिये गये, उनके द्वारा कानून के जिस प्रकार का विकास हुआ, उसे हम 'औचित्यपूर्ण निर्णयों' (Equity) के नाम से पुकारते हैं।

इस प्रकार जैसा हमने देखा कानून के इस प्रकार का मूल 'प्रथा' न होकर विवेक है। यह इस मान्यता पर आधारित है कि 'न्याय कार्य केवल कानून के सूखे ढाँचे के अनुसार ही नहीं चलना चाहिए, वरन् उसे कानून के उस रूप के अनुसार चलाया जाना चाहिए जो सामाजिक नैतिकता के मापदण्ड पर भी पूरा उतर सके।' कानून का यह प्रकार कानून का कोई ऐसा रूप नहीं है, जो सामान्य कानून के विरोध में हो, वरन् यह वस्तुतः सामान्य कानून के पूरक के रूप में है। जैसा जैकसन ने कहा है, "यह नियमों का एक ऐसा समूह है, जिसका प्रयोग सामान्य कानून की कमियों को पूरा करने के लिए या सामान्य कानून सम्बन्धी कार्यवाहियों व उपचारों के बेढंगे प्रयोग को सरल बनाने के लिए किया जा सकता है।" वास्तव में, सामान्य कानून व औचित्यपूर्ण निर्णय (Equity) की अनेक बातें एकसी हैं। दोनों प्रकार के कानूनों का रूप 'असंहिताबद्ध कानून' (Uncodified Law) का है। दोनों ही प्रकार के कानून, न्यायाधीश के निर्णयों के परिणामस्वरूप विकसित हुए हैं। सामान्य कानून यदि राजा के 'दौरा न्यायाधीशों' के निर्णयों के परिणामस्वरूप विकसित हुआ है, तो औचित्यपूर्ण निर्णयों का कानून 'चांसरी' के न्यायाधीशों के निर्णयों से विकसित हुआ है। पर दोनों में एक महत्वपूर्ण अन्तर भी है और वह अन्तर यह है कि 'सामान्य कानून का उद्भव जहाँ प्रथाओं से हुआ है, औचित्यपूर्ण नियमों के कानून का उद्भव विवेक एवं सामाजिक नैतिकता के आधार पर हुआ है।

3. संसदीय विधि (Parliamentary of Statute Law)

ब्रिटेन के कानून का तीसरा प्रकार 'संसदीय कानून' (Statute Law) का है। इसका निर्माण संसद राजा द्वारा किया गया है तथा यह आधुनिक युग के कानून का सबसे महत्वपूर्ण स्रोत है। 'निरंकुश राजतंत्र' के समय में इस प्रकार के कानून के निर्माण में राजा की बहुत कुछ चलती थी, पर अब लोकतंत्र के समय में इस प्रकार के कानून का निर्माण संसद द्वारा किया जाता है। सन् 1832 के सुधार अधिनियम के पहले न्यायालयों में संसदीय कानूनों को विशेष महत्व नहीं दिया जाता था, पर इसके बाद संसद ने धीरे-धीरे इस बात की आवश्यकता अनुभव की कि "केवल नये विषयों पर ही नहीं, अपितु उन विषयों पर भी जिनकी सुनवाई अभी तक सामान्य कानून व औचित्यपूर्ण निर्णयों के अन्तर्गत होती थी, कानून को संहिताबद्ध किया जाय तथा उसी के अनुसार न्याय कार्य किया जाय, जिससे लोक कल्याणकारी राज्य की भावना के अनुरूप प्रशासन के दायित्वों का निर्वाह हो सके। अब ब्रिटेन के कानून का बड़ा भाग 'संसदीय विधि' के रूप में हो।

संसदीय कानून का निर्माण कभी तो सामान्य कानून में परिवर्तन करने के लिए और कभी उसमें संशोधन करने के लिए और कभी उसकी कमियों की पूर्ति करने के लिए किया गया है। व्यवस्था यह है कि दोनों में विरोध होने की दशा में संसदीय कानून की व्यवस्था अन्तिम होगी। फिर भी जब तक संसद के किसी कानून द्वारा सामान्य कानून की किसी व्यवस्था को स्पष्ट रूप से न बदला गया हो, संसदीय कानून की कोई व्याख्या ऐसी नहीं होनी चाहिए, जिसमें सामान्य कानून की किसी मान्यता पर कोई आघात होता हो। जॉन प्रोफेट के अनुसार इस सम्बन्ध में इंग्लैण्ड में निम्न तीन नियम मान्य समझे जाते हैं :

(1) "कानूनों की व्याख्या करने में जहाँ तक हो सके, उसमें प्रयुक्त शब्दों का केवल साधारण अर्थ ही लिया जाय। इसका वैकल्पिक अर्थ केवल तभी लिया जाय, जब साधारण या शाब्दिक अर्थ लेने से कोई अनर्थ होता हो।" कानूनों की व्याख्या के विशय में इसे 'स्वर्णिम नियम' माना जाता है।

(2) 'कानून के किन्हीं शब्दों की अर्थ-सम्बन्धी स्पष्टता की दशा में सम्बन्धित कानून को उसके उद्देश्य के संदर्भ में पूरी तरह देखा जाना चाहिए तथा उस उद्देश्य को ध्यान में रखते हुए ही कानून के अस्पष्ट भागों की व्याख्या की जानी चाहिए।' जॉन प्रोफेट इसे एक प्रकार का 'शरारती नियम' (Mischief Rule) मानते हैं।

(3) "संसदीय कानून व सामान्य कानून के पारस्परिक विरोध की दशा में, जब तक प्रथम में द्वितीय के विरोध की व्यवस्था पूर्णतः स्पष्ट न हो, उसकी व्याख्या यही मानकर की जानी चाहिए कि संसद का लक्ष्य साधारणतः न तो सामान्य कानून को बदल डालना है और न व्यक्ति के अधिकारों को आघात पहुँचाना है।"

सामान्य कानून, औचित्यपूर्ण निर्णयों तथा संसदीय कानून में मुख्य अन्तर यह है कि प्रथम दोनों प्रकार के कानून का उद्‌गम श्रोत 'प्रथा व परम्पराएँ' हैं तथा संसदीय कानूनों का उद्‌गम श्रोत 'संसद के अधिनियम' हैं। इसके अतिरिक्त प्रथम दो प्रकार के कानून 'असंहिताबद्ध' (Uncodified) हैं और न्यायाधीशों के निर्णयों के रूप में है, जबकि संसदीय कानून 'संहिताबद्ध' (Codified) है। प्रथम दोनों में से किसी के भी विरोध की दशा में 'संसदीय कानून' की व्यवस्था मान्य होती है। संसदीय कानून के विषय में यह ध्यान देने की बात है कि वह सब प्रकार के कानूनों से अधिक महत्वपूर्ण होता जा रहा है। यद्यपि कानूनी व्यवस्था का मुख्य आधार सामान्य कानून है। सामान्य कानून के द्वारा निर्मित आधार के बिना न तो औचित्यपूर्ण निर्णयों की व्यवस्था ही पूर्ण हो सकती है और न संसदीय कानून का ढाँचा ही खड़ा रह सकता है।

4. अधिकृत व्यवस्थापन पर आधारित विधि (Law Based on Delegated Legislation)

जैसा हमने 'कानून के शासन' के प्रसंग में कहा है, व्यवस्थापन का एक ऐसा नवीन रूप अब अस्तित्व में आ गया है, जिसे 'अधिकृत व्यवस्थापन' (Delegated Legislation) अथवा 'उप-व्यवस्थापन' (Sub-Legislation) कहा जाता है तथा उसके परिणामस्वरूप अब ऐसा कानून भी अस्तित्व में आ गया है, जिसका रूप 'प्रशासनिक कानून' (Administrative Law) का है तथा जिसका क्रियान्वयन प्रशासनिक न्यायालयों (Administrative Courts) द्वारा किया जाता है। यातायात न्यायालय (Ttransport Tribunals), भूमि न्यायालय (Land Tribunals), विशेष आयकर आयुक्त (Special Commissioners of Income Tax), पेन्शन सम्बन्धी अपील के न्यायालय (Pension Appeal Tribunals) तथा लगान के न्यायालय (Rent Tribunals) आदि ऐसे न्यायालय हैं, जिनका रूप 'प्रशासनिक न्यायालयों' (Administrative Regulation) का है और जो न्याय-कार्य अधिकांशतः प्रशासनिक नियमों के अनुसार करते हैं।

न्यायालयों की व्यवस्था
(The System of Courts)

ब्रिटेन में न्याय-कार्य साधारणतः दो प्रकार के न्यायालयों द्वारा होता है। ये हैं दीवानी और फौजदारी न्यायालय। दीवानी के न्यायालय उन मामलों का निबटारा करते हैं, जो नागरिकों के बीच के होते हैं तथा फौजदारी के न्यायालय उन मामलों का निबटारा करते हैं, जिनका सम्बन्ध सार्वजनिक कानून के उल्लंघन से होता है तथा जिसमें कानूनी कार्यवाही का संचालन राज्य की ओर से किया जाता है। फिर भी दीवानी व फौजदारी न्यायालयों का यह अन्तर केवल नीचे के स्तर पर ही चलता है और ऊँचे स्तर पर धीरे-धीरे यह अन्तर कम होता जाता है। उदाहरण के लिए, हम लॉर्ड-सभा को ले सकते हैं, जो दीवानी व फौजदारी दोनों प्रकार के मामलों का सबसे ऊँचा अपील न्यायालय है।

इस बात को हम निम्न तालिका से, जो मुख्यतः इंग्लैण्ड व वेल्स की व्यवस्था पर आधारित है, स्पष्ट देख सकते हैं:

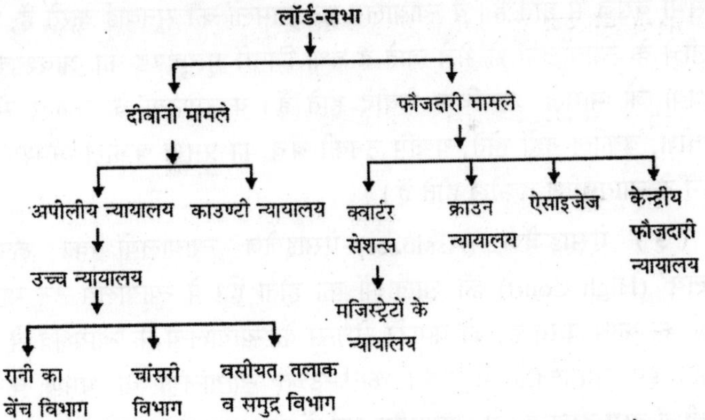

एकात्मक राज्य होते हुए भी जिस प्रकार कानून की व्यवस्था इंग्लैण्ड व वैल्स में अलग प्रकार है, आयरलैण्ड में अलग प्रकार की तथा स्कॉटलैण्ड में अलग प्रकार की है, उसी प्रकार तीनों प्रदेशों के न्यायालयों के संगठन में भी अन्तर है। तीनों प्रदेशों के न्यायालयों के संगठन का वर्णन हम अलग-अलग प्रदेशों को लेकर कर सकते हैं।

इंग्लैण्ड का वेल्स-फौजदारी न्याय कार्य (Criminal Justice in England & Wales)

इंग्लैण्ड व वेल्स में फौजदारी न्याय-कार्य साधारण मामलों में 'मजिस्ट्रेटों के न्यायालय' (Magistrate's Courts) द्वारा, गंभीर मामलों में 'क्वार्टर सेशन्स

न्यायालयों' तथा अत्यधिक गंभीर मामलों में 'ऐसाइजेज तथा केन्द्रीय फौजदारी न्यायालयों' (Central Criminal Courts) द्वारा होता है।

(1) मजिस्ट्रेटों के न्यायालय (Magistrate's Courts)–मजिस्ट्रेटों के न्यायालय प्राय: दो से सात न्यायाधीशों के होते हैं। इनके न्यायाधीश प्राय: कानून जानने वाले नहीं होते और वे 'न्यायालय के लिपिक' (Clerk) की सहायता से न्याय-कार्य करते हैं। केन्द्रीय लन्दन में मजिस्ट्रेट लोग वेतनभोगी (Stipendiary) होते हैं और पेशेवर वकील होते हैं। बाल न्यायालयों में विशेष रूप से योग्यता प्राप्त न्यायाधीश बैठते हैं। ये न्यायालय, गृहस्थी तथा बच्चों के गोद लेने के मामलों से सम्बन्धित न्याय-कार्य भी करते हैं।

इन मामलों के न्याय कार्य के लिए प्राय: तीन न्यायाधीश बैठते हैं, जिनमें एक स्त्री व एक पुरुष न्यायाधीश का होना आवश्यक होता है।

(2) क्वार्टर सेशन्स (Quarter Sessions)–'क्वार्टर सेशन्स' नाम से न्यायालय वर्ष में प्राय: चार बार न्याय कार्य करते हैं। ऐसे न्यायालय सभी काउण्टियों तथा सभी बरोज में होते हैं। ये न्यायालय उन मामलों की सुनवाई करते हैं, जो उनके पास नीचे के न्यायालयों से भेजे जाते हैं तथा जिनमें मृत्युदण्ड की आवश्यकता होती है अथवा जो मामले अत्यधिक पेचीदे होते हैं। काउण्टियों के क्वार्टर सेशन्स के न्यायाधीश, वकील नहीं होते, यद्यपि उनकी बेंच का प्रमुख वकील अवश्य होता है। नगरों में ये न्यायाधीश वकील होते हैं।

(3) ऐसाइजेज (Assiozes)–ऐसाइजेज न्यायालयों का रूप 'उच्च न्यायालय' (High Court) की शाखाओं का होता है। ये न्यायालय उन मामलों की सुनवाई का कार्य करते हैं, जो क्वार्टर सेशन्स के न्यायालयों के न्यायक्षेत्र से बाहर के होते हैं। इन न्यायालयों में न्याय कार्य उच्च न्यायालयों के भ्रमण करने वाले न्यायाधीशों द्वारा होता है। ये न्यायाधीश वर्ष में तीन बार दौरा करते हैं तथा छोटे नगरों में, प्रत्येक दौरे में एक बार तथा बड़े नगरों में, प्रत्येक दौरे में दो बार जाते हैं।

(4) क्राउन न्यायालय (Crown Courts)–लिवरपूल तथा मानचेस्टर में कार्य की अधिकता के कारण दो विशेष न्यायालयों की व्यवस्था की गयी है, जिन्हें क्राउन न्यायालय (Crown Courts) कहा जाता है। ये न्यायालय इन स्थानों में 'क्वार्टर सेशन्स' का भी कार्य करते हैं और दक्षिण के लंकाशायर के लिए 'ऐसाइजेज न्यायालय' का भी कार्य करते हैं। इन न्यायालयों में लिवरपूल व मानचेस्टर का 'रिकार्डर' (Recorder), जो वेतनभोगी न्यायाधिकारी होता है, न्याय-कार्य करता है।

(5) केन्द्रीय फौजदारी न्यायालय (Central Criminal Courts)–केन्द्रीय फौजदारी न्यायालय, लन्दन व मिडिलसैक्स आदि के क्षेत्रों के लिए 'ऐसाइजेज न्यायालय' का कार्य करता है। इस न्यालय में कई न्यायाधीश कार्य करते हैं तथा वे सभी वेतनभोगी होते हैं। वे प्रायः उच्च न्यायालय के न्यायाधीश होते हैं। लन्दन का 'रिकार्डर' भी इसमें न्याय-कार्य करता है।

(6) फौजदारी अपील न्यायालय (Criminal Appeal Courts)–फौजदारी की अपील, कानूनी आधार पर अभियुक्त की ओर से भी हो सकती है और अभियोक्ता की ओर से भी हो सकती है। बरोज में ये अपीलें 'क्वार्टर सेशन्स के न्यायालयों' द्वारा सुनी जाती है तथा काउण्टीज में ये अपीलें, 'क्वार्टर सेशन्स की अपील समिति' (Appeal Committee of Quarter Sessions) द्वारा सुनी जाती हैं।

क्वार्टर सेशन्स, ऐसाइजेज तथा क्राउन न्यायालयों के निर्णयों के विरुद्ध अपीलें, 'फौजदारी अपील न्यायालय' में सुनी जाती हैं। कानूनी आधार पर अपीलें साधारणतः की जा सकती हैं, जबकि अन्य आधारों पर पूर्व अनुमति से ही अपील की जा सकती है। इस न्यायालय में रानी के बेंच डिवीजन के प्रायः तीन व विशेष मामलों के पाँच न्यायाधीश बैठते हैं। 'लार्ड चीफ जस्टिस' प्रधान होता है।

इस न्यायालय के निर्णय के विरुद्ध अपील की सुनवाई लॉर्ड-सभा द्वारा होती है, यदि न्यायालय यह प्रमाणित कर दे कि अपील कानूनी आधार पर है तथा न्यायालय अथवा लॉर्ड-सभा यह समझे कि वह आधार ऐसा है, जिस पर लॉर्ड-सभा को विचार अवश्य करना चाहिए।

इंग्लैण्ड व वेल्स-दीवानी न्याय कार्य

(Civil Justice in England and Wales)

दीवानी न्याय-कार्य के प्रमुख 'काउण्टी न्यायालय' हैं, जिनमें दीवानी के साधारण मामलों की सुनवाई होती है। इनके अतिरिक्त कुछ महत्वपूर्ण मामलों की सुनवाई 'उच्च न्यायालय' (High Courts) में भी होती है।

(1) काउण्टी न्यायालय (Country Courts)–'काउण्टी न्यायालय' लगभग तीन सौ हैं और इनकी स्थिति ऐसी है कि सभी क्षेत्रों के लिए न्यायालय अधिक दूरी पर नहीं पड़ते। इन न्यायालयों में न्याय-कार्य एक वेतनभोगी 'न्यायाधीश' द्वारा किया जाता है। यदि वादी या प्रतिवादी का कोई भी पक्ष चाहे, तो उक्त न्यायाधीश के साथ जूरी के लोग भी बैठते हैं। उक्त सब न्यायालयों का न्याय-कार्य दौरा न्यायाधीश करते हैं, जिनके दौरा क्षेत्र में एक या एक से अधिक न्यायालय हैं। कार्य अधिक होने पर

अतिरिक्त न्यायाधीशों की नियुक्ति भी कर दी जाती है।

'काउण्टी न्यायालयों' के न्यायक्षेत्र में वे सब मुकदमे आते हैं, जिनमें दावे की रकम चार सौ पौण्ड या इससे कम होती है। भूमि पर अधिकार-प्राप्ति के मुकदमों में उस भूमि का मूल्य सौ पौण्ड वार्षिक होता है। उस सीमा के ऊपर के मुकदमों की सुनवाई सम्बन्धित पक्षों की स्वीकृति के काउण्टी न्यायालयों में हो सकती है या उन्हें उच्च न्यायालय को भेजा जा सकता है। मान-हानि आदि से सम्बन्धित मामलों की सुनवाई काउण्टी न्यायालयों में नहीं हो सकती।

(2) उच्च न्यायालय (High Courts)- उच्च न्यायालय, सर्वोच्च न्यायालय का ही एक भाग होता है। इसका न्याय क्षेत्र प्रारम्भिक व अपील सम्बन्धी दोनों ही प्रकार का होता है तथा उसके अन्तर्गत सभी मामले दीवानी के तथा कुछ फौजदारी के मामले भी आते हैं।

उच्च न्यायालय के तीन विभाग हैं। एक विभाग 'राजा या रानी की बेंच विभाग' (Queen's Bench Division), दूसरा विभाग 'चांसरी विभाग' (Chancery Division), तथा तीसरा विभाग 'वसीयत, वैवाहिक सम्बन्ध-विच्छेद व समुद्र विभाग' (Probate, Divorce and Admirality Division) कहलाता है। ये तीनों विभाग मिलकर 'सर्वोच्च न्यायालय' (Supreme Court of Judicature) कहलाते हैं। यद्यपि ये सब विभाग सदा अलग-अलग ही अपना न्याय-कार्य करते हैं। रानी का बेंच विभाग, साधारण दीवानी मामलों की सुनवाई करता है। चांसरी विभाग, मुख्यत: औचित्यपूर्ण निर्णय (Equity) के मामलों की सुनाई करता है। तीसरा वसीयत विभाग, वैवाहिक सम्बन्ध-विच्छेद व समुद्र विभाग के मामलों की सुनवाई करता है।

उच्च न्यायालय के न्यायाधीशों पर और किसी पद का कार्य नहीं होता। प्रारम्भिक स्तर के मामलों में न्यायाधीश प्राय: अकेले सुनवाई करते हैं तथा अपील के मामले प्राय: तीन न्यायाधीशों द्वारा सुने जाते हैं। कुछ मामले में न्यायाधीशों द्वारा तथा बहुत कम मामले में एक न्यायाधीश द्वारा सुने जाते हैं।

(3) दीवानी अपील न्यायालय (Civil Appeal Courts)-मजिस्ट्रेटों के न्यायालयों के निर्णय के विरूद्ध प्राय: सभी अपीलें, उच्च न्यायालय से सम्बन्धित विभाग द्वारा सुनी जाती है। पर अन्य सभी महत्वपूर्ण अपीलों की सुनवाई 'अपील न्यायालय' (Court of Appeal) द्वारा की जाती है, जो सर्वोच्च न्यायालय का ही एक भाग है। कुछ उन मामलों की अपीलें, जिनमें अपील न्यायालय अथवा लॉर्ड-सभा की स्वीकृति हो, लॉर्ड-सभा द्वारा भी सुनी जाती हैं, जो संपूर्ण ब्रिटेन का 'अन्तिम

न्यायालय' है।

'अपील न्यायालय' (Court of Appeal), उच्च न्यायालय (High Court), काउण्टी न्यायालय (Country Court), तथा ऐसाइजेज (Assized) न्यायालयों के निर्णयों के विरुद्ध अपीलों की सुनवाई करता है। लॉर्ड चांसलर (Lord Chancellor); लॉर्ड चीफ जस्टिस (Lord Chief Justice); वसीयत, वैवाहिक सम्बन्ध-विच्छेद तथा समुद्र विभाग का 'प्रधान' (President of the Probate, Divorce and Admirality Division) व साधारण अपील लॉर्ड सभी अपील न्यायालय के सदस्य होते हैं तथा 'मास्टर ऑफ रोल्स' (Master of Rolls) उनका सक्रिय प्रधान होता है।

जब अपील के अन्तिम न्यायालय के रूप में लॉर्ड-सभा कार्य करती है, तो उसमें केवल नौ साधारण अपील लॉर्ड्स (Lord of Appeal in Ordinary) भाग लेते हैं तथा न्यायालय का कोरम कम-से-कम तीन न्यायाधीशों का होता है। इसके अतिरिक्त लॉर्ड-सभा के वे सदस्य भी न्याय-कार्य में भाग ले सकते हैं, 'जो उच्च न्यायाधिकारी होते हैं' अथवा रह चुके होते हैं। 'लॉर्ड-सभा' केवल दीवानी के मामलों का ही अन्तिम अपील न्यायालय नहीं है, वरन् वह फौजदारी के भी मामलों में अन्तिम अपील न्यायालय है। अपीलों के लिए आवश्यकता केवल इस बात की है कि उनका आधार कानूनी होना चाहिए तथा अपील करने के लिए अपील न्यायालय (Courts of Appeal) अथवा लॉर्ड-सभा (House of Lords) की स्वीकृति होनी चाहिए।

स्कॉटलैण्ड-फौजदारी न्याय-कार्य
(Criminal Justice in Scotland)

स्कॉटलैण्ड में फौजदारी न्याय-कार्य की दो प्रक्रियायें प्रयोग में आती हैं। गंभीर मामलों की सुनवाई 'पूर्ण प्रक्रिया' द्वारा होती है, जिसके अन्तर्गत न्यायाधीश अभियोग की सुनवाई जूरी के साथ करता है। साधारण मामलों की सुनवाई उस प्रक्रिया द्वारा होती है, जिसे 'सरसरी प्रक्रिया' (Summary Procedure) कहते हैं तथा जिसके अन्तर्गत न्यायाधीश बिना जूरी के न्याय-कार्य करता है।

(1) वर्ग न्यायालय (Burgh Courts)-स्कॉटलैण्ड में सबसे नीचे के स्तर के न्यायालय बर्ग अथवा 'पुलिस न्यायालय' होते हैं। इन न्यायालयों के न्यायाधीश के 'टाउन काउन्सिलर' होते हैं, जो या तो मजिस्ट्रेट होते हैं अथवा रहे होते हैं। ये प्राय: अवैतनिक होते हैं, यद्यपि कहीं-कहीं इन्हें कुछ पारिश्रमिक भी मिलता है। ये न्यायालय अत्यन्त साधारण मामलों की सुनवाई करते हैं।

(2) जस्टिस ऑफ पीस न्यायालय (Justice of Peace Courts)–'बर्ग न्यायालय' के ऊपर के स्तर के न्यायालय स्कॉटलैण्ड में 'जस्टिस ऑफ पीस' के न्यायालय (Justice of Peace Courts) होते हैं। उनका संगठन काउण्टी अथवा नगर काउण्टी के न्यायालय जैसा होता है। अवयस्क व्यक्तियों के विरुद्ध अभियोगों की सुनवाई किसी भी न्यायाधीश द्वारा 'सरसरी प्रक्रिया' के अनुसार की जा सकती है या कभी विशिष्ट न्यायाधीशों की नियुक्ति भी कर दी जाती है।

(3) शैरिफ न्यायाधीश (Sheriff's Courts)–इसके ऊपर के स्तर के न्यायालय स्कॉटलैण्ड में 'शैरिफ न्यायालय' (Sheriff's Courts) कहलाते हैं। स्कॉटलैण्ड कई 'शैरिफ' क्षेत्रों में विभाजित है। शैरिफ क्षेत्र कई शैरिफ न्यायालयों के प्रान्तों में बँटे हुए हैं। इनमें एक 'शैरिफ' व कुछ 'उप-शैरिफ' (Sheriff Substitute) होते हैं और ये लोग न्यायालय के न्यायाधीश का कार्य करते हैं। शैरिफ न्यायालयों का न्यायक्षेत्र फौजदारी व दीवानी दोनों ही प्रकार के मामलों में बड़ा व्यापक होता है।

(4) उच्च न्यायालय (High Court)–इससे ऊपर के स्तर का न्यायालय, स्कॉटलैण्ड में 'उच्च न्यायालय' है। प्रारम्भिक न्याय क्षेत्र का यह सबसे ऊँचे स्तर का न्यायालय है। लॉर्ड जस्टिस जनरल (Lord Justice General), जो दौरा न्यायालय (Court of Sessions) का भी 'अध्यक्ष' होता है, लॉर्ड जस्टिस लिपिक (Lord justice Clerk) व लॉर्ड न्यायायुक्त (Lord Commissioners of Judiciary), जो दौरा न्यायालय के न्यायाधीश भी होते हैं, में से कोई भी न्यायाधीश, उच्च न्यायालय में 'न्यायाधीश' के रूप में मामलों की सुनवाई कर सकता है। न्यायालय का कार्यालय 'एडिनबरा' में है, यद्यपि उसके न्यायाधीश दौरे पर न्याय-कार्य करने जाते हैं।

(5) फौजदारी अपील न्यायालय (Criminal Appeal Courts)–फौजदारी के मामलों में स्कॉटलैण्ड में अपील की व्यवस्था यह है कि उच्च न्यायालय के व्यक्तिगत न्यायाधीशों अथवा शैरिफ न्यायालय के अभियोग की पूर्ण प्रक्रिया द्वारा निर्णित मामलों के निर्णय के विरुद्ध में उच्च न्यायालय में अपील की जा सकती है। यदि अपील का आधार कानूनी हो, तो अपील उच्च न्यायालय की अनुमति अथवा व्यक्तिगत न्यायाधीश के प्रमाण-पत्र के बिना ही हो सकती है। पर अन्य मामलों में अपील तभी हो सकती है, जब उच्च न्यायालय की अनुमति हो अथवा व्यक्तिगत न्यायाधीश ने इस बात का प्रमाण-पत्र दे दिया हो कि 'मामला अपील के योग्य है'। अपील की सुनवाई के लिए उच्च न्यायालय के तीन या इससे अधिक न्यायाधीश बैठते हैं। उनके निर्णय के विरुद्ध, लॉर्ड-सभा को अपील नहीं की जा सकती।

स्कॉटलैण्ड-दीवानी न्याय-कार्य

(Civil Justice in Scotland)

दीवानी न्याय कार्य के प्रमुख न्यायालय स्कॉटलैण्ड में 'शैरिफ न्यायालय (Shefiff Substitute) व दौरा न्यायालय' (Court of Session) हैं। शैरिफ न्यायालय दीवानी के मामलों के मोटे रूप से इंग्लैण्ड हैं। 'शैरिफ न्यायालय' दीवानी के मामलों में मोटे रूप से इंग्लैण्ड तथा वेल्स की 'काउण्टी न्यायालयों' की समानता के होते हैं। 'दौरा न्यायालय' दीवानी का सबसे ऊँचा न्यायालय है।

(1) शैरिफ न्यायालय (Sheriff's Court)–शैरिफ न्यायालय के न्यायक्षेत्र में प्राय: सभी दीवानी के मामले आ जाते हैं, क्योंकि दावे के मूल्य सम्बन्धी किसी सीमा की व्यवस्था उसके न्यायक्षेत्र के लिए नहीं है। इन न्यायालयों में 'उप शैरिफ' भी होता है, जो अधिकांशत: न्याय-कार्य का सम्पादन करता है तथा उसके निर्णय के विरुद्ध 'मुख्य शैरिफ' (Sheriff Principal) को या 'दौरा न्यायालय' को अपील की जा सकती है। पाँच पौण्ड से कम मूल्य के दावों के मामलों का निबटारा 'जस्टिस ऑफ पीस' के न्यायालयों द्वारा किया जा सकता है। जैसा पहले कहा गया है, शैरिफ न्यायालय, दीवानी न्यायक्षेत्र की दृष्टि से इंग्लैण्ड व वैल्स के काउण्टी न्यायालयों की समानता के हैं, यद्यपि दावे के मूल्य की सीमा न होने के कारण उसका न्यायक्षेत्र काउण्टी न्यायालयों से व्यापकतर है।

(2) दौरा न्यायालय (Sessions Courts)–दौरा न्यायालय का न्यायक्षेत्र यद्यपि सर्वव्यापी है, तथापि वह केवल 'एडिनबरा' में ही रहकर न्याय-कार्य करता है। 'विवाह-विच्छेद' के सम्बन्ध में न्याय-क्षेत्र केवल इसी न्यायालय का है। इस न्यायालय के दो भाग हैं, जो 'आउटर हाउस (Outer House) व इनर हाउस' (Inner House) कहे जाते हैं। आउटर हाउस का न्यायक्षेत्र प्रारम्भिक है तथा इनर हाउस मुख्यत: 'अपील का न्यायालय' है। अपील का यह न्यायालय भी दो भागों में विभाजित है, जिनमें चार-चार न्यायाधीश होते हैं। एक भाग का अध्यक्ष 'लॉर्ड प्रेसिडेण्ट हाउस' (Lord Predident) व दूसरा का अध्यक्ष 'लॉर्ड जस्टिस क्लर्क' (Lord Justice Clerk) होता है। 'इनर हाउस' के निर्णय के विरुद्ध लॉर्ड-सभा (House of Lords) में अपील की जा सकती है।

(3) स्कॉटिश भूमि न्यायालय (Scottish Land Court)–स्कॉटलैण्ड में एक और विशिष्ट प्रकार का न्यायालय है, जिसे 'स्कॉटिश भूमि न्यायालय' (Scottish Land Court) कहते हैं। यह न्यायालय भूमि सम्बन्धी कुछ मामलों में न्याय-कार्य

करता है। दौरा न्यायालय के 'न्यायाधीश के पद' के स्तर का न्यायाधीश इस न्यायालय की अध्यक्षता करता है।

उत्तरी आयरलैण्ड की न्याय-व्यवस्था

(Judicial System in Northern Ireland)

उत्तरी आयरलैण्ड के दीवानी व फौजदारी दोनों प्रकार के न्यायालयों की व्यवस्था प्राय: इंग्लैण्ड व वेल्स जैसी ही है, यद्यपि स्थानीय आवश्यकता के अनुसार कुछ हेर-फेर कर लिया गया है। ऊँचे स्तर के न्यायालय 'सर्वोच्च न्यायालय' (Supreme Court of Justice), जिसके दो भाग 'उच्च न्यायालय' (High Court of Justice) व 'अपील न्यायालय' (Court of Appeal) हैं, तथा फौजदारी अपील न्यायालय (Court of Appeal) हैं। उच्च न्यायालय एक ऐसा ऊँचे स्तर का न्यायालय है, जिसका न्यायक्षेत्र प्रारम्भिक भी है। इसके तीन विभाग हैं। पहला 'चांसरी विभाग' (Chancery Division), दूसरा 'रानी का बेंच डिविजन' (Queen's Bench Division), जिसके पास वसीयत, विवाह-सम्बन्धी तथा समुद्र सम्बन्धी न्याय-क्षेत्र भी हैं तथा तीसरा 'दौरा न्यायालय' (Circuit Court) अर्थात् 'ऐसाइजेज' (Assizes) विभाग है। उच्च न्यायालय में लॉर्ड चीफ जस्टिस (Lord Chief Justice) इसका अध्यक्ष होता है तथा अन्य दो साधारण न्यायाधीश होते हैं। अपील न्यायालय (Court of Appeal) में 'लॉर्ड चीफ जस्टिस' (Lord Chief of Justice) व दो 'लॉर्ड जस्टिस ऑफ अपील' (Lord Justice of Appeal) होते हैं। उत्तरी आयरलैण्ड में निचले स्तर के न्यायालय, काउण्टी न्यायालय (County Courts) व छोटे सेशन्स (Petty Sessions) के न्यायालय होते हैं। छोटे सेशन्स का न्यायक्षेत्र, सरसरी का होता है। चार्टर सेशन्स के न्यायालय, स्कॉटलैण्ड में अब काउण्टी न्यायालयों के साथ मिला दिये गये हैं और अब काउण्टी न्यायालय दीवानी व फौजदारी दोनों ही प्रकार का न्याय-कार्य करते हैं। काउण्टी न्यायालय के न्यायाधीशों की संख्या पाँच होती है, जिसमें दो का पद 'बेलफास्ट लन्दन डेरी के रिकार्डर' का होता है। छोटे सेशन्स के न्यायालय में प्राय: एक न्यायाधीश होता है। इन न्यायाधीशों को 'आवासी न्यायाधीश' (Resident Magistrate) कहते हैं तथा इनका पद इंग्लैण्ड व वेल्स के पारिश्रमिक पाने वाले 'मजिस्ट्रेट' (Stipendiary Magistrate) के पद के समान होता है। विशेष अभियोग के लिए दो न्यायाधीश भी इस न्यायालय में न्याय-कार्य करते हैं। बाल न्यायालयों का न्याय-कार्य एक निवासी न्यायाधीश व दो अन्य साधारण व्यक्तियों द्वारा किया जाता है। इन दो व्यक्तियों में से एक का स्त्री होना आवश्यक है।

अन्य न्यायालय
(Other Courts)

ऊपर जिन न्यायालयों की चर्चा की गयी है, उनके अतिरिक्त ब्रिटेन में कुछ अन्य न्यायालय भी हैं। इन न्यायालयों में एक प्रकार का न्यायालय 'कोरोनर्स न्यायालय' (Coroners Court) कहलाता है, जो लोगों की आकस्मिक मृत्यु के मामलों की जाँच करता है। इनके अतिरिक्त अनेक प्रशासनिक न्यायालय भी हैं, जिनमें यातायात न्यायालय (Transport Tribunal), भूमि न्यायालय (Land Tribunal), आयकर के विशेष आयुक्त (Special Commissioners of Income-tax), पेंशन अपील न्यायालय (Pension Appeal Tribunals) तथा कर न्यायालय (Rent Trubunals) प्रमुख हैं। सेना में कार्य करने वाले व्यक्तियों के मामलों की सुनवाई 'सैनिक न्यायालयों' (Militars Courts) द्वारा होती है, जिन्हें 'कोर्ट मार्शल' कहते हैं तथा जिनके निर्णयों के विरुद्ध अपील कोर्ट मार्शल अपील न्यायालय तथा उसके निर्णय के विरुद्ध अपील लॉर्ड-सभा को हो सकती है। यदि निर्णय देने वाला न्यायालय यह प्रमाणित कर दे अथवा लॉर्ड-सभा यह समझे कि 'अपील का आधार कानूनी है अथवा मामला ऐसा है जिसकी सुनवाई लॉर्ड-सभा द्वारा होना उचित है।'

ब्रिटेन और अमरीका की न्याय-व्यवस्थाओं की तुलना
(Comparisions Between the British and American Judicial System)

संयुक्त राज्य अमरीका कभी ब्रिटेन का उपनिवेश रहा है। अतः इसकी न्याय-व्यवस्था का विकास ब्रिटिश संरक्षण में व पर्याप्त सीमा तक ब्रिटिश पद्धति के आधार पर हुआ है। यही कारण है कि दोनों की कानून व न्याय की व्यवस्थाओं में कुछ आधारभूत समानताएँ है। पहली समानता इस सम्बन्ध में यह है कि दोनों ही देशों में अभियोगी को 'अभ्यारोपण के समर्थन के प्रमाण' प्रस्तुत करने पड़ते हैं। दूसरी समानता यह है कि साक्ष्य (Evidence) सम्बन्धी नियमों की प्रवृत्ति भी दोनों देशों में अभियुक्तों के बचाव की ओर अधिक है। इसके अतिरिक्त 'बन्दी प्रत्यक्षीकरण' (Habeas Corpus), 'जूरी-व्यवस्था', 'अभ्यारोपण-व्यवस्था' (Indictments), 'खुले न्यायालय (Open Courts) की व्यवस्था' भी दोनों देशों में प्रायः समान रूप से पायी जाती है।

दोनों व्यवस्थाओं में कुछ प्रमुख अन्तर भी है। ब्रिटिश व्यवस्था में 'न्यायिक सर्वेक्षण' (Judicial Review) का अभाव है जबकि अमरीका में यह वहाँ की न्याय-व्यवस्था की प्रमुख विशेषता है। फौजदारी मुकदमें की सुनवाई की व्यवस्था में भी

दोनों देशों की पद्धति में काफी अन्तर है। ब्रिटेन में अमरीका की भाँति 'जिलास्तरीय अभियोजक' का 'न्यायवक्ता' नहीं होते, जो सार्वजनिक सुनवाई में सहयोग दें। सामान्यत: इंग्लैण्ड में 'अभ्यारोपण', पुलिस के द्वारा अथवा व्यक्तिगत रूप में नागरिकों द्वारा किया जाता है। इसके अतिरिक्त इंग्लैण्ड में वकीलों व बैरिस्टरों का वकालत का व्यवसाय और सोलिसिटरों का व्यवसाय अलग-अलग है। वे दोनों न तो एक-दूसरे का कार्य ही कर सकते हैं और न वे मिलकर ही कार्य कर सकते हैं।

6

नौकरशाही

लोक-सेवकों के राजनीतिक क्रियाकलापों के सर्वेक्षण हेतु नियुक्त समिति के प्रतिवेदन के शासन को सुचारु संचालन के लिए राजनीतिक दृष्टि से जो महत्व संसद का है, प्रशासनिक दृष्टि से वही महत्व लोक-सेवा का है। मैकिनटोश ने ऐसा ही विचार व्यक्त किया है और कहा है कि, ''सरकार राजनीतिक दृष्टि से अपना कार्य संचालन जिस प्रकार संसद के अभिकरण के माध्यम से करती है, प्रशासनिक दृष्टि से अपना कार्य संचालन वह लोक-सेवा के माध्यम से कराती है।'' मंत्रिमण्डल इंग्लैण्ड की सरकार का कार्यपालक अंग है। उसी के ऊपर देश के शासन का पूरा दायित्व है। पर इतने व्यापक शासन सूत्र का संचालन मंत्रीगण स्वतः ही नहीं कर सकते हैं। वस्तुतः मंत्रियों का कार्य तो उच्च स्तर पर शासन सम्बन्धी नीति का निर्धारण करना ही होता है। मंत्री अपने विभाग का केवल राजनीतिक अध्यक्ष होता है, जिसका पद 'स्थायी सचिव' (Permanent Secretary) का होता है। वह मंत्री का प्रमुख परामर्शदाता होता है। उसके नीचे प्रत्येक विभाग में कई उपसचिव व सहायक सचिव व उनके नीचे अन्य अनेक प्रशासनिक अधिकारी होते हैं, जो इंग्लैण्ड की लोक-सेवा के सदस्य होते हैं। वे देश के प्रत्येक भाग में कानून को क्रियान्वित करके राष्ट्र की सरकार को जनता के निकटतम संपर्क में लाते हैं। देश के प्रशासन की दृष्टि से लोक-सेवा का इतना महत्व है कि इस सम्बन्ध में जोसेफ चेम्बरमेन ने यहाँ तक कहा था कि, ''**मुझे लगता है कि आप लोग (अर्थात् लोक-सेवा के सदस्यगण) हमारे (अर्थात् मंत्रिमण्डल के) बिना काम चला सकते हैं, पर हम (अर्थात्**

मंत्रिगण) आपके (अर्थात् लोक-सेवा के सदस्यों के) बिना काम नहीं चला सकते, यह मेरा पक्का विश्वास है।'' औद्योगिक क्रांति तथा 'लोक-कल्याणकारी राज्य' की विचारधारा के अनुसार शासन की गतिविधियों का क्षेत्र बढ़ जाने के कारण लोक-सेवा का महत्व और भी अधिक बढ़ गया है।

लोक सेवा का तात्पर्य

लोक-सेवा (Civil Service) का सामान्य व प्रचलित अर्थ 'राज्य की प्रशासकीय सेवा की असैनिक शाखाएँ' माना जाता है। क्योंकि राज्य की मुख्य रूप से दो प्रकार की सेवाएँ होती है-सैनिक (Military) तथा असैनिक (Civil)। मुख्य रूप से सैनिक सेवाएँ देश के सैनिक प्रशासन से सम्बन्धित होती है तथा असैनिक सेवाएँ देश के असैनिक प्रशासन से सम्बद्ध होती है। जैसा कि फाइनर ने कहा है कि ''लोक-सेवा अधिकारियों का एक ऐसा व्यावसायिक निकाय है, जो स्थायी है, वैतनिक है तथा कार्यकुशल है।'' ग्लैडन की मान्यता यह है कि ''प्रशासन के क्षेत्र में तटस्थ विशेषज्ञों का व्यावसायिक निकाय, जो निस्वार्थ रूप से बिना राजनीतिक दलीय विचारों अथवा वर्ग हितों से प्रभावित हुए राष्ट्र की सेवा में प्राणपण से जुटा है।''

ब्रिटेन में 'लोक-सेवा' शब्द की यह परिभाषा की गयी है कि ''राजनीतिक न्यायिक पदाधिकारियों के अतिरिक्त ''ताज'' के वे सेवक जो असैनिक रूप से सेवायोजित हो और जिनका पारिश्रमिक पूर्णतः तथा प्रत्यक्षतः उस धन-राशि में दिया जाता है, जो संसद द्वारा इसके लिए स्वीकृत की गयी हो।''

टॉमलिन आयोग ने 1929 में अपनी रिपोर्ट में सिविल सर्विस की परिभाषा स्पष्ट करते हुए कहा है कि 'ग्रेट ब्रिटेन में केवल केन्द्रीय सरकार के असैनिक कर्मचारी ही सिविल सर्विस के कर्मचारियों की श्रेणी में आते हैं' तथा स्थानीय संस्थाओं के कर्मचारीयों को स्थानीय सरकार सेवा (Local Government Service) कहा जाता है।

आज के आधुनिक युग में कभी-कभी सिविल सेवकों को 'नौकरशाही पदाधिकारियों' का नाम भी दिया गया है। 'नौकरशाही पदाधिकारी' से आशय सामान्यतः उस अधिकारी से होता है, जो कि प्रशासकीय पदसोपान के किसी भी स्तर पर नियुक्त किया जाता है। नौकरशाही एक ऐसा वर्ग है जिस पर अनेक उद्देश्यों की पूर्ति के लिए राज्य की सत्ता के दुरुपयोग का आरोप लगाया जाता है।

परिभाषिक दृष्टि से नौकरशाही का साधारणतया अर्थ 'मेज प्रशासन' अर्थात् 'ब्यूरो' अथवा कार्यालयों द्वारा प्रबंध/कार्मिक वर्ग (Personnel), उसके कार्य करने के

साधनों तथा कार्यविधियों (Procedures) के योग को 'नौकरशाही पद्धति' कहा जाता है। जिसके द्वारा एक संगठन अपने कार्यों का प्रबंध करता है तथा अपने उद्देश्यों को प्राप्त करता है। इस प्रकार नौकरशाही अथवा लोक-सेवाएँ, सभी बड़े पैमाने के उद्यमों का एक विशिष्ट लक्षण है। लेकिन कभी-कभी नौकरशाही के आलोचक यह तर्क प्रस्तुत करते हैं कि ' 'नौकरशाही कभी-कभी किसी कार्य को क्रियान्वित करने में इतना विलम्ब कर देती है कि उसका मूल उद्देश्य ही खत्म हो जाता है।'' ऐसी स्थिति में उसे 'लालफीताशाही' (Red Tap) कहा जाता है।

उपर्युक्त विवरण के आधार पर यह कहा जा सकता है कि 17वीं व 18वीं शताब्दी तक प्रशासन क्षेत्र के तटस्थ विशेषज्ञों का व्यावसायिक निकाय, जिसमें अप्रशिक्षित व अवैतनिक वर्ग के लोक-सेवक भी सम्मिलित थे, प्रशासन के कार्य-संचालन में अपनी भूमिका का निर्वाह करते थे। लेकिन आज के आधुनिक समय में केवल कुशल, प्रशिक्षण प्राप्त तथा सुशिक्षित व्यक्तियों के वर्ग को 'जो वैतनिक व पद सोपान के आधार पर राज्य कार्यों को सम्पादित करता है उसे लोक-सेवाएँ' कहा जाता है।

इंगलैण्ड की लोक-सेवा का सामान्य परिचय

(General Introduction of British Civil Service or Bureaucracy)

लोक-सेवा

लोक-सेवक (Civil Servant) इंगलैण्ड में 'राजमुकुट (Crown) का कर्मचारी' कहलाता है। उसका पद न तो न्यायिक होता है और न राजनीतिक। उसकी भर्ती 'लोक सेवक' के रूप में होती है। उसके वेतन का भुगतान संसद द्वारा स्वीकृत कोष से होता है। इस आधार पर ब्रिटेन में लोक सेवकों की संख्या 10 लाख है, क्योंकि इसमें राजकीय सैनिक कारखानों व नौ-सेना के कारखानों में कार्य करने वाले असंख्य औद्योगिक कर्मचारी (Industrial Employees) भी सम्मिलित हैं। पर 'लोक-सेवा' से हमारा तात्पर्य केवल उन कर्मचारियों से होता है, जो शासन के विविध विभागों में काम करते हैं तथा जिनमें औद्योगिक कर्मचारी सम्मिलत नहीं समझे जाते।

लोक-सेवक, कानूनी रूप से यद्यपि 'राजमुकुट का सेवक' है, पर व्यवहार में वह अपने विभाग के मंत्री के अधीन है। वह उसे नीति-निर्धारण के सम्बन्ध में परामर्श तथा निर्णयों को कार्यान्वित करने में सहायता देता है। समय-समय पर मंत्रीगण बदल जाते हैं, पर लोक-सेवक स्थायी रूप से बने रहते हैं। इंगलैण्ड में सरकार के परिवर्तन के कारण लोक-सेवा के सदस्यों में परिवर्तन नहीं होता तथा वे

स्थायी रूप से गठित होने वाली सभी सरकारों के अधीन कार्य करते हैं।

लोक-सेवाओं की विशेषताएँ
(Characteristics of Civil Services)

समाज की समस्याओं को हल कर अधिक-से-अधिक सुविधा उपलब्ध कराने का महत्वपूर्ण उद्देश्य 'राज्य' का माना गया है। राज्य प्राचीन काल से ही अपनी 'कार्मिक व्यवस्था' का उपयोग अपने लोक कल्याणकारी कार्यों को सम्पन्न करने में करता रहा है। लेकिन 17वीं व 18वीं शताब्दी तक कार्मिक व्यवस्था में अप्रशिक्षित तथा अवैतनिक वर्ग के सिविल कर्मचारी हुआ करते थे, लेकिन वर्तमान समाज की जटिल समस्याओं को हल करने के लिए उपर्युक्त कर्मचारियों की श्रेणी अनुपयुक्त है। आज के आधुनिक समाज में जो अति जटिल समस्याएँ व्याप्त हैं, उनसे समाज को निजात दिलाने के लिए तो कुशल, प्रशिक्षण -प्राप्त तथा सुशिक्षित व्यक्तियों के एक ऐसे वर्ग की आवश्यकता है जो राज्य की सेवा कर सके तथा योजना एवं कार्यक्रमों को लागू कर समाज का कल्याण कर सके। कार्यों का 'विशिष्टीकरण' तथा 'श्रम-विभाजन' (Division of Labour), वर्तमान वैज्ञानिक युग की विशेषता है। यह तथ्य भी सही है कि एक ही आदमी सभी कार्यों तथा उत्तरदायित्वों को सम्पन्न नहीं कर सकता। अत: जनकल्याण के लिए तथा प्रशासन के विभिन्न कार्यों को पूरा करने के लिए योग्य, कुशल व अनुभवी लोक-सेवकों का होना आवश्यक है। साथ में कार्यों का विशिष्टीकरण तथा श्रम विभाजन (Division of Labour), भी आवश्यक है, जो वर्तमान लोक-सेवाओं की महत्वपूर्ण विशेषताएँ भी मानी जाती है।

आधुनिक लोक-सेवा की विशेषताएँ निम्नलिखित हैं-

(1) कुशल एवं स्थायी वैतनिक कार्यकर्त्ता (Skilled)-लोक-सेवा, ऐसे अधिकारियों का एक 'व्यावसायिक वर्ग' है जो कि प्रशिक्षण प्राप्त, कुशल तथा वैतनिक होते हैं। उन अन्य व्यक्तियों के समाज को, जो कि विभिन्न व्यवसायों में व्यस्त रहते हैं, लोक-सेवकों का व्यवसाय भी प्रशासन का संचालन करना होता है। उन्हें इस कार्य के लिए वेतन दिया जाता है। लोक-सेवक निश्चित समय एवं उम्र तक अपने पद पर कार्यरत रहते हैं। सरकार के बदलने से उनके स्थायित्व व वेतन पर कोई विशेष प्रभाव नही पड़ता है।

(2) तटस्थ दृष्टिकोण व जनता के प्रति उत्तरदायी (Neutral Actitude)-लोक-सेवक, राज्य की जनता के सेवक माने जाते हैं न कि किसी राजनीतिक दल विशेष के। अत: 'राजनीति में तटस्थता' लोक-सेवा की एक अन्य महत्वपूर्ण

विशेषता मानी जाती है। सामान्यतया लोक-सेवक, देश की संसद, न्यायपालिका और कार्यपालिका के नियंत्रण तथा निर्देशन में उसे सौंपे गये कार्य को लोक-सेवा की भावना से सम्पूर्ण समाज के कल्याण के लिए कार्य करते हैं तथा उन्हें निजी हित से पूर्व सार्वजनिक हित को दृष्टिगत रखना होता है। आधुनिक प्रजातंत्र में जनता ही वास्तविक संप्रभु होती हैं। अत: आज लोक-सेवक, जनता के प्रति अपने कार्य के लिए उत्तरदायी होते हैं। वे जनता की अवहेलना करने की सोच भी नहीं सकते।

(3) अनामता का सिद्धान्त (Principle of Anonymity)-लोक-सेवक जनहित में जो भी कार्य करते हैं, बिना नाम के ही सम्पन्न करते हैं, उन्हें अनाम ही रहना पड़ता है। अर्थात् लोक-सेवक बिना अपना नाम सामने लाए ही पर्दे के पीछे सारे कार्यों को सम्पन्न करते हैं। जनहित में जो कार्य किये जाते हैं, उनका सारा श्रेय तो जन-प्रतिनिधियों को प्राप्त होता है।

(4) पद-सोपान का सिद्धान्त (Principle of Hierarchy)-लोक-सेवकों का संगठन, 'पद-सौपान' के आधार पर किया जाता है। जिसका अर्थ होता है, 'उच्च एवं अधीनस्थ अधिकारियों की एक-एक सुदृढ़ एंव अनुशासित व्यवस्था', जिसमें उच्च अधिकारियों द्वारा निम्न अधिकारियों का पर्यवेक्षण किया जाता है तथा प्रत्येक अधिकारी को अपने उच्च अधिकारी की आज्ञाओं का पालन करना होता है।

लोक-सेवा के कार्य

(Functions of The Civil Service)

आधुनिक समय में लोक-सेवकों को विविध कार्यों को सम्पन्न करना होता है। लेकिन मुख्य रूप से उनका कार्य देश की विधि अथवा कानून का प्रबंध करना है। वे अपनी पूर्ण निष्ठा से, निष्पक्षतापूर्ण तथा राजनीतिक दृष्टि से तटस्थ रहकर, विधि को कार्यान्वित करते हैं। लोक-सेवा की मुख्य रूप से दो श्रेणियाँ मानी जाती हैं, निम्न लिपिक वर्ग तथा उच्च प्रशासकीय अधिकारी। लोक-सेवा के उच्च पदाधिकारियों को कभी-कभी 'विशिष्ट वर्ग' (Elite Class) भी कहा जाता है। वे विभाग के 'राजनीतिक प्रमुख' से प्रत्यक्ष रूप से सम्बन्धित होते हैं। वे विभाग की नीतियों का निर्माण करने में मंत्रियों की सहायता करते हैं। यद्यपि 'नीति-निर्माण करना' मंत्रियों या संसद का कार्य हैं, लेकिन व्यवहार में यह कार्य लोक सेवकों द्वारा किया जाता है। लोक सेवक विशिष्ट परामर्श प्रदान करते हैं तथा तथ्य एवं आँकड़े (Facts and Figures) प्रस्तुत करते हैं, जिनके बिना आधुनिक युग में विधि का निर्माण करना (Law Figures), अव्यवहारिक एवं कठिन है। अत: नीति निर्धारण

आदि सभी में मंत्री अपने विश्वस्त अधिकारियों पर निर्भर रहते हैं। सरकार की नीतियों को क्रियान्वित करना लोक सेवकों का महत्वपूर्ण कार्य है। नीतियों का क्रियान्वयन यदि कुशलतापूर्वक नहीं होता है, तो नीतियाँ महत्वशून्य रह जायेंगी। नीतियों का क्रियान्वयन पूर्णतः लोक-सेवकों पर निर्भर करता है। नीति-निर्माण, नीति-क्रियान्वयन व मंत्रियों को परामर्श देने के अतिरिक्त लोक-सेवकों द्वारा विधान-मण्डल के कानूनों की व्याख्या एवं विश्लेषण का कार्य भी किया जाता है।

आधुनिक समाज की जटिल परिस्थितियों में तो लोक-सेवकों को अर्द्ध-न्यायिक प्रकृति के कार्य भी करने पड़ते हैं इसका कारण है- प्रशासकीय अधिनिर्णय अथवा न्यायिक निर्णय (Administrative Adjudication) प्रथा की शुरुआत-वस्तुतः प्रशासकीय कानून तथा प्रशासकीय अधिनिर्णय के फलस्वरूप प्रशासक न केवल शासन करते हैं अपितु न्याय भी करते हैं। 'प्रशासकीय अधिनिर्णय' प्रारंभ होने के वही कारण हैं जो 'प्रत्यायोजित विधि निर्माण' प्रारंभ होने के हैं। जैसे-जैसे राज्य का कार्य-क्षेत्र बढ़ता जा रहा है, प्रशासकीय अधिनिर्णय की मात्रा भी बढ़ती जा रही है। 'प्रत्योजित विधि निर्माण' (Delegated Legislation) का प्रारंभ संसद के अत्यधिक कार्यभार के कारण हुआ है। आजकल अनेक जटिल विषयों के सम्बन्ध में भारत की अव्याधिकता के कारण संसद किसी विषय की विधि के सम्बन्ध में ढाँचा ही बनाती है उन विधियों की सूक्ष्म एवं व्यापक रूपरेखा बनाने की शक्ति-लोक सेवकों को प्रदान कर देती है। आज अधिकांश कानूनों का प्रारूप प्रशासकीय सचिवों द्वारा ही बनाया जाता है और उनके बताए तर्कों के आधार मंत्रीगण संसद में विधेयको का संचालन करते हैं।

ब्रिटेन में लोक-सेवा का विकास

(Evoluction of Civil Services in Britain)

ब्रिटिश लोक-सेवा का इतिहास, उसके क्रमिक विकास की कहानी है। किसी भी एक समय में पूर्व विचारित योजना के अनुसार वहाँ वर्तमान में 'दृश्य लोक-सेवा' के स्वरूप की नींव नहीं रखी गयी। सैक्सन और नार्मन राजाओं के शासनकाल में शासक के निजी और सरकारी कार्यों के मध्य कोई अन्तर नहीं था। राज्य के कार्यों में वृद्धि होने के साथ-साथ राजा के निजी सहायकों को भी प्रशासकीय दायित्व सौंपे गये। इन कार्यों में और वृद्धि होने पर इन सहायकों को लिपिकों की आवश्यकता हुई, जो निर्णयों का ब्यौरा रखने, सूचनाएँ एकत्रित करने, हिसाब रखने आदि के कार्य करते थे। 'ट्यूडर वंशीय' राजाओं के काल में केन्द्रीय शक्ति के विकास के

परिणामस्वरूप लोक-सेवकों की संख्या बढ़ी और नौकरशाही की व्यवस्था का केन्द्रीयकरण भी हुआ। अठारहवीं शताब्दी के अंत तक लगभग 75 प्रकार के विविध कार्यालय थे, जिनमें 16,000 से भी अधिक अधिकारी सेवारत थे। परन्तु विविध पदों पर कर्मचारियों की नियुक्ति दक्षता के आधार पर न होकर राजनीतिज्ञों के समर्थकों को अनुगृहीत करने की दृष्टि से की जाती थी। हिसाब की जाँच की व्यवस्था न होने से भ्रष्टाचार और 'भाई-भतीजावाद' का बोलबाला था। सन् 1786 में नौ-सेना के लेखा नियंत्रक ने अनुमान लगाया कि विभिन्न लिपिकों की नियुक्तियों पर कमीशन के रूप में उसे 300 गिन्नयाँ (स्वर्ण सिक्के) प्रतिवर्ष मिलती रही थीं। इसके अतिरिक्त लोक-सेवा में दक्षता और समन्वय का भी अभाव था। यूरोप के लिए काम करने वाले दोनों विदेश मंत्रालय अपनी-अपनी स्वतंत्र नीतियों पर चल सकते थे। 'पुराने ढर्रे की कार्य पद्धति' के कारण भी कर्मचारी-वर्ग में दक्षता का अभाव था।

उन्नीसवीं शताब्दी के प्रारंभ से ही इस व्यवस्था की कटु आलोचना होने लगी थी। संसद से बाहर, 'बौद्धिक स्तर' पर आलोचना करने वालों में बेन्थम, जॉन स्टुअर्ट मिल, बेंजामिन लोवेट आदि प्रमुख थे। इन आलोचनाओं के परिणामस्वरूप संसद ने ट्रेवेलियन और नॉर्थकोट (Thevelyan and Northcote) से लोकसेवा के पुनर्गठन के बारे में प्रतिवेदन प्रस्तुत करने को कहा। इनके द्वारा 1854 में प्रस्तुत प्रतिवेदन में उल्लिखित निम्न चार बातों पर आज भी लोक-सेवा का गठन आधारित है:

(1) लोक-सेवकों की भर्ती, प्रतियोगितात्मक परीक्षा के आधार पर हो।

(2) पदोन्नति, वरिष्ठता के आधार पर न होकर योग्यता के आधार पर हो।

(3) बौद्धिक और यंत्रवत् सम्पादित होने वाले कार्यों को पृथक्-पृथक् प्रशासकीय संगठनों में विभाजित कर दिया जाय, जिससे अधिक कुशल व योग्य लोक-सेवकों को बौद्धिक कार्यों के लिए नियुक्त किया जा सके।

(4) एकल समग्रात्मक (Single Integrated) सेवा की स्थापना की जाय, जिसमे सीधी भर्ती हो।

प्रारंभ में उक्त सुझावों का विरोध हुआ, क्योंकि उनसे निहित स्वार्थों पर अंकुश लगता था और राजनीतिक अनुग्रहों (Political Patronage) का आदान-प्रदान सरलता से संभव नहीं हो सकता था।

उन्नीसवीं शताब्दी के अन्तिम चतुर्थांश में लोक-सेवा के संगठन को वैज्ञानिक और विवेकसम्मत आधार प्रदान करने के कुछ और भी प्रयास किये गये। यद्यपि

विशाल पैमाने पर सुधार के कार्यक्रम, 'राष्ट्रीय ह्विटले परिषद्' (National Whitley Council) के 1921 के प्रतिवेदन के आधार पर कुछ अन्य सुधार किये गए।

अब आधुनिक युग के शासकीय कार्यों की प्रकृति बहुत कुछ बदल गयी है तथा उसके कारण लोक-सेवा के स्वरूप में काफी परितर्वतन हुए हैं। अब राज्य का कार्यक्षेत्र बढ़ गया है। वैज्ञानिकों व अन्य विशेषज्ञों, जैसे वास्तु-विज्ञानिकों (Architects) की सेवाओं की आवश्यकता बढ़ गयी है। सांख्यिकी तकनीकों में परिष्कार के कारण कम्प्यूटर का प्रयोग व नयी-नयी विश्लेषणात्मक पद्धतियों का प्रचलन बढ़ गया है। लोक-सेवकों के सामने अब भी निजी व्यवसाय का विशेष आकर्षण है, क्योंकि निजी उद्योगों की सुविधाएँ बहुत अधिक हैं। अतः इन बदली हुई परिस्थितियों में लोक-सेवा के संगठन व उसकी सेवा की शर्तों में क्या सुधार किये जाएँ, इसके अध्ययन के लिये सन् 1966 में 'फुल्टन समिति' (Phultan Committee) की नियुक्ति की गयी, जिसने सुधार की पुनः आवश्यकता महसूस की। लोक-सेवा की संरचना, भर्ती और प्रबंध के सम्बन्ध में सुझाव देने के लिए नियुक्त की गयी। फुल्टन समिति ने 1968 में अपना प्रतिवेदन प्रस्तुत किया तथा लोक-सेवा के सम्बन्ध में सिफारिशें निम्न प्रकार दी :

(1) लोक-सेवा के नियंत्रण का दायित्व 'कोष-विभाग' के स्थान पर नये 'लोक सेवा विभाग' को हस्तान्तरित किया जाय।

(2) विभिन्न सेवा वर्गों के स्थान पर 'एकीकृत श्रेणी-संरचना' को अपनाया जाय।

(3) प्रशिक्षण पाठ्यक्रम और अल्प-अवधि पाठ्यक्रमों के लिए 'लोक-सेवा कॉलेज' की स्थापना की जाय।

(4) सार्वजनिक और निजी क्षेत्रों में तथा विभिन्न विभागों में लोक-सेवकों के आदान-प्रदान की व्यवस्था की जाय।

(5) सर्वोच्च नीति-निर्धारक पदों पर पहुँचने के लिए विशेषज्ञों को और अधिक अवसर प्रदान किये जायें।

(6) विभिन्न पदों के अभ्यर्थियों की परीक्षा, पद से सम्बन्धित योग्यता की जाँच करने के लिए ही ली जाय।

लोक-सेवा का प्रबंध

'फुल्टन समिति' की उक्त सिफारिशों में से केवल अन्तिम को छोड़कर सभी स्वीकार कर ली गयी हैं और क्रियान्वित भी की जा चुकी हैं। इसके अनुसार

प्रधानमंत्री की देखरेख में नये 'लोक-सेवा विभाग' की स्थापना भी की जा चुकी है। लोक-सेवा आयोग इसी का एक भाग बना दिया गया है। इस विभाग के स्थायी सचिव को गृह लोक-सेवा (Home Civil Service) का 'अध्यक्ष' कहा जाता है। यह विभाग लोक-सेवा की प्रबंध व्यवस्था के साथ ही व्यवस्था में सुधार हेतु निरन्तर शोध कार्य के लिए भी उत्तरदायी है। शासन का कार्यक्षेत्र बढ़ने के कारण प्रशासकीय अधिकारियों की शक्ति भी अब काफी बढ़ गयी है। मंत्रीगण भी उन पर कभी-कभी सफल नियंत्रण नहीं कर पाते। संसद सदस्यों के पास भी न इतने साधन-सुविधाएँ होती हैं और न इतना समय होता है कि वे प्रशासन वर्ग पर कोई प्रभावी नियंत्रण रख सकें। अत: सन् 1666 से 'प्रशासन के लिए संसदीय आयुक्त' (Parliamentary Commission for Administration) की स्थापना की गयी है। इस आयुक्त के कार्य लगभग वैसे ही हैं, जैसे स्केण्डीनेवियन राष्ट्रों में 'ओम्बुड्मेन' के और न्यूजीलैण्ड के 'संसदीय आयुक्त' के हैं। संसद सदस्यों की ओर से निश्चित सूचना या शिकायत प्राप्त होने पर यह आयुक्त जाँच पड़ताल करता है। पर यह आयुक्त प्राय: मंत्रियों के दायित्वों और कार्यक्षेत्र के अन्तर्गत आने वाले विषयों से सम्बन्धित शिकायतों के बारे में ही जाँच करता है तथा 'राष्ट्रीयकृत उद्योग' व 'स्थानीय शासन' आदि से सम्बन्धित मामले इसके कार्यक्षेत्र से बाहर हैं।

लोक-सेवाओं का वर्गीकरण
(Classification of Public Services)

लोक-सेवा के अधिकारियों में अनेक प्रकार के लोग सम्मिलित होते हैं। उनकी साधारण व तकनीकी योग्यताएँ विविध प्रकार की होती हैं। वर्तमान समय में ब्रिटेन के समस्त लोक-सेवाओं के कर्मचारियों को 'पद-सोपानात्मक' आधार पर निम्नलिखित छ: वर्गों में विभाजित किया गया है। यह वर्ग इस प्रकार हैं:

(1) प्रशासनिक वर्ग (Administrative Class)-यह वर्ग 'नीति-निर्माण' के कार्य में मंत्रियों को परामर्श देता है। यह वर्ग अपने पिछले अनुभव के आधार पर मंत्रियों को यह भी बताता है कि अमुक नीति को कार्यान्वित करने के क्या परिणाम होंगे। इस वर्ग के कर्मचारियों की भर्ती विश्वविद्यालय के स्नातकों में से की जाती है।

(2) कार्यपालक या अधिशासी वर्ग (Executive Class)-इस वर्ग का दायित्व निर्धारित नीति के अनुसार 'दैनिक शासन कार्य का संचालन' करना होता है। इस वर्ग के कर्मचारियों को भर्ती के बाद विशिष्ट कार्यों के निष्पादन हेतु उचित प्रशिक्षण भी दिया जाता है।

(3) विशिष्ट वर्ग (Specialist Class)–इस वर्ग के कर्मचारी उन विशिष्ट सेवाओं का कार्य करते हैं, जिनका संचालन अब सरकार द्वारा किया जाने लगा है। इस वर्ग में एकाउण्टेन्ट, आर्कीटेक्ट, डॉक्टर, इंजीनियर, वकील, सर्वेक्षणकर्ता तथा वैज्ञानिक लोग होते हैं।

(4) लिपिक वर्ग-शासन (Clerical Class)–संचालन में लिखने-पढ़ने का जो कार्य होता है, उसे यह वर्ग करता है। इस वर्ग के कर्मचारियों का कार्य हिसाब तैयार करना, रिकार्ड रखना व अन्य प्रकार से उच्च अधिकारियों की सहायता करना होता है। यह वर्ग सबसे अधिक बड़ा है।

(5) लेखन सहायक वर्ग (Writer Assistant Class)–इस वर्ग में सहायक लिपिक, टाइप करने वाले, शॉर्टहैण्ड-टाइप करने वाले, डुप्लीकेटर चलाने वाले आदि सम्मिलित होते हैं।

(6) सन्देशवाहक व निम्न वर्ग (Messengerial and Minor Class)–इस वर्ग में संदेशवाहकों के अतिरिक्त कागज रखने वाले, कार्यालय साफ करने वाले तथा अन्य ऐसे ही कर्मचारी सम्मिलित हैं।

उपर्युक्त के अतिरिक्त 'विभागीय वर्ग' (Departmental Classes) भी होते हैं, जिनके लिए भर्ती पृथक्-पृथक् विभागों की आवश्यकताओं के अनुसार की जाती है। डाक -विभाग, टेलिफोन-विभाग, फैक्टरी-निरीक्षणालय व विद्यालीय निरीक्षणालय इसके उदाहरण है।

उत्तरी आयरलैण्ड की लोक-सेवा

उत्तरी आयरलेण्ड की सरकारी लोक-सेवा पृथक् रूप से गठित है। यह उन कार्यों का प्रतिपादन करती है, जिन्हें सन् 1920 के 'गवर्नमेन्ट ऑफ आयरलैण्ड ऐक्ट' के अन्तर्गत उत्तरी आयरलैण्ड की सरकार के सुपुर्द कर दिया गया है। उत्तरी आयरलैण्ड की लोकसेवा का संगठन प्राय: ग्रेट ब्रिटेन जैसा ही है तथापि उसके लिए भर्ती आदि के लिए एक पृथक् 'लोक-सेवा आयोग' की व्यवस्था है।

वैदेशिक-सेवा

'राजकीय वैदेशिक सेवा' (Her Majesty's Foreign Service) 'सरकारी लोक-सेवा' की एक पृथक् शाखा है। इसके कर्मचारियों की संख्या 6200 है। वैदेशिक सेवा के भी विविध वर्ग हैं। गृह लोक-सेवा के प्रशासकीय वर्ग से मिलती-जुलती वैदेशिक सेवा का 'ए' वर्ग है, कार्यपालक व लिपिक वर्ग से मिलता-जुलता 'बी' वर्ग तथा टाईपिंग वर्ग से मिलता-जुलता 'सी' वर्ग है। वैदेशिक सेवा का 'डी'

वर्ग विदेशों में दूतावासों पर सुरक्षा कार्य करता है तथा 'टी' वर्ग तकनीकी कार्य का प्रतिपादन करता है। 'ए', 'बी' तथा 'सी' वर्ग के कर्मचारी, दौत्य, व्यापारिक तथा सूचना सम्बन्धी सभी प्रकार के कार्यों पर कर लगाये जा सकते हैं।

कर्मचारियों की भर्ती

गृह व विदेश की संपूर्ण लोक-सेवा के सदस्यों की भर्ती का कार्य 'लोक-सेवा आयोग' के हाथ में रहता है। वह स्वतंत्र रूप से कर्मचारियों की भर्ती का कार्य करता है। लोक-सेवा आयोग के सदस्यों की नियुक्ति 'राजा' द्वारा सरकार के परामर्श से की जाती है। कर्मचारियों की भर्ती 'खुली प्रतियोगितात्मक परीक्षाओं' द्वारा की जाती है। जिसमें लिखित परीक्षा व साक्षात्कार अथवा दोनों ही होते हैं। जैसा जॉन प्रोफेट ने कहा है, "खुली प्रतियोगिता की नीति का उद्देश्य सही तौर पर प्रमाणित योग्यता वाले व्यक्तियों का नहीं, प्रत्युत सम्भाव्य रूप से सक्षम व योग्य व्यक्तियों का चयन करना होता है।" लोक-सेवा आयोग, परीक्षाओं के पाठ्यक्रम व तत्सम्बन्धी नियमों का निर्माण करता है। निम्न स्तरीय व अस्थायी कर्मचारियों की भर्ती, विभागों द्वारा स्वयं ही कर ली जाती है।

जनवरी 1971 से कोष, प्रशासकीय, कार्यपालक और लिपिक वर्गों के कर्मचारियों को मिलाकर एक 'प्रशासन समूह' की स्थापना की गयी हैं। यह कदम 'फुल्टन समिति' की सिफारिशों के आधार पर उठाया गया है। इस नये समूह में दस श्रेणियाँ हैं, जिनमें निर्दिष्ट परीक्षाएँ पास करने पर 'लिपिक वर्ग' से लेकर 'सहायक सचिव' पद तक के लिए नये अभ्यर्थी प्रवेश पा सकते हैं व पदोन्नत हो सकते हैं।

इस पद्धति के अपनाये जाने से अब पदोन्नति के अवसर अधिक बढ़ गये हैं और कोई भी योग्य लोक-सेवक सहायक लिपिक से लेकर विभिन्न प्रशासकीय पदों पर पदोन्नत होने की आशा कर सकता है।

परन्तु प्रशासन में महत्वपूर्ण एवं प्रभावशाली पद 'स्थायी सचिव, उप-सचिव व अवर-सचिव' के होते हैं, जो नीति-निर्धारण में महत्वपूर्ण भूमिका अदा करते हैं। इस वर्ग को 'उच्चतर लोक-सेवा समूह या मेण्डारिन' (Mandarins) भी कहा जाता है। इस वर्ग के अधिकारियों की नियुक्ति की स्वीकृति सीधे प्रधानमंत्री द्वारा की जाती है। प्रशासकीय सूचनाएँ एकत्रित कर, उनके प्रकाश में मंत्रियों को नीति-निर्धारण के समय उचित परामर्श देना, संसदीय प्रश्नों और अन्य जाँच-पड़तालों के लिए सामग्री एकत्रित करना, विधेयकों को पारित करवाने में मदद करना व पारित विधेयकों के क्रियान्वयन का निर्देशन करना आदि इस वर्ग के प्रमुख कार्य हैं।

इसके अलावा वर्तमान परिस्थितियों एवं संदर्भों को ध्यान में रखते हुए कुछ अन्य सेवाओं का गठन या पुनर्गठन किया गया है, जिनमें वैज्ञानिक लोक-सेवा (Scientific Civil Service), दौत्य सेवा (Diplomatic Services) एवं अन्य व्यावसायिक सेवाओं की गिनती की जा सकती है।

नौकरी की शर्तें

"कर्मचारियों की नौकरी की शर्तें (Conditions of Service) क्या हों? इसका निर्णय 'राष्ट्रीय ह्विटले काउन्सिल' (National Whitley Council) द्वारा किथा जाता है। इस समिति में सरकार व कर्मचारी, दोनों के ही प्रतिनिधि होते हैं। विविध विभागों के कर्मचारियों की नौकरी की शर्तों के विषय में वार्ता करने का अधिकार कर्मचारियों के विविध संघों को प्राप्त है। साधारण रूप से सभी सरकारी कर्मचारियों को इतना वेतन मिलता है, जितना वेतन वैसे ही काम के लिए उन्हें अन्यत्र प्राप्त हो सकता है। उन्हें 'वार्षिक वेतन वृद्धि' भी मिलती है। कानूनी रूप से कर्मचारी यद्यपि राजा के प्रसाद-पर्यन्त नौकरी में रह सकते हैं, तथापि निश्चित समय के लिए उन्हें अपनी नौकरी की सुरक्षा प्राप्त होती है। अंत में उन्हें पेंशन भी मिलती है, कर्मचारियों के कार्य के घंटे निश्चित हैं। निश्चित समय से अधिक कार्य करने वाले कर्मचारियों को अतिरिक्त वेतन दिया जाता है।

ब्रिटिश सिविल सेवा की विशेषताएँ
(Salient Features of The British Civil Services)

ब्रिटेन में लोक-सेवा सदियों के विकास का परिणाम हैं, अतः उस पर वहाँ की संस्कृति व इतिहास का प्रभाव पड़ना स्वाभाविक है। परम्परावादी इंग्लैण्ड की लोक-सेवा की मुख्य विशेषताओं में राजनीतिक दृष्टि से पूर्णतया तटस्थता है। इंग्लैण्ड के लोक-सेवकों की व्यक्तिगत विचारधारा और मान्यताएँ चाहे जो हो, लेकिन वे अपने मंत्रियों के प्रति पूर्ण रूप से निष्ठावान होते हैं।

लोक-सेवकों की बढ़ती संख्या भी ब्रिटिश लोक-सेवा की एक विशेषता है। हरमन फाइनर के अनुसार "'सन् 1821 में वहाँ केवल 27 हजार कर्मचारी थे जिनकी संख्या 1946 में बढ़कर 2 लाख से भी ऊपर हो गयी।" बढ़ती लोक-सेवकों की संख्या ब्रिटेन के लोक-कल्याणकारी राज्य के स्वरूप को बढ़ावा देने में महत्वपूर्ण लक्षण प्रतीत होती हैं।

इंग्लैण्ड के लोक-सेवक, अधिकांशतः उच्च वर्ग से आते हैं तथा इनको समाज में अन्य कर्मचारियों से अधिक प्रतिष्ठा प्राप्त है। इनकी प्रतिष्ठा का कारण

आज स्वतः ही स्पष्ट है। अच्छा वेतन, सेवा सुरक्षा व पेन्शन आदि की सुविधाएँ इन्हें प्राप्त हैं।

ब्रिटेन में लोक-सेवकों के चयन के लिए एक 'लोकसेवा आयोग' नामक संस्था है, जो उनके चयन प्रक्रिया को सम्पन्न करती है। लेकिन वह 'परामर्शदात्री संस्था' मात्र है। वह केवल सिफारिश करने का काम करता है, नियुक्तियाँ देना सरकार के अधिकार क्षेत्र में हैं। कमीशन, सरकार से स्वतंत्र निकाय के रूप में कार्य करता था परन्तु 'फुल्टन समिति' की सिफारिशों के बाद इसे 'कार्मिक विभाग' का अंग बना दिया गया है इसके बावजूद भी चयन सम्बन्धी कार्यों में आज भी विभागीय मंत्रालय इसके कार्यों में किसी भी प्रकार का हस्तक्षेप नहीं करता है।

लोक-सेवा, इंग्लैण्ड में 'कैरियर' के रूप में है। यदि कोई व्यक्ति सरकारी सेवा में प्रवेश कर लेता है, तो वह अपनी सेवाकालीन सारी उम्र तक सरकारी सेवा में रहता है। इंग्लैण्ड में निम्न व उच्च आयु की सीमा भी निर्धारित है। जबकि अमेरिका में देर आयु तक भर्ती प्रथा प्रचलित है। पेन्शन के सम्बन्ध में इंग्लैण्ड में यह व्यवस्था है कि सरकारी नौकरी छोड़कर निजी सेवा में जाने पर पेंशन नहीं मिल पाती। इंग्लैण्ड के नियमों के अनुसार साधारणतः पेंशन उन्हीं को मिलती है जो 'सेवा-निवृत्त आयु' तक सरकारी सेवा में रहता है।

ब्रिटिश लोक-सेवा में 'पद वर्गीकरण' (Rank Classification) की प्रथा प्रचलित है। 'पद वर्गीकरण पद्धति' की विशेषता यह है कि "कर्मचारी चाहे किसी भी पद पर क्यों न काम करने को लगाया जाये उसका निर्धारित वेतन उसे दिया जायेगा।" यदि उसे कभी उच्च पद पर लगाया जाता है तो वेतन के अलावा कुछ और भत्ता आदि भी दिया जाता है, परन्तु उसको नीचे के पद पर लगाया जाता है तो उसे निर्धारित वेतन दिया जायेगा जिसे कम नहीं किया जावेगा। इस पद्धति के आधार पर वेतन काम पर नहीं वरन् उसकी स्थिति तथा उससे सम्बन्धित वेतनमान पर निर्भर करता है।

इंग्लैण्ड में प्रचलित कानून के अनुसार "कोई भी सरकारी कर्मचारी पार्लियामेंट का चुनाव नहीं लड़ सकता।"

ब्रिटिश लोक-सेवा की उपर्युक्त मुख्य-मुख्य विशेषताओं के आधार पर यह कहा जा सकता है कि "ब्रिटेन की लोक-सेवा 'स्थायी' व कैरियर पर आधारित 'राजनीतिक तटस्थतापूर्ण लोक-सेवा' है। जो अपने राज्य के मुख्य उद्देश्य 'कल्याणकारी राज्य' की पूर्ण गरिमा को बनाए रखने में तत्पर है।"

ब्रिटिश नौकरशाही या लोक-सेवा की आलोचना
(Criticism of British Bureaucracy of Civil Service)

आधुनिक युग में ब्रिटिश लोक-सेवा ने अपना महत्वपूर्ण स्थान अर्जित किया है। विश्व के अनेक देशों ने ब्रिटिश लोक-सेवा के महत्वपूर्ण लक्षणों को अपनाकर अपने देश में स्थापित किया है। लेकिन इसमें कुछ कमियाँ भी हैं, जिनकी अनेक विद्वानों ने आलोचनाएँ की, जो मुख्य इस प्रकार हैं-

ब्रिटिश लोक-सेवा के सम्बन्ध में 'कोलिन एफ पैडफील्ड' की यह मान्यता है कि-"ब्रिटिश लोक-सेवा में कार्यक्षमता की कमी है वहीं कल्पना शक्ति भी कमजोर है तथा लालफीताशाही, रूढ़िवादिता के परिणामस्वरूप ब्रिटिश लोक-सेवा में लोचशीलता का अभाव पाया जाता है। प्रशासनिक वर्ग में उच्च या मध्यवर्गी के लोगों की बढ़ती सामाजिक संकीर्णता रूढ़िवादिता को बढ़ावा देती है। उच्चतर लोक-सेवकों में स्वाभिमान की भावना, विभागवादी लगाव तथा अत्यधिक सावधानी की भावना और गलतियों को स्वीकार करके विमुख होना, ब्रिटिश लोक-सेवा की महत्वपूर्ण कमियाँ हैं-

1966 में गठित 'फुल्टन समिति' ने अपनी रिपोर्ट में ब्रिटिश लोक-सेवा के प्रमुख 6 दोषों की और आकर्षित किया है जो निम्नलिखित हैं-

(1) लोक-सेवकों व समाज के मध्य पर्याप्त संपर्क नहीं हो पाता है तथा 'कुशल प्रबंधन' का अनुभव बहुत कम लोक-सेवकों को है।

(2) 'जीवन-वृत्ति नियोजन' (Career Planning), लोक-सेवा के एक बहुत छोटे वर्ग तक ही सीमित हैं।

(3) लोक-सेवा के अन्तर्गत विभिन्न वर्गों की जो व्यवस्था प्रचलित है, वह सेवा कार्य को गंभीर रूप से अवरुद्ध करती है। लोक-सेवा अभी भी 'अव्यवसायी दर्शन' (Philosophy of the Amateur) अथवा 'सामान्यतया या सर्वगुणसम्पन्नता' पर आधारित है। इस प्रकार की विचारधारा आज की स्थिति में हानिकारक है।

(4) अनेक वैज्ञानिक, इंजीनियर एवं अन्य विशिष्ट वर्गों के सदस्यों को अपना कार्य सम्पन्न करने की दृष्टि से 'समुचित उत्तरदायित्व' नहीं सौंपा जाता। उन्हें अपने कार्य के लिए पूर्ण अवसर प्राप्त नहीं हो पाते हैं।

ब्रिटिश लोक-सेवा की उपर्युक्त महत्वपूर्ण आलोचनाओं के विश्लेषण के उपरांत यह कहा जा सकता है कि ''वहाँ की लोक-सेवाओं में यद्यपि आज भी महत्वपूर्ण कमियाँ विद्यमान हैं, लेकिन कमियों के उपरांत भी ब्रिटिश नौकरशाही ने अपनी निष्पक्षता तथा कुशलता के आधार पर देश की संसदीय शासन व्यवस्था को सुदृढ़ करने में अपनी अहम् भूमिका का निर्वाह किया है।

मंत्रीगण व लोक-सेवा
(Ministers of the Civil Service)

मंत्रियों की प्रशासनिक अनभिज्ञता

इंग्लैण्ड में शासन सूत्र का संचालन करने वाले लोग दो प्रकार के हैं। पहले प्रकार के वे लोग हैं, जिन्हें 'मंत्री' कहा जाता है। वे अपने-अपने विभाग के अध्यक्ष होते हैं। ये लोग प्रशासनिक मामलों के विशेषज्ञ नहीं होते और उन्हें प्रशासन सम्बन्धी बारीकियों का ज्ञान नहीं होता है। यही कारण है कि 'अमेच्योर' (Amateurs) कहा जाता है, जिसका तात्पर्य यह होता है कि वे लोग ऐसे पेशेवर प्रशासक नहीं होते, जिन्हें प्रशासन सम्बन्धी कोई प्रशिक्षण दिया गया हो अथवा जिन्हें प्रशासन का पर्याप्त अनुभव हो, वरन् ये केवल 'राजनीतिक प्रशासक' होते हैं, जिनका प्रशासन सम्बन्धी ज्ञान प्राय: अल्प होता है।

मंत्रिपद पर लोगों की नियुक्ति 'राजनीतिक आधार' पर की जाती है, 'प्रशासनिक आधार' पर नहीं। राजनीतिक दल में उनकी स्थिति, प्रधानमंत्री की दृष्टि में उनका महत्व तथा उनकी साधारण बौद्धिक योग्यता, इन सबके आधार पर उन्हें मंत्रिपद दिया जाता है। मंत्रिपद की नियुक्ति के सम्बन्ध में विशेष महत्व इस बात का होता है कि ''व्यक्ति का राजनीतिक महत्व क्या है और संसद सदस्यों के बीच उसकी स्थिति क्या है?'' चूँकि मंत्री, संसद-सदस्य होता है और संसद के प्रति उत्तरदायी होता है, उसे संसद में अपना पर्याप्त समय देना होता है। वहाँ पर हुए विवादों में से अप्रत्यक्ष रूप से जनमत की दिशा व अपेक्षाएँ ज्ञात करके नीति-निर्धारण के समय उसे उनको मंत्रिमण्डल के सामने रखना होता है। जनमत को प्रत्यक्ष रूप से जानने के लिए उसे सभाओं, समारोहों तथा दौरों आदि का सहारा लेना होता है। मंत्री-पद पर नियुक्त व्यक्ति से यह आशा की जाती है कि नीतियों के निर्धारण के समय वह अपनी नीतियों में अधिक से अधिक जनमत को प्रतिबिम्बित करने का प्रयत्न करे तथा नीतियों के निर्धारण के बाद जनमत को निर्धारित नीतियों की दिशा में प्रेरित करने का प्रयत्न करें। नियुक्ति के बाद भी मंत्रियों को इस बात का अधिक

अवसर नहीं मिलता कि उन्हें प्रशासन की बारीकियों का विशिष्ट ज्ञान हो सके। अनेक मंत्री इस ओर विशेष ध्यान भी नहीं देते, क्योंकि उन्हें इस बात का कोई निश्चित पता नहीं होता कि वे कितने दिनों तक किसी विभाग के अध्यक्ष बने रहेंगे। यही कारण है कि इस बात को लोकतंत्र का सिद्धान्त माना जाने लगा है कि 'मंत्रीगण प्रशासन के विशेषज्ञ नहीं होते।'

लोक-सेवकों के प्रशासनिक ज्ञान की विशिष्टता

शासन सूत्र को चलाने वाला दूसरा वर्ग 'लोक-सेवकों' (Civil Servants) का होता है। वे लोक-प्रशासन के विशेषज्ञ (Experts) होते हैं। उनकी नियुक्ति योग्यता के आधार पर की जाती है। उन्हें प्रशिक्षण भी दिया जाता है। नौकरी में आने के बाद भी उन्हें 'प्रशासन विशेषज्ञ' बनने का पर्याप्त अवसर मिलता है। एब कार योग्यता सम्बन्धी परीक्षा में उत्तीर्ण होकर यह निश्चय हो जाता है कि उन्हें स्थायी रूप से प्रशासन के ही किसी पद पर काम करना है। अत: उनकी अभिरुचि प्रशासन के सम्बन्ध में अधिक से अधिक ज्ञान प्राप्त करने की रहती है, क्योंकि उनके अधिकाधिक ज्ञान प्राप्त करने पर ही उनकी पदोन्नति निर्भर करती है। एक ही प्रकार का कार्य अधिक दिनों तक करते रहने के कारण, अधिकाधिक ज्ञान प्राप्त करने के उपयुक्त अवसर की प्राप्ति के कारण तथा अपनी अभिरुचि के कारण लोक-सेवा के सदस्यों की स्थिति ऐसी बन जाती है कि वे 'प्रशासनिक विशेषज्ञ' हो जाते हैं और मंत्रियों को प्रशासन चलाने के लिए, प्रशासन की बारीकियों के लिए उन पर प्राय: निर्भर रहना पड़ता है। परन्तु यह नहीं कहा जा सकता कि सभी उच्चवर्गीय प्रशासक, मंत्री को प्रभावित कर पाते हैं। यह उनके व्यक्तित्व पर भी निर्भर करता है। यह सर्वविदित है कि चेम्बरलेन की 'तुष्टिकरण की नीति' को जर्मनी में ब्रिटिश राजदूत 'लॉर्ड बंसीटार्ड' बदलवा नहीं पाये थे।

मंत्रियों की प्रशासनिक अनभिज्ञता की उपयोगिता

पर हमें इससे यह भी नहीं समझना चाहिए कि विशेषज्ञ न होने से मंत्री लोगों का प्रशासन की दृष्टि से कोई महत्व नहीं होता। विशेषज्ञ न होते हुए भी प्रशासन के लिए उनकी क्या उपयोगिता होती है, इसे हम निम्न विवेचन से देख सकते हैं :

(1) सार्वजनिक हित व लोकहित के अनुसार प्रशासन की नीतियों का निर्धारण-मंत्रियों का पहला कार्य सार्वजनिक हित व लोकमत के अनुसार प्रशासन की नीतियों का निर्धारण करना होता है। उन्हें यह देखना होता है कि उनकी नीतियों व प्रशासन के कार्यों की प्रतिक्रिया साधारण जनता पर क्या होती है। इन सबके लिए

यह आवश्यक है कि मंत्री लोकसेवा के सदस्यों की तरह 'प्रशासन विशेषज्ञ' न हों, अन्यथा लोकसेवा के लोगों की तरह वे भी कार्यालय की फाइलों के कीड़े ही बनकर रह जायेंगे। व्यापक दृष्टिकोण के साथ न तो वे नीतियों का निर्धारण ही कर सकेंगे और न प्रशासन का संचालन, निर्देशन व नियंत्रण ही यह देखते हुए कर सकेंगे कि उनकी नीतियों व प्रशासन के कार्यों की प्रतिक्रिया, साधारण जनता पर क्या हो रही है।

(2) प्रशासन के विविध विभागों के हितों के बीच सामंजस्य की स्थापना-मंत्रिपद की दूसरी आवश्यकता यह है कि मंत्री लोग अपने-अपने विभागों के हितों के साथ-साथ समष्टि रूप से भी प्रशासन के हितों का ध्यान रखें। व्यक्तिगत रूप से प्रत्येक मंत्री अपने-अपने विभाग के प्रशासन के लिए उत्तरदायी होता है, पर मंत्रिमण्डल का सदस्य होने के नाते वह सम्पूर्ण प्रशासन के सुचारु संचालन के लिए भी सामूहिक रूप से उत्तरदायी होता है। अत: उसका दृष्टिकोण इतना व्यापक होना चाहिए कि वह विभागीय हितों से ऊपर उठकर समष्टि रूप से प्रशासन के हितों का ध्यान रख सके। उसे अपने विभागों के कार्यों का अन्य विभागों के कार्यों के साथ इस प्रकार सामंजस्य करना चाहिए कि संपूर्ण सरकार एक 'समष्टिमय इकाई' के रूप में कार्य कर सके। इस सबके लिए यह आवश्यक है कि जो मंत्री, प्रशासन की बारीकियों में फँसा हुआ है संकुचित दृष्टिकोण का व्यक्ति न हो, वरन् वह सुलझे हुए व्यापक दृष्टिकोण का व्यक्ति हो।

(3) संसद के प्रति मंत्रियों द्वारा उत्तरदायित्व का निर्वहन तथा लोकसेवा का लोकतंत्रीकरण-मंत्रिपद की एक अन्य प्रमुख आवश्यकता यह है कि 'मंत्रियों को संसद के प्रति उत्तरदायी होना चाहिए।' इसके लिए यह आवश्यक है कि उनके हृदय में संसद व उसके सदस्यों के प्रति आदर की भावना हो। यदि मंत्रीगण विशेषज्ञ होंगे, तो यह संभव है कि व अपने को इतना महान समझने लगें कि साधारण विधायकों के प्रति उत्तरदायी होने के विचार को 'ज्ञान के अज्ञान के समक्ष' झुकने के समान समझने लगें और वे इस बात को पसन्द न करें कि 'साधारण विधायक' संसद में उनके स्वामियों की तरह उनसे प्रश्न पूछे। लोक-सेवकों को लोकतंत्र के लिए उपयोगी बनाने की दृष्टि से भी मंत्रियों द्वारा उत्तरदायित्व के सिद्धान्त पर चलना आवश्यक है, क्योंकि संसद के प्रति उत्तरदायित्व की भावना रखकर ही मंत्रीगण, लोक-सेवकों के दृष्टिकोण का लोकतंत्रीकरण कर सकते हैं। इस प्रकार हम देखते हैं कि यदि मंत्रियों को लोकतंत्र का वास्तविक वाहक बनना है, उन्हें पारस्परिक सहयोग

पर आधारित एक इकाई के रूप में कार्य करने वाले मंत्रिमण्डल का सदस्य बनकर कार्य करना होगा और अपने को सरकार के नाते प्राप्त शक्ति का 'प्रन्यासी' समझते हुए संसद के प्रति उत्तरदायी होकर रहना होगा, इन सबके लिए यही अधिक अच्छा है कि वे 'प्रशासनिक विशेषज्ञ' न होकर, ऐसे 'व्यवहार-कुशल मंत्री' हों, जो अपने को सरकारी लालफीताशाही के जाल से अलग रख सकें तथा दृष्टिकोण की व्यापकता के साथ लोकमत का उचित आदर करते हुए प्रशासनिक कुशलता व लोकतंत्र में उचित सामंजस्य बनाये रखकर शासन-भार संभाल सकें।

लोक-सेवा के कार्य का महत्व

लोक-सेवा के कार्य के दो पहलू हैं। उनके कार्यों का पहला पहलू 'अपने अनुभव से मंत्रियों को उनकी नीति-निर्माण सम्बन्धी कार्य में सहायता करना है।' मंत्री जिस विभाग का कार्य भार संभालते हैं, उसके लिये वे प्रायः नये होते हैं। लोक-सेवक, प्रशासन के स्थायी व्यक्ति होते हैं। प्रशासन का उनका अनुभव मंत्रियों की अपेक्षा अधिक होता है। अतः उनके कार्य का एक पहलू यह है कि "वे मंत्रियों को अपने अनुभव के आधार पर विविध कार्यों व योजनाओं के सम्बन्ध में परामर्श दें, जिससे वे व्यावहारिक हो सकें।"

लोक सेवकों के कार्य का दूसरा पहलू यह है कि 'मंत्रियों द्वारा निश्चय की हुई योजनाओं को क्रियान्वित करें।' सरकार की सभी योजनाओं की सफलता, लोक-सेवकों के सक्रिय सहयोग पर निर्भर रहती है। अतः लोक-सेवकों का कार्य यह है कि 'सरकारी योजनाओं को कायान्वित करने में पूरी प्रशासनिक शक्ति को जुटाकर अपने सक्रिय सहयोग से उन्हें सफल बनायें।'

लोक-सेवा की तटस्थता

अपने उक्त प्रकार के कार्य को सफल प्रतिपादन के लिए लोक-सेवा की एक अन्य आवश्यकता यह है कि 'लोक-सेवा के सदस्य राजनीतिक रूप से तटस्थ रहें।' इंग्लैण्ड की लोक-सेवा की यह एक प्रमुख विशेषता है कि वह राजनीतिक दृष्टि से तटस्थ है। इंग्लैण्ड की लोक-सेवा की इसी विशेषता को ध्यान में रखते हुए सर एडवर्ड ब्रिजेज ने यह का था कि, "लोक-सेवक सब जीवों में कम से कम राजनीतिक होता है, क्योंकि वह विभागीय अनुभव, जिसका वह प्रदर्शन करता है, उन सब बातों का मिलाजुला पुंज होता है, जो समान रूप से सभी राजनीतिक दलों की होती है। यह एक ऐसी वस्तु है, जो प्रत्येक राजनीतिक दल की नीति से अलग होती है और जो लोक-सेवा के सदस्य को प्रायः स्वभावतः ही दलगत राजनीति से विमुख

बना देती है। चाहे किसी राजनीतिक दल की सरकार बने, उनका कार्य पूरी लगन से उस सरकार की सेवा करना होता है, जो पदस्थ होती है।'' यही कारण है कि सरकारी कर्मचारी, सरकार के बदलने से बदले नहीं जाते। लोक-सेवा के लोग किस प्रकार अपने नागरिक अधिकारों का प्रयोग करें, जिससे उनके राजकीय पद के कार्य में किसी प्रकार की कठिनाई न हो, इसकी व्यवस्था के लिए सन् 1954 में एक संहिता का निर्माण कर लिया गया है, जिसके अनुसार लोक-सेवकों को चलना पड़ता है। इस संहिता के अनुसार ''मंत्रियों के अधीन प्रशासकीय और व्यावसायिक वर्ग के लोक-सेवक व उनके साथ कार्य करने वाले लिपिक आदि अन्य कर्मचारी देश की राजनीति में भाग नहीं ले सकते।'' शेष कर्मचारी अपने विभाग से अनुमति व अवकाश लेकर स्थानीय व राष्ट्रीय स्तर पर राजनीतिक गतिविधियों में भाग ले सकते हैं।'' पर कोई भी कर्मचारी बिना त्यागपत्र दिये चुनाव नहीं लड़ सकता, क्योंकि 'लोकसदन 'निर्योग्यता एक्ट', 1957 के अनुसार लोक-सेवक का पद लाभ का पद माना जाता है।'

मंत्रियों व लोक-सेवकों का सम्बन्ध-''क्या मंत्री लोक-सेवकों के हाथों की कठपुतली होते हैं ?'' अथवा ''क्या ब्रिटेन में नौकरशाही है ?''

मंत्रियों व लोक सेवकों का क्या सम्बन्ध है? यह एक अत्यंत विवादपूर्ण विषय है। यह प्रायः सभी मानते हैं कि प्रशासन के सूत्र में लोक-सेवकों का स्थान बड़े महत्व का है और मंत्रियों के क्रियाकलाप पर उनका बड़ा प्रभाव रहता है। पर कुछ लोग इस सम्बन्ध में यहाँ तक कह देते हैं कि मंत्री लोग लोक-सेवकों के हाथ के खिलौना होकर कार्य करते हैं। रैम्जे म्योर का मत है कि ''हमारी शासन व्यवस्था में नौकरशाही की भक्ति बहुत ज्यादा है, चाहे वह प्रशासन हो, विधान हो या वित्त हो। मंत्री उत्तरदायित्व के पर्दे, 'फ्रैकेन्सटीन के दैव्य' की भाँति पनपी व विकसित हुई है और अब वह अपने पैदा करने वालों को ही खा जाना चाहती है। नीति-निर्माण, निर्णय व उसके क्रियान्वयन में मंत्रियों पर लोक-सेवकों का प्रभाव इतना अधिक रहता है कि मंत्रियों को लोक-सेवकों के हाथ की कठपुतली मात्र समझा जाना चाहिए। उनका कहना है कि ''जब तक मंत्री कोई स्वाभिमानी गधा न हो या वह असाधारण विवेक, शक्ति व साहस का व्यक्ति न हो, (और सफल राजनीतिज्ञों में इन दोनों ही प्रकार के लोग प्रायः नहीं होते), सौ में से निन्यानवे मामलों में वह कर्मचारियों के विचार को स्वीकार कर लेता है और अंकित-पंक्ति पर हस्ताक्षर कर देता है।'' इसी प्रकार लार्ड हीवर्ट ने नौकरशाही की बढ़ती हुई शक्ति को 'नयी

तानाशाही' (New Despotism) कहा है। उनका कहना है कि "इस प्रवृत्ति ने इन विभागों को संसद से भी अधिक शक्तिशाली बना दिया है तथा यह अब न्यायालयों के अधिकार से भी बाहर होते जा रहे हैं।" पर **लास्की** का मत है कि "मंत्री लोग कितने ही अनभिज्ञ व अपने-अपने विभाग के लिए नये हों, नीति-निर्धारण व निर्णय करने में बहुत कुछ कर सकते हैं व करते हैं"। उनके मतानुसार दोनों का सम्बन्ध वस्तुत: उनके व्यक्तित्व पर आधारित है। यदि मंत्री का व्यक्तित्व शक्तिशाली है, तो उसे अपने अधीन लोक-सेवा के लोगों के इशारों पर चलना पड़ेगा। "प्रत्येक मंत्री लोक-सेवा के लोगों का खिलौना होता हो", ऐसा **लास्की** स्वीकार नहीं करते।

मंत्रियों पर लोक-सेवकों का प्रभाव

फिर भी मंत्रियों को लोक-सेवा के लोगों के सहयोग की आवश्यकता नीति निर्धारण व योजनाओं का प्रारूप बनाने से लेकर उनकी अन्तिम सफलता तक सदा बनी रहती है, शासन-सूत्र में वस्तुत: उनका बड़ा प्रभाव रहता है। उनके कुछ प्रमुख कारण हैं, जो निम्न प्रकार है :

(1) मंत्री लोक प्रशासन के विशेषज्ञ नहीं होते और लोक-सेवक उसके विशेषज्ञ होते हैं। अत: मंत्रियों को लोक-सेवा के विशेषज्ञों से अनेक मामलों में परामर्श लेना पड़ता है। प्रशासन का 'तकनीकी पक्ष' मंत्रियों के समक्ष लोक-सेवा के लोग ही प्रस्तुत करते हैं। इस प्रकार चूँकि मंत्री लोग प्रशासन की बारीकियों के विषय में अनभिज्ञ होते हैं और लोक-सेवक उसके विशेषज्ञ होते हैं, अत: प्रथम को स्वभावत: द्वितीय के प्रभाव में रहना पड़ता है।

(2) लोक-सेवा के लोगों के प्रभाव का दूसरा कारण यह है कि 'मंत्री लोग प्रशासन की किसी बात को प्रयोग पर नहीं छोड़ना चाहते।' ऐसा करने से उनकी त्रुटियाँ प्रकट होती हैं, जिससे उनका व उनके राजनीतिक दल का भविष्य बिगड़ता है। अत: अपने ऊपर व अपने राजनीतिक दल के ऊपर दोषारोपण न होने पाये, इसके लिये वे लोग प्रत्येक कार्य को लोक-सेवा के विशेषज्ञों से परामर्श लेकर करना ही अधिक अच्छा समझते हैं। उनके ऊपर कोई दोषारोपण न होने पाए, इस कारण लोक-सेवक भी यही पसन्द करते हैं।

(3) मंत्रियों के समक्ष जो प्रशासनिक समस्याएँ आती हैं, वे सब नयी नहीं होतीं, वे प्राय: पहले से चलती हुई होती हैं। अत: उनके सम्बन्ध में आगे की योजना बनाने के लिये यह जानना आवश्यक होता है कि "उनके सम्बन्ध में पहले क्या-क्या किया गया और उसका क्या परिणाम हुआ?" चूँकि इस जानकारी के बिना आगे का

कार्यक्रम सफलतापूर्वक नहीं चल सकता, अत: मंत्रियों को लोक-सेवा के परामर्श पर निर्भर होना आवश्यक होता है। जैसा लास्की ने कहा है "नया मंत्री अपने कार्य का आरंभ पूर्णत: नये रूप से नहीं करता। जिस दिन से वह कार्यभार संभालता है, उसे उन नीतियों की पृष्ठभूमि में निर्णय करने पड़ते हैं, जो पहले से चल रही होती हैं। उनमें से अनेक ऐसे विषयों से सम्बन्धित होती हैं, जिनके विषय में या तो उसे कुछ भी नहीं मालूम होता या जिनके विषय में उसके ऐसे अत्यंत साधारण विचार हाते हैं, जिनका महत्वपूर्ण अभिलेखों से कोई सम्बन्ध नहीं होता।" अत: अपनी आगामी योजनाओं को मूर्त व सम्बद्ध करने के लिए और उन्हें असफलता से बचाने के लिए मंत्रियों को लोक-सेवा के लोगों से परामर्श पर निर्भर होना पड़ता है। यही कारण है कि मंत्री लोग लोक-सेवा के लोगों के प्रभाव से बच नहीं सकते।

क्या मंत्री लोक-सेवकों के हाथ की कठपुतली होते हैं? अथवा क्या ब्रिटेन में नौकरशाही है ?

जो लोग यह समझते हैं कि 'मंत्री लोक-सेवा के लोगों के हाथ की कठपुतली मात्र होते हैं', उनकी यह धारणा है कि मंत्री अपने कार्य से सामान्यत: अनभिज्ञ या नौसिखिये होते हैं। पर उनकी यह धारणा सही नहीं है। कोई भी व्यक्ति यकायक 'मंत्रिपरिषद पर नहीं पहुँचता। 'मंत्रिपरिषद्' प्राप्त करने से पहले व्यक्ति को प्राय: ऐसी अनेक स्थितियों में काम करना पड़ता है, जिनसे उसे शासन सम्बन्धी अनेक बातों का ज्ञान होता है। अनके व्यक्ति, मंत्रिपरिषद पर आने से पहले विविध अस्थायी व स्थायी समितियों के सदस्य अथवा 'संसदीय सचिव' रहे होते हैं, इस कारण उन्हें अनेक प्रशासनिक समस्याओं का पूर्व ज्ञान होता है। यदि विरोधी दल शासन संभालता है, तो अनेक मंत्री लोग उसके 'छाया मंत्रिमण्डल' (Shadow Cabinet) के सदस्य रहे होते हैं, यह उचित नहीं है। उन्हें उतना अनुभव तो होता ही है कि लोक-सेवा के लोगों द्वारा दिये हुए परामर्श का औचित्य व अनौचित्य देख सके और यह निर्णय कर सके कि अमुक परिस्थिति में क्या करना अधिक हितकर होगा। मंत्रिपद पर आने से पूर्व विविध स्थितियों में उन लोगों ने जो कार्य किया होता है, उसके अनुभव से उनमें सामान्य-विवेक आदि उक्त गुण स्वभावत: आ जाते हैं। अत: ऐसे लोगों के लिये वह आवश्यक नहीं है कि वे लोक-सेवा के लोगों के हाथों की कठपुतलियाँ बनकर काम करें। मोरिसन ने इस सम्बन्ध में ठीक ही कहा है कि "यदि कोई मंत्री यह जानता है कि वह क्या चाहता है तथा उसमें उन विचारों को कार्यान्वित कर सकने की बुद्धि है तो वह लोक-सेवकों की सद्भावना, सहयोग तथा समर्थन प्राप्त करने का अधिकारी

हो सकता है।''

दूसरी त्रुटिपूर्ण धारणा, जिसे लेकर मंत्रियों को लोक-सेवकों के हाथों की कठपुतली मानने वाले विचारक चलते हैं, यह है कि वे प्रशासन को संगीत अथवा नृत्य जैसी ऐसी कला समझते हैं, जिसका ज्ञान प्राप्त करने के लिए कलाकार को विधिवत् शिक्षा प्राप्त करना आवश्यक है। पर प्रशासन की कला ऐसी कला नहीं हैं। साधारणत: तीव्र विवेक वाला व्यक्ति जिसमें दिन-प्रतिदिन की साधारण प्रशासनिक समस्याओं को समझने की योग्यता हो, थोड़ा सा सचेत रहते हुए मंत्रिपद का कार्य संभाल सकता है। दूसरी ओर लोक-सेवा के लोगों को भी सभी प्रशासनिक समस्याओं के विषय में पूर्व ज्ञान नहीं होता। वे भी अपने समक्ष आने वाली समस्याओं का समाधान अपने सामान्य विवेक द्वारा ही करते हैं। जैसा लास्की ने कहा है, ''विभागीय अध्यक्ष, जिनके साथ राजनीतिक काम करते हैं, उसी अर्थ में विशेषज्ञ नहीं होते, जिस अर्थ में एक बड़ा कार्य चिकित्सक, एक बड़ा शल्य-चिकित्सक अथवा एक कलाकार विशेषज्ञ होता है। वे किसी ऐसे जगत में नहीं रहते, जिसमें साधारण व्यक्ति घुस नहीं सकता हो।''

प्रोफेसर लास्की ने इस प्रसंग में मंत्रियों को तीन श्रेणियों में बाँटा है। उनके अनुसार पहले प्रकार के मंत्री वे होते हैं, जिनका व्यक्तित्व शक्तिशाली होता है। उन सफलताओं को, जो दिन-प्रतिदिन उनके सामने आती हैं, वे लोग अपने सामान्य विवेक से सफलतापूर्वक समझ लेते हैं। वे स्वयं ही अवसर के अनुकूल निर्णय कर, लोक-सेवा के लोगों को उन्हें क्रियान्वित करने का आदेश दे देते हैं। चर्चिल ऐसे मंत्रियों में से थे। उनके विषय में रॉबर्ट मौरेण्ट का कहना था कि ''किसी विभाग में चर्चिल की उपस्थिति मात्र से वहाँ के कर्मचारियों की भावनाएँ बदल जाती हैं।''

दूसरे प्रकार के मंत्री लोग लास्की के अनुसार वे होते हैं; जो चाहे 'व्यक्तिवादी' भले ही न हों, पर जो चाहते हैं कि वे सदा लोकप्रिय बने रहे। उन पर भी लोक-सेवा के लोगों का जादू काम नहीं करता, क्योंकि वे लोग लोक-सेवकों द्वारा प्रस्तुत की हुई, प्रशासनिक बारीकियों की अपेक्षा इस बात की अधिक परवाह करते हैं कि जहाँ तक हो सके, जनता की पसन्दगी के कार्य किये जायें। वे लोक-सेवा के परामर्श पर इस दृष्टि से विचार करते हैं और उन पर यही ध्यान में रखकर निर्णय करते हैं कि 'इनका जन-साधारण पर क्या असर होगा'? जैसा विलियम हरकोर्ट ने लिखा है, ''वे लोक-सेवकों को यह बता देते हैं कि जनता क्या पसन्द नहीं करेगी।'' इस प्रकार वे 'कर्मचारीतंत्र का लोकतंत्रीकरण' करने का आवश्यक

कार्य करते हैं। तीसरे प्रकार के मंत्री लास्की के अनुसार वे होते हैं, "जो न तो पहले प्रकार के मंत्रियों की तरह प्रतिभाशाली व्यक्तित्व वाले होते हैं और न जिनमें दूसरे प्रकार के मंत्रियों की तरह 'लोकप्रियता की लगन' होती है। वे लोग 'भाग्य के सहारे' बहने वाले व्यक्ति होते हैं। किसी प्रकार मंत्रिपरिषद में बना रहना भर उनका ध्येय होता है। ऐसे मंत्री लोग स्वभावतः अपने विवेक के स्थान पर लोक-सेवा के कहने पर चलते हैं, यद्यपि उन्हें भी इस बात का ध्यान रखना पड़ता है कि उनके मंत्रालय के कार्य दल के कार्यक्रम के अनुसार ही हों, अन्यथा उनका मंत्रिपरिषद ही खतरे में पड़ सकता है।

इस प्रकार हम देखते हैं कि यद्यपि मंत्रियों के क्रियाकलाप पर लोक-सेवकों का बड़ा गहरा प्रभाव रहता है और शासन-सूत्र के संचालन की सफलता के लिए यह वांछनीय भी है; फिर भी यह कहना अतिशयोक्ति होगी कि "मंत्री लोग लोक-सेवकों के हाथों की कठपुतली मात्र होते हैं।" मंत्री लोग केवल तभी तक लोक-सेवकों के परामर्श पर चल सकते हैं, जब तक उनके परामर्श से लोकहित पर कुठाराघात न हो। दोनों का सम्बन्ध वस्तुतः बड़ा घनिष्ट है और वे दोनों ही अन्योन्याश्रित है। जैसा मुनरो ने कहा है, "प्रथम अर्थात् मंत्रीगण, प्रशासन में 'लोकतंत्रीय तत्त्व' की एवं दूसरा (अर्थात् लोक-सेवक) 'कर्मचारीतंत्र के तत्त्व' की व्यवस्था करता है। दोनों ही आवश्यक हैं। एक सरकार को लोकप्रिय बनाने के लिए, दूसरा उसे कार्यकुशल बनाने के लिए। 'अच्छे प्रशासन' की परख यही है कि लोकतंत्र व कार्यक्षमता का सफल सम्मिश्रण हो जाय।" इस प्रकार दोनों के सम्बन्ध का वास्तविक आधार यह नहीं है कि "कौन किस पर हावी हो जाये?" वरन् उनका आधार यह है कि "किस प्रकार दोनों एक-दूसरे के साथ सहयोग करते हुए लोक हित की साधना कर सकें?"

7

दलीय प्रणाली

अंग्रेजी संविधान के प्रायः सभी व्याख्याता भी इस बात पर एकमत हैं कि दल प्रणाली इंग्लैण्ड के राजनीतिक जीवन की आधारशिला है। जैनिंग्स ने तो इस सम्बन्ध में यहाँ तक कह दिया है कि ''ब्रिटिश शासन राजनीतिक दलों से ही प्रारंभ होता है और राजनीतिक दलों में ही समाप्त हो जाता है।'' इस बात पर विचारकों में कोई मतभेद नहीं है कि ''लोकतंत्र बिना दल प्रणाली के नहीं चल सकता''। यद्यपि कुछ विचारकों ने 'द्विदलीय प्रणाली' का तथा कुछ विचारकों ने 'त्रिदलीय प्रणाली' का समर्थन किया है। उदाहरणार्थ, लास्की ने 'द्विदलीय प्रणाली' का और रैम्जे म्योर ने 'त्रिदलीय प्रणाली' का समर्थन किया है। यद्यपि उन दोनों ही ने यह स्पष्ट रूप से स्वीकार किया है कि ''स्वस्थ लोकतंत्रीय जीवन के लिए दल-प्रणाली का अस्तित्व अपरिहार्य है''।

दल-प्रणाली का आधार यह तथ्य है कि ''सब विचारशील व्यक्ति इस बात पर एकमत नहीं होते कि अच्छा राजनीतिक जीवन क्या है।'' राजनीतिक उद्‌देश्यों के विषय में ही नहीं, बल्कि सामान्य उद्‌देश्यों की प्राप्ति में उपयुक्त राजनीतिक साधनों के विषय में भी उनमें मतभेद होता है। ''राजनीतिक उद्‌देश्य क्या होना चाहिए तथा उनकी पूर्ति किन साधनों से हो सकती है?'' इस विषय में लोगों में जो मतभेद होता है, उसी मतभेद के आधार पर दल बनते हैं। जिस राजनीतिक दल, द्वारा प्रस्तावित राजनीतिक उद्देश्य व राजनीतिक साधनों के पक्ष में देश का बहुमत होता है, वह राजनीतिक दल देश का शासन संभालता है तथा अन्य 'अल्पसंख्यक दल' विपक्ष का

कार्य करता है। एक समय था, जब शासन का प्रत्येक प्रकार का विरोध, 'देशद्रोह' समझा जाता था। पर अब दल-प्रणाली के माध्यम से यह संभव हो गया है कि शासक-दल, शासन संभाले तथा विपक्ष, रचनात्मक विरोध करते हुए भी अपने अस्तित्व को सुरक्षित बनाये रख सके।

इस सम्बन्ध में यह तथ्य भी स्मरणीय है कि "सभी राजनीतिक दलों को कानून के अन्तर्गत राजकीय मान्यता प्राप्त नहीं होती। वे आवश्यक रूप से सरकार के अंग भी नहीं होते।" जैसा जिंक ने कहा है, "यह आवश्यक नहीं कि ये 'राजनीतिक दल' कहे जाने वाले संगठन सरकार के अंग हों। वस्तुतः यह भी हो सकता है कि संविधान और कानून के अन्तर्गत इस प्रकार के संगठनों का कोई अस्तित्व ही न हो।" पर यह निश्चित है कि सभी राजनीतिक दल, लोकतंत्र में शासन के कार्यों पर अनिवार्य रूप से प्रभाव डालते हैं।

राजनीतिक दल की परिभाषा
(Definition of Political Party)

साधारण भाषा में 'राजनीतिक दल' ऐसे व्यक्तियों का संगठन होता है, जो एक ध्येय विशेष के लिए परस्पर सहमत हों। इसका अर्थ यह हुआ कि वे व्यक्ति जिनमें एकता की भावना हो, जिनमें एक राजनीतिक ध्येय पर मतैक्य हो, और जो सुसंगठित हों, 'दल' कहलाते हैं। संस्कृत की प्रसिद्ध लोकोक्ति है कि "मुण्डे मुण्डे कतर्भिन्ना" अर्थात् अलग-अलग व्यक्तियों के अलग-अलग मत होते हैं। लेकिन मतभेदों के होते हुए भी जिस माध्यम से व्यक्ति संगठित होकर ध्येय विशेष की पूर्ति के लिए एक होकर कार्य करते हैं, वह 'दल का मत' होता हैं तथा उस मत को मानने वाले का वही 'दल' होता है। इस प्रकार व्यक्तियों में व्यक्तिगत रूप से कितने ही मतभेद हो, दल में एक होने पर, दल के सिद्धान्त तथा साधन उनके सिद्धान्त तथा साधन हो जाते हैं। "दल क्या होता हैं" ? इस सम्बन्ध में अनेक विचारकों ने अपने विचार दिये हैं-

एमण्डबर्क के मतानुसार, "राजनीतिक दल, ऐसे लोगों का एक समूह होता है जो कि किन्हीं पूर्व-स्वीकृत सिद्धान्तों के आधार पर अपने सामूहिक प्रयत्नों द्वारा जनता के हित में काम के लिए एकता के सूत्र में बँधे होते हैं।"

गैटिल के अनुसार, "एक राजनीतिक-दल, न्यूनाधिक संगठित उन नागरिकों का समूह होता हैं, जो राजनीतिक इकाई के रूप में कार्य करते हैं और जिनका उद्देश्य अपने मतदान रूपी प्रयोग द्वारा सरकार का नियंत्रण करना तथा अपनी

सामान्य नीतियों का संचालन करना होता है।''

मेकाइवर के मतानुसार, ''राजनीतिक दल, एक ऐसा समुदाय होता है, जो किसी ऐसे सिद्धान्त अथवा ऐसी नीति के समर्थन के लिए संगठित हुआ हो, जिसे वह वैधानिक साधनों से सरकार का आधार बनाना चाहता हो।''

प्रोफेसर लीकॉक के मतानुसार, ''राजनीतिक दल से तात्पर्य, नागरिकों के उस संगठित समूह से होता है, जो एक 'राजनीतिक ईकाई' के रूप में कार्य करते हैं।''

राजनीतिक दल की उपर्युक्त परिभाषाओं के आधार पर निष्कर्ष रूप से यह कहा जा सकता है कि ''राजनीतिक दल, ऐसे लोगों का एक संगठन या संस्था है, जिनमें कुछ विशेष सिद्धान्तों पर सहमति होती है।

ब्रिटिश दल प्रणाली की विशेषताएँ

(Characteristics of British Party System)

ब्रिटेन की 'दलीय व्यवस्था' की प्रमुख विशेषताएँ निम्नलिखित हैं-

1. द्विदलीय प्रणाली (Bi-Party System)-ब्रिटेन में मुख्यत: दो दलों का प्रभुत्व रहा है। एक सरकार बनाता है तो दूसरा विपक्ष में बैठता है। अन्य दलों का महत्व कम ही रहा हैं।

2. एकीकृत केन्द्रीय संगठन (Centralisation)-ब्रिटिश दलीय व्यवस्था की एक प्रमुख प्रवृत्ति 'केन्द्रीयकरण' की रही हैं। संपूर्ण दल ऊपर से नीचे तक एक सूत्र में बंधा रहता है। दल के नेताओं पर दल के केन्द्र का पूरा नियंत्रण रहता है।

3. कठोर दलीय अनुशासन (Discipcire)-केन्द्रीयकरण का स्वाभाविक परिणाम 'अनुशासन' है। इंग्लैण्ड में संसद में सदस्यों को किस समय बोलना है, क्या बोलना है तथा किस विधेयक के पक्ष में बोलना या विरोध में बोलना है, यह सब 'दलीय सचेतक' निश्चित करते हैं।

4. दल साहचर्य (Party Association)-ब्रिटिश राजनीतिक दलों का संगठन, 'संघात्मक' तथा 'क्षेत्रीय संगठनों' पर 'राष्ट्रीय संघ' हैं। प्रत्येक दल की अपनी नीति, आदर्श कार्यक्रम, स्व-चेतना तथा सामुदायिक स्वाभिमान है। प्रत्येक दल का अपना लम्बा इतिहास, दार्शनिक नेता तथा प्रतीक हैं। पृष्ठभूमि में दल के सदस्यों में 'साहचर्य की भावना' बहुत प्रबलरूप ले लेती हैं। यद्यपि दल की सदस्यता 'ऐच्छिक' हैं तथापि सदस्य, दल के सूत्र में बंधे होने के कारण एक दूसरे से अत्यंत निकट हो जाते हैं। दल के कार्य संचालन के लिए विशिष्ट नियमों का पालन किया जाता है। दल का अपना संविधान रहता है जो दल को एक 'व्यक्ति' का रूप देता हैं जिसकी

अपनी इच्छा तथा अपना व्यक्तित्व है। दल, साहचर्य दल को संगठित तथा अनुशासित करता हैं।

5. वर्ग प्रकृति (Class Character)-वर्ग प्रकृति भी 'ब्रिटिश दल-प्रथा' की एक विशेषता रही है। ब्रिटिश राजनीतिक दलों का वर्ग के आधार पर पृथक्करण किया जा सकता है। अनुदार दल, सभी वर्गों से मत लेने की आशा रखते हैं। लेकिन मजदूर-दल, स्पष्ट रूप से मजदूरों का प्रतिनिधित्व करता है और बड़े व्यावसायियों तथा पूंजीपतियों को कमजोर बनाने के पक्ष में है। अनुदार दल, साधारण धनिक तथा कुलीन वर्गों का नेतृत्व करता है।

इंग्लैण्ड में दल-प्रणाली का विकास

(Development of Party-System in England)

एक समय था, जब इंग्लैण्ड में 'राजा' ही सरकार होता था तथा राजा व उसके दरबारी, 'मित्र सरकार' चलाते थे। सरकार की ओर से किये गये अत्याचार व अनाचार, राजा की ओर से किये गये अत्याचार व अनाचार माने जाते थे तथा उस अत्याचार व अनाचार का विरोध करने के लिए राजा का विरोध करना पड़ता था। जैसा 1649 में 'चार्ल्स प्रथम' के समय में हुआ था, जनता के नेताओं को, सरकारी अत्याचार व अनाचार को समाप्त करने के लिए राजाओं को समाप्त करना पड़ता था।

धीरे-धीरे लोगों की समझ में यह बात आयी कि 'सरकारी अनाचार' के लिये राजा उतने उत्तरदायी नहीं होते, जितने शासन चलाने वाले दरबारी होते हैं। सरकार के अत्याचारों को समाप्त करने के लिए केवल उन दरबारियों को बदल देना काफी है, जो राजकीय अनाचार फैलाते हैं। राजा को बनाये रखकर भी यदि सरकार को जनहित के लिए सचेष्ट व राष्ट्र की संसद के प्रति उत्तरदायी बनाया जा सके, तो राजकीय अनाचार समाप्त हो सकता है। इस विचार के जोर पकड़ने पर, विभिन्न राजनीतिक कार्यक्रमों के आधार पर 'शासन-सूत्र' अस्तित्व में आये। 1658 में 'क्रॉमवेल' की मृत्यु के बाद जब पुनः 'राजतंत्र' की स्थापना हुई, तब ऐसा ही हुआ। समाज के प्रभाशाली लोगों ने राजा को हटाये बिना राजशक्ति पर अपना प्रभाव बढ़ाने के प्रयास किये। 1673 में 'राजा के मुख्य शासकीय' प्रलोभनों के वितरण के माध्यम से लोकसदन में अपने समर्थकों का एक गुट बनाये जानें को हम इसी विचार की परिणति के रूप में समझ सकते हैं। इस दल में अधिकांश लोग चूँकि दरबारी थे, अतः इस गुट का नाम 'दरबार दल' पड़ गया। 'डेनबी के अर्ल' (The Earl of Danby) के इस कार्य से कुछ सामन्ती तत्वों को यह आशंका हुई कि 'दरबार दल'

(Court Party) के समर्थन से राजा अपनी उन शक्तियों को फिर से प्राप्त करना चाहता है, जो संसद ने राजा से प्राप्त कर ली थीं। अत: 'शाफ्टबरी के अर्ल' (Earl of Shaftsbury) के नेतृत्व में 'दरबार दल' के विरुद्ध एक दूसरे दल का निर्माण हुआ, जिसका नाम 'देहाती दल' (Country Party) पड़ा।

उक्त दोनों दलों में से प्रथम, राजा की सत्ता का समर्थक तथा दूसरा, उसका विरोधी था। दूसरे शब्दों में दरबार दल, राजा की सत्ता के विषय में यथास्थितिवाद का समर्थक था तथा देहाती दल सत्ता को संसद को देकर स्थिति में सुधार उसमें परिवर्तन किये जाने के पक्ष में था। इसके बाद भी दलों के क्षेत्र में व्यापक होने के साथ- साथ उनके नाम क्रमश: 'टोरीदल' (Tories Party) व 'ह्विग्स दल' (Whigs Party) हो गये, तब भी उनके मन्तव्य मुख्यत: वे ही या वैसे ही रहे। इसी प्रकार और बाद में, जब वे क्रमश: 'रूढ़िवादी दल' (Conservative Party) व 'उदार दल' (Liberal Party) कहलाये, तब भी उनके मन्तव्य मुख्यत: वे ही या वैसे ही रहे। इस प्रकार प्रारंभ में, दोनों दलों में एक मुख्य और स्पष्ट अन्तर यह था कि 'टोरी, राजा के विशेषाधिकारों के समर्थक थे और ह्विग्स उनके विरोधी'। इसके अतिरिक्त दूसरा मुख्य अन्तर यह भी था कि टोरी-दल के समर्थक उस चर्च संगठन के प्रति सहानुभूति रखते थे, जो रोमन कैथोलिक मत के प्रभाव में था तथा ह्विग्स की सहानुभूति 'प्रोटेस्टेट सुधार आन्दोलन' के प्रति थी।

यद्यपि उक्त दो मोटे आधारों पर इन दोनों दलों में भेद किया जाता है, तथापि यह बात भी ध्यान में रखने की है कि दल निर्माण के मूल सिद्धान्तों के साथ-साथ व्यक्तियों का टकराव भी एक अत्यंत प्रमुख कारण था। यही कारण है कि 'जेम्स द्वितीय' की स्वेच्छाचारिता जब सीमा से अधिक होने लगी, तो उसके प्रतिरोध में दोनों दल एक हो गये थे।

सत्रहवीं या अठारहवी सदी की दल व्यवस्था को वस्तुत: 'द्विदल व्यवस्था' कहना अधिक उपयुक्त नहीं है। उस समय दलों का अस्तित्व आज जैसा 'राष्ट्रव्यापी' नहीं था, वरन् उनका क्षेत्र मुख्यत: संसद तक था। इसी कारण मेकेंजी, जैनिंग्स व अन्य विद्वानों का मत है कि "उस सयम के दो राजनीतिक गुटों की स्थिति की तुलना आज की द्विदल व्यवस्था से नहीं की जा सकती।" हार्वे और बेथर ने भी ऐसा ही मत व्यक्त किया है तथा उन कारणों को बताया है, जिनके आधार पर उस समय की स्थिति की तुलना आजकल की स्थिति से नहीं की जा सकती। इस सम्बन्ध में पहला कारण उन्होंने यह बताया है कि "उस समय जनसाधारण गुटबन्दी को ठीक नहीं

समझते थे, क्योंकि उनका विचार था कि दलों (Parties) और पंथों (Sects) में सरलता से भेद न किये जाने से समाज को टुकड़ों में बंटने के कारण समाज की हानि अधिक होती है। दूसरे, दोनों दलों की 'पृथकता का सिद्धान्त' भी भिन्न रहा था। अठारहवीं शताब्दी के दलों का गठन अलग-अलग विधियों को अपनाये जाने के आधार पर न होकर ऐतिहासिक, पारिवारिक या स्थानीय सम्बन्ध के आधार पर होता था। तीसरे, गुटबन्दी का आधार 'वैयक्तिक महत्वाकांक्षाओं' की पूर्ति होने के कारण उस समय दलीय अनुशासन बनाये रखना भी अति कठिन था। राजा द्वारा किसी प्रकार का प्रलोभन दिये जाने पर प्राय: दल-बदल हो जाया करती थी। दलीय बन्धन का आधार 'नीतिगत' न होने के कारण प्रतिपक्षी दलों के अस्तित्व का भी कोई सुनिश्चित आधार नहीं बन पाता था। चौथे, वर्तमान राजनीतिक दलों की तरह उस समय के राजनीतिक दल विभिन्न सामयिक मसलों के विषय में न तो अपनी नीति का स्पष्टीकरण करते थे और न जनता के कार्यक्रम सम्बन्धी आजकल जैसे कोई स्पष्ट वादे ही करते थे।

इंग्लैण्ड में 'प्रारम्भिक राजनीतिक हलचल' केवल उन लोगों की वस्तु रही, जो समाज के धनीमानी लोग थे। राजनीतिक दलबल्दी में प्रारंभ में उन्होंने ही भाग लिया तथा दलों का निर्माण भी 'वैयक्तिक लगाव' के आधार पर ही हुआ। पर जॉर्ज तृतीय के समय में दलों के संगठनों को छिन्न-भिन्न किये जाने के लिए राजा की ओर से जब विभिन्न प्रलोभनों का सहारा लिया गया, तो ह्विग्स ने 'समूची व्यवस्था' के सुधार का नारा बुलन्द किया। इसी समय बर्क ने राजनीतिक दल की अपनी प्रसिद्ध परिभाषा प्रस्तुत करते हुए कहा कि ''राजनीतिक दल ऐसे व्यक्तियों का संगठन होता है, जो किसी ऐसे सिद्धान्त के आधार पर, जिस पर सब एक मत हों, अपने सामूहिक प्रयत्नों द्वारा जनहित की उन्नति के लिए एकता में बंधे हों।'' बर्क के समय तक लोकसदन में यद्यपि निर्दलियों का निर्णायक प्रभाव बना रहा, तथा 'अनुशासनबद्ध दलीय व्यवस्था' का कोई अस्तित्व नहीं हो सका, तथापि उन्नीसवीं शताब्दी में जब संसदीय सुधारों का जोर और निर्वाचकों की संख्या बढ़ी, तो बहुमत प्राप्ति के इच्छुक दलों के लिये यह आवश्यक हो गया कि वे जन समर्थन के लिए संगठित प्रयास करें और तद्नुरूप संगठन का विस्तार करें। 1882 के 'संसदीय सुधार अधिनियम' के लागू होने के साथ ही राजा की सरकार पर अधिकार जमाने की लड़ाई केवल राजप्रसादों तक ही सीमित न रही, वरन् उसका क्षेत्र चुनाव के मैदान तक हो गया। परिणामस्वरूप टोरियों ने 'कार्लटन क्लब' (Carlton Club) की और ह्विग्स ने 1834 में 'रिफार्म क्लब' (Reform Club) की स्थापना की। इन दलों के औपचारिक

संगठनों की स्थापना होने तक ये क्लब ही इन दलों के लिए राजनीतिक मंत्रणा और 'चुनाव समर नीति' के निर्धारण स्तर बने रहे। इससे पूर्व संसद से बाहर मंत्रणा के लिए इन दलों के पास कोई स्थल नहीं था। इन क्लबों के माध्यम से दोनों दलों ने 'स्थानीय पंजीयन समितियों' का भी गठन किया, जो मतदाताओं को अपने नाम से पंजीयन में मदद देती थी। क्रमशः इन्हीं स्थानीय पंजीयन समितियों को मिलाकर 'राष्ट्रीय संगठन' का निर्माण किया गया। केन्द्रीय अनुदार दलीय संवैधानिक समितियों के राष्ट्रीय संघ की स्थापना 1867 में और अनुदार दल के 'केन्द्रीय कार्यालय' की स्थापना 1868 में हुई। दूसरी ओर उदार दलीय 'पंजीयन समिति' की स्थापना 1861 में तथा उदार दल के 'केन्द्रीय कार्यालय' की स्थापना 1877 में हुई।

आधुनिक 'दल व्यवस्था' के विकास में ग्लेडस्टन और डिजरायली के महान व्यक्तियों का योगदान अत्यंत प्रशंसनीय रहा है, क्योंकि उन्नीसवीं शताब्दी के अंत में इन दोनों ने ही क्रमशः उदार व अनुदार दलीय अनुयायियों को सिद्धान्तों व नीतियों के आधार पर संगठित करना शुरू किया था। प्रधानमंत्री ग्लेडस्टन ने संसद में अपने मंत्रिमण्डल की 1885 की पराजय के बाद संसद को विघटित करवाया और नये कार्यक्रम लागू करने के लिए जनता से 'आदेश' (Mandate) चाहा। ग्लेडस्टन के इस कार्य से कालान्तर में 'चुनाव घोषणा-पत्र' प्रस्तुत किये जाने और कार्यक्रमों को क्रियान्वित करने के लिए जनता से आदेश लेने की परम्परा चल पड़ी, जिसे धीरे-धीरे सभी दलों ने अपनाया। इन घोषणा-पत्रों में राष्ट्रीय एवं पर-राष्ट्रीय विषयों के सम्बन्ध में दल की नीतियों का उल्लेख होता है। परन्तु प्रायः यह भी देखा जाता है कि अनेक कार्यक्रमों को बिना पूर्व उल्लेख के भी क्रियान्वित किया जाता है। वस्तुतः अब 'लोक-कल्याण' सम्बन्धी राज्य की गतिविधियाँ इतनी बढ़ गयी हैं कि सभी कार्यक्रमों का पूर्व उल्लेख संभव नहीं होता।

'इंग्लैण्ड की दल प्रणाली' के विकास के अध्ययन से इस प्रकार हम देख सकते हैं कि आधुनिक दल प्रणाली का आधार सामान्यः 'लोक-हित की साधना है', यद्यपि दलीय दलदल के कारण कभी-कभी 'लोकहित की साधना' गौण तथा व्यक्ति या दलहित की साधना मुख्य हो सकती है। सभी मानवीय संस्थाओं में कुछ-न-कुछ दोष किसी न किसी मात्रा में अवश्य पाये जाते हैं, पर इंग्लैण्ड की दल प्रणाली के विषय में यह कहा जा सकता है कि "वहाँ राजनीतिक दलदल इतना गहरा नहीं होने पाता कि लोकहित पूरी तरह उसके नीचे दल जायें।" शासक दल सचेष्ट रहता है कि वह राजनीतिक दांवपेचों में ही न पड़ा रहे तथा उनसे ऊपर उठकर देशहित की

भावना करे, क्योंकि ऐसा न करने से उसे बहुमत का समर्थन खो देने का भय रहता है। दूसरी ओर विरोधी दल को भी इस बात के लिए बाध्य होना पड़ता है कि वह शासक दल के कार्यों का विरोध राजनीतिक दांवपेचों में सफलता प्राप्त करने की दृष्टि से ही न करे, वरन् देशहित को दृष्टि में रखते हुए वह केवल ऐसे प्रशासनिक विकल्पों को लेकर ही चले, जिन्हें सत्ता प्राप्त होने पर वह स्वयं कार्यान्वित कर सके, क्योंकि तभी उसे देश के बहुमत का समर्थन प्राप्त हो सकता है। विपक्षी दल के द्वारा किया हुआ सरकार का विरोध 'देशद्रोह' नहीं समझा जाता। देशहित की भावना व सुशासन की दृष्टि से चूँकि विपक्ष के कार्य की भी उपयोगिता मानी जाती है; अतः उसे 'राजा का विपक्ष' (His Majesty's Oppostition) कहा जाता है तथा उसके नेता को 'राजकीय कोष' से वेतन दिया जाता है।

ब्रिटिश दल व्यवस्था की विशेषताएँ

(1) द्विदलीय प्रणाली-इंग्लैण्ड में राजनीतिक दलों की संख्या तो प्रायः दो से अधिक ही रही है, पर उनमें से दो ही दल प्रमुख रहे हैं। उदाहरणार्थ, चार्ल्स प्रथम के समय में यदि 'कैवेलियर्स' (Cavaliears) व 'राउण्डहैड्स' (Roundheads) नामक दो दल थे, तो चार्ल्स द्वितीय के सयम में दो प्रमुख दल 'टोरीज व ह्विग्स' (Whigs) के नाम से प्रसिद्ध रहे। इसके बाद 19वीं शताब्दी में 'रूढ़िवादी' (Conservative) व 'उदारवादी' (Liberals) दल प्रमुख रहे तथा अब बीसवीं शताब्दी में 'रूढ़िवादी (Conservative) तथा श्रमिक (Labour) दल' प्रमुख राजनीतिक दल हैं। इसमें संदेह नहीं कि समय-समय पर इस व्यवस्था के कुछ अपवाद भी रहे हैं। उदाहरणार्थ, उन्नीसवीं शताब्दी के अंत व बीसवीं शताब्दी के प्रारंभ में 'आयरिश नेशनलिस्ट पार्टी' की स्थिति भी महत्व की रही थी, क्योंकि सन् 1874 व 1918 में संसद ने उसमें 90 स्थान प्राप्त किये थे। इसी प्रकार श्रमिक दल के उदय के प्रारम्भिक वर्षों में 'उदार दल' का भी स्थान महत्वपूर्ण रहने के कारण 1925 व 1929 में 'श्रमिक दल' को 'उदार दल' के समर्थन पर निर्भर रहना पड़ा था तथा उस समय की दलीय व्यवस्था 'द्विदलीय न होकर त्रिदलीय' थी। पर चूँकि अधिकांश समय में प्रमुख राजनीतिक दल दो ही रहे हैं, अतः इंग्लैण्ड को 'द्विदलीय प्रणाली का देश' कहा जाता है।

इंग्लैण्ड में 'द्विदलीय प्रणाली' का विकास 'ऐंग्लो-सैक्सन' देशों को छोड़कर शेष संपूर्ण विश्व के लिए वस्तुतः एक अनूठी बात है। वहाँ द्विदलीय व्यवस्था के विकास में सहायक तत्वों का स्पष्टीकरण निश्चित रूप से करने में इंग्लैण्ड के लोग भी असमर्थ रहे हैं। ड्यूवर्जर जैसे विद्वानों के अनुसार इसका कारण इंग्लैण्ड में

प्रचलित 'एकसदस्यीय निर्वाचन क्षेत्र' तथा साधारण बहुमत पर आधारित 'निर्वाचन प्रणाली' की व्यवस्था है। वे यह प्रतिपादित करते हैं कि इसके कारण गौण दलों को प्रतिनिधित्व न मिलने के कारण 'द्विदलीय प्रणाली' ही रहती है। ऐमरी जैसे विचारकों के अनुसार, ''दो दलों का चक्र इसलिये चलता रहता है कि इंग्लैण्ड के आम चुनावों में मतदाता किसी राष्ट्रीय मत की अभिव्यक्ति नहीं करते, वरन् वे तत्कालीन सरकार या सत्तारूढ़ दल के प्रति विश्वास तथा विपक्षी दल के प्रति अविश्वास अथवा सत्तारूढ़ दल के प्रति अविश्वास तथा विपक्षी दल के प्रति विश्वास प्रकट करते हैं।'' चर्चिल जैसे अनुभवी व्यक्ति भी इसका कोई सर्वमान्य कारण ढूँढने में असमर्थ रहे हैं। उन्होंने इसका कारण, 'संसद भवन के आकार' में ढूँढने का प्रयत्न किया है। ''आयताकार संसद भवन में अध्यक्ष के केवल दो ही ओर बैठने की व्यवस्था के कारण तथा बीच में एक चौड़ा गलियारा होने के कारण 'दलबदलू प्रवृत्ति' तथा 'बहुदलीय प्रणाली' को इंग्लैण्ड में कोई प्रोत्साहन नहीं मिलता है।''

इंग्लैण्ड में 'द्विदलीय' प्रणाली होने के वस्तुतः अनेक कारण है। प्रथम, इंग्लैण्ड एक छोटा-सा देश है और वहाँ प्रजातीय, साम्प्रदायिक व क्षेत्रीय भिन्नताएँ उतनी मुखर नहीं है कि उनके कारण मतदाता अलग-अलग दलों में संगठित होने के लिए प्रेरित हो सकें। इसका छोटा-सा अपवाद 'आयरलैण्ड' अवश्य रहा है, जहाँ क्षेत्रीय और साम्प्रदायिक, दोनों ही प्रकार के तनाव रहे हैं, परन्तु पूरे देश के संदर्भ में उनका महत्व विशेष नहीं रहा है। दूसरे, विभिन्न विभाजक तत्वों के अभाव में मनुष्य की 'मूल प्रकृति' का प्रभाव कार्य करता है। प्रकृतितः कुछ लोग ऐसे होते हैं, जो समाज व्यवस्था में 'पुरातनता बनाये रखने के पक्षपोषक' होने के कारण परिवर्तन के लिये अधिक आतुर नहीं होते हैं तथा जिन्हें 'रूढ़िवादी' कहा जाता है। इसके विपरीत कुछ लोग, जो सुधारों के लिए आतुर होते हैं, सुधारवादी या उदारवादी कहलाते हैं। इंग्लैण्ड में दलीय संगठन मानव प्रकृति की इसी विशेषता के आधार पर विकसित हुआ है। तीसरे, इंग्लैण्डवासियों में समझोते की प्रवृत्ति बड़ी गहरी है। अतः पारस्परिक मतभेदों को वे उस सीमा तक नहीं उभरने देते कि एक दल के दो या तीन टुकड़े हो जायें और अनेक दल पैदा हो जायें। चौथे, एक बार जब द्विदल व्यवस्था स्थापित हो जाती है, तो जनता प्रायः इन्हीं बड़े दलों को मत देना पसन्द करती है तथा छोटे-छोटे दल पनपने नहीं पाते। छोटे दलों को दिये हुए मत को प्रायः लोक व्यर्थ ही समझते हैं, क्योंकि वे न तो सत्ता में ही आ सकते हैं, और न वे 'प्रतिपक्ष' की ही सार्थक भूमिका निभा सकते हैं। पाँचवें, जैसा कि ड्यूवर्जर ने अपना मत व्यक्त किया है, साधारण बहुमत पर आधारित निर्वाचन प्रणाली होने के कारण चूँकि छोटे दलों को

मतों के अनुपात में स्थान नहीं मिल पाते हैं, अतः वे नहीं पनपते तथा दो ही मुख्य दल अस्तित्व में रहते हैं।

द्विदलीय प्रणाली तथा बहुदलीय प्रणाली-दोनों का पक्ष व विपक्ष

इंग्लैण्ड के राजनीतिक जीवन पर जिन लोगों ने विचार किया है, उनमें हमे 'द्विदलीय प्रणाली' के भी समर्थक मिलते हैं तथा 'बहुदलीय प्रणाली' के भी समर्थक मिलते हैं। द्विदलीय प्रणाली के समर्थकों में 'प्रतिनिधि' के रूप में हम लास्की (Laski) को ले सकते हैं। इल्बर्ट भी 'द्विदलीय प्रणाली' के ही समर्थक हैं। दूसरी ओर रैम्जे म्योर के अनुसार लोकमत की उचित अभिव्यक्ति के लिए देश में 'बहुदलीय प्रणाली' अथवा कम से कम 'त्रिदलीय प्रणाली' अवश्य होनी चाहिए। वस्तुतः दोनों ही प्रकार की प्रणालियों के कुछ निश्चित लाभ व कुछ निश्चित हानियाँ होती है।

द्विदलीय प्रणाली का पक्ष व बहुदलीय प्रणाली का विपक्ष

जो कुछ द्विदलीय प्रणाली के पक्ष में कहा जाता है, वही बहुदलीय प्रणाली का विपक्ष है। द्विदलीय प्रणाली यदि प्रतिनिध्यात्मक सरकार के उत्तर संगठन, उसके सुचारू संचालन, उसके स्थायित्व एवं सुशासन की दृष्टि से ग्राह्य है, तो बहुदलीय प्रणाली सरकार के संगठन, उसके संचालन, उसके स्थायित्व व सुशासन की दृष्टि से त्याज्य है। द्विदलीय प्रणाली के पक्ष व बहुदलीय प्रणाली के विपक्ष का विवेचन निम्न शीर्षकों के अन्तर्गत किया जा सकता है।

(1) सरकार का संगठन–सरकार का संगठन, द्विदलीय प्रणाली में सरलता से हो जाता है। इस प्रणाली में निर्वाचन के समय जनता के समक्ष केवल दो दल व उसके दो राजनीतिक कार्यक्रम होते हैं तथा उनमें से जनता को एक के पक्ष में मत देना सरल होता है। निर्वाचन के परिणामस्वरूप दो दलों में से एक दल का बहुमत अवश्यम्भावी होता है। अतः दो दलों में से एक सरलता से शासन का भार संभाल लेता है तथा दूसरा शक्तिशाली दल, 'विपक्ष' का कार्य करता है। बहुदल प्रणाली में सरकार का संगठन इतनी सरलता से नहीं होता। बहुदल प्रणाली में निर्वाचन के समय जनता के समक्ष अनेक राजनीतिक दलों के प्रत्याशी व कार्यक्रम होते हैं, उनमें से जनता को एक का चयन करना पड़ता है। निर्वाचन के बाद प्रायः किसी दल को इतना बहुमत प्राप्त नहीं होता कि वह अपने ही समर्थक संसद सदस्यों के समर्थन के आधार पर सरकार बना सके। अतः विविध राजनीतिक दलों में सरकार बनाने के लिए सौदेबाजी होती है तथा बड़ी कठिनाई से कुछ ऐसे दल एक हो पाते हैं, जो

सरकार बना सकें।

(2) सरकार का संचालन–सरकारी संचालन की दृष्टि से भी द्विदलीय प्रणाली ही उपयुक्त मानी जाती है। संसद में बहुमत प्राप्त जो दल सरकार बनाता है, द्विदलीय प्रणाली में वह एक होता है। उसका संसद में अपना बहुमत होता है। परिणामस्वरूप 'सरकार का संचालन' ठीक ढंग से होता रहता है। द्विदलीय प्रणाली में 'विपक्ष' भी संगठित होता है। फलत: वह इस स्थिति में होता है कि सरकार की कूटनीतियों व उसके कुकृत्यों का डटकर विरोध कर सके तथा वैकल्पिक शासक के रूप में कार्य कर सके। इसके विपरीत, बहुदलीय प्रणाली में अनेक दल मिलकर सरकार बनाते हैं। अत: सरकार को अपने कार्यों व नीतियों के समर्थन के लिए अनेक राजनीतिक दलों का मुँह ताकना पड़ता है। इस प्रणाली के अन्तर्गत विपक्ष भी असंगठित होता है, क्योंकि उसके अन्तर्गत अनेक दल होते हैं। अत: उसकी स्थिति ऐसी नहीं होती कि वह सरकार की कुनीतियों व उसके कुकृत्यों का संगठित रूप से विरोध कर सके तथा 'वैकल्पिक शासक दल' के रूप में कार्य कर सके।

(3) सरकार का स्थायित्व–'सरकार के स्थायित्व' की दृष्टि से भी द्विदलीय प्रणाली ही अधिक उपयोगी मानी जाती है। द्विदलीय प्रणाली में कोई एक दल, जिसका संसद में बहुमत होता है, 'सरकार' बनाता है। संसद के पूरे कार्यकाल तक वह दल, 'बहुमत दल' रहता है तथा उसके द्वारा बनायी हुई सरकार भी स्थिर रहती है। इसके विपरीत 'बहुदलीय प्रणाली' में सरकार का निर्माण विविध दलों के सहयोग के आधार पर होता है, इस सहयोग का आधार कोई राजनीतिक कार्यक्रम नहीं, वरन् राजनीतिक सौदेबाजी होती है। अत: आये दिन राजनीतिक सौदेबाजी के आधार पर बना हुआ गठबन्धन टूटता रहता है तथा उसके परिणामस्वरूप सरकार भंग होती रहती है।

(4) सुशासन एवं प्रशासकीय दायित्व–द्विदलीय प्रणाली में सरकार अपने 'प्रशासकीय व संयुक्त उत्तरदायित्व' को भी अच्छी तरह पूरा करने में समर्थ होती है। एक दल के समर्थन पर बनी हुई सरकार के सब मंत्री एक ही दल के होते हैं। उनमें सहयोग की भावना स्वभावत: ही रहती है। संसद के प्रति मंत्रिमण्डल के उत्तरदायित्व का निर्वाह भी, 'द्विदलीय प्रणाली' में सरल होता है। 'बहुमत दल' के समर्थन पर निर्भर होने के कारण मंत्रिमण्डल उसके प्रति उत्तरदायी होने के लिए बाध्य रहता है और वह दल भी अपने बहुमत के कारण इस स्थिति में रहता है कि सरकार को अपने नियंत्रण में चला सके। इस प्रकार 'द्विदलीय प्रणाली' में मंत्रिमण्डल में

राजनीतिक एकता व दायितव की भावना बनी रहती है, जो लोकतंत्रीय सुशासन के लिए परमावश्यक है।

इसके विपरीत, 'बहुदलीय प्रणाली' में सरकार राजनीतिक सौदेबाजी के आधार पर बनती है। अतः विविध दलों के गठबन्धनों के टूटने के साथ-साथ उनका पतन भी प्रायः होता रहता है। सरकार बदलने के साथ-साथ प्रशासन की नीतियाँ भी बदलती रहती हैं। सरकार को अपने तीव्र पतन का भय रहता है। अतः वह आत्मविश्वास के साथ शासन नहीं कर सकती। वह किन्हीं दीर्घकालीन नीतियों का परिपालन भी नहीं कर सकती है। परिणाम यह होता है कि 'बहुदलीय प्रणाली' में 'कुशासन' फैलता है। सरकार को अपने जीवनकाल का पता नहीं रहता। मंत्रीगण दांवपेचों में ही व्यस्त रहते हैं तथा उन्हें शासन कार्य को अच्छी तरह देखने के लिए पर्याप्त समय भी नहीं मिलता। इस प्रकार 'बहुदलीय प्रणाली' में सरकार, अपने 'प्रशासकीय उत्तरदायित्व' को पूरा करने में समर्थ नहीं होती। इसके अतिरिक्त मंत्रिमण्डल में मंत्री लोग विविध दलों के होते हैं। उनमें पारस्परिक सहयोग का प्रायः अभाव होता है। अत मंत्रिमण्डल एक होकर 'संयुक्त उत्तरदायित्व' का निर्वाह नहीं कर पाता है। सरकार संसद के प्रति उत्तरदायी रहे तथा संसद का उचित नियंत्रण सरकार पर बना रहे, यह भी बहुदलीय प्रणाली में सरलता से नहीं हो पाता, क्योंकि संसद में कोई भी एक दल ऐसा नहीं होता, केवल जिसके ही समर्थन पर सरकार का रहना निर्भर हो तथा कोई दल ऐसी स्थिति वाला भी नहीं होता, जो अपनी ही शक्ति द्वारा मंत्रिमण्डल पर पूरा नियंत्रण रख सके। फलतः 'कुशासन' चलता रहता है तथा किसी को भी उसके लिए निश्चित रूप से उत्तरदायी नहीं ठहराया जा सकता। इस संदर्भ में सबसे अच्छा उदाहरण 1958 से पूर्व के फ्रांस का लिया जा सकता है, जिसके विषय में यह कहा जाता है कि "कोई एक राजनीतिक दल वहाँ औसत एक महीने से अधिक सत्तारूढ़ नहीं रह पाया।" इसमें संदेह नहीं कि 1958 से, जब से फ्रांस के राष्ट्रपति 'जनरल दीगाल' ने फ्रांस को एक नया संविधान दिया, मंत्रिमण्डल में स्थायित्व आ गया।

बहुदलीय प्रणाली का पक्ष तथा द्विदलीय प्रणाली का विपक्ष

'द्विदलीय प्रणाली' के पक्ष में अथवा 'बहुदलीय प्रणाली' के विपक्ष में जो कुछ ऊपर कहा गया है, उससे हमें यह नहीं समझना चाहिए कि 'द्विदलीय प्रणाली' में कोई दोष नहीं है अथवा 'बहुदलीय प्रणाली' में कोई गुण नहीं हैं। कई ऐसे भी आधार हैं, जिन पर द्विदलीय प्रणाली की आलोचना तथा 'बहुदलीय प्रणाली' की

प्रशंसा की जाती है। 'बहुदलीय प्रणाली' के पक्ष व 'द्विदलीय प्रणाली' के विपक्ष का विवेचन निम्न शीर्षकों के अन्तर्गत किया जा सकता है :

(1) **लोकमत की अभिव्यक्ति**–लोकमत की उचित व शुद्ध अभिव्यक्ति के लिए 'बहुदलीय प्रणाली' सर्वाधिक महत्वपूर्ण समझी जाती है, क्योंकि उसके अन्तर्गत विविध विचारधाराओं व मतों की अभिव्यक्ति, विविध दलों के माध्यम से सरलता से हो जाती है। व्यक्ति के हित वस्तुत: इतने व्यापक व विविध होते हैं कि उनका उचित प्रकाशन केवल दो राजनीतिक दलों के द्वारा ही नहीं हो सकता। साधारणत: प्रत्येक महत्वपूर्ण विषय पर लोगों के तीन प्रकार के दृष्टिकोण होते हैं। पहले प्रकार का दृष्टिकोण 'रूढ़िवादी (Conservative) या दक्षिणपंथी' होता है, पर पुरातन प्रियता पर आधारित तथा क्रांतिपूर्ण नवीनताओं के विरुद्ध होता है। दूसरे प्रकार का दृष्टिकोण 'क्रान्तिकारी' होता है। वह क्रांतिपूर्ण नवीनताओं का समर्थक होता है। राजनीतिक भाषा में उसे 'वामपंथी दृष्टिकोण' कहते हैं। तीसरे प्रकार का दृष्टिकोण 'उदारवादी' (Liberal) होता है, इसे 'मध्यमार्गी दृष्टिकोण' कहा जाता है। 'द्विदलीय प्रणाली' में केवल दो ही प्रकार के दृष्टिकोणों का प्रतिनिधित्व हो सकता है। उसमें 'मध्यमार्गी दृष्टिकोण' का प्रतिनिधित्व संभव नहीं होता है, जो प्राय: अधिक व्यावहारिक व लाभकारी होता है। जैसा रैम्जे म्योर ने कहा है, "प्रत्येक राष्ट्र में सदा दो या अधिक विचारधाराएँ होती है।" उसी आधार पर 'द्विदलीय प्रणाली' की अपेक्षा 'त्रिदलीय' अथवा 'बहुदलीय प्रणाली' अधिक उपयोगी समझी जाती है। होलकोम्ब के शब्दों में, "द्विदलीय प्रणाली, संतुष्ट लोगों के लिए निस्संदेह सुविधापूर्ण प्रणाली है। पर उस दशा में जब मतों की विविधता तथा अपने-अपने विश्वासों के प्रति लोगों की दृढ़ता अधिक हो, लोकमत की अभिव्यक्ति के लिए वह प्रणाली अच्छी नहीं रहती है।"

(2) **लोकतंत्र की रक्षा**–दूसरा आधार, जिस पर 'द्विदलीय प्रणाली' की आलोचना तथा 'बहुदलीय प्रणाली' की प्रशंसा की जाती है, 'लोकतंत्र की रक्षा' का आधार है। 'द्विदलीय प्रणाली' में किसी एक बहुमत वाले दल का मंत्रिमण्डल होता है। बहुमत वाला दल, अपने दल के मंत्रिमण्डल का पूरा समर्थन करता है। मंत्रिमण्डल यह अच्छी तरह जानता है कि संसद में हर प्रकार से उसका समर्थन करने वाला एक दल विद्यमान है। अत: वह सहज ही मनमानी करने पर उतारू हो जाता है तथा 'अधिनायक' जैसा व्यवहार करने लगता है। इंग्लैण्ड के मंत्रिमण्डल की स्थिति के विषय में रैम्जे म्योर जैसे विचारकों का यही विचार है कि "उसकी स्थिति 'अधिनायक' जैसी है। वह संसद के नियंत्रण में नहीं रहता, वरन् संसद स्वयं उसका

मुँह देखकर चलती है।'' 'बहुदलीय प्रणाली' में ऐसा नहीं होता। इसके अन्तर्गत मंत्रिमण्डल किसी एक दल का नहीं होता, उसमें अनेक दलों के राजनीतिज्ञ सम्मिलित होते हैं। उसे शासन के संचालन के लिए एक दल के समर्थन पर नहीं, वरन् अनेक दलों के समर्थन पर निर्भर रहना पड़ता है, जो जरूरी नहीं कि सदैव मिले। फलतः उसके लिए यह संभव नहीं होता कि वह मनमानी कर सके। सभी दलों के समर्थन पर निर्भर रहने के कारण उसे अपनी आलोचनाओं पर उचित ध्यान देते हुए ही कार्य करना पड़ता है। उसे 'दलीय हितों' की अपेक्षा 'सार्वजनिक हितों' की अधिक परवाह नहीं करनी पड़ती है। 'बहुदलीय प्रणाली' में मंत्रिमण्डल कभी इतना शक्तिशाली नहीं होने पाता कि वह 'अधिनायक' बन जाये। इस प्रकार इस प्रणाली में लोकतंत्र का निर्वाह अच्छा होता है।

(3) **संसदीय जीवन की सक्रियता**–तीसरा आधार, जिस पर 'द्विदलीय प्रणाली' की आलोचना तथा 'बहुदलीय प्रणाली' की प्रशंसा की जाती है, 'संसदीय जीवन' की सक्रियता है। 'द्विदलीय प्रणाली' में संसद के सदस्य यह निश्चित रूप से जानते हैं कि 'सभी बातों में अन्त में उसी बहुमत दल की चलेगी, जिसकी सरकार है।' अतः संसद के वाद-विवाद में शासक दल के लोग यदि कुछ कहते हैं, तो इसलिये कहते हैं कि उन्हें कुछ कहना चाहिए, अन्यथा उन्हें यह विश्वास तो पहले से ही होता है कि जीत उनके पक्ष की होनी है। विपक्ष के सदस्य जो कुछ कहते हैं, केवल इसलिये कहते हैं कि उन्हें शासक दल का विरोध करना है, अन्यथा वे जानते हैं कि वे सरकार को बाध्य नहीं कर सकते। 'द्विदलीय प्रणाली' में इस प्रकार संसद के वाद-विवाद केवल, औपचारिक एवं निर्जीव होते हैं।

इसके विपरीत, 'बहुदलीय प्रणाली' में सरकारी पक्ष को जीत का पूर्ण निश्चय नहीं होता। अतः विविध विषयों पर संसद-सदस्य इस विश्वास के साथ बोलते हैं कि उनके कहने का सदन के निर्णय पर निश्चित प्रभाव पड़ेगा। सरकार के प्रस्तावों के पक्ष में बोलने वाले संसद सदस्य प्रस्तावों का औचित्य दिखाने के लिए यदि एक से एक अनूठी युक्ति प्रस्तुत करने का प्रयत्न करते हैं, तो उसके विपक्ष में बोलने वाले संसद सदस्य, प्रस्तावों का अनौचित्य व उनकी कमियाँ दिखाने के लिए अनेक प्रत्युक्तियाँ प्रस्तुत करते हैं। विचारों के इस आदान-प्रदान से 'बहुदलीय प्रणाली' के अन्तर्गत संगठित संसद के वाद-विवाद में सजीवता रहती है।

इस प्रकार हम देखते हैं कि दोनों प्रकार की दल प्रणालियों के अपने विशिष्ठ गुण हैं तथा दोनों ही प्रकार की दल प्रणालियों के कुछ दोष भी हैं। कौन-सी प्रणाली

किस देश व शासन प्रणाली के लिए उपयुक्त होगी, यह बहुत कुछ इस पर निर्भर करता है कि किसी देश विशेष की परिस्थितियाँ क्या है? जहाँ तक इंग्लैण्ड का प्रश्न हैं, वहाँ राजनीतिक दलों की संख्या दो से अधिक ही रही है, पर वहाँ की परम्परा यही है कि दो दल ही महत्व के रहते हैं। यही कारण है कि इंग्लैण्ड को 'द्विदलीय प्रणाली' का देश कहा जाता है।

ब्रिटेन के प्रमुख राजनीतिक दल
(British Main Political Parties)

यों तो समय-समय पर अनेक राजनीतिक दल इंग्लैण्ड के राजनीतिक मंच पर रहे हैं, पर जैसा सदा से रहा है, इस समय भी वहाँ दो दल-'रूढ़िवादी दल (Conservative Party) तथा श्रमिक दल (Labour Party') -ही प्रमुख दल हैं। इसके अतिरिक्त 'उदारवादी दल' (Liberal Party) भी एक ऐसा राजनीतिक दल हैं, जो उल्लेखनीय है।

रूढ़िवादी दल
(Conservative Party)

इस दल के लिए 'कंजरवेटिव' शब्द (जो 'रूढ़िवादी' शब्द का अंग्रेजी रूपान्तर है) का प्रचलन यों तो जॉन विल्सन क्रोकर ने सन् 1880 में किया था, पर इस दल के समर्थक अपने इतिहास को उससे कहीं अधिक पुराना मानते हैं। वे अपने इस दल (जो संविधान, राजमुकुट व चर्च के संरक्षण का समर्थक है) का सम्बन्ध क्रांतिकाल के 'कैवेलियर्स' (Cavaliers) तथा उसके बाद के समय के 'टोरीज' (Tories) से बताते हैं। यद्यपि जिन उद्देश्यों की पूर्ति अथवा जिन बातों के समर्थन के लिए 'कैवेलियर्स' का संगठन बना अथवा बाद में 'टोरी' दल अस्तित्व में आया, वे ही सब उद्देश्य इस समय भी 'कंजरवेटिव' दल के नहीं है, तथापि अनेक इतिहासकार कंजरवेटिव दल के अस्तित्व में आने की परम्परा यही मानते हैं। सन् 1832 में जब ह्विग्स (Whigs) के प्रभुत्व काल में उन अन्य लोगों के सहयोग से जो अपने को 'सुधारवादी' कहते थे, 'सुधार अधिनियम' पारित हो गया। तब टोरी दल के अनुयायियों ने इस बात का नारा बुलंद किया कि "अंग्रेजी संविधान खतरे में है" उन्होंने उसकी रक्षा करने के लिए अपने दल का नाम 'कंजरवेटिव' अर्थात् रक्षा करने वाला दल रख लिया। इस दल के अनुसार संविधान की रक्षा दूसरे दल द्वारा प्रस्तावित क्रांतिकारी सुधारों का विरोध करके ही की जा सकती थी। दूसरे शब्दों में संविधान की रक्षा करने वाले का अर्थ 'सुधारवाद' के विरुद्ध 'रूढ़िवाद' (Conservatism) की

रक्षा करने वाला दल हो गया तथा उसका उद्देश्य नवसुधार के विरुद्ध उन सबकी रक्षा करना हो गया, जो पुरातन था।

रूढ़िवादी दल की नीति व उसका कार्यक्रम– रूढ़िवादियों की 'राष्ट्रीयता' बड़ी कट्टर राष्ट्रीयता है। साम्राज्यवाद के दिनो से वे यह विश्वास करते चले आ रहे हैं कि 'अंग्रेज जाति' अन्य सब जातियों में श्रेष्ठ है तथा अन्य जातियों को सभ्य बनाना उनका कर्त्तव्य है, जिसका निर्वाह अन्य जातियाँ चाहें या न चाहे, उन्हें करना आवश्यक है। 'अंग्रेज राजमुकुट' की छत्रछाया में, अंग्रेज साम्राज्य' की सुरक्षा व उसका विस्तार, दल का सबसे प्रमुख ध्येय रहा है।

आर्थिक क्षेत्र में 'रूढ़िवादी दल' व्यक्तिगत सम्पत्ति व व्यक्तिगत व्यवसाय पर आधारित समाज व्यवस्था का समर्थक है। दल का विश्वास है कि पुरानी सामाजिक व आर्थिक व्यवस्था, जो सम्पत्ति व उत्पादन के साधनों के व्यक्तिगत स्वामित्व पर आधारित है, मूल रूप से उचित व्यवस्था है तथा उसकी रक्षा करना दल का ध्येय है। रूढ़िवादी इस प्रकार उस आर्थिक व्यवस्था का समर्थन नहीं करते, जिसे 'समाजवादी आर्थिक व्यवस्था' कहा जाता है तथा जिसका अभिप्राय राजनीतिक, सामाजिक व आर्थिक समानता का समर्थन करते हुए उत्पादनों के साधनों व व्यावसायों के 'राष्ट्रीयकरण' से है। उसके अनुसार केवल बाह्य प्रतियोगिता से आन्तरिक व्यापार व व्यवसाय की रक्षा करने के लिए राज्य, देश के आर्थिक जीवन में हस्तक्षेप कर सकता है। परन्तु अब 'लोक-कल्याणकारी राज्य' की धारणा बलवती होने पर व्यक्तिगत सम्पत्ति की अक्षुण्णता के प्रति इस दल का आग्रह कुछ कम हुआ है। वस्तुतः जब-जब दल को दूसरे दल के साथ कड़ी प्रतियोगिता में उतरना पड़ा है, 'जनमत का नेतृत्व' हथियाने के लिए दल ने अपने आपको अधिक प्रगतिशील दर्शाने का प्रयास किया है। अपनी सत्ता के समय में सन् 1867 के 'सुधार ऐक्ट' के द्वारा 'शहरी श्रमिक वर्ग' के एक बड़े भाग को मताधिकार प्रदान कर देना, रूढ़िवादी दल के ऐसे प्रयासों का ही प्रतीक था।

'श्रमिक दल' के उदय के कारण ही 'रूढ़िवादी दल' के कार्यक्रम में कुछ निश्चित व महत्वपूर्ण परिवर्तन के चिह्न दिखायी देने लगे हैं। सन् 1947 के 'रूढ़िवादी दल' के सम्मेलन द्वारा स्वीकृत 'औद्योगिक प्रपत्र' (Industrial Charter) से यह स्पष्ट है कि रूढ़िवादियों में भी प्रगतिशीलता आ रही है, क्योंकि इस प्रपत्र में केन्द्रीय नियोजन को देश की आर्थिक समृद्धि के लिए अत्यावश्यक बताया गया है। दल की ओर से 1949 में प्रकाशित 'दि राइट रोड फॉर ब्रिटेन' (The Right Road for Britain) नामक नीति-पत्र में राज्य की ओर से आवश्यक समाज-सेवाओं की तथा सबके लिए रोजगार की व्यवस्था किये जाने पर बल दिया गया है। रूढ़िवादी दल के सन् 1951 के कार्यक्रम में भी 'गृह-निर्माण की योजना की आवश्यकता' पर बल दिया गया है। स्पष्टतः आर्थिक व सामाजिक क्षेत्र में 'श्रमिक दल' की प्रतियोगिता के कारण 'रूढ़िवादी दल' अब पर्याप्त रूप से प्रगतिशील होता जा रहा है। पर 'विदेश नीति' के विषय में यह दल अपनी रूढ़िवादी नीति से विचलित होने के लिए तत्पर दिखायी नहीं देता। 'अंग्रेजी साम्राज्यवाद' का संरक्षक होने के कारण दल उसके विघटन के प्रति चिन्तातुर है, यद्यपि वह उसे रोक नहीं पाया है। ब्रिटेन के तीसरे दर्जे की शक्ति हो जाने पर भी दल, संसार की राजनीति में अपने देश का स्थान खोना नहीं चाहता तथा अमरीका व रूस की दो महाशक्तियों के बीच चलने वाले 'शीत-युद्ध' की स्थिति में वह 'ब्रिटेन की सक्रिय भूमिका' का समर्थक है। इसी कारण अपने त्यागपत्र से पूर्व 1974 में 'हीथ मंत्रिमण्डल' ने एशिया में अमरीका के साथ सैन्य-शक्ति बढ़ाने की योजना बनायी थी। यूरोप के विषय में दल की नीति के सम्बन्ध में दल के लोगों ने भिन्न-भिन्न मत रहे हैं, फिर भी सभी पीढ़ी यूरोप से सम्बन्ध बढ़ाने के पक्ष में है। हीथ मंत्रिमण्डल के काल में इसी कारण ब्रिटेन ने 'साझा बाजार' की सदस्यता भी ग्रहण कर ली थी, जबकि पहले यह यूरोप से दूरी बनाये रखने का पक्षधर था।

रूढ़िवादी दल की सदस्यता-रूढ़िवादी दल की सदस्यता प्रायः धनीमानी वर्ग के लोगों की है। प्रारंभ में इस दल में बड़े-बड़े भू-स्वामियों की संख्या अधिक थी, पर बाद में बड़े-बड़े व्यवसायी व पूंजीपति लोग भी इसमें सम्मिलित हो गये हैं। कुछ संख्या में वे लोग भी हैं, जिन्हें 'उच्च प्राथमिक वर्ग' का कहा जाना चाहिए तथा जो अपने को श्रमिकों की अपेक्षा धनिकों के साथ मिलाना अधिक अच्छा समझते हैं। संसद में रूढ़िवादी मतदाताओं में उन लोगों की संख्या अधिक है, जो निम्न माध्यमिक वर्ग तथा काम करने वाले वर्ग के हैं। जैसा रौस ने कहा है, "रूढ़िवादी अपनी ओर उन लोगों के अधिकतर भाग को आकर्षित करते हैं, जो कुलीन, सुसमृद्ध व सुखी वर्ग के लोग हैं। पर लोकसदन में जहाँ इन तत्वों का 'दल की सदस्यता' पर एकाधिकार है, मतदाताओं में निम्न माध्यमिक व श्रमिक वर्गों के लोगों की संख्या उनसे बहुत अधिक है।" सिडनी डी. वेली ने भी इस सम्बन्ध में ऐसा ही मत व्यक्त किया है और कहा है कि, "यद्यपि उच्च तथा माध्यमिक वर्ग के लोग अधिकतर रूढ़िवादी हैं, तथापि 'रूढ़िवादी दल', काम करने वाले वर्ग के लोगों के समर्थन के बिना किसी निर्वाचन को नहीं जीत सकता।" दल के धनीमानी लोगों का प्रभाव का

होना इस बात से भी स्पष्ट है कि दल के निकट होने के आधार पर प्रायः ऐसे ही लोग चुनाव जीतते हैं। उदाहरणार्थ, 1970 में निर्वाचित सदस्यों में 31 % उद्योगपति व व्यापारी, 38 % वकील आदि व्यावसायी व 9 % बड़े किसान थे। इनमें से अनेक के एक से अधिक धंधे थे।

रूढ़िवादी दल का संगठन–रूढ़िवादी दल का एक सुदृढ़ संगठन है। सबसे नीचे स्तर पर प्रत्येक निर्वाचन क्षेत्र में एक क्षेत्रीय समिति (Constituency Association) होती है, जिसका काम अपने क्षेत्र के दल का प्रचार करना तथा निर्वाचन के समय दल के प्रत्याशी के लिए समर्थन प्राप्त करना होता है। ये संगठन दल, केन्द्रीय कार्यालय के परामर्श से संसद की सदस्यता के लिए प्रत्याशियों का चयन भी करते हैं। सिद्धान्त रूप में क्षेत्रीय समितियाँ अपने कार्य में पूर्णतः स्वतंत्र है। इन नियमों का पालन ठीक से करवाने के लिए केन्द्र की ओर से एक वेतनभोगी एजेन्ट दल की ओर से क्षेत्रीय समितियों के प्रमुख अधिकारी के रूप में कार्य करता है और वह वर्तमान या भावी संसद की अनेक प्रकार की सहायता भी करता है। इस प्रकार क्षेत्रीय संगठनों पर नीति–निर्धारण और उसके क्रियान्वयन दोनों की ही दृष्टि से केन्द्र का काफी प्रभाव रहता है। क्षेत्रीय समितियों के अतिरिक्त रूढ़िवादी दल के लगभग 1500 क्लब भी हैं, जो जनता से संपर्क रखते हैं। इनमें 'कार्ल्टन क्लब', (Carlton Club) 'दि एसोसियेशन ऑफ कंजरवेटिव क्लब' (The Association of Conservative Club) आदि अधिक प्रभावशाली हैं। इनके अतिरिक्त अन्य सहयोगी संगठन व्यावसायिक क्लब, महिला क्लब तथा युवक क्लब आदि हैं। इन क्लबों के वास्तविक प्रभाव के विषय में प्रेक्षकों का मत है कि **''जहाँ सदस्य मित्रों से मिलते हैं, बिलियर्ड खेलते हैं, सुरापान करते हैं और बातचीत के विषयों में राजनीति का सबसे अन्तिम स्थान होता है, ऐसी स्थिति में राजनीति में क्लबों के योगदान व प्रभाव का अनुमान कर पाना कठिन ही है।''**

रूढ़िवादी दल का एक अखिल देशीय संगठन भी है, जिसे 'नेशनल यूनियन ऑफ कंजरवेटिव तथा यूनियनिस्ट ऐसोसियेशन' (National Union of Conservative and Unionist Associations) कहा जाता है। इस संगठन का अधिवेशन साधारणतः वर्ष में एक बार होता है, जिसमें दल के वार्षिक क्रियाकलाप का पुनरावलोकन किया जाता है तथा आगामी वर्ष के लिए दल का कार्यक्रम तैयार किया जाता है। चुनाव लड़ने और जनता में राजनीतिक शिक्षा के प्रसार के माध्यम के रूप में भी इस संगठन का बड़ा महत्व है। इस संगठन में सक्रिय सदस्यों को दल के नेता के चुनाव में अथवा नीति निर्धारण में भाग ले सकने का अवसर मिल जाता है।

परन्तु इस सबके बावजूद क्षेत्रीय संगठनों की भाँति 'नेशनल यूनियन' का संगठन भी दल के नेताओं पर नियंत्रण रखने में असफल सिद्ध हुआ है। दल के नेताओं ने सदैव उन सुझावों को अस्वीकार कर दिया है, जिनके कारण नीति-निर्धारण में या केन्द्रीय कार्यालय की कार्यविधि में नेशनल यूनियन का प्रभाव बढ़े। उदाहरणार्थ, लॉर्डसभा के सुधार के लिए सतत् व एक स्वर में माँग उठती रहने के बावजूद इस संदर्भ में हाल के नेताओं के दृष्टिकोण में कोई परिवर्तन नहीं आया है। व्यावहारिक दृष्टि से ही नहीं, सैद्धान्तिक दृष्टि से भी दल के प्रस्तावों को मानने के लिए, दल का नेता बाध्य नहीं है। यही नहीं, दल के नेता के लिए सम्मेलनों में उपस्थिति भी आवश्यक नहीं है। अन्य दलों की तरह रूढ़िवादी दल का एक केन्द्रीय कार्यालय भी है, जो लन्दन में स्थित है। यह कार्यालय दल के संगठन का केन्द्र है तथा इसके क्रियाकलाप पर ही दल का संगठन व उसकी उन्नति निर्भर है। आवश्यकतानुसार नये स्थानीय संगठनों की स्थापना करना, समय-समय पर उनका मार्गदर्शन करना, दल के कार्यक्रम का प्रचार करना, उसके साहित्य का सर्वत्र वितरण करना तथा निर्वाचन के समय दल के प्रत्याशियों की सूची का प्रकाशन करना दल के केन्द्रीय कार्यालय के प्रमुख कार्य हैं।

संसद में भी दल का संगठन है, जिसका कार्य संसदीय दल के उद्देश्यों की साधना करना होता है। संगठन, दल के नेता का निर्वाचन करता है, जिसे बहुमत प्राप्त होने पर राजा द्वारा प्रधानमंत्री नियुक्त किया जाता है, अन्यथा वह लोकसदन में राजा के प्रतिपक्ष का नेता कहलाता है। लोकसदन में रूढ़िवादी दल का संगठन "सन् 1922 समिति" के नाम से पुकारा जाता है, क्योंकि यह समिति सन् 1922 से अस्तित्व में आयी है। इससे पूर्व संसद में रूढ़िवादी दल का कोई भी औपचारिक संगठन नहीं था। पीछे बैठने वाले सदस्यों की इसमें अधिक सक्रियता रहती है व उन्हीं में से कोई इसका अध्यक्ष होता है। जब दल सत्तारूढ़ होता है तो प्रधानमंत्री व मंत्री इसमें भाग नहीं लेते। विपक्ष में होने पर छाया मंत्रिमण्डल के सदस्य इसकी बैठकों में भाग तो ले सकते हैं, पर मत नहीं दे सकते। इस सबका उद्देश्य यह है कि मंत्रियों के प्रभाव से परे रहकर संसद सदस्य दल और दल के नेताओं की नीतियों व गतिविधियों पर नजर रख सकें। इसके अतिरिक्त दल में 30 के लगभग विशिष्ट समितियाँ होती हैं, जो अलग-अलग क्षेत्रों से सम्बन्धित नीतियों का निर्धारण व क्रियान्वयन का कार्य करती हैं।

रूढ़िवादी दल में दल के नेता का बड़ा महत्व है। अलेक्स एन. डेग्नि के अनुसार क्षेत्रीय संगठन के राष्ट्रीय स्तर तक सभी संगठनों की अपेक्षा अकेले दल के

नेता का चुनाव बड़े महत्व का होता है। उन्होंने इस सम्बन्ध में कहा है कि "वह देश का वास्तविक या संभाव्य प्रधानमंत्री होता है। इस कारण अपने अनुयायियों पर उसकी सत्ता बड़ी व्यापक होती हैं। जिसके समक्ष वास्तविक रूप में केवल दो ही विकल्प होते हैं-वे उसका समर्थन करें या उसे पदच्युत कर दें।" दल के नेता के महत्व का कारण वस्तुत: उसका निर्वाचन न होकर उसका दल से ऊपर उठ आना होता है। पिछले 80 वर्षों में दल के 10 नेता रह चुके हैं तथा उनमें से प्रत्येक ने नेता बनने से पहले कम से कम 20 वर्ष दल तक में कार्य अवश्य किया था।

नेता ही दल के प्रधान (Chairman) की नियुक्ति करता है, जो केन्द्रीय कार्यालय पर नियंत्रण रखता है। मुख्य सचेतक (Chief Whip) की नियुक्ति भी वहीं करता है। चूँकि मुख्य सचेतक दल पर नियंत्रण करता है, अत: उसके द्वारा संसदीय दल पर नेता अपना प्रभुत्व बनाये रखता है। जब दल, विपक्षी दल के रूप में होता है, जब वह लोकसदन के सदस्यों में से अपने 'छाया मंत्रिमण्डल' (Shadow Cabinet) के सदस्यों का चयन करता है। वही दल की नीति व दल के कार्यक्रमों के लिए उत्तरदायी होता है। सन् 1947 में दल के प्रधान ने जैसा उसके अधिकार व उसके महत्व के विषय में कहा था, "**उसकी सत्ता स्वतंत्र निर्वाचन व उसके समर्थकों के विश्वास पर आधारित है। नेशनल यूनियन द्वारा पारित प्रस्ताव उसके पास सूचनार्थ व उसके मार्गदर्शन के लिए भेजे जाते हैं। पर कोई भी प्रस्ताव चाहे कितना ही जोरदार क्यों न हो, नीति सम्बन्धी प्रश्नों के विषय में उन पर कोई बन्धन नहीं लगा सकता। यही हमारे लिए अनुकूल है, यही उन महापुरुषों की शृंखला के लिए भी अनुकूल रहा है, जिनके नेतृत्व में चलने में हम गर्व का अनुभव करते हैं।**" दल के कार्यक्रम में निर्माण के विषय में दल के नेता का कितना महत्व है, इसका अनुमान हम इसी से लगा सकते हैं कि सन् 1945 में दल के कार्यक्रम का शीर्षक "निर्वाचकों के नाम चर्चिल की नीति-घोषणा" रखा गया था। सन् 1950 के दल के कार्यक्रम का प्रारंभ उनके एक प्राक्कथन द्वारा किया गया था तथा सन् 1951 का दलीय कार्यक्रम उन्हीं की ओर से था तथा उस पर उन्होंने स्वयं हस्ताक्षर किये थे।

अपने उत्तराधिकारी के चुनाव में भी दल के नेता का महत्वपूर्ण हाथ रहता है। सन् 1963 में मैकमिलन ने त्यागपत्र देते समय अपने उत्तराधिकारी के विषय में अपनी राय डगलास होम के पक्ष में दी थी। फलत: दल के अन्य नेताओं में तीव्र असन्तोष के होते हुए भी लॉर्ड होम को प्रधानमंत्री के रूप में स्वीकार किया गया था। बाद में होम के चयन के संदर्भ में उत्पन्न उस असन्तोष को अधिक दिनों तक दबाया न जा

सका था और उसके कारण सन् 1965 में उन्हें प्रधानमंत्री पद से त्यागपत्र देना पड़ा था। उसी समय से दल के नेता के चुनाव की पद्धति चल पड़ी है। इससे पूर्व दल के प्रमुख सदस्य परस्पर विचार-विमर्श द्वारा एक नेता चुन लेते थे। निर्वाचन के बाद नेता का नाम पुष्टि के लिए एक विशेष समिति को भेजा जाता था, जिसमें लोकसदन के सदस्य, भावी उम्मीदवार, लॉर्डसभा के सक्रिय पीर और राष्ट्रीय यूनियन के सदस्य सम्मिलित होते थे।

1992 के आम चुनावों में अनुदार दल के नेता जान मेजर ने आक्रामक चुनावी तेवर अपनाते हुये नारा दिया कि "देश खतरे में है क्योंकि श्रमिक दल ने स्कॉटलैण्ड को स्वशासन देने का वादा किया था और एक तरफा निःशस्त्रीकरण की बात कही थी।" अनुदार दल ने श्रमिक दल पर 'देश की सुरक्षा के साथ खिलवाड़' करने का आरोप भी लगाया।

अप्रैल, 1992 में सम्पन्न हुए आम चुनावों में अनुदार दल को पुनः सफलता मिली और मतदाताओं ने एक बार पुनः अनुदार दल के हाथों में देश की बागडोर सौंपने का निर्णय लिया। इस चुनाव में अनुदार दल को 42.7 प्रतिशत मत मिले। पिछले हाऊस ऑफ कॉमन्स में अनुदार दल को 567 स्थान मिले थे, परन्तु इस बार उसकी सीटों की संख्या घटकर 336 रह गई।

मई, 1997 के चुनावों में अनुदार दल को हाउस ऑफ कॉमन्स में करारी हार का सामना करना पड़ा। 659 सदस्यीय कॉमनसभा में अनुदार दल को 165 सीटों के साथ 30.6 प्रतिशत मतों से ही संतुष्ट होना पड़ा। सन् 2001 के संसदीय चुनावों में पुनः अनुदार दल के नेता विलियम हेग को पराजय का सामना करना पड़ा। इस चुनाव में रूढ़िवादी दल को 32 प्रतिशत मत ही प्राप्त हुए।

उदारवादी दल

(Liberal Party)

'लिबरल पार्टी' जिसका हिन्दी रूपान्तर हम 'उदारवादी दल' के नाम से करते हैं। वह उन्नीसवीं शताब्दी में अस्तित्व में आयी। लेकिन वह आज ब्रिटेन का मुख्य राजनीतिक दल नहीं रहा है अधिकतर उदारवादी अपने दल के अस्तित्व को 'गृह-युद्ध' (Civil War) व 'स्वर्ण क्रांति' (Glorious Revolution) के समय से मानते हैं तथा अपने को ह्विग्स का उदारवादी कहते हैं। टोरी दल जिसकी परम्परा में बाद में रूढ़िवादी दल आया, संविधान (Constitution), राजमुकुट (Crown) तथा चर्च (Church) की सुरक्षा का समर्थक था। वह तीनों को स्वयं साध्य मानता था। पर ह्विग्स

(Whigs) इन वस्तुओं के ऐसे भक्त नहीं थे। उनका दृष्टिकोण यह था कि यदि इन संस्थाओं का कोई उपयोग लोकहित की भावना की दृष्टि से न रहे, तो उन्हें समाप्त कर देने में कोई हिचकिचाहट नहीं होनी चाहिए। जैसा हैनरी हैलम ने कहा है, "टोरी के लिए संविधान एक अन्तिम बिन्दु था, जिसके आगे उसने कभी नहीं देखा था तथा जिससे हटना वह पूर्वत: असंभव समझता था, जबकि ह्विग यह समझता था कि शासन के सभी रूप लोकहित की साधना के लिए हैं और यदि उनसे उस उद्देश्यों की पूर्ति होना बंद हो जाये, तो उन्हें बदल दिया जाना चाहिए।" ह्विग्स की परम्परा में आने वाले दल के रूप में उदारवादी दल भी इसी दृष्टिकोण को लेकर अस्तित्व में आया, यद्यपि उसकी नीति व उसके दृष्टिकोण में समय-समय पर अनेक अन्तर आते रहे हैं। ह्विग पार्टी से इनकी परम्परा का प्रतिपादन करते हुये वेली ने कहा है कि "पिछली तीन शताब्दियों में हिग्स दल अथवा उदारवादी दल (जो नाम इस दल का उन्नीसवीं शताब्दी में हो गया था, कई पहलुओं से गुजर रहा है; कभी शांति का दल, तो कभी कठोर प्रतिकार करने वाला दल रहा है; कभी वह सद्भाव्यम् का, तो कभी आर्थिक नियोजन का पक्ष-पोषक रहा है; कभी यह वह साम्राज्यवाद का दल रहा है, तो कभी वह छोटे से इंग्लैण्ड का समर्थक दल रहा है। साधारणत: यह दल सहिष्णुता का समर्थक रहा है; पर कभी-कभी वह बड़ा असहिष्णु भी रहा है।"

उदारवादी दल की नीति व उसका कार्यक्रम-उदारवादी दल के विषय में प्राय: यह कहा जाता है कि उसका ध्येय व उसका कार्यक्रम टोरीवाद (Torism) व समाजवाद (Socialism) के बीच का मार्ग है। पर उदारवादी स्वयं इसे नहीं मानते। सन् 1946 के उदारवादी सम्मेलन में उदारवादियों ने अपनी प्रतिज्ञा में जैसा कहा है, "उदारवाद टोरीवाद व समाजवाद के बीच का मार्ग प्रस्तुत नहीं करता, वरन् उसका अपना एक अलग मार्ग है, जो दोनों का विरोधी है।" उदारदल के संविधान के प्राक्कथन में जैसा कहा गया है, "उदारदल का उद्देश्य एक ऐसे स्वतंत्र व एकतापूर्ण समाज का निर्माण करना है, जिसमें प्रत्येक नागरिक को स्वतंत्रता, सम्पत्ति तथा सुरक्षा प्राप्त होगी और कोई भी दरिद्रता, अभाव अथवा बेरोजगारी का दास नहीं होगा।"

'लिबरल' शब्द का हिन्दी रूपान्तर यद्यपि प्राय: 'उदारवादी' किया जाता है, पर यह उसका प्रचलित रूपान्तर है। 'लिवरल' का शाब्दिक अर्थ स्वतंत्रतावादी है। लिबरल दल, उदारवादी दल को कहते हैं, जो कि व्यक्ति की सब प्रकार की स्वतंत्रता का समर्थक हैं। एक समय दल ने व्यक्ति की धार्मिक स्वतंत्रता का समर्थन किया था तथा लोगों की पूजा सम्बन्धी स्वतंत्रता के लिए संघर्ष किया था, जो 'नॉन-

कनफर्मिस्ट' थे। राजकीय स्वतंत्रता की रक्षा के लिए दल के प्रयत्नों से सन् 1911 का संसदीय अधिनियम पारित हुआ, जिसके परिणामस्वरूप लॉर्डसभा की तुलना में लोकसदन की व्यवस्थापन सम्बन्धी शक्ति बढ़ी तथा उसे व्यवस्थापन के विषय में अन्तिम निर्णय करने का अधिकार प्राप्त हुआ।

उदारवादी दल ने आर्थिक क्षेत्र में कुछ समय के लिए राज्य के हस्तक्षेप का भी विरोध किया व 'सद्‌भाव्यम्' (Laissez-Faire) का समर्थन किया। उन्नीसवीं शताब्दी में दल ने भू-स्वामियों के विरुद्ध व्यापारी-वर्ग का समर्थन किया। बाद में दल ने ऐसे सामाजिक व आर्थिक सुधारों का भी समर्थन किया, जो व्यक्तिवाद तथा 'यद्‌भाव्यम्' की नीति के विरुद्ध थे। अब उदारवादी भी यह स्वीकार करते हैं कि श्रमिकों की राजनीतिक, सामाजिक तथा आर्थिक स्वतंत्रता को बनाये रखने के लिये यह आवश्यक है कि राज्य आवश्यक नियंत्रण करें, पर साथ ही साथ वे यह भी मानते हैं कि राजकीय नियंत्रण अत्यधिक नहीं होना चाहिए। उदारवादियों को न तो रूढ़िवादियों की नीति पसन्द है, जिसके परिणामस्वरूप पूँजीवाद को बढ़ावा मिलता है तथा समाज धनी व निर्धनों के दो वर्गों में बँट जाता है और न ही उन्हें साम्राज्यवादी नीति पसन्द है, जसे समष्टिवादी राजकीय नियंत्रण द्वारा व्यक्ति की स्वतंत्रता को पूर्णतः नष्ट कर देना चाहती है। उदारवादी यह मानते हैं कि कुछ विशिष्ट व्यवसायों का नियंत्रण राज्य कर सकता है, यदि ऐसा करने से व्यवसाय की कार्यकुशलता बढ़े तथा उसकी उन्नति हो सके। पर वे यह नहीं मानते कि सर्वव्यापी राष्ट्रीयकरण के बिना काम नहीं चल सकता। श्रमिकों का कल्याण हो सके, इसके लिये उदारवादियों का विचार है कि श्रमिकों को व्यावसायों में भागीदार बनाया जाना चाहिए तथा उनके सम्बन्धों को मधुर बनाये रखने के लिए 'व्यवसायिक परिषदों' की स्थापना की जानी चाहिए। इस सम्बन्ध में उदारवादी नीति का यह सार है कि व्यक्तिगत स्वामित्व बना रहे, पर श्रमिकों व व्यवसाय-स्वामियों की प्रतिनिधि परिषदों के लाभ के बँटवारे की योजनाओं द्वारा श्रमिकों को भी व्यवसायों में उचित स्थान प्राप्त रहे।

उदारवादी न तो रूढ़िवादियों द्वारा समर्थित उस व्यवस्था का समर्थन करते हैं, जो विशुद्ध रूप से स्वामित्व की वैयक्तिकता पर आधारित हो और न वे समाजवादियों द्वारा समर्थित उस व्यवस्था का समर्थन करते हैं, जिसका मुख्य आधार समस्त सम्पत्ति के स्वामित्व का राष्ट्रीयकरण हो। वे वस्तुतः एक सिद्धान्त से बँधे हुए नहीं है तथा प्रत्येक समस्या पर सानयिक सामाजिकता आवश्यकता व राष्ट्रीय हित-साधन की

दृष्टि से विचार करके ही अपने दृष्टिकोण का निर्धारण करते हैं। यही कारण है कि उदावादी दल का दावा है कि वे किसी वर्ग-विशेष का प्रतिनिधित्व नहीं करते, वरन् वे संपूर्ण राष्ट्र का प्रतिनिधित्व करते हैं। एक ओर वे रूढ़िवादियों की 'सीमा शुल्क (Tarrif) नीति' का विरोध करते हैं, तो दूसरी और साम्राज्य व पर-राष्ट्र विषयक मामलों में उनका दृष्टिकोण अधिकांशतः श्रमिक दल जैसा रहता है।

उदारवादी दल की सदस्यता-उदारवादी दल अब कोई बड़ा दल नहीं है, यद्यपि एक समय था, जब इसकी सदस्य संख्या भी बहुत बड़ी थी। अब भी इस दल के विषय में कहा जाता है कि "बौद्धिक योग्यता तथा नेतृत्व के स्तर" की दृष्टि से यह दल अल्पसंख्यक दल नही है, तथापि इसकी वास्तविक स्थिति ऐसे सेनानायकों के दल जैसी है, जिनके अधीन सेना की संख्या नगण्य हो। दल के सदस्यों की सामाजिक पृष्ठभूमि की दृष्टि से यदि देखा जाये तो अब इसमें वह कुलीन वर्ग भी नहीं है, जो एक समय इसकी सदस्य-संख्या का प्रमुख भाग था तथा जो अब अधिकांशतः रूढ़िवादी दल का सदस्य है। दूसरी और इसे श्रमिकों के वर्ग का भी समर्थन प्राप्त नहीं है, क्योंकि उन्हें श्रमिक दल के प्रति आकर्षण अधिक है। जैसा रॉस ने कहा है, "राजनीति मे अपनी दक्षिणपंथी व वामपंथी स्थिति के कारण रूढ़िवादी व श्रमिक दोनों दल अपनी सदस्यता के लिए वर्ग-भावना के प्रति अधिक सचेत तथा उग्र विचारधारा वाले लोगों को काफी बड़े अनुपात को अपनी ओर आकर्षित कर लेते हैं। अत्यंत मध्यममार्गी स्थिति के कारण उदारवादी दल में ऐसी कोई बात नहीं है, जो ऐसे लोगों को अपनी ओर आकर्षित कर सके जो अत्यंत उग्र रूप से किसी एक पक्ष के हैं अथवा जो वर्गभावना में प्रबल रूप से ओत-प्रोत है। अतः यह स्पष्ट है कि उदारवादी मतदाताओं के विषय में उनके विरोधियों द्वारा यह कहा जा सकता है कि उनका न कोई रंग और वर्णन संभव है तथा उसके मित्रों द्वारा यह कहा जा सकता है कि वे विचारशील व संयत मस्तिष्क वाले हैं।"

1905 से लेकर 1965 तक इंग्लैण्ड में लगातार उदार दल का शासन रहा। उस समय उदारवादी सरकार ने लघु किसानों के बीच भूमि वितरित की, वृद्ध लोगों के लिए पेंशन की योजनाएँ बनाई तथा स्कूलों में निर्धन बच्चों के लिए भोजन और औषधि की व्यवस्था की गई। 1980 के दशक में श्रमिक दल का नेतृत्व वामपंथियों के हाथों में आ गया तो मध्यमार्गियों ने 1981 में "सोशल डेमोक्रेटिक पार्टी" की स्थापना की। इस दल ने 1983 और 1987 के आम चुनाव उदार दल के साथ गठबन्धन के आधार पर लड़े, लेकिन इसे अपेक्षित सफलता प्राप्त नहीं हुई। 1987 में

इस दल का 'उदार दल' में विलय हो गया। लिबरल डेमोक्रेटिक पार्टी ने मई 1997 के आम चुनावों में 1932 के बाद से अपना सर्वश्रेष्ठ प्रदर्शन करते हुये 45 सीटों पर विजय प्राप्त की।

स्पष्टत: उदारवादी दल की संख्या बड़ी कम है। पर जितनी सदस्य संख्या है, उतना लाभ भी संसद की सदस्यता की दृष्टि से दल को नहीं मिल पाता, क्योंकि सदस्य-संख्या के अनुपात में संसद में उसे स्थान नहीं मिल पाते। सन् 1959 के निर्वाचन के आँकड़ों के अनुसार रूढ़िवादी दल व उसके समर्थकों को लगभग 1 करोड़ 37 लाख, श्रमिक दल व उसके समर्थकों को लगभग 1 करोड़ 22 लाख तथा उदारवादी दल को लगभग 16 लाख मतदाताओं ने मत दिये थे; पर संसद सदस्यों की संख्या जहाँ रूढ़िवादी दल की 365 तथा श्रमिक दल की 258 थी, वहाँ उदारवादी दल की केवल 6 थी। इस प्रकार लगभग 5% मतों के मुकाबले उदारवादी दल को 1% से भी कम स्थान मिल पाये। फरवरी 1974 के चुनावों में उदारवादी दल की स्थिति अपेक्षाकृत सुदृढ़ थी और उसे लगभग 20% मत ही प्राप्त हुए; परन्तु कुल प्राप्त स्थान फिर भी 14 अर्थात् 2.2% ही रहे। अनेक निर्वाचन क्षेत्रों में इस दल के कारण साधारण बहुमत प्राप्त प्रत्याशी को विजयी घोषित कर दिये जाने से इस दल को प्राप्त सभी मत बेकार चले गये। इसी कारण उदारवादी दल यह चाहता है कि मतदान के लिए 'आनुपातिक प्रतिनिधित्व की प्रणाली' (System of Proportional Representation) प्रयोग में लायी जानी चाहिए।

उदारवादी दल का संगठन-उदारवादी दल के संगठन की सबसे निम्नस्तरीय इकाई 'क्षेत्रीय समिति' (Constituency Association) है। इसके अन्तर्गत सब चन्दा देने वाले लोग, **लिबरल न्यूज** के पंजीकृत पाठक तथा लिबरल सोसायटियों के सदस्य सम्मिलित हैं। इन इकाइयों का कार्य अपने-अपने क्षेत्रों में दल के सिद्धान्तों व विचारों का प्रचार करना तथा निर्वाचन के समय केन्द्रीय कार्यालय के परामर्श से दल के सदस्यों का चुनाव व उसेकी सफलता का प्रयत्न करना होता है। संगठन के कार्य की देखभाल एक निर्वाचित समिति द्वारा की जाती है।

क्षेत्रीय समिति के ऊपर एक अखिल देशीय संगठन है, जिसका नाम 'राष्ट्रीय उदारवादी संगठन' (National Liberal Federation) है। इस संगठन की प्रतिवर्ष एक बैठक हुआ करती है, जिसे 'उदारवादी वार्षिक सभा' (Leberal Annual Assembly) कहते हैं। यह सभा दल के अधिकारियों का चयन करती है, दल के क्रिया-कलाप का सिंहावलोकन करती है तथा नीति सम्बन्धी प्रस्तावों पर विचार करती है। इसमें

सब उदार-दलीय संसद-सदस्य व पीर लोग, समस्त संसदीय प्रत्याशी 'उदार दलीय परिषद' (Liberal Council) के सदस्यगण, क्षेत्रीय समितियों के प्रतिनिधिगण तथा यूनिवर्सिटी लिबरल सोसायटी के सदस्य भाग लेते हैं।

अन्य दलों की तरह इस दल को भी एक केन्द्रीय कार्यालय है, जिसे उदारवादी केन्द्रीय समिति (Liberal Central Association) कहा जाता है। इसकी स्थिति संसदीय सचिवालय जैसी है और इसके अधिकार रूढ़िवादी दल के केन्द्रीय कार्यालय जैसे नहीं हैं। उदारवादी दल का केन्द्रीय संगठन प्रचार-कार्य के लिए न तो धन एकत्रित करता है और न क्षेत्रीय संगठनों की सहायता के लिए धन का व्यय ही करता है। दल के कोष पर अधिकार मुख्यत: क्षेत्रीय संगठनों का है, केन्द्रीय कार्यालय का नहीं।

उदार दल के संगठन के विस्तृत रूप को हम पूर्व पृष्ठ पर दिये गये चित्र द्वारा सरलता से समझ सकते हैं।

श्रमिक दल
(Labour Party)

श्रमिक दल की विधिवत् स्थापना यों तो समाजवादी व श्रमिक संघों के एक सम्मेलन के परिणामस्वरूप फरवरी 1900 में हुई, परन्तु इसका बीजारोपण काफी पहले सम्भवत: औद्योगिक क्रांति (Industrial Revolution) के साथ ही हो चुका था। इस क्रांति के कारण चूँकि खेतीहर मजदूर अधिकांश बेरोजगार हो गये, अत: इसके परिणामस्वरूप अनेक श्रमिक संघों व सहयोगी समितियों की स्थापना हुई और 'चार्टिस्ट आन्दोलन' चला, जिसका ध्येय श्रमिकों के लिए वयस्क मताधिकार आदि राजनीतिक अधिकार प्राप्त करना था। यह आन्दोलन उस समय फलीभूत हुआ, जब उन्नीसवीं शताब्दी में मताधिकार व्यापक हुआ तथा अंत में श्रमिक संगठनों द्वारा श्रमिक दल की स्थापना की गयी। इंग्लैण्ड के प्रमुख राजनैतिक दलों में 'श्रमिक' दल इस प्रकार यद्यपि नवीनतम हैं, तथापि इसकी जड़े 'लेविलर्स' तथा 'डिगर्स' के समय की हैं।

श्रमिक दल की स्थापना सन् 1899 में हुई ट्रेड यूनियन कांग्रेस के एक प्रस्ताव के परिणामस्वरूप फरवरी 1900 में हुई। उस समय उसका नाम श्रमिक 'प्रतिनिधित्व समिति' (Labour Representation Committee) रखा गया, जो सन् 1906 में बदल कर 'श्रमिक दल' कर दिया गया। 1918 में दल के लिए एक संविधान बनाया गया, जो अभी तक लागू है। इंग्लैण्ड के श्रमिक दल की स्थापना श्रमिकों तथा निम्नवर्ग के

लोगों के हित-साधन की दृष्टि से की गई थी। पर कभी भी उस पर मार्क्सवादी समाजवादी दल का प्रभाव नहीं रहा। उदाहरणार्थ, उसने कभी वर्ग-संघर्ष के सिद्धान्तों को नहीं माना। सन् 1950 में आयोजित 'अन्तर्राष्ट्रीय समाजवादी सम्मेलन' में अपनी स्थिति को स्पष्ट करने के लिए श्रमिक दलीय 'सचिव मॉर्गन फिलिप्स' ने स्पष्ट कहा था कि "ब्रिटिश समाजवाद साम्यवाद की पद्धति पर नहीं, प्रत्युत मेथोडिज्म (Methodism) की पद्धति पर आधारित है। साम्यवादी कैम्प की ओर से दल को अपनी ओर आकर्षित करने के भी प्रयत्न किये गये। सन् 1907 में कार्ल कॉस्ट्टकी ने यह कहकर कि श्रमिक दल यदि सिद्धान्त रूप से वर्ग-संघर्ष को नहीं मानता, तो व्यवहार में तो वह उसका प्रयोग करता ही है", दल को साम्यवाद के द्वितीय अन्तर्राष्ट्रीय सम्मेलन में सम्मिलित किया। पर मूल रूप से श्रमिक दल, मार्क्सवादी दल से अलग ही रहा। सन् 1920 में जब मार्क्सवादी दल से अलग हो गये तथा पृथक 'साम्यवादी दल' बन गया। इसके बावजूद दल का उग्र वर्ग, जो अल्पसंख्यक ही है, मार्क्सवाद से प्रभावित है।

श्रमिक दल की नीति व उसका कार्यक्रम-कार्यक्रम की दृष्टि से श्रमिक दल क्रान्तिकारी न होकर सुधारवादी है। इसकी नीतियों व कार्यक्रमों पर पूर्ववर्ती आन्दोलन जैसे चार्टिस्ट, लेबरर्स व ओवेनवाद आदि तथा फैबियन और गिल्ड समाजवाद व मेथेडिस्ट विचारधारा का गहरा प्रभाव है। दल का उद्देश्य "हाथ व मस्तिष्क के कार्य करने वाले श्रमिकों को व्यवसाय का पूरा लाभ दिलाना, जहाँ तक संभव हो सके, उत्पादन, वितरण व विनिमय के साधनों की साझेदारी के आधार पर उसका अधिक-से-अधिक औचित्यपूर्ण वितरण कराना, प्रत्येक व्यवसाय या सेवा में संभवतया अच्छे-से-अच्छे लोकप्रिय प्रशासन व नियंत्रण की व्यवस्था करना है।" श्रमिक दल के ध्येय को हम एक शब्द-समूह में व्यक्त करना चाहें, तो उसे हम 'लोकतंत्रीय ढंग से समाजवादी समाज की स्थापना' कह सकते हैं। परन्तु यह ध्येय 1918 में ही स्पष्ट हो सका, जब नया संविधान बनाया गया।